21世纪经济管理新形态教材·会计学系列

基础会计
（第二版）

荆娴　闫晗　杨阳　阳杰 ◎ 编著

清华大学出版社
北京

内 容 简 介

本书借鉴会计学、经济学、金融学经典论著和成果，结合会计实际工作者总结出的日常生活中趣味性的案例和朗朗上口的记忆口诀，遵循会计学的学习规律，循序渐进，由浅入深，将初学者引入会计学的大门；同时，本书将案例导读、理论知识、课后练习融为一体，符合会计学习不断熟练的特点，使学习者对会计学科有一定的了解，逐步实现融会贯通的学习目的。本书采用了最新的会计准则，更新了相关会计科目和数据，删除了时间久远的案例，增加了思政方面的内容。本书参考了会计学初级考试的内容，增加了相关的习题。书后配以二维码，方便读者进行即测即练和学习相关拓展知识。

本书既适合高等院校财经类专业学生作为专业教材使用，又适合非财经类专业学生作为入门教材使用，同时也能够满足在职从事相关工作的人员考取会计初级证书自学之用。

图书在版编目（CIP）数据

基础会计 / 荆娴等编著. -- 2 版. -- 北京 ：清华
大学出版社，2024.9. -- (21 世纪经济管理新形态教材).
ISBN 978-7-302-67309-5

Ⅰ. F230

中国国家版本馆 CIP 数据核字第 20242GF703 号

责任编辑：付潭蛟
封面设计：汉风唐韵
责任校对：王荣静
责任印制：刘海龙

出版发行：清华大学出版社
    网 址：https://www.tup.com.cn，https://www.wqxuetang.com
    地 址：北京清华大学学研大厦 A 座   邮 编：100084
    社 总 机：010-83470000   邮 购：010-62786544
    投稿与读者服务：010-62776969，c-service@tup.tsinghua.edu.cn
    质 量 反 馈：010-62772015，zhiliang@tup.tsinghua.edu.cn
    课 件 下 载：https://www.tup.com.cn，010-83470332
印 装 者：定州启航印刷有限公司
经 销：全国新华书店
开 本：185mm×260mm   印 张：20   字 数：444 千字
版 次：2013 年 2 月第 1 版 2024 年 10 月第 2 版 印 次：2024 年 10 月第 1 次印刷
定 价：59.00 元

产品编号：102557-01

　　会计是国际通用的商业语言，作为职业经理人和管理者，对会计学的掌握和了解已经成为其商场制胜法宝之一。"经济越发展，会计越重要"，在经济社会驶入高质量发展通道之时，会计正日益成为热门行业。掌握会计方法、具备理财基本技能已经成为人们职业规划中的一门必修课程。这不仅因为会计是整个社会经济的计量基础，更源于会计学科在管理、贸易、金融等领域中的重要基础地位以及会计在企业中的重要性。

　　为了适应国内外经济社会的发展，会计学科也在与时俱进。企业会计的相关理论和方法以及与会计相关的一些税收法规在不断调整，同时，由于会计学科的体系性、会计方法的逻辑性、会计业务的专业性都很强，对于初学者而言，普遍存在基础知识非常重要但又较难学懂的问题。基于以上两个原因，本书的编著者依据最新的会计准则和相关法律法规，结合会计理论新趋势和教学实践的需求，编写适合初学者使用的会计学教材。

　　本教材力求体现四个特点：

　　（1）紧跟理论与时代前沿，实践性强。本书的编著者从事会计工作和会计教学多年，长期关注会计法规发展，洞悉会计学科体系规律，在财政部发布的最新会计准则的基础上，深入浅出地阐释会计学基础理论和方法。

　　（2）案例导读、习题演练，逻辑清晰，易于入门。本书的编著者是来自基层的实战者，深知会计学入门的困难，一直在试图寻找出一种快乐的学习方法。本书借鉴会计学经典论著和教材的成果，结合"老会计人"总结出的日常生活中趣味性的案例和朗朗上口的记忆口诀，遵循会计学的学习规律，循序渐进，由浅入深，将初学者引入会计学的大门。同时，本书将案例导读、理论知识、课后练习融为一体，符合会计学习循序渐进的特点，使学习者对会计学科有一定的深度了解，逐步实现融会贯通的学习目的。本书每章后均附练习题，对于巩固理论知识效果显著。

　　（3）案例雅俗共赏，引智思考。编著者充分发挥多年高校教学和从事财会工作的优势，以幽默的语言、大量生动有趣的知识链接和各章的最新学习导读案例，调动初学者的学习兴趣，扩大知识视野。本书运用了有丰富的实践工作经验的会计师对会计的解读、《红楼梦》中王熙凤作为 CFO 的成本控制、曹操作为 CEO 的商场纵横、爱因斯坦兑现对前妻的承诺等案例，以及信用卡、各种成本、班福定律、区块链等案例进行探讨，引发读者对会计学的兴趣，及对经济学、市场营销、税法等相关学科以及人生价值的探讨。

　　（4）本书是"十三五"新形态教材，扫描二维码可以进行每章一练自测自查，还可以扫描二维码查看拓展知识点。

　　基于以上四个特点，本书既适合高等院校财经类专业学生作为专业教材使用，又适合非财经专业学生作为入门教材使用，同时也能够满足从事相关专业的在职人员自学考取会计上岗证之用。

本书由荆娴、闫晗、杨阳、阳杰编著。具体分工如下：闫晗执笔第一章、第四章、第十章；荆娴执笔第五章、第九章；杨阳、闫晗共同执笔第二章、第八章；阳杰、崔洪雷共同执笔第六章、第七章；荆娴、闫晗负责全书的总纂、统稿。感谢王鹤钦、钱世英、于晴、程琳、王嘉瑜、孙奕晨、傅裕强、金采馨等为本书做了案例收集、校对、整理工作。感谢清华大学出版社的刘志彬主任、付潭娇编辑的大力支持和帮助。

本书编著者满怀着对会计教学和会计工作的热爱，编写了本书，期待能奉献给读者一部满意的教材。当然，囿于编著者的水平和精力，本书的编写在内容和方法上还有需要不断完善之处，我们非常欢迎各位专家、老师和读者的批评指正。

编著者

2023 年 12 月

目 录

第一章

总 论

经营离不开会计

小李与小王是刚刚毕业的大学生，他们有意进行自主创业。

小李在上大学时就觉得学校周边的餐饮服务无法满足学校师生及附近小区居民的餐饮需求，因此打算开餐馆。小王看到电脑普及，预测人们对电脑维护的需求会大大增加，于是打算开办一个电脑维修部，主要为人们提供电脑软硬件方面的咨询与维修服务，同时为客户拼装电脑和零售正版软件。

虽然创业构想不同，但是两位年轻人都对自己的专业和创业前景充满信心，而如何管理好新企业的财务，如何管钱、建账、纳税等，对于他们来说是棘手问题，他们咨询了一位从事财务工作的刘会计师。刘会计师建议他们了解一些基础会计学的知识，并告诉他们，会计是一门商业语言，"不精通会计和财务的生产者，就好比一个不能得分的球员，工作时会被束缚手脚"。

刘会计师问："会计是什么呢？"小李与小王面面相觑。"你都知道哪些会计名人和会计师呢？"小李与小王聚精会神地听刘会计师讲起来。

第一节 会计的产生与发展

一、会计的产生

任何经济活动都随着生产活动而起，会计亦是如此。人们进行物质资料的生产，创造财富、取得劳动成果，同时需要不断地投入和对劳动成果进行分配。在这一人类赖以生存和发展的生产活动中，人们务求以尽可能少的物质和劳动消耗，来取得尽可能多的劳动成果。这就对劳动耗费和劳动成果的详细记录、认真比较、缜密分析有了客观的需要，而这种原始的记录、比较、分析行为，奠定了会计学科产生的基础。

会计活动有着悠久的历史。在人类文明的早期，人类祖先就通过实物、绘画、结绳、刻契等方法来实现对社会经济事务的计量记录，这些计量记录社会经济事物的活动可看作会计最初的萌芽。随着人类社会经济、政治、教育、科技等社会功能的演进、变化和发展，会计的功能和应用逐步扩展，各种会计思想碰撞交织，不同文明之间互相学习借鉴，会计逐步发展成为一门具有完整体系的学科，影响并渗透到社会经济生活的各个领域，跨越并作用于宏观、中观和微观的各个经济运行层次，在人类社会经济生活中发挥着越来越重要的作用，已经成为现代社会经济运行必不可少的重要组成部分。

结 绳 记 事

结绳记事是文字发明前，人们所使用的一种记事方法。即在一条绳子上打结，用以记事。上古时期的中国及秘鲁印第安人皆有此习惯，直到近代，一些没有文字的民族，仍然采用结绳记事来传播信息。虽然目前未发现原始先民遗留下的结绳实物，但原始社会绘画遗存中的网纹图、陶器上的绳纹和陶制网坠等实物均提示先民结网是当时渔猎的主要手段之一，因此，结绳记事（计数）作为当时的记录方式是具有客观基础的。其结绳方法，古书记载为"事大，大结其绳；事小，小结其绳，结之多少，随物众寡"（《易九家言》），即根据事件的性质、规模或所涉数量的不同，结系出不同的绳结。

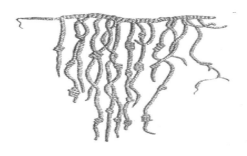

岩 画 石 刻

岩画是一种石刻文化，在人类社会早期发展进程中，人类祖先以石器作为工具，用粗犷、古朴、自然的方法——石刻，来描绘、记录他们的生产方式和生活内容，它是人类社会的早期文化现象，是先民们留给后人的珍贵文化遗产。岩画中的各种图像，构成了文字发明以前，原始人类最早的"文献"。岩画涉及原始人类的经济、社会和生活各个方面。

二、会计的发展

（一）中国会计的发展

中国原始社会末期，随着社会分工的发展和劳动产品的分配、交换及消费等问题凸现，"计数"逐渐成为社会生活的必要，人们逐渐形成数量观念，并尝试着以实物、绘画、结绳、刻契等方式来表现经济活动及其所反映的数量关系。由实物记事（计数）、绘画记事（计数）、结绳记事（计数）、刻契记事（计数）等方式所体现的原始计量记录行为基本代表着同时期的"会计"行为，或者说，原始计量记录行为是会计的萌芽状态，成为会计的直接渊源。奴隶社会取代原始社会后，在原始计量的基础上，逐步形成最早的会计制度。我国从夏朝起就建立了正式的国家税收制度，开始征收国家税赋，为执行国家税收的职能，设立了专门的官职负责对税赋等收支项目进行计算和登记，所以夏朝可以说是我国政府会计的历史起点，这一论断已经从大量的甲骨文考古史料中得到证实。

在西周时期，政府会计功能进一步完善，建立了专职国家会计的独立职官系统，形成了一套较为完整的国家财政收入和支出的项目体系，还设置了专职监督检查会计工作的官职——宰夫。"会计"的含义是通过日积月累的零星核算和年终的总合核算，达到正确考核王朝财政经济收支的目的。据《周礼》记载，西周国家设立"司会"一职对财务收支活动进行"月计岁会"，又设司书、职内、职岁和职币四职分理会计业务，其中司书掌管会计账簿，职内掌管财务收入账户，职岁掌管财务支出类账户，职币掌管财务结余，并建立了定期会计报表制度、专仓出纳制度、财物稽核制度等。这表明在西周前后，我国初步形成会计工作组织系统，当时已形成文字叙述式的"单式记账法"。

春秋以至秦汉，在会计原则、法律、方法方面均有所发展。据《史记·孔子世家》记载，山东曲阜人孔子大约 20 岁时，在大夫季氏家里担任委吏和乘田，其中委吏就是仓库管理员，要做保管、会计、出纳等事务。孔先生在总结自己做"委吏"的经验时曰："会计，当而已矣。""当"为真实性与中立性。孔子提出了中国最早的会计原则。具体来说是要求会计的收付存平衡、正确无误，与目前的"客观性"原则相似。战国时期，中国还出现了最早的封建法典——《法经》，其中包含"会计"方面的内容，如在会计簿书记录的真实性和保管方面，规定会计簿书如果丢失、错讹，与被盗数额同罪；在会计凭证和印鉴方面，规定券契（当时的原始凭证）如有伪造、更改等情节，重者与盗贼同罪论处，轻者以欺诈论处，如会计报告不真实，有欺诈隐瞒者，根据情节轻重判刑；在仓储保管方面，规定对于账实不符的，区分通盗、责任事故、非责任事故等不同情况进行处理；在度量衡方面，规定度量衡不准者，按情况不同实行杖打等处罚。秦汉时期，中国在记账方法上已超越文字叙述式的"单式记账法"，建立起另一种形式的"单式记账法"，即以"入、出"为会计记录符号的简明会计记录方法。以"入－出＝余"作为结算的基本公式，这被称为"三柱结算法"，又叫"入出（或收付）记账法"。西汉时采用的由郡国向朝廷呈报的财务收支簿——"上计簿"可视为"会计报告"的雏形。

唐宋时期，我国会计理论和核算模式有了进一步发展。宋初开始出现"四柱清册"

的会计核算模式，即在会计簿记及报表中并列"四柱"，称为"旧管""新收""开除""实在"，分别反映"期初结余""本期增加""本期减少"和"期末结存"。宋代时建立我国会计史上第一个独立的政府会计组织"会计司"，涌现了《国计簿》（唐）和《会计录》（宋）等我国会计发展史上的重要著作。

明末清初之际，中国又出现了一种新的记账法——"龙门账法"。此账法是山西人傅山根据唐宋以来"四柱结算法"原理设计出的一种适合于民间商业的会计核算方法，其要点是将全部账目划分为进、缴、存、该四大类。"进"指全部收入，"缴"指全部支出，"存"指资产并包括债权，"该"指负债并包括业主投资，四者的关系是："该＋进＝存＋缴"，或"进－缴＝存－该"。也就是说，结账时"进大于缴"或"存大于该"即为赢利。傅山将这种双轨计算盈亏，并检查账目平衡关系的会计方法，形象地称为"合龙门"，"龙门账"因此而得名。"龙门账"将经济事项科学地分为进、缴、存、该四大类，并在此基础上编制动态、静态相结合的进缴表和存该表。"龙门账"的诞生标志着中式簿记由单式记账向复式记账的转变。

到了清代，随着资本主义生产关系的萌芽，会计制度又有新的突破，又产生了"天地合账"，即在"龙门账"的基础上设计发明了"四脚账法"。四脚账法是一种比较成熟的复式记账方法，其特点是：注重经济业务的收方（即来方）和付方（即去方）的账务处理，不论现金收付事项或非现金收付事项。

四脚账法是一种比较成熟的复式记账方法。这种账法的基本原理已与西式复式记账法相同。清末，随着西式会计的引入，中式会计趋于衰落。总而言之，中国古代会计制度经历了文字叙述式到定式表达式、从单式簿记到复式簿记的演变过程。单式簿记经历了从三柱结算法到四柱结算法的沿革，而复式簿记则经历了从龙门账法到四脚账法的演进。

我国从封建社会步入半殖民地半封建社会后，北洋政府制定了中国历史上第一部《会计法》和《审计法》。20世纪20年代，以徐永祚为代表的改良中式簿记运动为西式簿记的引入奠定了社会基础，同时会计师事业也有所发展，1925年3月成立了第一个会计师公会——上海会计师公会。谢霖是我国第一位会计师。

你知道我国著名会计人都有谁吗？

傅山（1607—1684），明清之际思想家、书法家。傅山曾参与票号的经营，参考当时官厅会计的"四柱清册"记账方法，设计出一种适合于民间商业的会计核算方法——"龙门账"。龙门账的要点是将全部账目划分为进、缴、存、该四大类。当时的民间商业一般只在年终才办理结算（称年结），傅山的年结就是通过"进"与"缴"的差额，同时也通过"存"与"该"的差额，平行计算盈亏。

"进"大于"缴"就是盈利，反之则为亏损。它与"存""该"的差额相等。就是：进－缴＝存－该。傅山将这种双轨计算盈亏，并检查账目平衡关系的会计方法，形象地称为"合龙门"，"龙门账"因此而得名。"龙门账"的诞生标志着我国复式簿记的开始。

徐永祚（1893—1961），又名玉书，浙江海宁金石墩人。先后毕业于浙江高等学堂和上海神州大学经济科（1915 年）。毕业后在天津中国银行担任练习生。1923 年，开始执行会计师业务，在上海设立徐永祚会计师事务所（后改名昌明会计师事务所），并举办会计培训班，普及新式簿记知识。当时，尚流行中式簿记，徐永祚编著《改良中式簿记》一书，出版后颇受工商企业欢迎，纷纷采用。其所创收付记账法，在中华人民共和国成立后税算会计、商业会计中沿用至 20 世纪 90 年代。

谢霖（1885—1969），字霖甫，江苏武进人。中国会计界先驱，知名会计学者，中国会计师制度的创始人，会计改革实干家和会计教育家，中国第一位注册会计师，第一个会计师事务所的创办者，中国会计改革的先驱，中国会计师制度的拓荒者。青年时东渡日本，攻读明治大学商科，1909 年毕业，获商学士学位。回国后，应试经济特科，被清政府录为商科举人。因才华过人，深受当局重视、先后派任大清银行（即后中国银行）总司账、交通银行总会计、四川总督署文案委员、四川劝业道商务科长等职。在任商务科长时，即举办商务传习所，自任所长，讲授复式会计，为中国培养了第一批新式会计人才。由当时教育家胡元聘为两湖明德大学教授，讲授复式会计，著有《簿记学》一书，由商务印书馆出版，是中国第一部有关记账的著作。

蔡锡勇（1847—1897）是中国介绍西方借贷复式簿记的第一人。他曾深入研究了借贷复式簿记，并对这一起源于意大利的记账方法推崇备至。为了向中国人介绍和推广这种先进的记账方法，他撰写了《连环账谱》一书。该书以卢卡·帕乔利首创的 debito、credito 记账法原理为蓝本，同时结合中国的实际情况，将账户的 credit 方译为"该收"，debit 方译为"存付"。在《连环账谱》中，蔡锡勇提出了"凡货物出入经我手者，必有来历去处，我该收即彼存付，彼该收即我存付"的记账要领，构建了"存付"与"该收"的连环关系，这一创新几乎完整地再现了 debito、credito 记账法的精髓。虽然在他有生之年未能实现该书的出版，但《连环账谱》一书仍在中国近代会计发展史上占有重要地位。

杨纪琬（1917—1999）是我国卓越的经济学家、会计学家、教育家，长期担任中国财政科学院副院长，注册会计师制度重建和恢复的创始人。他深入研究了现代会计理论和方法，对中国会计改革和国际会计交流做出了卓越的贡献。曾任第八届全国政协常委兼法制委员会委员，证监会股票发行审核委员会委员，中国会计学会副会长，中国国际经济咨询公司董事，中华财务会计咨询公司高级顾问，中国注册会计师协会高级顾问。杨纪琬教授的会计思想主要体现在会计理论体系的构建和会计改革与发展方面。他主张会计工作是一种社会实践，会计理论来自会计实践，又反过来指导会计实践、服务于会计实践，使具体的会计工作能够产生应有的效果。在会计改革和发展方面，他提出了许多前瞻性的思想和建议，如谨慎原则的应用、财务会计与税务会计的分离等，这些都已经在《股份制有限公司会计制度》和有关税法中得到体现。

娄尔行（1915—2000）是我国著名的会计学家和会计教育家，长期担任上海财经大学会计学教授。他致力于推动中国会计理论的发展，提出了许多具有影响力的会计理论观点。娄尔行是我国当代最有影响的会计学家之一，是新会计学科体系的主要创始人，为推动中国会计理论的发展做出了重要贡献，在国内外会计界享有很高声誉。娄尔行教授是我国现代管理会计的奠基人之一，他的会计思想主要集中在管理会计领域。他提出了企业总会计师应当辅助企业领导作出正确的经营决策。

葛家澍（1921—2013）是我国著名的会计学家和会计教育家，厦门大学会计学教授。葛家澍教授的会计思想主要体现在对会计对象的研究上，他提出了"资金运动"的观点。他是我国第一批经济学（会计学）博士生导师，兼中国会计学会副会长、国务院学位委员会（经济学）学科评议组第一和第二两届成员、财政部企业会计准则专家咨询组成员。他的一系列理论为西方会计理论在中国的全面引进铺平了道路，为在中国建立一个能和世界接轨的会计体系，做出了自己的独特贡献。

中华人民共和国成立后，在计划经济体制下，中央政府参照苏联的会计模式建立了高度统一的企业会计制度和政府预算会计制度，财政部成立了主管全国会计事务的机构——会计制度处。1985 年，全国人大颁布了《中华人民共和国会计法》（以下简称《会计法》）。十一届三中全会以来，中国进入了计划经济向市场经济的转轨时期，中国会计改革经历了"接轨、协调、趋同、等效和调整"等不断学习、借鉴和完善的过程。在会计准则建设中，发出了关注国际会计准则，进行中国会计准则建设的先声。1992 年 11 月，财政部发布了《企业会计准则》《企业财务通则》、13 项行业会计制度和 10 项行业财务制度（以下简称"两则两制"）。"两则两制"尽可能多地采用了国际惯例，与世界各国通行的会计实务处理原则、方法与程序彼此衔接起来。"两则两制"在理论上构建了以"会计主体""持续经营""会计分期""货币计量"四个假设为核算前提，以资产、负债、所有者权益、收入、费用、利润为要素，以资产负债表、损益表、财务状况变动表为主要报表内容的财务会计框架体系，坚持"真实性""相关性""可比性""一贯性""重要性""配比性""划分资本支出与收益支出""谨慎性"等国际公认的会计信息质量要求，取消了原商业企业采用的"增减记账法"，工商企业统一采用国际通用的"借贷记账法"。"两则两制"改革堪称中国会计改革的"里程碑"，它结束了我国 40 多年来与计划经济体制相适应的"苏联会计"模式，初步建立起了适应社会主义市场经济体制和扩大改革开放的会计制度体系。

1992 年以来，全球经济一体化已逐渐成为趋势。这一趋势推动了中国会计准则体系的建立、修订完善与实施。从 1992 年到 2006 年，中国会计准则体系建立之路整整走了14 年。在这一时期，中国市场经济不断发展成熟，中国资本市场初步建立，经济业务活动日趋复杂；中国加快对外开放脚步，融入全球经济，中国加入了世界贸易组织，加快了国内经济建设与世界经济接轨的速度；中国会计综合了"本土化"和"国际化"，在与经济发展的不断互动中，中国会计准则体系最终孕育成形。

2006 年以来，我国陆续发布了 1 项基本准则、42 项具体准则、14 项准则解释，以及具体准则的应用指南、会计处理规定、有关准则实施的贯彻落实通知等。以国际会计准则为蓝本建立较为完整的会计准则体系，是我国会计改革的第二次革命。会计准则体系更加完善，基本实现了与国际趋同。

随着我国经济社会的快速发展，创新驱动战略的深入推进，传统制造业经济正与大数据、人工智能、移动互联网、云计算、区块链等新经济、新技术深度融合，新的商业模式层出不穷，它们以其独特的力量，赋予了会计工作更高效、更精准、更智能的可能。

人工智能能够读懂并回应自然语言，为会计工作注入智能化的思维；无论是自动化的核算与验证，还是精准的数据分析与预测，人工智能都能以超乎人类的速度和精度，帮助我们解决复杂的会计问题。这不仅极大地减少了人力工作量，还提高了决策的精准度和效率。大数据能够处理和分析海量的数据，从中挖掘出隐藏的价值。在会计领域，大数据可以帮助我们更好地理解客户需求，预测市场趋势，优化运营策略。它为我们打开了全新的视野，让我们能够更好地把握市场动态和商业机会；区块链的独特之处在于，它以去中心化、不可篡改的特性，为会计数据的安全性和可靠性提供了坚实的保障。通过区块链技术，我们可以有效地防止数据被篡改或伪造，确保会计信息的真实性和准确性。同时，它还能降低交易成本和审计成本，提高工作效率。

新的技术对传统的会计核算产生了挑战，会计人需要积极学习新技术，掌握新技能，以适应行业发展的需要。他们不仅要具备专业的会计知识，还需要掌握数据分析、区块链技术等方面的技能。同时，他们还需要积极拥抱变革，勇于创新，以推动会计行业的进步和发展。

未来会计准则将会不断完善，一是新技术与经济结合，产生了新经济、新业态、新模式；二是在和国际会计准则趋同过程中切实维护国家利益，更好地促进我国企业创新和经济高质量发展，未来中国在国际会计准则制定中会发挥与世界第二大经济体更加相得益彰的作用。

（二）国外会计的发展

根据考古发现，在古印度文明的原始公社时期，当时的社会生活中已经出现专门的记账员，专门负责登记农业账目。在奴隶和封建社会时期，由于商品经济发展水平不高，政府是当时的会计活动的主要参与者，会计成为官方机构用来记录、计算和考核财政收支的手段。

13—15世纪，位于地中海地区的意大利，由于特殊的地理位置成为东西方文化的连接点。意大利的地区贸易和国际贸易促使商品货币经济关系迅速发展。随着贸易的发展，意大利的商业和金融业获得长足发展，居欧洲领先地位。此时，在佛罗伦萨、热那亚、威尼斯等地出现复式簿记的萌芽。1494年，意大利数学家卢卡·帕乔利（Luca Pacioli），在总结前人实践的基础上出版《数学大全》（又名《算术、几何、比及比例概要》），在第三部分的簿记中详细论述了借贷记账方法，提出"借""贷"符号、会计基本恒等式、财产清算方法，日记账、分录账、总账登记方法，以及试算平衡方法。卢卡·帕乔利由此被称为"近代会计之父"。商业革命促使了复式簿记的诞生。这是会计发展史上第一个里程碑，随后复式簿记传播至整个欧洲。

1600年成立的英国东印度公司垄断着好望角以东各国的贸易权。由于东印度公司在每次航海后都没有足够的现金向股东支付股利，于是便用下次航海的股份来代替，这就是股票股利的前身。当最后清算股本时，需要极其复杂的会计核算，于是，1657年9月，该公司发布新章程，允许签发永久性的股份，作为未来所有航海冒险活动的一种联合投资。将每次清算转换为永久性股份，提出在每年而不是每次冒险活动结束时结算利润，从而形成了持续经营和会计分期的概念，同时也产生了股化，对建立以年度为报告期的划分基础、确定流动资产和流动负债、固定资产和固定负债的划分界限，起到极大的推动作用。

随着 1733 年飞梭的发明、1764 年珍妮纺纱机的出现、1769 年瓦特蒸汽机的试制成功，英国进行了开始于 18 世纪 60 年代、完成于 19 世纪三四十年代的工业革命，工业革命中出现了工厂制度和批量生产，导致固定资产成本在生产中所占比例上升，使折旧概念变得越来越重要。企业规模的扩大导致经营活动更加复杂，对生产成本信息需求的增长，使成本会计应运而生。同时由于工厂制度的出现，大额资本的需要导致企业所有权与经营权的分离，从而使向不参与经营的所有者提供关于企业财务状况和经营成果的信息成为会计的主要目标之一。正是股份公司和工业革命的美满结合，促使成本会计的诞生，使以商品买卖活动为主的传统会计向以工业化生产为主的近代会计转变。

1711 年，英国人罗伯特·哈利建立了南海公司，主要业务是发展南大西洋贸易，开始时该公司保证股息为 6%，所以股票销售很快。1718 年，英王乔治一世亲任董事长，公司信誉大增，不久以后付出 100%的股息。1720 年 1 月，经议会同意，南海公司承诺接受全部国债，将约 1 000 万英镑国家公债换作公司股票，国家债权人换作公司股东，使股票行市大涨，股价涨至 128.5 英镑，8 月竟突破 1 000 英镑。然而，9 月股票开始暴跌，12 月跌至 124 英镑。无数债权人和投资者蒙受巨大损失，强烈要求严惩欺诈者并赔偿损失。英国议会组织了特别委员会调查这一事件，发现公司会计记录严重失实，存在明显舞弊行为，为此，特别委员会聘请精通会计实务的查尔斯·斯内尔（Charles Snell）对南海公司的会计账目进行调查，并编制了一份审计报告书，指出企业存在的舞弊行为。

南海公司泡沫事件促使 1720 年英国议会颁布《泡沫公司取缔法》，禁止成立有限责任公司，直至 1825 年废除该法。1844 年英国通过《股份公司法》，肯定了审计的法律地位。1855 年颁布的《有限责任法》，允许股东承担有限责任。至此符合现代意义的股份公司制度基本确立。南海公司泡沫事件揭开了民间审计走向现代的序幕。

1929 年，以美国为首的大多数发达国家爆发了经济危机，公司股票和债券大量在证券市场上抛售，许多公司陷入无力偿付债务的窘迫局面，纷纷破产倒闭。政府和社会公众认为，松散的会计实务是导致美国资本市场崩溃和萧条的主要原因，强烈要求公司会计报表能够真实反映其财务状况和经营成果。为此美国政府于 1933 年公布《证券法》，1934 年公布《证券交易法》，要求股份公司在向公众出售股票之前，必须向证券交易委员会（Securities and Exchange Commission，SEC）登记，并通过 SEC 公布会计报表；股份公司的会计报表必须按照公认会计原则编制，并经独立会计师审定；授权 SEC 负责制订统一会计规则。但是 SEC 从未行使制定权，而是授权美国会计师协会（AIA，1957 年改名为美国注册会计师协会，AICPA）制定。

公认会计原则的确立，标志着传统会计发展成为财务会计。其特征是：会计信息的加工、处理和报告，是为了满足各个利益关系人的需要；在加工过程中，必须遵守公认的会计原则；财务报表完成后，必须由注册会计师审计。

此外，20 世纪初，随着"泰勒制"和科学管理理论的产生，五六十年代，管理会计从财务会计中脱颖而出。1952 年在世界会计师联合会上正式通过"管理会计"这个专门术语。从此，企业会计就正式分为财务会计和管理会计两大领域。

综上，从中世纪后期开始，意大利沿海各个城市的商业活动日益繁荣，始创于威尼斯的复式记账技术，传播到英国、法国、德国、荷兰等国家。工业革命之后，英国成为世界上最强盛的国家，号称"日不落帝国"，英国的商业贸易活动扩展到世界各地，复式记账技术随同大英帝国的商船被传播到包括美国在内的世界各地。第一次世界大战之后，美国逐渐成为世界经济的龙头，美国的会计技术和会计标准随着其经济活动而渗透到世界各地。例如美国在 20 世纪 30 年代制定出会计准则，此后在国际经贸活动中被传播到英国、加拿大、澳大利亚、新西兰等国家。自 21 世纪初开始，世界经济一体化的程度进一步加深，国际贸易量迅速增长，市场进一步国际化，跨国公司大量兴起；资本市场快速国际化迫切需要各国的会计准则和会计惯例能够得到协调甚至统一。在这一背景下，国际会计准则委员会（International Accounting Standards Committee，IASC）及其改组后成立的国际会计准则理事会（International Accounting Standards Board，IASB）分别制定的国际会计准则（International Accounting Standards，IAS）和国际财务报告准则（International Financial Reporting Standards，IFRS）应运而生，被越来越多的国家、地区和国际组织所采用或认可。

在对待国际会计准则和国际财务报告准则的态度上既有直接采用者，例如我国的香港地区和菲律宾。也有采用趋同模式者，例如中国和印度。还有采用认可模式者，例如欧盟各国，也有不采用者。

会计产生和发展的轨迹告诉我们，会计作为提供信息的重要手段，是随着生产活动的发展而发展的，随着经济社会的不断进步，会计的作用将更加重要。

会计是一门国际通用的商业语言

如果说数学是宇宙通用的语言，那么会计就是国际通用的商业语言。为什么？因为有了会计，各种经济业务才可以在企业内部，或者企业之间、企业与政府等机构之间进行交流。比如，企业拥有多少资产、欠了多少债务、享有多少权益、取得多少收入、用了多少费用、获得多少利润等问题，都需要借助会计来说明。

会计中对资产、负债、所有者权益、收入、费用和利润等要素都进行了严格的定义，在使用这些语言时，就能相互理解，不致发生歧义。例如，根据会计上的定义，管理者的领导能力、企业产品的市场占有率虽然重要，但不属于企业的资产。另外，会计中除了统一定义了这些要素，对处理经济业务的方法、程序、披露的格式也有统一规定。

簿记为什么会在意大利诞生？

"我明白事情的缘由了，我借给你钱。但是，如果你没能还债的话，我要你身上一磅肉。"提出这样离谱条件的，是放贷人夏洛克。

　　威尼斯商人安东尼奥回答道："好的。船回来了就把钱还给你。"按照计划，船上的货能卖掉的话就能还钱。安东尼奥完全不担心。

　　然而，他接到了"船都沉了"的消息。这样一来，事态就突然改变了。安东尼奥迎来了无法还上欠款的危机。

　　审判时，他们来到了法院。法官劝说夏洛克"尽量息事宁人"，但他顽固地不肯答应。终于到了判决的时候。出人意料的是，判决十分严苛："按约定，允许你切下一磅肉。"安东尼奥失望地低下了头，早就不抱希望的他做好了赴死的准备。

　　"来，让我取走你的心头肉吧。"夏洛克手握剑，一点点逼近。

　　这时，法官对夏洛克说："你可以切下他的肉，但是因为契约上没有写到血，所以一滴血都不能流。"

　　这令人拍手喝彩的著名场面，来自莎士比亚的名作《威尼斯商人》。

　　一提到意大利，恐怕有不少人有种它与"银行和簿记"没有什么关系的印象。但是，在《威尼斯商人》时代，在文艺复兴时代，欧洲经济的中心确实是意大利。意大利商人的活跃为金融和会计的诞生打下了基础。

　　在《威尼斯商人》中，说着"船回来了就把钱还给你"的安东尼奥，是需要资金进行周转的。商人如果仅在一家店中，只用自己的资金来做生意的话，也许就不需要账本了。但意大利商人和银行为了成功经商，将规模扩大了，因此产生了做记录的必要性。这样一来，在商贸繁荣的意大利，为了记"账"诞生了簿记的技术。

　　15世纪末卢卡·帕乔利的名著《算术、几何、比及比例概要》的问世，成为具有特别内涵的会计理论发展史上的重大事件。

　　1494年，卢卡·帕乔利在威尼斯出版《算术、几何、比与比例概要》（又译作《数学大全》），这是一本厚达600页的大型著作。书中用比喻来说明专业内容，让人容易理解，像这样下了功夫的痕迹随处可见。又因为这本书没有用难以理解的拉丁语，而是用易懂的意大利口语所写，因而作为"数学基础书"大受欢迎。

　　《数学大全》中写了"27页"的簿记内容，对复式记账法作了系统的说明，从意大利各城邦传播到了欧洲各国。在欧洲各地开办了许多以《数学大全》为教科书的"簿记课堂"。在那里，商人和孩子都踊跃地学习账簿的记录方法。

　　这段时期，所谓"数学的力量"，除了掌握"记账"技术之外别无其他了。按照卢卡先生所教的，每天认真记录交易，再合计一年的账本，就可以计算出"一年之间的赢利"。

　　另外，如果在结算日进行盘货，就可以知道以结算日为节点的"财产内容"，这就是库存情况。这一经营和库存情况就是财务报表的原型。

　　如果买卖成功，在值得庆祝的"资产＞负债＋本金"情况下，资产增加，有了利润，将"利润"放到本金一边，资产＝负债＋本金＋利润。本金和利润合起来称为自有资本或者纯资产。

第二节 会计的含义

一、会计的本质

对于会计的本质与内涵，学者从不同角度提出了自己的观点，关于会计本质的理论探讨，主要集中在以下几个方面：

1. 信息系统论

这种观点把会计理解为一个经济信息系统，认为会计工作首先从记录企业或其他组织的各种经济活动的经济信息开始，然后按照具有内在联系的程序、方法、技术，对经济数据和信息进行处理，提供给信息需求者。

会计信息系统论的思想最早起源于美国会计学家 A. C. 利特尔顿，我国的余绪缨、葛家澍、唐予华教授认同这种观点。

2. 工具论

有学者认为，会计与数学一样，是一种技术手段，是经济管理的一种工具，"会计是一种计量技术""是使经营管理责任有所着落的手段"。

3. 艺术论

有些国外会计学家认为，会计是科学和技巧的结合，是一种科学的艺术。1941 年美国会计师协会所属会计名词委员会对会计所下定义是："会计是一种技艺，是关于诚实有效和以货币形式记录、分类、汇总具有财务性质的经济业务和会计事项，以及说明其经营成果的艺术。"

4. 管理活动论

我国最早提出会计管理活动论的是杨纪琬、阎达五教授。在 1980 年中国会计学会成立大会上，他们在题为《开展我国会计理论研究的几点意见——兼论会计学的科学属性》的报告中指出，无论从理论上还是从实践上看，会计不仅是管理经济的工具，它本身就具有管理的职能。两位教授对会计本质进行了深入探讨，逐渐形成了较为系统的会计管理活动理论体系，在我国会计理论界产生了深远的影响。娄而行教授也认为，"会计是经济管理的重要组成部分。它是通过收集、处理和利用经济信息，促使人们权衡利弊、比较得失，讲求经济效果的一种管理活动"。

如果全面理解会计的核算与监督职能，把会计的理论与实践结合起来，把会计看作会计工作体系的话，会计的管理活动论更符合当今会计改革的思路和方向。

因此，我们认为，会计是以货币为主要计量单位，通过一系列专门的会计方法，对企业、行政事业单位的生产经营活动或者预算执行过程及结果进行连续、系统、全面、综合的核算和监督，并在此基础上对经济活动进行分析、考核和检查，以提高经济效益的一项管理活动。

一个老会计师对会计的见解

会计是什么？做了多年会计工作以后，对什么是会计有了自己独特的认识。

会计是医生

医生是给人治病的，即先通过各种仪器设备对患者人的病患处进行检查，然后根据检查结果诊断患者得的是什么病，该用何种方法医治，从而达到"救死扶伤"之目的。说会计是医生，就是说会计可以根据企业的会计报告所反映的主要经济指标完成情况，对企业进行初步"体检"。简言之，如果盈利多，可暂定为健康状况良好；盈利少，为身体一般；经营亏损，可能是病患。当然，不同的企业有不同的特点，盈利多不等于一点儿毛病没有。然后，会计再具体对某一方面进行必要的分析研究，看企业有没有病，患的什么病。其实，会计报告及相关资料就是企业的"病历"。譬如，会计可以利用存货周转率公式，计算企业一定时期的存货周转天数及周转次数。倘若存货周转时间太长，其周转速度肯定很慢，说明商品销售下滑，库存积压严重，由此可以诊断为：企业在存货管理中患上了"大肚子"病。提高产品质量，改进包装，多做市场调查，生产"适销对路"的产品，可能是治"病"之良策。

又如，会计可以用财产清查的办法，对企业现有的固定资产进行盘点登记，再计算其固定资产利用率。若固定资产利用率不高，闲置很多，既会占用企业一定数额的流动资金，又会造成浪费，加上不用的固定资产也照提折旧，就会挤占利润，影响企业的经济效益，由此可以诊断为：企业在固定资产管理中患上了"肥胖"病。对用不上、不适用或不需用的固定资产，可以转让、改建、更新，让其发挥应有的作用，这对企业的生产经营会大有益处。再有，应收账款不能按时收回，造成流动资金周转不灵，则企业肯定患上了流动资金循环中的"肠梗阻"。解决办法是对于单位规模大、应收账款户数多的企业，除派专人管理、定期核对、及时催要应收账款外，还要制定《应收账款管理制度》，强化事前控制，明确相关人员责任，防止造成坏账损失。如果企业没有现金进行周转，就等于患了"动脉硬化"病，如果到期不能还债，就相当于得了"脑血栓"，严重的就要破产倒闭。

会计是守门员

足球场上，前锋、中锋、后卫、守门员各司其职，配合默契，相互协调，缺一不可。一个企业的生产经营亦是如此。采购、供销人员为生产销售，奔波于大江南北，甚至世界各地，找原料、市场，很像足球场上的"前锋"；生产工人虽足不出户，但为生产产品加班加点，出力流汗，跟场上"中锋"差不多；产品质量检验员、安全生产监督员，乃至值班巡逻人员，以及相关管理人员完全可以称得上"后卫"。会计则是守门员，但要守的不是球而是"钱"。只要会计守住了"钱"，能不用的坚决不用，能少花的绝不多花，不该付的坚决不付，控制好资金流出，杜绝资金运用上的"跑冒滴漏"，何愁出不了经济效益。

会计是项链

爱美之人要把自己装扮得更漂亮一点，往往需要一根项链。项链一环扣一环，相互不可分离。会计是项链，是说会计的管理模式有点像项链。譬如，账簿，总账控制二级账和日记账；二级账又控制三级明细账。如现金、银行存款日记账的余额一定要跟总账上的"现金"和"银行存款"余额相符。总账和二级账上的"库存商品"余额又是三级明细"库存商品"账余额之和。否则，这个用总账编制出来的资产负债表就会失真，成了断线的项链，造成账账不符、账表不符、账实不符。又如，凭证，根据原始凭证填写记账凭证，根据记账凭证编制记账凭证汇总表，根据记账凭证汇总表登记总账，根据总账编制资产负债表，一环连接一环。还有，原始凭证也有一个"项链"式的连接。一张原始凭证要到会计处报销取款，正规单位一般都要实行"三章制"的控制关系，即经手人、证明人（或验收人）、批准人都要签字或盖章后，会计才能付钱报销，这再简单不过的过程犹如项链上的一环扣一环。

会计是什么？会计是医生，会计是守门员，会计是项链，会计是……只有作为一名成熟的会计人，才会真正明白会计是什么。

资料来源：肖玉峰. 会计是什么[J]. 财务与会计（理财版），2012（5）.

二、会计的特点

1. 以货币为主要计量单位

会计核算区别于其他经济核算的最大特点是，会计在反映经济业务时以货币作为统一的计量单位。企业在其生产经营过程中发生大量的纷繁复杂的经济业务，其发生的资源消耗和成果取得的形式也表现各异，需要核算和计量的对象既包括价值，又包括实物和劳动时间等，所涉及的计量单位包括千克、辆、吨、立方米等。如果核算单位不统一，会计将无法实现符号化、专业化，也无法完成准确核算，因此，在实际核算过程中，会计只有以货币作为统一的计量单位，才能对各不同的经济事项产生的结果进行汇总计算、比较分析，会计所提供的信息才能被人们理解和使用，会计目标才能得以实现。

2. 以凭证为记账依据

会计的任何记录和计量都必须以会计凭证为依据，这就使会计信息具有真实性和可验证性。只有经过审核无误的原始凭证（凭据）才能据以编制记账凭证、登记账簿，进行加工处理。这一特征也是其他经济管理活动所不具备的。从这一点上，我们也可以说，会计工作的逻辑起点，是正确填制与审核会计凭证。

3. 会计的数据资料具有连续性、系统性、综合性和全面性的特点

会计在利用货币计算和监督经济活动时，首先必须以经济业务发生的时间先后为顺序不间断地进行登记，对每一次经济业务都无一遗漏地进行登记，不能任意取舍，要做到全面完整；其次要对记录下的信息进行分类整理，使之系统化；再次，对价值量进行综合、汇总，以完整地反映经济活动的过程和结果；最后，会计信息可以在账簿和报表中得以综合反映。所以说，会计的数据资料以及其反映的管理活动具有连续性、系统性、综合性和全面性的特点。

4. 会计具有一整套科学实用的专门核算方法

会计核算有别于统计核算和其他经济业务的特点之一，就是会计核算具有一整套独特的方法，如设置会计账户、填制和审核会计凭证、复式记账、登记账簿、编制财务会计报告等。只有运用这些专门的方法，才能产生和提供有用的会计信息。而运用这些方法通常具有较强的强制性、规范性和专业性。所以，从事会计工作的人员必须具备专业知识，具有执业资质。

做过会计的历史名人

你知道做过会计的历史名人吗？

美国第十六任总统林肯没有接受过会计的专门教育，但他的会计工作干得很不错。1837年的一天，邮政部的一名审计人员来到斯普林菲尔德，审查一笔林肯担任纽萨勒姆会计员时经手的几美元零几分的账款。林肯从容不迫地拿出一个钱袋，把里面的钱认真地清点了一遍。其结果与这位审计人员查询的数目完全相同。最后，审计人员接过钱，写下收据，非常满意地离去了。这可以说是他熟悉财务会计的重要佐证。

亚当·斯密不仅是一位经济学家，曾经也是一名会计人员。他在担任海关官员期间，负责编制海关的账目和报表。他通过自己的会计实践，积累了丰富的经验，并在此基础上形成了他的经济学理论。他的会计实践为他提供了关于企业经营和经济运行的第一手资料，使他的经济学理论更加贴近实际。

查尔斯·狄更斯不仅是一位小说家，曾经也是一名会计人员。他在年轻时曾担任一家银行的会计员，负责编制银行的账目和报表。这段经历使他深刻理解了金钱和财富的重要性，并将这些观念融入他的小说中。他的作品反映了当时社会的经济状况和人们对于财富的态度，也揭示了会计职业在社会中的地位和作用。

除了以上提到的历史名人外，还有一些其他著名的历史人物也曾经涉足会计领域。

乔治·华盛顿不仅是一位军事家和政治家，也曾经是一名会计人员。他在担任大陆军总司令期间，对军队的财务管理进行了严格的规范。他制定了一套详细的会计制度，确保了军费的透明和有效使用。此外，他还亲自监督军队的账目，确保每一分钱都用在了刀刃上。

文艺复兴时期的达·芬奇不仅是一位画家，也曾经担任过会计职务。他负责管理其所在城市的财政预算，并因此对数学和经济有了更深入的理解。

托马斯·爱迪生，他虽然是一位发明家，但在创业过程中也必须处理大量的财务事务，包括记账和制订预算。

这些历史名人的经历表明，会计不仅是一门技术或职业，更是一种管理和决策的工具，对个人和组织的成功至关重要。

三、会计的职能

所谓职能，通常指事物本身所具有的功能和应发挥的作用。会计的职能就是指会计在经济管理中所具有的客观功能和作用。马克思曾指出："过程越是按社会的规模进行……作为对过程进行控制和观念总结的簿记就越是必要……"这里，马克思把会计的基本职能归纳为"观念总结"和"控制"，即所谓的核算与监督。所以，现代会计的基本职能为核算与监督。当然，随着社会的发展和会计环境的变化，会计职能在不断地发展，其核算与监督的内容和表现形式也在不断深化。

（一）核算职能

核算职能是会计最基本的职能，也称为反映职能，是会计发挥其他职能作用的基础。核算职能就是指会计从价值量上系统、连续和全面地记录、计算各经济主体已经发生的经济活动状况及其成果，为经济管理提供系统、完整的财务信息。核算职能是通过确认、计量、记录和报告等具体活动而实现的。

会计工作中的记账、算账、报账是会计核算职能的具体体现。确认就是按照规定的标准和方法，辨认和确定经济数据是否输入以及以何种项目输入会计信息系统的过程；计量是将纳入会计信息系统的项目作为计量对象，选择一定的计量单位和计量属性来确定该项目金额的过程，即通常所说的算账；记录是将纳入会计信息系统的项目按照计量后的金额记载到会计账簿体系中，即通常所说的记账；报告是依据一定的标准和格式，根据会计信息使用者的决策需要，综合提供和输出会计信息系统加工成果的过程，并对进入财务报告中的会计信息进行再确认和再计量，即通常所说的报账。

会计核算具有以下特点：

（1）会计主要是利用货币计量工具，通过一系列价值指标，综合反映经济活动。从会计的发展历程来看，会计反映经济活动，可以采用实物量度、货币量度和劳动量度三种方式。在现代市场经济条件下，货币作为价值尺度，可以综合计算劳动的耗费、生产资料的占有、收入的实现等，综合反映经济活动的过程和结果。

（2）会计核算具有连续性、完整性和系统性。这是由会计的特点所决定的。所谓连续性，是指会计对会计要素的核算要按照时间先后顺序延续下去，不得中断；所谓完整性，是指会计对所有的经济活动都要进行核算，不得遗漏；所谓系统性，是指会计核算必须进行分类核算，既有总括核算，又有详细核算；提供的资料必须是相互联系的，成为一个有序的体系，而不是杂乱无章的数据堆砌。

（二）监督职能

会计的监督职能，也称为控制职能，是指会计按照一定的目的和要求，对经济活动进行控制，使之达到预期目标的功能。监督职能包括合法性监督和合理性监督。合法性监督指的是会计部门在履行职责的过程中，是否符合国家、地区、单位指定的法规和制度；合理性监督指的是经济活动是否合乎经济规律，是否有利于经济活动单位的存在和发展。

会计监督职能具有以下特点：

（1）会计监督主要通过货币计量对价值指标的监督，进而实现对经济活动的监督。会计核算能够提供各种核算指标，如收入、成本、利润、资金等，会计监督就是利用这些核算指标，监督经济活动的合法性、合理性和真实性，以达到控制和考核经济活动的目的。

（2）会计监督包括事前监督、事中监督和事后监督。事前监督是在预测经济前景、编制业务计划、预算时所实施的监督。主要是审查未来经济活动的可行性、合理性和合法性，参与经济决策，并对未来经济活动予以指导。事中监督是指对日常经济活动发生过程的监督，即对日常的核算资料进行审查，及时发现偏差和失误，指出经营计划在实施过程中出现的问题，提出改进措施，督促有关部门及时采取措施，调整经济活动，使其按照预定的目标和要求进行。事后监督是指在经济活动发生和完成以后所实施的监督。它是以实现指定的目标、标准为依据，通过对会计核算资料的比较分析，考核和评价经济活动的合法性和有效性。

（3）会计监督以国家法律、法规、制度和内部规章、定额、计划、合同等为依据。会计主体的经营活动只能在遵循国家法律法规和制度的前提下进行，并以一定的经营计划和经营目标为依据，为此必须制定各项管理制度。在履行监督职能时，判断经济活动是否合法、合理的主要依据是国家的法律、法规和内部的规章、定额、计划等，因此，会计监督是督促企业遵纪守法，保证会计信息合法、真实的重要手段。

会计核算和监督是相辅相成、不可分割、辩证统一的整体。核算职能是会计最基本的职能，是监督职能的基础，没有会计核算所提供的信息，会计监督就没有客观依据，无可监督。会计监督又是会计核算职能的保证，是核算职能的延伸；会计没有监督，就不可能提供真实可靠的会计信息，会计也无法发挥促进管理效益提高的能动作用，会计核算也就失去存在的价值。

（三）会计基本职能的外延

随着社会的发展、技术的进步，经济关系的复杂化和管理理论的发展，会计的基本职能得到了不断的发展和完善。会计职能不仅有核算和监督两职能说，还有了"控制、预测、计划、分析"等多职能说，例如，上市公司需要编制盈余预测报告，各单位对下期的经济活动需要编制预算，这些财务数据和资料需要由会计人员提供，许多工作由会计人员直接做出。虽然理论和实践得到完善与发展，但这些职能都是在会计的核算与监督两个基本职能基础上的延伸和提高，它们共同体现了会计服务于管理，是"一种管理活动"的观点。

扩展阅读：贾氏公司 CFO 的财务控制

四、会计的目标与作用

（一）会计的目标

会计的目标是会计工作的最终目的，它是指在一定环境下，人们通过会计核算活动所达到的要求和结果。具体而言，会计目标就是对会计自身所提供经济信息的内容、种类、时间、方式及其质量等方面的要求。也就是说，会计目标是要回答会计应做些什么的问题。因为会计管理工作从属于经济管理，因此会计的目标自然符合经济管理的目标，也就是为会计信息使用者提供有用的经济信息，以满足经济决策需要，提高经济管理效益。会计信息使用者既包括内部使用者，又包括外部使用者（见图 1-1）。

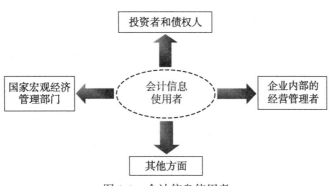

图 1-1 会计信息使用者

1. 国家宏观经济管理部门

国家宏观经济管理部门，是指为会计主体提供服务并实施管理和监督的政府有关部门，包括财政部门、税务机关、审计部门、人民银行、证券监管部门等。这些宏观经济管理部门使用会计信息，一是为了了解会计主体的经营状况和财务收支情况，评价经济主体的经营绩效；二是检查各经济主体的经营活动是否符合国家政策法规；三是通过了解每一个微观经济主体的经营状况，掌握国民经济和社会发展状况，发现问题、避免消极影响，调控和完善宏观经济政策，发挥调控经济的职能。

2. 投资者和债权人

投资者投入的权益资金是企业资金的主要来源，投资者最为关心的是投资的回报及面临的风险。因此，投资者需要会计人员为其提供企业的盈利能力、资本结构以及利润分配政策方面的信息，他们主要通过对这些指标的计算与分析，做出最有利于获得投资收益的选择。

债权人投入的债务资金也是企业资金来源的一个渠道。债权人通常关心借给企业的资金能否按期付息、足额还本，因此他们一般需要企业提供有关偿债能力以及获利能力方面的信息。他们可以利用这些指标综合分析企业的信用状况、资金使用的安全性，做出贷方资金的决策，并利用有效的方法拟定防范和化解风险的方案，预防风险，获得收益。

3. 企业内部的经营管理者

企业内部经营管理者，是受投资者委托，执行各种经营计划、组织各种经营活动、管理各种内部事务的管理人员。他们根据自己职能的不同，隶属于企业不同的部门，因此其对会计信息的需求也因部门而异，例如采购部门的管理者需要生产计划、采购预算等方面的信息，生产部门的管理者需要成本方面的信息，销售部门的管理者需要利润或库存的信息等，他们所需的会计信息一般都可通过企业内部的报表来得到满足。

4. 其他方面

除此之外，企业内外部的其他利益相关者，也会从自身的经济利益出发对经济主体的经济和财务信息提出自身的需求，例如，企业的供应商和客户除了关心企业盈利能力和营运能力之外，还会考虑企业支付能力的问题，因此，会需要付现能力这样的指标帮助自己做出商业决策；企业内部的员工，除了关心企业的盈利能力之外，也关注企业的发展能力，同时需要了解企业关于工资、保险等各方面的政策与计划。

（二）会计的作用

会计作为现代企业一项重要的基础性工作，其目标是为信息需求者提供经济信息，这也决定了会计在市场经济中对于提高企业效益发挥着重要作用：

1. 有助于提供对决策有用的信息，提高企业透明度，规范企业行为

会计通过其核算职能，提供的关于企业财务状况、经营成果和现金流量方面的信息是包括投资者和债权人在内的各方面进行决策的依据。对于国家社会经济管理部门来说，他们为了制定经济政策、进行宏观调控、配置社会资源，也需要从整体上掌握企业的资产负债结构、损益状况和现金流转情况，从宏观上把握经济运行的状况和发展变化趋势。

这些都需要会计提供有助于他们进行决策的信息，通过提高会计信息透明度来规范企业会计行为。

委托—代理关系

现代企业内人与人的关系实质是一系列以不完全合约为形式的委托—代理关系的总和。委托人是把自己的权利委托给别人去行使的人，代理人是接受这种权利，代表委托人行使权利的人。在企业内，企业所有者（由董事会代表的股东）是委托人。他们把自己经营管理企业的权利（所有者的使用权）交给其他人，他们就是委托人。总经理（管理团队的代表）接受董事会的委托，行使经营管理企业的权利，他们就是代理人。所以董事会与总经理的关系就是委托—代理关系。总经理会把他的管理权再交给下面的部门经理，如把财务管理权交给财务总监，生产管理权交给生产部主任，市场销售权交给营销总监等。所以，总经理与下面的部门经理之间也是委托—代理关系。部门经理还可以把权利再委托出去，与下面的人又形成了委托—代理关系，如此等等。所以，现代企业内人与人的关系就是层层的委托—代理关系，企业越大，这种委托—代理关系越复杂。

企业中这种委托—代理关系是用合约的形式固定下来的，合约规定了委托人和代理人双方的权责利。如果合约是完全的，非常详尽、全面，大家按合约行事，就没什么问题，委托—代理关系可以实现企业效率。完全合约以完全信息为基础，即以委托人与代理人双方完全互相了解为基础，但现实中双方却是信息不对称的。双方对对方都不是完全了解。我们也可以说，双方对对方的公开信息都可以了解，如他的学历、工作经验等，但对对方的私人信息并不了解，如他的个人爱好、家庭关系、朋友圈等。这样委托—代理关系必然是不完全的合约。

在这种不完全合约的情况下，代理人就有可能并不违背合约而侵犯委托人的利益以实现自己的个人利益。例如，以工作为名出去旅游，以工作为名用公司的钱招待亲朋好友，等等。我们把这种行为称为"工作中消费"。不仅总经理作为代理人如此，其他代理人都可

以以不同形式损公肥私，甚至公然偷懒。

消除这种现象的方法就是建立一种有效的监督机制，即委托人对代理人进行有效监督，但这种监督很难有效。比如，你派私人侦探去跟踪总经理，或者给他装上窃听器，这总不可能吧。监督还有两个突出的问题：一是设立一个机构和专人进行监督，代价太高；二是如果代理人发现处处有人监督，他还能积极工作吗？

利己的本性是天生的，是动物的本能。道德教育可以让代理人在一定程度上有自觉为企业工作的作用，但作用是相当有限的。

这就要设计一套激励机制。我们并不想改变代理人利己的本性，而是用激励机制把他的利己与为企业的利他统一起来。这就是说，代理人为企业努力工作实现了业绩，就实现了个人的利益。

2. 有助于企业加强经营管理，提高经济效益，促进企业可持续发展

为了满足企业内部经营管理对会计信息的需要，现代会计已经渗透到企业内部经营管理的各个方面。比如，企业会计通过分析和利用有关企业财务状况、经营成果和现金流量的信息，可以全面、系统、总括地了解企业的生产经营和财务状况，并在此基础上进行预测和分析；可以通过发现经营活动中存在的问题，找出存在的差距及原因，并提出改进措施；可以通过预算的分解和落实，建立起内部经济责任制，从而做到目标明确、责任清晰、考核严格、赏罚分明。总之，会计通过真实反映企业的财务信息，参与决策，有助于发挥会计工作在加强企业经营管理、提高经济效益方面的积极作用。

3. 有助于考核企业管理者经济责任的履行情况

企业接受了包括国家在内的投资者和债权人的投资，就有责任按照其预定的发展目标和要求，合理利用资源，加强经营管理，提高经济效益，接受考核和评价。会计信息有助于评价企业绩效，有助于考核企业管理者对经济责任的履行情况。比如，投资者可以通过资产的保值增值情况、利润提升状况的对比，来了解企业盈利的发展趋势，并以此作为考核企业管理者水平的依据。

第三节　会计核算的方法

会计核算方法是指对一定的会计期间的会计主体发生的经济活动进行连续、系统、全面和综合的核算和监督所采用的方法。会计核算的对象是复杂多样的，因此会计核算方法也必须是一个方法体系，由设置账户、复式记账、填制和审核会计凭证、登记账簿、成本计算、财产清查和编制财务会计报告组成。

（一）设置账户

账户是对会计对象的具体内容分门别类地进行记录、反映的工具。设置账户就是根据国家统一规定的会计科目和企业经营管理的要求，科学建立账户体系的过程。进行会

计核算之前，首先要将多样复杂的会计对象的具体内容进行科学的分类，有条理地反映管理所需的各种指标。每个账户只能反映一定数量的经济内容，将会计对象的具体内容划分为若干项目，就是会计科目。会计科目是设置会计账户的基础，根据科目设置账户，将所有反映的会计对象内容整体呈现，提供管理所需的各种信息。

（二）复式记账

复式记账是相对于单式记账而言的，复式记账是指对每笔经济业务，都在相互联系的两个或两个以上的账户上进行登记的一种专门方法。复式记账相对于单式记账而言，更有利于反映经济活动的来龙去脉，完整系统地记录资金运动的过程和结果，有利于看清各账户之间的相互联系，是科学的现代记账方法。

（三）填制和审核会计凭证

会计凭证是记录经济业务、明确经济责任的书面证明，是登记账簿的重要依据。为了保证会计信息具有真实性和可验证性，会计的任何记录和计量都必须以会计凭证为依据。填制和审核凭证就是为了审查经济业务的合法合理性，保证账户记录的正确、完整而采用的专门方法。会计凭证必须经过会计部门和有关部门的审核，只有确认正确无误的会计凭证才能作为记账的依据。填制和审核会计凭证是为经济管理提供真实可靠信息的重要保证。

（四）登记账簿

账簿是用来全面、连续、系统地记录各项经济业务的簿记，也是保存会计信息的重要工具和载体。登记账簿是指在账簿上把所有的经济业务按其发生的顺序分门别类地进行登记的一种专门方法。账簿具有一定的结构和格式，必须根据审核无误的会计凭证序时地、分类地进行登记。在账簿中应开设相应的账户，把所有的经济业务记入账簿中，并定期计算和累加，定期结账和对账。账簿所提供的各种信息，是编制会计报告的主要依据。

（五）成本计算

成本计算是指在生产经营过程中，按照一定的成本计算对象归集和分配各种费用支出，以确定各成本计算对象的总成本和单位成本的一种专门方法。生产过程同时也是消耗过程，通过成本计算可以确定材料采购成本、产品生产成本、产品销售成本等，可以监督发生的各项费用是否合理、合法，是否符合经济核算的原则，以便不断降低成本，增加企业的盈利。

（六）财产清查

财产清查是指通过盘点实物，核对往来款项来查明财产物资实有数额，保证账实相符的一种专门方法。财产清查可以查明各项实物和现金的保管和使用情况，以及银行存款和往来款项的结算情况，监督各项财产物资的安全与合理使用。在清查中如发现账实不符，应及时查明原因，通过一定的审批手续进行处理，并调整账簿记录。财产清查对于保证会计核算资料的正确性和监督财产的安全合理使用具有重要作用，是会计核算的一种重要方法。

（七）编制财务会计报告

　　财务会计报告是指企业对外提供的反映企业在某一特定日期财务状况或某一会计期间经营成果、现金流量的文件。编制财务会计报告是对日常核算资料定期加以总结，总括地反映经济活动和财务收支情况、考核计划、预算执行结果的一种专门方法。财务会计报告所提供的一系列核算指标，是编制、分析、考核财务计划和预算执行情况的重要依据，也是进行国民经济综合平衡必不可少的资料。编制完成财务会计报告，意味着这一会计期间会计核算工作的结束。

　　上述会计核算方法是相互联系、相互配合的，在会计对经济业务记录和反映的过程中，不论是采用手工处理方式，还是使用计算机数据处理系统，对于日常所发生的经济业务，首先要取得合法的凭证，按照所设置的账户，进行复式记账，根据账簿的记录，进行成本计算，在财产清查、账实核对的基础上编制财务会计报告（见图1-2）。会计核算的七种专门方法，构成了一个完整的会计核算方法体系。

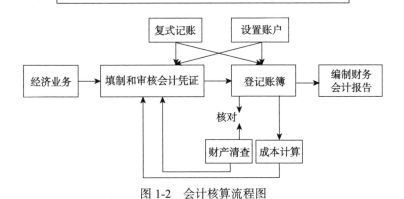

图 1-2　会计核算流程图

本章练习题

一、思考题

　　1. 什么是会计？

　　2. 会计有哪些特点？

　　3. 为什么说会计是一门国际通用的商业语言？

4. 会计的两大基本职能是什么？二者之间关系如何？

5. 会计的具体作用有哪些？

6. 会计的核算方法包括哪些？各种专门方法之间的关系如何？

二、分析题

长江公司 20×3 年 12 月发生下列经济活动：

1. 销售商品收回货款；

2. 与黄河公司签订一份购销合同；

3. 向希望工程捐款；

4. 经董事会商议，决定 20×4 年 1 月购买国债；

5. 采购员出差归来报销差旅费；

6. 生产车间到仓库领用材料；

7. 购买一台新设备，经安装调试已投入使用；

8. 公司 20×4 年费用预算顺利通过董事会决议；

9. 从当地人才市场引进一批研究生和大学生；

10. 董事会向生产和销售部门下达任务书。

要求：上述经济活动哪些属于会计对象？为什么？

即测即练

自学自测　　扫描此码

第二章

会计核算基础

会计也有假设和原则

　　小李和小王的企业开始经营了，他们在经营过程中有了很多想法，比如，小李自己的家里添置了些家具，并告诉会计想将这笔支出也计入企业的账目中；小王看了第一个月的财务报表，发现第一个月的经营业绩比自己想象的好，因为第一个月实际支付的房租支出和购买硬件的费用并不用全数计入本月账中……实际上会计有很多假设、原则和规律可循。

　　假设是哲学和逻辑学中的一个概念，是指若干理论理所当然的原始命题，是进行演绎推理或科学论证的先决条件。假设对任何一门学科的演进来说都是重要的。它是建立一门学科的基石。在会计学上，也有假设，即会计假设，它是会计进行核算的基本前提，是人们在长期的会计实践中逐步认识和总结出来的，是对一些普遍存在的事物的基本命题，从这些命题中，可以推导出一些合乎逻辑的结论。这些结论又可以推导出能用于特定情况的会计原则。因此，若没有会计假设，会计核算就难以进行，更谈不上会计的其他方面了。总之，会计假设是指"对某些未被确切认识的会计现象，根据客观的正常情况或趋势所作的合乎事理的判断，而形成的一系列构成会计思想基础的公理或假定"。

第一节　会计假设

　　会计核算的对象是资金运动，在市场经济条件下，经济活动的复杂性决定了资金运动也是一个复杂的过程，因此，面对变化不定的经济环境，一系列的问题必须得到有效的解决。例如，会计核算的范围有多大，会计为谁核算，给谁记账；会计核算的资金运动能否持续不断地进行下去；会计应该在什么时候记账、算账、报账；以及在核算过程中应该采用什么计量手段等。这些都是进行会计核算工作的前提条件。

　　会计假设即会计核算的基本前提，是指为了保证会计工作的正常进行和会计信息的质量，对会计核算的范围、内容、基本程序和方法所做的合理设定。会计假设是人们在长期的会计实践中逐步认识和总结形成的。结合我国实际情况，企业在组织会计核算时，应遵循的会计假设一般包括会计主体假设、持续经营假设、会计分期假设、货币计量假设四类。

会计假设（Accounting Hypothesis）

会计假设这一名词，在 1922 年佩顿所著的《会计理论》一书中首次提出。最早是 1961 年美国的坎宁在《会计的基本假设》中进行的论述，他把会计基本假设看成会计赖以存在的经济、政治和社会环境的基本前提或基本假设，他的这种看法和现在对会计假设的看法基本是一致的。会计假设来自环境，是比会计原则更为基础和理论性的概念，它不是人们的主观想象，而是客观实践的产物，是有客观依据的。一般在会计实践中长期奉行，无须证明便为人们所接受，是从事会计工作、研究会计问题的前提。

一、会计主体假设（Accounting Entity Hypothesis）

《企业会计准则——基本准则》第五条规定："企业应当对其本身发生的交易或者事项进行会计确认、计量和报告。"这是对会计主体假设的描述。会计主体是会计工作为其服务的特定单位或组织。会计主体假设是指会计核算应当以企业发生的各种经济业务为对象，记录和反映企业自身的各项经济活动。也就是说，尽管企业本身的经济活动总是与其他企业、单位或个人的经济活动相联系，但对于会计来说，其核算的范围既不包括企业所有者本人，也不包括其他企业的经济活动。会计主体假设明确了会计工作的空间范围。

会计主体与法律主体不是同一个概念。一般来说，法律主体必然是会计主体，但会计主体不一定就是法律主体。会计主体可以是一个有法人资格的企业，也可以是由若干家企业通过控股关系组织起来的集团公司，还可以是企业、单位下属的二级核算单位。个人独资、合伙形式的企业都可以作为会计主体，但都不是法人。会计主体假设是持续经营、会计分期假设和其他会计核算的基础，因为，如果不划定会计工作的空间范围，会计核算工作就无法进行，指导会计核算工作的有关要求也就失去了存在的意义。

会计主体假设的提出

会计主体的基本思想最早是由意大利人唐·安杰洛·彼得拉（Don Angelo Pietra）在 1586 年撰写的《会计人员规范记录复式账簿指南》一书中最先提出的。他明确地将所有者和经济活动主体（企业）分别看待。在 16 世纪后期及以后一段时间内，社会分工达到一定程度，商品经济逐步发展起来以后，生产的社会化决定了人们之间的劳动交换关系愈来愈密切，出现了大量的以盈利为目的的经营组织，客观上要求财务会计将这些组织视为独立于所有者之外的经济实体来核算其财务状况和经营业绩。

二、持续经营假设（Going Concern Hypothesis）

《企业会计准则——基本准则》第六条规定："企业会计确认、计量和报告应当以持续经营为前提。"这是对持续经营假设的描述。

持续经营是指会计主体的生产经营活动会无限期地延续下去，在可以预见的未来不会因破产、清算、解散等而不复存在。持续经营假设是指会计核算应当以正常的生产经营活动为前提，而不考虑企业是否破产清算等，在此前提下选择会计程序及会计处理方法，进行会计核算。尽管客观上企业会由于市场经济的竞争而面临被淘汰的危险，但只有假定作为会计主体的企业是持续、正常经营的，会计的有关要求和会计程序及方法才有可能建立在非清算的基础之上，这样才能保证会计信息处理的一致性和稳定性。持续经营假设明确了会计工作的时间范围。

会计核算所使用的一系列方法和遵循的有关要求都是建立在会计主体持续经营的基础之上的。例如，只有在持续经营的前提下，企业的资产和负债才能区分为流动的和非流动的；企业对收入、费用的确认才能采用权责发生制；企业才有必要确立会计分期假设和配比、划分收益性支出和资本性支出、历史成本等会计确认与计量要求。

会计分期的必要

一个从古老的村庄来的杂货店主，把"应付账款"记录在锭子上，把"应收账款"记录在便笺本上，把"现金"记录在雪茄烟盒上。他刚通过注册会计师考试的女儿指责他说："我真不明白你怎么能以这种方式经营你的生意，你怎么知道你的利润是多少？"

这个父亲回答说："40年前我从船上下来的时候，除了我穿着的裤子，别的一无所有，但是今天你哥哥是医生，姐姐是大学教授，而你是注册会计师。我和你母亲有一辆漂亮的车、一所装修完美的房子、一个靠湖的家。我们生意兴隆，没有欠款。所以，你把所有的加起来减去裤子就是利润。"

虽然老杂货店主的估计可能是正确的，但花如此长的时间等待经营结果是不切实际的。所有的经营主体，从街角杂货店到比如Kellogg这样的跨国公司，再到你所就读的大学，都会渴望且需要随时记录它们经营的成果。比如，管理层通常需要财务报表的月报，国税局要求所有的企业将年度报税表存档。因此，会计师将公司的整个经济寿命人为地分割为较短的时间段。这一假设被定义为会计分期假设。

资料来源：杰里·J. 韦安特，唐纳德·E. 基索，保罗·D. 金梅尔. 财务会计[M]. 王竹泉，刘秀丽，等译. 北京：机械工业出版社，2007.

三、会计分期假设（Accounting Period Hypothesis）

《企业会计准则——基本准则》第七条规定："企业应当划分会计期间，分期结算账目和编制财务会计报告。会计期间分为年度和中期。中期是指短于一个完整的会计年度的报告期间。"这是对会计分期假设的描述。

会计分期，又称为会计期间，是指把企业持续不断的生产经营过程划分为较短的相对等距的会计期间。分期假设的目的在于通过会计期间的划分，分期结算账目，按期编制财务报告，从而及时地向有关方面提供反映企业财务状况和经营成果的会计信息，满足有关方面的需要。从理论上来说，在企业持续经营的情况下，要反映企业的财务状况和经营成果只有等到所有的生产经营活动结束后，才能通过收入和费用的归集与比较，进行准确的计算，但那时提供的会计信息已经失去了应有的价值，因此，必须人为地将这个过程划分为较短的会计期间。

会计分期假设是对会计工作时间范围的具体划分，主要是确定会计年度。中外各国所采用的会计年度一般都与本国的财政年度相同。我国以日历年度作为会计年度，即从公历的 1 月 1 日至 12 月 31 日为一个会计年度。会计年度确定后，一般按日历确定会计半年度、会计季度和会计月度。其中，凡是短于一个完整的会计年度的报告期间均称为中期。

会计分期假设有着重要的意义。有了会计分期，才产生了本期与非本期的区别，才产生了收付实现制和权责发生制，以及划分收益性支出和资本性支出、配比等要求。只有正确地划分会计期间，才能准确地提供有关财务状况和经营成果的资料，才能进行会计信息对比。

四、货币计量假设（Monetary Measure Hypothesis）

《企业会计准则——基本准则》第八条规定："企业会计应当以货币计量。"这是对货币计量假设的描述。

货币计量是指会计主体在会计核算过程中应采用货币作为计量单位来记录、反映会计主体的经营情况。企业使用的计量单位较多，为了全面、综合地反映企业的生产经营活动，会计核算客观上需要一种统一的计量单位作为计量尺度。货币作为商品的一般等价物，能用以计量一切资产、负债和所有者权益，以及收入、费用和利润。会计核算必须以货币计量为前提，其他计量单位，如实物、劳动工时等，在会计核算中也要使用，但不占主要地位。

我国的相关法律要求企业对所有经济业务采用同一种货币作为统一尺度来进行计量。若企业的经济业务用两种以上的货币计量，应该选用一种作为基准，称为记账本位币。记账本位币以外的货币则称为外币。人民币是我国企业会计核算的法定记账本位币。业务收支以人民币以外的其他货币为主的企业，也可以选定该种货币作为记账本位币，但编制的会计报表应当折算为人民币反映。

货币本身也有价值，它是通过货币的购买力或物价水平表现出来的，但在市场经济条件下，货币的价值也在发生变动，币值很不稳定，甚至有些国家出现恶性的通货膨胀，对货币计量提出了挑战。因此，一方面，我们在确定货币计量假设时，必须同时确立币值稳定假设，假设币值是稳定的，不会有大的波动，或前后波动能够被抵消。另一方面，如果发生恶性通货膨胀，就需要采用特殊的会计原则如物价变动会计原则来处理有关的经济业务。

综上所述，会计假设虽然是人为确定的，但完全是出于客观的需要，有充分的客观必然性。否则，会计核算工作就无法进行。这四项假设缺一不可，既有联系，也有区别，共同为会计核算工作的开展奠定了基础。

通货膨胀（Inflation）

通货膨胀是指在纸币流通条件下，因货币供给大于货币实际需求，也即现实购买力大于产出供给，导致货币贬值，而引起的一段时间内物价持续而普遍上涨的现象。其实质是社会总需求大于社会总供给（供远小于求）。纸币、含金量低的铸币、信用货币的过度发行都会导致通货膨胀。通货膨胀会严重扭曲市场经济中价格信号，进而导致对商品和服务的货币计量可信度水平下降。

五套人民币

1948 年 12 月 1 日，我国发行了第一套人民币，并按一定比价收回之前解放区的地方性货币。

1955 年 3 月 1 日，我国发行了第二套人民币，按 1∶10 000 的比价收回第一套人民币。

1962 年 4 月 20 日，我国发行了第三套人民币，减少了 3 元面值纸币的数量，并与第二套人民币等值流通。

1987 年 4 月 27 日，我国发行了第四套人民币，增加了 50 元和 100 元面值的纸币，并与第三套人民币混合流通。

1999 年 10 月 1 日，我国发行了第五套人民币，取消了 2 元面值的纸币，转而发行 20 元面值的纸币。

第二节　会计信息质量特征

会计作为一项管理活动，其主要目的之一是向企业的利益相关者提供反映经营者受托责任和供投资者决策使用的会计信息。要达到这个目的，就必须要求会计信息具有一定的质量特征。会计信息质量特征也称会计信息质量要求、会计信息质量标准。根据我国新修订的《企业会计准则——基本准则》的规定，会计信息质量特征包括以下八项：可靠性、相关性、可理解性、可比性、实质重于形式、重要性、谨慎性、及时性。这些质量特征要求会计

扩展阅读：货币需要多少

人员在处理会计业务、提供会计信息时，遵循这些对会计信息的质量要求，以便更好地为企业的利益相关者服务。

一、可靠性（Reliability，Objectivity）

《企业会计准则——基本准则》第十二条规定："企业应当以实际发生的交易或者事项为依据进行会计确认、计量和报告，如实反映符合确认和计量要求的各项会计要素及其他相关信息，保证会计信息真实可靠，内容完整。"

可靠性，也称客观性、真实性，是对会计信息质量的一项基本要求。因为会计所提供的会计信息是投资者、债权人、政府及有关部门和社会公众的决策依据，如果会计数据不能客观、真实地反映企业经济活动的实际情况，势必无法满足各有关方面了解企业财务状况和经营成果以进行决策的需要，甚至可能导致错误的决策。可靠性要求在会计核算的各个阶段，包括会计确认、计量、记录和报告，必须力求真实客观，必须以实际发生的经济活动及表明经济业务发生的合法凭证为依据。

在会计实务中，有些数据只能根据会计人员的经验或对未来的预计予以计算。例如，固定资产的折旧年限，对制造费用分配方法的选择等，都会受到一定程度的个人主观意志的影响。不同会计人员对同一经济业务的处理出现不同的计量结果是在所难免的。但是，会计人员应在统一标准的条件下将可能发生的误差降低到最低程度，以保证会计核算提供的会计资料真实可靠。

为什么安装了高性能引擎的德国空军失败了？——信息的可靠性

第二次世界大战时期，德国的战斗机和轰炸机上，安装了性能卓越的 DB 引擎，绝不输给英国，拥有战斗机的数量也远远超过英国。战前许多声音认为，德国更占优势。

顺带一提，这场战争发生前夕，驻扎在英国的美国大使乔·肯尼迪曾向华盛顿发送消息"英国可能会沉没"，激怒了罗斯福总统。

英国之所以战胜了德国，主要的功臣是"雷达"——这个秘密武器。

英国通过雷达，能较早发现德国飞机，提前进行应对。通过雷达的开发和灵活运用，英国取得了胜利。德国虽然热衷于武器开发，还是小看了雷达。

不依赖武器进行战斗，凭借可靠的信息取胜——这在信息化社会，成了任何国家、任何企业的口头禅，信息崭露头角就是在这场战争中。

当可靠的信息成为武器时，作为传播信息的通信技术就不可或缺了。

二、相关性（Relativity）

《企业会计准则——基本准则》第十三条规定："企业提供的会计信息应当与财务会计报告使用者的经济决策需要相关，有助于财务会计报告使用者对企业过去、现在或者未来的情况做出评价或者预测。"

相关性，也称有用性，它也是会计信息质量的一项基本要求。信息要成为有用的，就必须与使用者的决策需要相关。当信息通过帮助使用者评估过去、现在或未来的事项或者通过确证或纠正使用者过去的评价，影响到使用者的经济决策时，信息就具有相关性。这就要求信息具有预测价值和确证价值（亦称反馈价值）。

信息的预测价值和确证价值是可以统一的。比如，关于企业拥有资产的数量和结构的信息，对使用者来说，既可以用来预测企业利用现有机遇来应付不利形势的能力，也可以证明过去对企业资产数量和结构以及计划经营活动的预测与结果的一致性。同时，预测未来的财务状况和经营业绩以及股利和工资的支付、证券价格的变动等使用者关心的其他事宜，经常以财务状况和过去的经营业绩信息为基础。

三、可理解性（Understandability，Clarity，Full disclosure）

《企业会计准则——基本准则》第十四条规定："企业提供的会计信息应当清晰明了，便于财务会计报告使用者理解和使用。"

可理解性，也称明晰性，是对会计信息质量的一项重要要求。提供会计信息的目的在于使用，要使用就必须了解会计信息的内涵，明确会计信息的内容，如果无法做到这一点，就谈不上对决策有用。信息是否被使用者所理解，取决于信息本身是否易懂，也取决于使用者理解信息的能力。可理解性是决策者与决策有用性的连接点。如果信息不能被决策者所理解，那么这种信息毫无用处，因此，可理解性不仅是信息的一种质量标准，也是一个与信息使用者有关的质量标准。会计人员应尽可能传递易被人理解的会计信息，而使用者也应设法提高自身的综合素养，以增强理解会计信息的能力。

"东床快婿""东床坦腹"——信息的相关性与可理解性

记载魏晋时文人雅士行为的《世说新语》中记载了一个故事。东晋时郗家是名门望族，王家也是。当时婚嫁一定要门当户对。郗家有一待嫁的女孩，想在王家找一女婿。于是郗太傅写信给王丞相表达了这个想法，王丞相请他来王家任意挑选。郗家派一门生去，门生回来汇报说，王家的孩子个个都好。郗家小姐乃当时有名的美女，王家子弟听说是来选婿，个个装得人模狗样，"咸自矜持"，只有一人在床上"坦腹卧"，完全不在乎。郗公说，就是这个人了，于是嫁女给他。这个人就是著名书法家王羲之。"东床快婿""东床坦腹"这两个成语都由此而来。

从会计学的角度看，这个故事讲的是如何向别人传递自己或真或假的信息，以达到目的。在这个故事中，王家子弟都希望能得到漂亮的郗家小姐，他们也都知道，双方的门第财富是公开的，不用通过发信号来传递。作为贵族之家，郗家还是希望所选的女婿有贵族气质。各位王家公子"咸自矜持"正是要发出自己具有贵族气质的信号。可惜这种气质是装出来的，被经验丰富的郗太傅识破了。王羲之装出一副满不在乎的

样子，好像天涯何处无芳草，何必死吊在郗小姐一棵树上。在郗太傅看来，这种无所谓的态度才是真正的贵族气质。"是真名士自风流"，贵族气质是装不出来的，"矜持"就有点装了。王羲之的成功正在于他以让人相信的方式发出了相关性的信息。

会计学要求企业向利益相关人提供对决策有用的相关性、可理解性信息，当然信息使用者还要具有分析信息的能力。

四、可比性（Comparability）

《企业会计准则——基本准则》第十五条规定："企业提供的会计信息应当具有可比性。"

为了明确企业财务状况和经营业绩的变化趋势，使用者必须能够比较企业不同时期的财务报表。为了评估不同企业相对的财务状况、经营业绩和现金流量，使用者还必须能够比较不同企业的财务报表。因此，对整个企业及其不同时期以及对不同企业而言，同类交易或其他事项的计量和报告，都必须采用一致的方法。

可比性也是企业会计信息质量的一项重要要求。它包括两个方面的含义，即同一企业在不同时期的纵向可比，不同企业在同一时期的横向可比。要做到这两个方面的可比，就必须做到：同一企业在不同时期发生的相同或相似的交易或者事项，应当采用一致的会计政策，不得随意变更。确须变更的，应当在附注中说明。不同企业发生的相同或者相似的交易或者事项，应当采用规定的会计政策，确保会计信息口径一致，相互可比。

五、实质重于形式（Economic Substance Exceed Form）

《企业会计准则——基本准则》第十六条规定："企业应当按照交易或事项的经济实质进行会计确认、计量和报告，不应仅以交易或事项的法律形式为依据。"

如果要真实地反映所拟反映的交易或其他事项，那就必须根据它们的实质和经济现实，而不是仅仅根据它们的法律形式进行核算和反映。交易或其他事项的实质，并非与它们的外在法律形式相一致。实质重于形式就是要求在对会计要素进行确认和计量时，应重视交易的实质，而不管其采用何种形式。

在这一方面，最典型的例子是当前对融资租入固定资产的确认与计量。从形式上看，该项固定资产的所有权在出租方，企业只是拥有使用权和控制权。也就是说，该项固定资产并不是企业购入的固定资产。因此，不能将其作为企业的固定资产加以核算。但是，由于融资租入固定资产的租赁期限一般都超过了固定资产可使用期限，而且到期企业可以以一定的价格购买该项固定资产，因此，为了正确地反映企业的资产和负债状况，对于融资租入的固定资产，一方面应作为企业的自有固定资产加以核算，另一方面应作为企业的一项长期应付款加以反映。

再如，企业将一项资产处理给另一单位时，可以在文件中声称将法律所有权转让给该单位。然而，还可能存在协议，可以保证企业继续享有该项资产所包含的未来经济利益。在这种情况下，报告一项销售收入就不可能真实地反映所达成的交易。

融 资 租 赁

融资租赁（financial leasing）又称设备租赁（equipment leasing）或现代租赁（modern leasing），是指实质上转移与资产所有权有关的全部或绝大部分风险和报酬的租赁。资产的所有权最终可以转移，也可以不转移。具体内容是出租人根据承租人对租赁物件的特定要求和对供货人的选择，出资向供货人购买租赁物件，并租给承租人使用，承租人则分期向出租人支付租金，在租赁期内租赁物件的所有权属于出租人所有，承租人拥有租赁物件的使用权。融资租赁是集融资与融物、贸易与技术更新于一体的新型金融产业。

六、重要性（Materiality）

《企业会计准则——基本准则》第十七条规定："企业提供的会计信息应当反映与企业财务状况、经营成果和现金流量等有关的所有重要交易或者事项。"

重要性是指财务报告在全面反映企业的财务状况和经营成果的同时，应当区分经济业务的重要程度，采用不同的会计处理程序和方法。具体来说，对于重要的经济业务，应单独核算、分项反映，力求准确，并在财务报告中做重点说明；对于不重要的经济业务，在不影响会计信息真实性的情况下，可适当简化会计核算或合并反映，以便集中精力抓好关键。

重要性的意义在于：对会计信息使用者来说，对经营决策有重要影响的会计信息是最需要的，如果会计信息不分主次，反而会有碍于信息的使用，甚至影响决策。而且，对不重要的经济业务简化核算或合并反映，可以节省人力、物力和财力，符合成本效益原则。

需要明确的是，重要性具有相对性，并不是同样的业务对不同的企业都是重要或不重要的事项。对某项会计事项判断其重要性，在很大程度上取决于会计人员的职业判断。一般来说，重要性可以从质和量两个方面进行判断。从性质方面来说，如果某会计事项发生可能对决策产生重大影响，则该事项属于具有重要性的事项；从数量方面来说，如果某会计事项的发生达到一定数量或比例可能对决策产生重大影响，则该事项也属于具有重要性的事项。

七、谨慎性（Conservatism）

《企业会计准则——基本准则》第十八条规定："企业对交易或者事项进行会计确认、计量和报告应当保持应有的谨慎，不应高估资产或者收益、低估负债或者费用。"

谨慎性又称稳健性，是指在处理不确定性经济业务时，应持谨慎态度。如果一项经济业务有多种处理方法可供选择，应选择不导致夸大资产、虚增利润的方法。在进行会计核算时，应当合理预计可能发生的损失和费用，而不应预计可能发生的收入和过高估计资产的价值。

谨慎性的要求体现于会计核算的全过程，在会计上的应用是多方面的。例如，对应收账款提取坏账准备，就是对预计不能收回的货款先行作为本期费用，计入当期损益，以后确实无法收回时冲销坏账准备；还有如固定资产计提减值准备等。

遵循谨慎性原则，对于企业存在的经营风险加以合理估计，对防范风险起到预警作用，有利于企业做出正确的经营决策，有利于保护投资者和债权人的利益，有利于提高企业在市场上的竞争能力。但是，企业在运用谨慎性原则时，不能滥用，不能以谨慎性原则为由任意计提各种准备，即秘密准备。例如，按照有关规定，企业应当计提坏账准备、存货跌价准备等减值准备。但是，在实际执行时，有些企业滥用会计准则给予的会计政策，在前一年度大量计提减值准备，待后一年度再予以转回。这种行为属于滥用谨慎性原则，计提秘密准备，是会计准则所不允许的。

八、及时性（Timeliness）

《企业会计准则——基本准则》第十九条规定："企业对于已经发生的交易或者事项，应当及时进行会计确认、计量和报告，不得提前或者延后。"

信息的报告如果不适当地拖延，就可能失去其相关性。当然，及时提供可能会损坏可靠性。企业可能需要权衡及时报告与提供可靠信息的优缺点。为了在及时的基础上提供信息，在了解某一交易或其他事项的所有方面之前，就可能有必要做出报告，这就会损害可靠性。相反，如果推迟到了解所有方面之后再报告，信息可能极为可靠，但是对于必须在事中决策的使用者来说，用处可能很小。要在相关性和可靠性之间达到平衡，决定性的问题是如何最佳地满足使用者的经济决策需要。

上述八项会计信息的质量特征，在实务中，常常需要在各特征之间权衡或取舍。其目的一般是达到质量特征之间的适当平衡，以便实现财务报告的目标。质量特征在不同情况下的相对重要性，属于会计人员的职业判断问题。

会计六德：智、仁、勇、信、达、雅

智、仁、勇是儒家提倡的三种德行。《论语·子罕》："子曰：知（智）者不惑，仁者不忧，勇者不惧。"《史记·平津侯主父列传》："智、仁、勇，此三者天下之通德。"信、达、雅是由清末新兴资产阶级启蒙思想家严复提出的，他在《天演论》中的"译例言"讲道："译事三难：信、达、雅。""信"是指意义不背原文，即译文要准确，不歪曲，不遗漏，也不要随意增减；"达"是指不拘泥于原文形式，译文通顺明白；"雅"则是指译文时选用的词语要得体，追求文章本身的古雅，简明优雅。

一、会计人员的三德——智、仁、勇

（一）智

子曰："智者不惑。"为什么？因为智者是有觉悟的人，他明白宇宙人生的真相，在

面对复杂的人事环境和物质环境时,能够把握时势,认清事实,明辨是非,辨别忠奸,从而自在地选择正确的行动,达到"从心所欲而不逾矩"的境界。

(二)仁

"仁"字由二人构成,一个是自己,一个是他人,意为想到自己,同时要想到别人。即要推己及人;己所不欲,勿施于人;己欲达而达人;老吾老以及人之老,幼吾幼以及人之幼。这些都是仁的表现。概括而言,就是要对他人友好、慈善,不与他人对立,所谓"仁者无敌"就是这个意思。

(三)勇

"勇"是在智慧、仁爱指导下的勇敢、勇气。会计人员的勇首先体现在知耻。《中庸》说"知耻近乎勇",强调人要具有反省的精神。什么是耻?自己专业知识少、技能不熟练、自私自利心重等都是耻。只有知耻才能勇于改过,才能战胜自己、提升自己,所以"知耻近乎勇",《老子》说"胜人者有力,自胜者强"也有这个意思。其次,勇还体现在"忍"。《佛遗教经》中说:"忍之为德,持戒苦行,所不能及,能行忍者,乃可名为有力大人。若其不能欢喜忍受恶骂之毒,如饮甘露者,不名入道智慧人也。"

二、会计信息的三德——信、达、雅

会计信息是用数字、文字、表格等形式表达的企业经济活动的信息。作为一种重要的经济管理信息,必须具备一定的品质特征。对此,《企业会计准则——基本准则》第二章做出了规定,一共有八项即可靠性、相关性、可理解性、可比性、实质重于形式、重要性、谨慎性和及时性。笔者认为会计信息的质量特征可以归并为信、达、雅三方面,在此称为会计信息的三德。信、达、雅三德不仅包含《企业会计准则——基本准则》对会计信息质量的八项要求,而且有所拓展。

(一)信

"信"字具有言语真实、诚实、确实、守信用、及时、有规律等基本含义。言语真实、诚实、确实、守信用等要求语言符合实际,做到才说到,说到要做到,可靠实在,值得信任,没有虚构欺骗。

信的这些含义要求会计信息:

1. 具有可靠性。要求企业应当以实际发生的交易或者事项为依据进行会计确认、计量和报告,如实反映符合确认和计量要求的各项会计要素及其他相关信息,保证会计信息真实可靠、内容完整。

2. 坚持实质重于形式。要求企业应当按照交易或者事项的经济实质进行会计确认、计量和报告,不应仅以交易或者事项的法律形式为依据。

3. 恪守谨慎性。要求企业对交易或者事项进行会计确认、计量和报告应当保持应有的谨慎,不应高估资产或者收益、低估负债或者费用。

4. 坚持及时性。信的"及时"的含义要求会计信息要具有及时性,不能延期,也不能推后。

5. 具有可比性,要求企业对于不同时期发生的相同或相似的交易或者事项,应当采用一致的会计处理方法。具有"有规律"性。

（二）达

"达"字具有通、通晓、达到、显贵等基本含义。根据这些含义，达要求会计信息：

1. 要达到使用者的要求，具有相关性，即企业提供的会计信息应当与会计报告使用者的经济决策需要相关，有助于财务会计报告使用者对企业过去、现在或者未来的情况做出评价或者预测。

2. 会计信息要具有可理解性，即企业提供的会计信息应当清晰明了，便于财务会计报告使用者理解和使用。

3. 会计信息要突出重要性，即企业提供的会计信息应当反映与企业财务状况、经营成果和现金流量等有关的所有重要交易或者事项。

（三）雅

上述信和达要求的会计信息质量涵盖了《企业会计准则——基本准则》第二章对会计信息要求的八项原则，即可靠性、相关性、实质重于形式、谨慎性、及时性、可比性、可理解性、重要性。但是，笔者认为，《企业会计准则——基本准则》第二章对会计信息要求并不完整，会计信息还应当具有"雅"性。

"雅"字的最基本的含义有两个：①正规的，标准的，如雅言、雅正；②美好的，高尚的，不粗俗的，如文雅、高雅、典雅、雅观。

按照"雅"字的要求，会计信息的表达要符合语言逻辑规范、采用标准的专业术语、统一规定的文件格式，在信息表达形式上讲求典雅美观，使信息使用者能够有良好的视觉体验和准确的理解。

本文简要阐述了会计人员的三德"智、仁、勇"和会计信息的三德"信、达、雅"。前三德是因，后三德是果，有因必有果，有果必有因，因果一体，合称"会计六德"。会计六德是会计工作自身特点所规定的，应当成为现代会计的根本规范。

资料来源：甘永生. 会计六德：智、仁、勇、信、达、雅[J]. 会计之友，2012（5）.

第三节　权责发生制与收付实现制

权责发生制与收付实现制是确定收入和费用的两种截然不同的会计处理基础。正确地应用权责发生制是会计核算中非常重要的一条规范。企业生产经营活动在时间上是持续不断的，不断地取得收入，不断地发生各种成本、费用，将收入和相关的费用相配比，就可以计算和确定企业生产经营活动所产生的利润（或亏损）。由于企业生产经营活动是连续的，而会计期间是人为划分的，所以难免有一部分收入和费用出现收支期间和应归属期间不一致的情况。于是在处理这类经济业务时，应正确选择合适的会计处理基础。可供选择的会计处理基础包括收付实现制和权责发生制两种。

一、收付实现制（Cash Basis Principle）

收付实现制，亦称现收现付制，是以款项是否实际收到或付出作为确认本期收入和费用的标准。采用收付实现制会计处理基础时，凡是本期实际收到的款项，不论其是否属于本期实现的收入，都作为本期的收入处理；凡是本期付出的款项，不论其是否属于本期负担的费用，都作为本期的费用处理。反之，凡是本期没有实际收到的款项、付出的款项，即使应归属于本期，也不作为本期收入和费用处理。

这种会计处理基础，由于款项的收付实际上以现金收付为准，所以一般称为现金制。现举例说明收付实现制下会计处理的特点：

（1）企业于1月10日销售商品一批，1月25日收到货款，存入银行。

分析：这笔销售收入由于在1月收到了货款，按照收付实现制的处理标准，应将其作为1月份的收入入账。

（2）企业于1月10日销售商品一批，2月10日收到货款，存入银行。

分析：这笔销售收入虽然属于1月实现的收入，但由于是在2月才收到货款，按照收付实现制的处理标准，应将其作为2月的收入入账，而不在1月入账。

（3）企业于1月10日收到某购货单位一笔货款，存入银行，但按合同规定于3月交付商品。

分析：这笔货款虽然属于3月份实现的收入，但由于是在1月份收到了款项，按照收付实现制的处理标准，应将其作为1月的收入入账。

（4）企业于1月30日以银行存款预付第一季度的租金。

分析：这笔款项虽然属于本月及未来两个月负担的费用，但由于在本月支付了款项，按照收付实现制的处理标准，应将其作为本月的费用入账。

从上面的举例可以看出，无论收入的权利和支出的义务归属于哪一期，只要款项的收付在本期，就应确认为本期的收入和费用，不考虑预收收入和预付费用，以及应计收入和应计费用的存在。到会计期末根据账簿记录确定本期的收入和费用，因为实际收到和付出的款项，必然已经登记入账，所以不存在对账簿记录进行期末调整的问题。这种会计处理基础的核算手续简单，但强调财务状况的切实性，不同时期缺乏可比性，所以它主要适用于行政事业单位。

二、权责发生制（Accrual Basis Principle）

《企业会计准则——基本准则》第九条规定："企业应当以权责发生制为基础进行会计确认、计量和报告。"

权责发生制亦称应收应付制，是指企业以收入的权利和支出的义务是否归属于本期为标准来确认收入、费用的一种会计处理基础。也就是以应收应付为标准，而不是以款项是否实际收付、是否在本期发生为标准来确认本期的收入和费用。在权责发生制下，凡是属于本期实现的收入和发生的费用，不论款项是否实际收到或付出，都应作为本期的收入和费用入账；凡是不属于本期的收入和费用，即使款项在本期收到或付出，也不作为本期的收入和费用处理。由于它不管款项的收付，而以收入和费用是否归属本期为准，所以称为应计制。

以前面所举例子进行说明（见表 2-1）。

表 2-1　权责发生制与收付实现制的比较

业 务 实 例	权责发生制	收付实现制
1 月销售商品一批，本月收到款项	本期收到的款项也是本期应获得的收入，按权责发生制与收付实现制确认收入和费用的结果完全相同	
1 月销售商品一批，2 月收到款项	收入权利在本月实现，应属于 1 月份收入	未收到货款，不在 1 月入账
1 月收到货款，3 月交货	收入权利不属于本月，不能在本月入账	本月收到货款，在 1 月入账
1 月支付第一季度租金	分别作为 1、2、3 月的费用；本月入账租金总额的 1/3	全部作为 1 月的费用

在权责发生制下，业务（1）收入的归属期和款项的实际收付同属相同的会计期间，确认的收入和费用与收付实现制相同；业务（2）中收入应作为 1 月份的收入，因为收入的权利在 1 月就实现了；业务（3）中收入应作为 3 月的收入，因为 1 月只是收到款项，并没有实现收入的权利，所以不应作为 1 月份的收入入账；业务（4）中费用应作为 1、2、3 月共同的费用，因为支出的义务应在本月及未来两个月。

扩展阅读：做过会计的首富——洛克菲勒

由此可见，与收付实现制相反，在权责发生制下，必须考虑预收、预付和应收、应付。由于企业日常的账簿记录不能完全地反映本期的收入和费用，需要在会计期末对账簿记录进行调整，使未收到款项的应计收入和未付出款项的应付费用，以及收到款项而不完全属于本期的收入和付出款项而不完全属于本期的费用，分别归属于相应的会计期间，以便正确地计算本期的经营成果。采用权责发生制进行核算比较复杂，但反映本期的收入和费用比较合理、真实，所以适用于企业。

本章练习题

一、思考题

1. 什么是会计假设？为什么要设立会计假设？

2. 会计假设包括哪些内容？各自的含义是什么？

3. 会计主体与法律主体是一回事吗？为什么？

4. 我国会计准则中关于会计期间的划分是如何规定的？

5. 什么是会计信息质量特征？它包括哪些内容？

6. 各项会计信息质量特征之间有何关系？如何权衡它们之间的关系？

7. 相关性和可靠性受到其他哪些质量特征的制约？

8. 权责发生制与收付实现制在收入与费用的确认与计量方面有何区别？

二、计算题

某企业 202×年 10 月发生如下经济业务：

1. 销售 A 产品收入 2 000 元，货款上月已预收；
2. 以现金 3 000 元支付第四季度的房屋租金；
3. 计提本月短期借款利息 200 元；
4. 销售产品收入 1 000 元，货款已存入银行；
5. 预收销货款 2 500 元；
6. 购买材料 2 000 元，货款已支付；
7. 销售产品收入 2 100 元，货款尚未收到。

分别采用权责发生制和收付实现制计算该企业 10 月的收入和费用，并将结算结果填入表 2-2 内。

表 2-2　权责发生制和收付实现制确认收入与费用比较　　　　　单位：元

序号	权责发生制		收付实现制	
	收入	费用	收入	费用
1				
2				
3				
4				
5				
6				
7				
合计				

三、案例讨论

1858 年，19 岁的洛克菲勒以 10% 的利息从父亲那里借来 1 000 美元，加上自己储蓄的 800 美元，与朋友莫利斯·克拉克合伙创立了一家经营农产品的公司——克拉克-洛克菲勒公司。新公司的经营非常顺利，第一年就做了 4.5 万美元的生意，净赚 4 000 美元。在经营过程中，洛克菲勒非常有经营能力，他有条不紊，留心细节，不差分毫。如果有一分钱该给公司，他必会争取回来。如果少给客户一分钱，他也要客户拿走。洛克菲勒做生意时总是信心十足、雄心勃勃，同时又言而有信，想方设法使自己取信于人。（根据真实故事改编）

假如洛克菲勒辞职创业前作为记账员的年薪为 600 美元，他第二年的经营情况汇总如下：

（1）销售面粉收入 12 8000 美元。
（2）销售火腿肠、猪肉收入 18 500 美元。
（3）各种商品成本共计 116 500 美元。
（4）支付广告费 2 000 美元。

（5）支付雇员工资 10 600 美元、洛克菲勒个人生活费 2 000 美元。

（6）挑选整理、运费等共计 3 000 美元，水电费 800 美元，其他杂费 700 美元。

问题：

（1）请评述其辞职自主创业是否更有利可图。

（2）确定洛克菲勒第二年的经营成果，和第一年比较是增加还是减少。

即测即练

自学自测　　扫描此码

会计要素与会计等式

第一节　会 计 对 象

会计对象就是会计所要反映和监督的内容，即会计所要反映和监督的客体。在社会主义市场经济条件下，就是指社会再生产过程中的资金运动。

任何一个企业单位，要想从事经营活动，必须拥有一定的物质基础，如工业企业若想生产制造产品，必须拥有厂房、建筑物、机器设备、材料物资，将这些劳动资料、劳动对象和劳动者相结合后，才能生产出劳动产品。可见，这些物质基础是进行生产经营活动的前提。而在市场经济条件下，这些物资又都属于商品，有商品就要有衡量商品价值的尺度，即商品价值一般等价物——货币。当用货币来计量各项财产物资价值时，我们就会形成一个会计概念，即资金。资金是社会再生产过程中各项财产物资的货币表现以及货币本身。也就是说，进行生产经营活动的前提是首先必须拥有资金。

从事经济活动的经济组织所拥有的资金不是闲置不动的，而是随着物资流的变化而不断运动、变化的。例如，工业企业进行生产经营活动，首先要用货币资金去购买材料物资，为生产过程做准备，生产产品时，再到仓库领取材料物资，生产出产品后，还要对外出售，售后还应收回已售产品的收入。这样，工业企业的资金就陆续经过供应过程、生产过程和销售过程进行流逐。资金的形态也在发生变化，用货币购买材料物资的时候，货币资金转化为储备资金（材料物资等所占用的资金）；车间生产产品领用材料物资时，储备资金又转化为生产资金（生产过程中各种在产品所占用的资金）；将车间加工完毕的产品验收进入产成品库后，此时，生产资金又转化为成品资金（待售产成品或自制半成品占用的资金，简称成品资金）；将产成品出售又收回货币时，成品资金又转化为货币资金。我们把资金从货币形态开始，依次经过储备资金、生产资金、成品资金，最后又回到货币资金的这一运动过程叫作资金循环，周而复始的资金循环叫作资金周转。工业企业的资金是不断循环周转的，具体情况如图 3-1 所示。

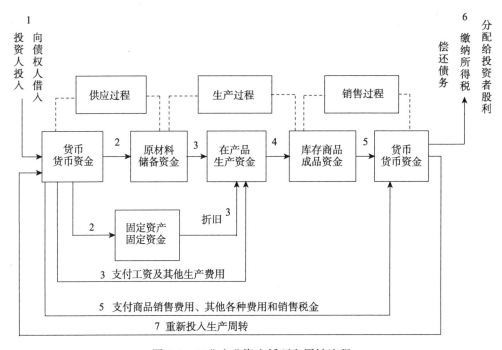

图 3-1　工业企业资金循环和周转流程

上述资金循环和周转流程，也可以划分为三个具体阶段，即供应过程、生产过程和销售过程。工业企业的资金在供、产、销三个阶段不断地循环周转，这些资金在空间序列上同时并存，在时间序列上依次继起。上述只是资金在企业内部的循环周转，就整个资金退出资金运动而言，还应包括资金的投入和资金的退出。

资金的投入包括所有者的资金投入和债权人的资金投入。前者构成了企业的所有者权益，后者形成了企业的债权人权益，即企业的负债。投入企业的资金一部分形成流动资产，另一部分形成企业的固定资产等非流动资产。

资金的退出包括按法定程序返还投资者的投资、偿还各项债务及向所有者分配利润等内容，这使一部分资金离开企业，游离于企业资金运动以外。

综上所述，工业企业因资金的投入、循环周转和退出等经济活动而引起的各项资源的增减变化、各项成本费用的形成和支出、各项收入的取得以及损益的发生、实现和分配，共同构成了会计对象的内容。

商业企业的经营过程分为商品购进和商品销售两个过程。在前一个过程中，主要是采购商品，此时货币资金转换为商品资金；在后一个过程中，主要是销售商品，此时资金又由商品资金转换为货币资金。在商业企业经营过程中，也要消耗一定的人力、物力和财力，它们表现为商品流通费用。在销售过程中，也会获得销售收入和实现经营成果。因此，商业企业的资金是沿着"货币资金—商品资金—货币资金"的方向运动。其具体内容也是资产、负债、所有者权益、收入、费用和利润六大要素。

行政事业单位为完成国家赋予的任务，同样需要一定数量的资金，但其资金来源主要是国家财政拨款。行政事业单位在正常业务活动过程中，所消耗的人力、物力和财力的货币表现，即为行政费用和业务费用。一般来说，行政事业单位没有或只有很少一部分业务收入，因为费用开支主要是靠国家财政预算拨款。因此，行政事业单位的经济活动，一方面按预算向国家财政取得拨入资金；另一方面又按预算以货币资金支付各项费用，其资金运动的形式就是"资金拨入—资金付出"。因此，行政事业单位会计对象的内容就是预算资金及其收支。

各单位在日常生产经营和业务活动中的资金运动称为经济业务事项。经济业务事项包括经济业务和经济事项两类。具体的会计核算内容包括以下几项。

（1）款项和有价证券的收付；

（2）财务的收发、增减和使用；

（3）债权债务的发生和结算；

（4）资本的增减；

（5）收入、支出、费用、成本的计算；

（6）财务成果的计算和处理；

（7）需要办理会计手续，进行会计核算的其他事项。

不论是工业企业、商业企业，还是行政事业单位都是社会再生产过程中的基本单位，会计反映和监督的对象都是资金及其运动过程，正因为如此，我们可以把会计对象概括为社会再生产过程中的资金运动。

企业的概念

"企业"一词，源于英语中的"enterprise"，并由日本人将其翻译成汉字词语而传入中国。Enterprise 原意是企图冒险从事某项事业，且具有持续经营的意思，后来引申为经营组织或经营体。

资料来源：史际春. 企业、公司溯源[M]//王保树. 商事法论集（第 1 卷）. 北京：法律出版社，1997：40.

第二节 会计要素

一、会计要素的含义

上一节提到，会计的对象是社会再生产过程中的资金运动。但是，这一概念的涉及面过于广泛，而且又很抽象。在会计实践中，为了进行分类核算，从而提供分门别类的会计信息，就必须对会计对象的具体内容进行适当的分类。于是，会计要素这一概念应运而生。

会计要素是对会计对象的基本分类，是会计对象的具体化，是反映会计主体的财务状况和经营成果的基本单位。

我国的《企业会计准则——基本准则》严格定义了资产、负债、所有者权益、收入、费用和利润六大会计要素。这六大会计要素又可以划分为两大类，即反映财务状况的会计要素（又称资产负债表要素）和反映经营成果的会计要素（又称利润表要素）。其中，反映财务状况的会计要素包括资产、负债和所有者权益；反映经营成果的会计要素包括收入、费用以及利润。

国际上的会计要素类型划分

1. 美国会计要素的分类

美国财务会计准则委员会将会计要素划分为资产、负债、权益、业主投资、派给业主款、总收益、营业收入、费用、利得、损失十大类。美国会计要素比中国会计要素多 4 个要素，权益和总收益要素分类比较详细，反映更为充分。

2. 国际会计准则委员会的分类

成立于 1973 年的国际会计准则委员会，为提高会计报表资料在国际间的可比性、协调各国会计实务中的分歧而颁布国际会计准则。其中，会计要素划分为资产、负债、产权、收益和费用五大要素。而且明确"收益的定义包括了收入和利得""费用的定义包括了损失，也包括那些在企业日常活动中发生的费用"。

二、会计要素的内容

（一）资产

1. 资产的特征

资产是指由过去的交易或者事项形成的，由企业拥有或者控制的、预期会给企业带来经济利益的资源。该资源在未来一定会给企业带来某种直接或间接的现金和现金等价物的流入。资产的确认须满足以下几个条件，或者说，资产具有以下几个基本特征：

（1）资产是由以往事项所导致的现时权利。也就是说，"过去发生"原则在资产的定义中占有举足轻重的地位。这也是传统会计的一个显著特点。尽管现有的一些现象，特别是衍生金融工具的出现，已对"过去发生"原则提出了挑战，但这一原则仍然在实务中得到了普遍的接受。

（2）资产必须为某一特定主体所拥有或者控制。这是因为，会计并不计量所有的资源，而仅计量在某一会计主体控制之下的资源。因此，会计上所计量的资产就应该或者说必须归属于某一特定的主体，即具有排他性。这里所说的"拥有"是指企业对某项资产拥有所有权，而"控制"则是指企业实质已经掌握了某项资产的未来收益和风险，但是目前并不对其拥有所有权。前者泛指企业的各种财产、债权和其他权利，而后者则指企业只具有使用权而没有所有权的各项经济资源，如企业融资租入的固定资产等。

（3）资产能为企业带来未来的经济利益。资产单独或与企业的其他要素结合起来，能够在未来直接或间接地产生净现金流入量，这是资产的本质所在。按照这一特征，判断一个项目是否构成资产，一定要看它是否潜存着未来的经济利益。只有那些潜存着未来经济利益的项目才能确认为资产。

除此之外，资产作为一项经济资源，与其有关的经济利益很可能流入企业，而且该资源的成本或者价值能够可靠地计量。

2．资产的构成

企业的资产按其流动性的不同可以划分为流动资产和非流动资产。

（1）流动资产。流动资产是指可以在 1 年内或者超过 1 年的一个营业周期内变现或者耗用的资产，主要包括库存现金、银行存款、应收及预付款项、待摊费用、存货。

①库存现金：是指企业持有的现款，也称现金。库存现金主要用于支付日常发生的小额、零星的费用或支出。

②银行存款：是指企业存入某一银行账户的款项。该银行称为该企业的开户银行。企业的银行存款主要来自投资者投入资本的款项、负债融入的款项、销售商品的货款等。

③应收及预付款项：是指企业在日常生产经营过程中发生的各项债权，包括应收款项（应收票据、应收账款、其他应收款等）和预付账款等。

④待摊费用：是指企业已经支出，但应当由本期和以后各期分别负担的、分摊期在 1 年以内（含 1 年）的各项费用，如低值易耗品的摊销、预付的保险费和一次性购买印花税的税额较大须分摊的数额等。

⑤存货：是指企业在日常的生产经营过程中持有以备出售，或者仍然处在生产过程中将要消耗，或者在生产或提供劳务的过程中将要耗用的各种材料或物料，包括库存商品、半成品、在产品以及各类材料等。

（2）非流动资产。非流动资产是指不能在 1 年或者超过 1 年的一个营业周期内变现或者耗用的资产，主要包括长期股权投资、固定资产、无形资产。

①长期股权投资：是指持有时间超过 1 年（不含 1 年）、不能变现或不准备随时变现的股票和其他投资。企业进行长期股权投资的目的是获得较为稳定的投资收益或者对被投资企业实施控制或影响。

②固定资产：是指企业使用年限超过 1 年的房屋、建筑物、机器、机械、运输工具以及其他与生产、经营有关的设备、器具、工具等。

③无形资产：是指企业拥有或者控制的没有实物形态的可辨认非货币性资产。无形资产包括专利权、非专利技术、商标权、著作权、土地使用权等。

哪些品牌可以作为无形资产入账

品牌这个词来自挪威语，原意是为了表示牛的质量打在牛身上的一个烙印。许多产品的质量不易于认识、判断，消费者本身也不具备检验产品质量的能力，品牌就成为他们判断质量最简单易行的方法，正如当年挪威人根据牛身上的烙印来判断牛的质量一样。美国消费者协会曾进行过一个调查，向被调查者提出问题：如果你来到一个陌生的地方，当地有两家餐馆，一家是当地人经营的，另一家是麦当劳，你会选择哪一家？80%以上的被调查者选择麦当劳。因为麦当劳可以保证营养与卫生，而当地人开的则不好判断。几乎所有消费者都把品牌与质量联系在一起，宁可花高价也要买质量可靠的有品牌产品。那么企业具体是如何利用品牌盈利的呢？

一、利用生产及销售活动获得品牌溢价

宝马汽车公司创办于 1916 年，最初以制造流线型的双翼侦察机闻名，目前以生产高级轿车为主，并生产飞机引擎、越野车、摩托车和汽车发动机。宝马集团拥有 BMW、MINI 和 Rolls-Royce（劳斯莱斯）3 个品牌，占据了从小型车到顶级豪华轿车各个细分市场的高端。其产品畅销 120 个国家和地区，覆盖上千万人的顾客群，宝马那蓝白相间的圆形标识也成为世界知名的高端品牌。高档次意味着"高附加值"，集团希望以较高的单车利润率而非庞大的销量，来实现利润的稳步增长。

宝马车属于自创品牌，不能作为无形资产处理，但是其专利应该作为无形资产核算，在专利覆盖期间分期摊入产品成本。

二、外包生产获取品牌运营收益

NIKE（耐克）英文原意指希腊胜利女神。该公司总部位于美国俄勒冈州波特兰市，凭借 107 亿美元的品牌价值，被美国知名财经杂志《福布斯》评选为全球顶尖体育品牌的首位，被誉为近 20 年来最成功的消费品公司之一。耐克作为一个不折不扣的中间商品牌，自己并不生产耐克鞋，而是在全世界寻找条件最好的生产商贴牌生产。因此耐克规避了制造业固定资产投入庞大的风险，专心于产品的研究与开发以及由众多明星代言的市场推广，大大缩短了产品的生命周期，快速推出新款式。

耐克贴牌产品的成本很低，被贴牌企业没有购买耐克的商标，没有形成无形资产。由于人们对耐克商标的认知度，即使耐克产品售价很高也愿意购买，耐克的品牌理念是激励人们成功，"Just Do It"，以及青少年崇尚英雄的观念——花费巨额请明星做代言，广告费占销售收入的 10%。

三、授权他人使用以获取品牌使用费

品牌授权又称品牌许可，是指授权者将自己所拥有或代理的商标或品牌等，以合同的形式授予他人并收取相应的费用。迪斯尼公司的米老鼠形象刚出名时，一位家具制造商就找上门来要求将米老鼠的形象印在写字台上，代价是支付给迪斯尼 300 美

元。这笔钱成为迪斯尼公司的第一笔品牌授权金。今天，主题公园、电视、电影、商品支撑起了迪斯尼的品牌价值，迪斯尼在全球已拥有 4 000 多家品牌授权企业。特许经营是指通过签订合同，特许人将商标、商号、经营模式等经营资源，授予被特许人使用；被特许人按照合同约定在统一经营体系下从事经营活动，并向特许人支付特许经营费。例如，麦当劳的大多数店面从严格意义上来说并不属于麦当劳总部，只是与麦当劳之间形成了特许经营的合同关系。因此无论每个店面的经营状况如何，麦当劳总部都可以旱涝保收，按期收取特许加盟费。

品牌使用费和特许加盟费都属于无形资产，需要在使用期限内摊销到管理费用。

四、出租品牌以获得租金收入

1989 年，广州乐百氏实业有限公司举办招商会，何伯权取得乐百氏奶的生产经营权。在租赁了广州乐百氏的品牌之后，他创办了中山市乐百氏保健制品有限公司。中山市乐百氏保健制品有限公司通过经营推广，1992 年发展成为广东今日集团。直到 1997 年今日集团收购了广州乐百氏，才成为乐百氏品牌的真正主人。由此可见，从 1989—1997 年的 8 年间，广州乐百氏依靠出租品牌盈利。其后乐百氏又被法国达能收购，至今乐百氏品牌仍活跃于市场上。

出租品牌的支出如果是一次性付款，需要计入无形资产，属于资本性支出，分期摊销。如果是按年付款则计入当年的管理费用即可，属于收益性支出。出租品牌企业的品牌租金收入计入其他业务收入。

五、靠出售品牌获利

意大利运动品牌 Kappa 于 2001 年进入中国市场，起初由李宁公司，后来由中国动向作为其在中国内地的总代理，中国动向将品牌调整为"运动+时尚"的定位，受到了市场热捧。2006 年年初，Kappa 的意大利母公司 Basic Net 出现财务危机，中国动向买断了 Kappa 在中国内地及中国澳门的品牌所有权。这足以说明，知名品牌是危急时刻可以变现的优质资产。

购买企业购买品牌的支出计入无形资产，出售企业获取的品牌销售收入计入其他业务收入。

六、靠品牌打假获利

LV 品牌进入中国后，已在 29 个城市开设了多家专卖店，但许多仿冒产品纷纷涌现。仿冒产品不但在小店和街边摊出售，有些还堂而皇之地进入大商场和星级酒店。2010 年 9 月，LV 公司在大连多家购物场所、酒店展开打假行动，对销售假冒 LV 产品的行为进行调查取证。在收集了充分的证据之后，2011 年 9 月 LV 系列维权案在大连开庭审理。LV 在当地法院共立案 22 起，提供 51 件假冒产品作为证据，有挎包、钱包、皮带等，每起案件索赔金额达 50 万元，索赔金额总计达 1 100 万元，获得了丰厚的侵权赔偿。

司法诉讼获赔收入计入品牌企业营业外收入，对方企业计入营业外支出。

资料来源：温爽. 靠品牌盈利的几种途径[J]. 财务与会计，2012（1）.

（二）负债

1. 负债的特征

负债是指由过去的交易或事项所形成的、预期会导致经济利益流出企业的现时义务。履行该义务将会导致经济利益流出企业。而在未来发生的交易或者事项形成的义务是不属于现时义务的，不应当确认为负债。负债具有如下特征：

（1）负债是由以往事项所导致的现时义务。也就是说，"过去发生"原则在负债的定义中占有举足轻重的地位。这也是传统会计的一个显著特点。尽管现有的一些现象，特别是衍生金融工具的出现，对"过去发生"原则提出了挑战，但这一原则仍然在实务中得到了普遍的接受。

（2）负债在将来必须以债权人所能接受的经济资源来加以清偿。这是负债的实质所在。也就是说，负债的实质是将来应该以牺牲资产为代价的一种受法律保护的责任。也许企业可以通过承诺新的负债或通过将负债转为所有者权益等方式来清偿一项现有负债，但这并不与负债的实质特征相背离。在前一种方式下，仅仅是负债的偿付时间被延迟了，最终，企业仍然需要以债权人所能接受的经济资源来清偿债务。在后一种方式下，则相当于企业用增加所有者权益而获得的资产偿还了现有负债。

（3）负债与其形成现时义务有关的经济利益很可能流出企业，而且在未来流出企业的经济利益的金额能够可靠地计量。

2. 负债的构成

负债通常是按照其流动性进行分类的。这样分类的目的在于了解企业流动资产和流动负债的相对比例，大致反映出企业的短期偿债能力，从而向债权人揭示其债权的相对安全程度。

负债按照其流动性不同，可以分为流动负债和非流动负债。

（1）流动负债。流动负债是指将在1年（含1年）内或者超过1年的一个营业周期内偿还的债务，包括短期借款、应付及预收款项、预提费用。

①短期借款：是指企业从银行或其他金融机构借入的期限在1年以下的各种借款。如企业从银行取得的、用来补充流动资金不足的临时性借款。

②应付及预收款项：是指企业在日常生产经营过程中发生的各项债务，包括应付款项（应付票据、应付账款、应付职工薪酬、应交税费、应付股利、其他应付款等）和预收账款等。

③预提费用：是指预先提取计入成本、费用，但尚未实际支付的项目所形成的一种负债。

（2）非流动负债。非流动负债是指偿还期超过1年或者超过1年的一个营业周期以上的债务，包括长期借款、应付债券、长期应付款。

①长期借款：是指企业从银行或其他金融机构借入的期限在1年以上的各项借款。企业借入长期借款，主要是为了长期工程项目。

②应付债券：是指企业为筹集长期资金而实际发行的长期债券。

③长期应付款：是指除长期借款和应付债券以外的其他长期应付款项，包括应付引进设备款、融资租入固定资产应付款等。

除了上述这种传统的分类，负债还可以按照偿付的形式分为货币性负债和非货币性负债。货币性负债是指那些需要在未来某一时点支付一定数额货币的现时义务，而非货币性负债则是指那些需要在未来某一时点提供一定数量和质量的商品或服务的现时义务。将负债区分为货币性负债和非货币性负债，在通货膨胀和外币报表折算的情况下是非常有用的。在通货膨胀的情况下，持有货币性负债会取得购买力损益，而非货币性负债则不受物价变动的影响。在需要进行外币报表折算的情况下，对货币性的外币负债可按统一的期末汇率进行折算，而对非货币性的外币负债则应采用不同的折算汇率。

（三）所有者权益

1. 所有者权益的特征

所有者权益也称股东权益，是指资产扣除负债后由所有者享有的剩余权益。它在数值上等于企业全部资产减去全部负债后的余额。其实质是企业从投资者手中所吸收的投入资本及其增值，同时也是企业进行经济活动的"本钱"。

2. 所有者权益的构成

所有者权益的来源包括所有者投入的资本、直接计入所有者权益的利得和损失、留存收益等，通常由实收资本（或股本）、资本公积、盈余公积和未分配利润构成。

（1）实收资本。企业的实收资本（即股份制企业的股本）是指投资者按照企业章程，或合同、协议的约定，实际投入企业的资本。它是企业注册成立的基本条件之一，也是企业承担民事责任的财力保证。

（2）资本公积。企业的资本公积也称准资本，是指归企业所有者共有的资本，主要源于资本在投入过程中所产生的溢价，以及直接计入所有者权益的利得和损失。资本公积主要用于转增资本。

（3）盈余公积。盈余公积是指企业按照法律、法规的规定从净利润中提取的留存收益。它包括：①法定盈余公积，指企业按照《公司法》规定的比例从净利润中提取的盈余公积金；②任意盈余公积，指经股东大会或类似机构批准后企业按照规定的比例从净利润中提取的盈余公积金。企业的盈余公积可以用于弥补亏损、转增资本（股本）。符合规定条件的企业，也可以用盈余公积分派现金股利。

（4）未分配利润。未分配利润是指企业留待以后年度分配的利润。这部分利润也属于企业的留存收益。

3. 所有者权益与负债的区别

所有者权益和负债虽然同是企业的权益，都体现企业的资金来源，但两者之间却有着本质的不同，具体表现为：

（1）负债是企业对债权人所承担的经济责任，企业负有偿还的义务；而所有者权益则是企业对投资人所承担的经济责任，在一般情况下是不需要归还给投资者的。

（2）债权人只享有按期收回利息和债务本金的权利，而无权参与企业的利润分配和经营管理；投资者则既可以参与企业的利润分配，也可以参与企业的经营管理。

（3）在企业清算时，负债拥有优先求偿权；而所有者权益则只能在清偿了所有的负债以后，才返还给投资者。

（四）收入

1. 收入的特征

收入是指企业在日常活动中形成的、会导致所有者权益增加的，与所有者投入资本无关的经济利益的总流入。收入的实质是企业经济活动的产出，即企业生产经营活动的结果。收入只有在经济利益很可能流入从而导致企业资产增加或者负债减少，而且经济利益的流入额能够可靠计量时才能予以确认。收入具有以下特征：

（1）收入从企业的日常活动中产生，而不是从偶发的交易或事项中产生。

（2）收入可能表现为企业资产的增加，也可能表现为企业负债的减少，或者二者兼而有之。

（3）收入最终能导致企业所有者权益的增加。

（4）收入只包括本企业经济利益的流入，而不包括为第三方或客户代收的款项。

2. 收入的构成

收入主要包括主营业务收入、其他业务收入和投资收益。

（1）主营业务收入。主营业务收入也称基本业务收入，是指企业在其经常性的、主要业务活动中所获得的收入。如工商企业的商品销售收入、服务业的劳务收入。

（2）其他业务收入。其他业务收入也称附营业务收入，是指企业非主要业务活动所获得的收入。如工业企业的销售原材料、出租包装物等业务取得的收入。

（3）投资收益。投资收益是指企业对外投资所取得的收益减去发生的投资损失后的净额。

应该予以强调的是，上面所说的收入是指狭义的收入，它是营业性收入的同义语。广义的收入还包括直接计入当期利润的利得，即营业外收入。营业外收入是指企业发生的与其生产经营活动无直接关系的各项收入，包括处置固定资产净收益和罚款收入等。

（五）费用

1. 费用的特征

费用是指企业在日常活动中发生的、会导致所有者权益减少的，与向所有者分配利润无关的经济利益的总流出。费用具有如下特征：

（1）费用从企业的日常活动中产生。

（2）费用可能表现为资产的减少，也可能表现为负债的增加，或者二者兼而有之。

（3）费用能导致企业所有者权益的减少，但与向所有者分配利润无关。

2. 费用的构成

这里所说的费用包括两方面内容，即成本和费用。

（1）成本。成本是指企业为生产产品、提供劳务而发生的各种耗费，包括为生产产品、提供劳务而发生的直接材料费用、直接人工费用和各种间接费用。企业应当在确认收入时，将已销售产品或已提供劳务的成本等从当期收入中扣除，即计入当期损益。

（2）费用。费用一般是指企业在日常活动中发生的营业税费、期间费用、信用减值损失、资产减值损失。

①营业税费，也称销售税金，是指企业营业活动应当负担并根据销售收入确定的各种税费，如消费税、城建税和教育费附加等。

②期间费用，包括销售费用、管理费用和财务费用。销售费用是指企业在销售商品的过程中发生的各项费用，包括企业在销售商品过程中发生的运输费、装卸费、包装费、保险费、展览费和广告费，以及为销售本企业的商品而专设的销售机构（含销售网点、售后服务网点等）的职工薪酬等经营费用。管理费用是指企业为组织和管理生产经营活动而发生的各项费用，包括企业的董事会和行政管理部门的职工工资、修理费、办公费和差旅费等公司经费，以及聘请中介机构费、咨询费（含顾问费）、业务招待费等费用。管理费用的受益对象是整个企业，而不是企业的某个部门。财务费用是指企业为筹集生产经营所需资金而发生的各项费用，包括应当作为期间费用的利息支出（减利息收入）、汇兑损失（减汇兑收益）以及相关的手续费等。

③信用减值损失是指企业计提应收账款等的坏账准备所形成的损失；资产减值损失是指企业计提存货跌价准备和固定资产减值准备等所形成的损失。

费用与成本既有联系又有区别。费用是和期间相联系的，而成本是和产品相联系的；成本要有实物承担者，而费用一般没有实物承担者。但二者都反映资金的耗费，都意味着企业经济利益的减少，也都是由过去已经发生的经济活动引起或形成的。

上面所定义的费用亦是狭义上的概念。广义的费用还包括直接计入当期利润的损失和所得税费用，其中，直接计入当期利润的损失，即营业外支出，是指企业发生的与其生产经营活动无直接关系的各项支出，包括固定资产盘亏、处置固定资产净损失、处置无形资产净损失、罚款支出、捐赠支出和非常损失等。所得税费用是指企业按企业所得税法的规定向国家缴纳的所得税。

值得注意的是，费用只有在经济利益很可能流出企业，而且流出额能够可靠计量时才能确认为费用。

（六）利润

1. 利润的特征

利润是指企业在一定会计期间的经营成果，包括收入减去费用后的净额、直接计入当期利润的利得和损失等。利润的实现，会相应地表现为资产的增加或负债的减少，其结果是所有者权益的增值。

2. 利润的构成

利润具体指营业利润、利润总额和净利润。营业利润是指主营业务收入加上其他业务收入，减去主营业务成本、其他业务成本、税金及附加、销售费用、管理费用、财务费用、信用减值损失、资产减值损失，再加上投资净收益、公允价值变动净收益后的金额。它是狭义收入与狭义费用配比后的结果。利润总额是指营业利润加上营业外收入，减去营业外支出后的金额。净利润是指利润总额减去所得税费用后的金额。它是广义收入与广义费用配比后的结果。

三、划分会计要素的意义

会计要素的划分在会计核算中具有十分重要的作用。

第一，会计要素是对会计对象的科学分类。会计对象的内容是多种多样、错综复杂的，为了科学、系统地对其进行反映和监督，必须对它们进行分类，然后按类设置账户并登记账簿。划分会计要素正是对会计对象所进行的分类。没有这种分类，就无法登记会计账簿，也就不能实现会计的反映职能了。

第二，会计要素是设置会计科目和会计账户的基本依据。对会计对象进行分类，必须确定分类的标志，而这些标志本身就是账户的名称，即会计科目，如果不将会计对象划分为会计要素，就无法设置会计账户，也就无法进行会计核算。

第三，会计要素是构成会计报表的基本框架。会计报表是提供会计信息的基本手段，会计报表应该提供一系列指标，这些指标主要是由会计要素构成的，会计要素是会计报表框架的基本构成内容。从这个意义上讲，会计要素为设计会计报表奠定了基础。

第三节 会 计 等 式

一、会计等式的含义

会计等式也称为会计平衡公式、会计方程式，是指表明各会计要素之间基本关系的恒等式。会计对象可概括为资金运动，具体表现为会计要素，每发生一笔经济业务，都是资金运动的一个具体过程，每一次资金运动过程都必然涉及相应的会计要素，从而使全部资金运动所涉及的会计要素之间存在一定的相互联系，会计要素之间的这种内在关系，可以通过数学表达式予以描述，这种表达会计要素之间基本关系的数学表达式就叫会计等式。

（一）基本会计等式

众所周知，企业要从事生产经营活动，一方面，必须拥有一定数量的资产。这些资产以各种不同的形态分布于企业生产经营活动的各个阶段，成为企业生产经营活动的基础。另一方面，这些资产要么源于债权人，从而形成企业的负债；要么源于投资者，从而形成企业的所有者权益。由此可见，资产与负债和所有者权益，实际上是同一价值运动的两个方面，一个是来龙，一个是去脉。因此，这两方面之间必然存在着恒等关系。也就是说，一定数额的资产必然对应着相同数额的负债与所有者权益，而一定数额的负债与所有者权益也必然对应着相同数额的资产。这一恒等关系用公式表示出来就是：

$$资产 = 负债 + 所有者权益$$

这一会计等式是最基本的会计等式，也称为静态会计等式、存量会计等式，既表明了某一会计主体在某一特定时点所拥有的各种资产，也表明了这些资产的归属关系。它是设置账户、复式记账以及编制资产负债表等会计方法的理论依据，在会计核算体系中有着举足轻重的地位。

（二）经济业务的发生对基本会计等式的影响

1. 经济业务的类型

企业在生产经营过程中，不断地发生各种经济业务，这些经济业务的发生会对有关的会计要素产生影响，但是，却不会破坏上述等式的恒等关系。为什么这样说呢？因为一个企业的经济业务虽然数量多、花样繁，但归纳起来不外乎以下九种类型：

（1）经济业务的发生，导致资产项目此增彼减，但增减金额相等，故等式保持平衡。

（2）经济业务的发生，导致负债项目此增彼减，但增减金额相等，故等式保持平衡。

（3）经济业务的发生，导致所有者权益项目此增彼减，但增减金额相等，故等式保持平衡。

（4）经济业务的发生，导致负债项目增加，而所有者权益项目减少，但增减金额相等，故等式保持平衡。

（5）经济业务的发生，导致所有者权益项目增加，而负债项目减少，但增减金额相等，故等式保持平衡。

（6）经济业务的发生，导致资产项目增加，而同时负债项目亦增加相同金额，故等式保持平衡。

（7）经济业务的发生，导致资产项目增加，而同时所有者权益项目亦增加相同金额，故等式保持平衡。

（8）经济业务的发生，导致资产项目减少，而同时负债项目亦减少相同金额，故等式保持平衡。

（9）经济业务的发生，导致资产项目减少，而同时所有者权益项目亦减少相同金额，故等式保持平衡。

【例3-1】　光明公司投资100 000元开设一家便民维修中心，专门从事各种家用电器修理、修配业务。该中心于202×年11月1日成立，一个月后开始营业，其发生的业务分析如下：

【业务1】　便民维修中心于202×年11月1日收到光明公司投入资本，存款支票100 000元，当即解缴该维修中心的开户银行。

这笔业务使维修中心获得银行存款资产100 000元，而光明公司因这一投资，对维修中心的资产拥有100 000元的索偿权，即代表所有者权益的实收资本也因此增加100 000元。这也表明，企业最初的一切资产都是由投资者投资而来的。这笔业务用会计等式表示如下：

	资产	=	负债	+	所有者权益
	银行存款	=			实收资本
（1）	100 000	=	0	+	100 000

【业务2】 202×年11月13日，维修中心购入营业用修配材料一批，价值5 000元，货款用银行存款付讫。

这笔业务使维修中心增加一项修配材料资产——存货，同时也使得维修中心的另一项资产——银行存款减少，两者金额都是5 000元。这笔业务对会计等式的影响如下：

	资产	=	负债	+	所有者权益
	银行存款+存货	=			实收资本
原余额：	100 000	=			100 000
（2）	−5 000+5 000	=	0	+	0
新余额：	100 000	=	0		100 000

【业务3】 202×年11月28日，维修中心从银行取得短期借款50 000元，存入银行。

这笔业务使维修中心的银行存款增加了50 000元，但中心也因此增加了一项短期借款负债，金额为50 000元。这笔业务对会计等式的影响如下：

	资产	=	负债	+	所有者权益
原余额：	100 000	=	0	+	100 000
	+银行存款	=	+短期借款		
（3）	+50 000	=	+50 000	+	0
新余额：	100 000+50 000	=	50 000	+	100 000

【业务4】 202×年12月10日，维修中心向大华公司赊购修配材料10 000元。

这笔业务使维修中心存货资产增加，同时使维修中心增加一项应付账款负债，两者金额均为10 000元。这笔业务对会计等式的影响如下：

	资产	=	负债	+	所有者权益
原余额：	150 000	=	50 000	+	100 000
	+存货	=	+应付账款		
（4）	+10 000	=	+10 000	+	0
新余额：	160 000	=	60 000	+	100 000

【业务5】 202×年12月15日，维修中心用银行存款4 000元偿还12月10日所欠大华公司部分货款。

这笔业务使维修中心的银行存款资产减少4 000元，而应付账款负债也相应减少4 000元。这笔业务对于会计等式的影响如下：

	资产	=	负债	+	所有者权益
原余额：	160 000	=	60 000	+	100 000
	−银行存款	=	−应付账款		
（5）	−4 000	=	−4 000	+	0
新余额：	156 000	=	56 000	+	100 000

【业务6】 202×年12月25日，维修中心开出票据一张交给大华公司，约定3个月后归还所欠其余6 000元货款，并一并支付利息。

这笔业务使维修中心增加了一项应付票据负债，同时减少了一项应付账款负债，两者金额均为6 000元。这笔业务对会计等式的影响如下：

	资产	=	负债	+	所有者权益
原余额：	156 000	=	56 000	+	100 000
			−应付账款+应付票据		
（6）	+0	=	−6 000+6 000	+	0
新余额：	156 000	=	56 000 −6 000 +6 000+		100 000

【业务7】 202×年12月27日，经协商，光明公司代维修中心偿还40 000元的银行借款，以此作为光明公司对维修中心的追加投资。有关手续已办妥。

这笔业务使维修中心的短期借款负债减少40 000元，而光明公司对维修中心的投资因此增加了40 000元，则代表光明公司权益的实收资本增加了40 000元。这笔业务对会计等式的影响如下：

	资产	=	负债	+	所有者权益
原余额：	156 000	=	56 000	+	100 000
			−短期借款	+	实收资本
（7）	+0	=	−40 000	+	40 000
新余额：	156 000	=	16 000	+	140 000

【业务8】 202×年12月28日，光明公司委托维修中心代为偿还一笔10 000元货款，作为对维修中心投资的减少。有关手续已办妥，维修中心尚未还款。

这笔业务使维修中心增加了应付账款负债10 000元，同时又使光明公司对维修中心的投资减少10 000元。这笔业务对会计等式的影响如下：

	资产	=	负债	+	所有者权益
原余额：	156 000	=	16 000	+	140 000
			+应付账款	−	所有者权益
（8）	0	=	+10 000		10 000
新余额：	156 000	=	26 000	+	130 000

【业务9】 202×年12月29日，在办理有关手续后，光明公司从维修中心抽回投资10 000元，维修中心以银行存款支付。

这笔业务使维修中心的银行存款资产减少10 000元，同时使维修中心应付账款也减少10 000元。这笔业务对会计等式的影响如下：

	资产	=	负债	+	所有者权益
原余额：	156 000	=	26 000	+	130 000
	−银行存款	=	−应付账款		
（9）	−10 000	=	−10 000		
新余额：	146 000	=	16 000	+	130 000

【业务10】 202×年12月30日，光明公司将其对维修中心的投资30 000元，转让给东方公司。有关手续已办理。

这笔业务使光明公司对维修中心的净资产的索偿权减少30 000元，而东方公司对维修中心的投资增加了30 000元，这表示维修中心一项所有者权益增加的同时使另一项所有者权益减少。这笔业务对会计等式的影响如下所示：

	资产	=	负债	+	所有者权益
原余额：	146 000	=	16 000	+	130 000
				+	实收资本
				−	实收资本
（10）	0	=	0	+	30 000−30 000
新余额：	146 000	=	16 000	+	130 000

维修中心两个月的经济业务可按照会计等式汇总，如下所示：

经济业务：	资产	=	负债			+	所有者权益
	银行存款+存货	=	短期借款+应付账款+应付票据			+	实收资本
（1）	+100 000						+100 000
（2）	−5 000　+5 000						
（3）	+50 000		+50 000				
（4）	+10 000		+10 000				
（5）	−4 000		−4 000				
（6）			−6 000	+6 000			
（7）			−40 000				+40 000
（8）			+10 000				−10 000
（9）	−10 000		−10 000				
（10）							+30 000−30 000
	131 000+15 000	=	10 000+	0	+6 000		130 000

2. 各类经济业务对基本会计等式的影响

通过以上分析，我们可以得出如下结论：

（1）一项经济业务的发生，如果仅涉及资产与负债和所有者权益中的一方，则既不会影响到双方的恒等关系，也不会使双方的总额发生变动。

（2）一项经济业务的发生，如果涉及资产与负债和所有者权益中的双方，虽然不会影响到双方的恒等关系，但会使双方的总额发生同增或同减变动。上面的分析仅考虑了资产、负债和所有者权益三个会计要素，如果再将收入、费用和利润这三个会计要素考虑进去，那么情况会怎么样呢？

（三）动态会计等式

企业的目标是从生产经营活动中获取收入，实现盈利。企业在取得收入的同时，必然要发生相应的费用。将一定期间的收入与费用相比较，收入大于费用的差额为利润，收入小于费用的差额则为亏损。因此，收入、费用和利润三个要素之间的关系可用公式表示为：

$$收入 - 费用 = 利润$$

这一等式也称为第二会计等式、增量会计等式，反映了企业某一时期收入、费用和利润的恒等关系，表明了企业在某一会计期间所取得的经营成果，是编制利润表的理论依据。

（四）扩展的会计等式

企业的生产经营成果必然影响所有者权益，即企业获得的利润将使所有者权益增加，资产也会随之增加；企业发生亏损将使所有者权益减少，资产也会随之减少。因此，企业生产经营活动产生收入、费用和利润后，则基本会计等式就会演变为：

$$资产 = 负债 + 所有者权益 + 利润 = 负债 + 所有者权益 + （收入 - 费用）$$

或
$$资产 + 费用 = 负债 + 所有者权益 + 收入$$

我们将这一等式称为扩展的会计等式。

下面，我们来考察企业经济业务的发生对该等式的影响：

（1）企业收入的取得，或者表现为资产要素和收入要素同时、同等金额的增加，或者表现为收入要素的增加和负债要素同等金额的减少，结果，等式仍然保持平衡。

（2）企业费用的发生，或者表现为负债要素和费用要素同时、同等金额的增加，或者表现为费用要素的增加和资产要素同等金额的减少，结果，等式仍然保持平衡。

（3）在会计期末，将收入与费用相减得出企业的利润。利润在按规定程序进行分配以后，留存企业的部分（包括盈余公积金和未分配利润）转化为所有者权益的增加（或减少），同时，要么是资产要素相应增加（或减少），要么是负债要素相应减少（或增加），结果，等式仍然保持平衡。

由于收入、费用和利润这三个要素的变化实质上都可以表现为所有者权益的变化，因此上述三种情况都可以归纳到前面我们总结的九种经济业务类型中去。也正因为如此，上述扩展的会计等式才会始终保持平衡。以上分析说明，资产、负债、所有者权益、收入、费用和利润这六大会计要素之间存在着一种恒等关系。会计等式反映了这种恒等关系，因而，它始终成立。任何经济业务的发生都不会破坏会计等式的平衡关系。

"胡焕庸线"与平衡法则

相传，周庙里有个器皿叫"宥座之器"。这个器皿很奇特，水注得太少就倾覆，水注满了也倾覆，水容量恰到好处时才平衡。有一天，孔子带弟子到庙里看这个器皿，他让人取来一瓢水试验，果然如此。孔子慨叹说，这同做人一样，满了就要倒。

清代学者李密庵诗云："帆张半扇免翻颠，马放半缰方稳便。"千百年来，平衡法则一直受人推崇，平衡法则是一种合情合理的精神，是和谐发展的一种境界。

　　由此想到了"胡焕庸线"。"胡焕庸线"是以中国著名地理学家胡焕庸教授命名的，出自 1935 年他的一篇论文。在这篇短短的文章中，胡焕庸提出一个看似简单却含义深邃并引人思考的命题。当时，为了说明中国人口区域分布的不平衡和梯度特征，他在黑龙江省的瑷珲至云南省的腾冲之间画出一条人为的连接线，这样就把中国境内的版图划分为面积大体相当的东南和西北两部分。他发现，当时中国 96% 的人口集中在东南部，只有 4% 的人口居住在西北部。

　　从胡焕庸的论文发表算起，近 90 年过去了。地理学家们没有淡忘这位前辈及其堪称百年地理大发现的贡献，"胡焕庸线"这个概念还引起更多人的关注，甚至产生一种网红效应。人们发现，这条关于中国陆地国土的西北—东南分界线，不仅继续把中国人口不均衡地分隔在两端，从人均 GDP、专利注册数量、人力资本密集度、市场活跃水平，乃至具有综合效应的夜间灯光分布等，都可以看到"胡焕庸线"两侧对比分明的差异。

　　也就是说，当代人对"胡焕庸线"的扩展观察，揭示了中国的区域经济活动水平和城镇化水平仍然存在明显的差异，西北地区严重落后于东南地区。不仅如此，很多人注意到，原来的东中西差异越来越表现为南北差异。这种国土空间布局的特点，既是经济和自然地理规律的作用，也是经济社会发展历史的产物。无论是从经济发展和区域经济的规律来认识，还是从中国经济发展的现实需求来认识，区域均衡发展才是终极目标。

　　党的二十大再次重申共同富裕，我们已经消除了贫困，相信未来在振兴东西北，缩小南北差别，消除城乡差别，建设青山绿水，保持人与自然和谐共生、缩小贫富差距、消除分配不公，平衡各种关系等方面，能够紧紧围绕事物演变的客观规律，去掉差异，取得共识，在平衡中寻求发展，未来可期。

二、会计对象具体内容之间的相互关系

　　会计对象的具体内容是由资产、负债、所有者权益、收入、费用和利润六大要素组成的。它们是资金运动的具体体现。资金运动同其他一切运动一样，总是具有两种形式，即相对静止状态和显著变化过程。相对静止状态即静态——资金运动在某一瞬间相对静止的状态——表现出资金运动在某一时点上停留的状态，它是企业单位经营活动的成果在资金方面的表现，因而反映了企业单位的财务状况，这种状况反映出资金的双重存在，一方面，它表现为特定的物质存在，即价值自然属性的体现；另一方面，它又表现为相应的要求权，即为谁所有，是价值社会属性的体现。资产是用来描述价值的物质存在形式的，它是资金的实物存在形态；负债和所有者权益是描述资金所有权关系的，即企业单位的资产一部分归债权人所有，其余归投资人所有。也就是说，负债和所有者权益是反映资产价值的来源渠道。资金运动的显著变化过程表现为资金的投入、退出以及资金在循环周转过程中引起的资金的耗费与收回，收回的资金与耗费的资金相比后，表现为

企业经营活动的成果。收入、费用和利润是企业一定时期经营活动结果的体现，它们反映企业资金运动显著变化的情况即动态——资金运动在某一时期显著变化的过程——表现出资金运动在运动过程中变化的情况。

资金运动的静态是表明资金运动增减变动结果的，而资金运动的动态则是表明资金运动增减变动原因的。会计既从资金运动的静态——资金运动的横断面进行反映，又从资金运动的动态——资金运动的纵剖面来反映，这样就可以反映整个资金运动过程，也就可以把资金运动的来龙去脉淋漓尽致地反映出来。

制造业企业经济活动如图 3-2 所示。

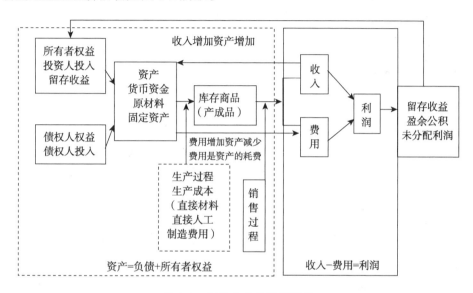

图 3-2　制造业企业经济活动

第四节　会计要素确认、计量及其要求

会计信息的载体是财务报告，财务报告由会计要素组成，对会计要素进行报告之前必须进行会计要素的确认与计量，在对会计要素进行确认与计量时，必须遵循一定的要求。

一、会计要素确认与计量的意义

（一）会计要素的确认

确认是指决定将交易或事项中的某一项目作为一项会计要素加以记录和列入财务报告的过程，是财务会计的一项重要程序。确认主要解决某一个项目应否确认、如何确认和何时确认三个问题，它包括在会计记录中的初始确认和在财务报表中的最终确认。凡是确认必须具备一定的条件。

我国《企业会计准则——基本准则》中规定了会计要素的确认条件：

1. 初始确认条件

要素的确认条件主要包括：①符合要素的定义。有关经济业务确认为一项要素，首先必须符合该要素的定义。②有关的经济利益很可能流入或流出企业。这里的"很可能"表示经济利益流入或流出的可能性在50%以上。③有关的价值以及流入或流出的经济利益能够可靠地计量。如果不能可靠计量，确认就没有意义。

举例来说，《企业会计准则——基本准则》第二十一条规定的资产确认条件为：符合本准则第二十条规定的资产定义的资源，在同时满足以下条件时，确认为资产：①与该资源有关的经济利益很可能流入企业；②该资源的成本或者价值能够可靠地计量。

2. 在报表中列示的条件

经过确认、计量之后，会计要素应该在报表中列示。资产、负债、所有者权益在资产负债表中列示，而收入、费用、利润在利润表中列示。

根据准则规定，在报表中列示的条件是：符合要素定义和要素确认条件的项目，才能列示在报表中，仅仅符合要素定义而不符合要素确认条件的项目，不能在报表中列示。

举例来说，《企业会计准则——基本准则》第二十二条规定：符合资产定义和资产确认条件的项目，应当列入资产负债表；符合资产定义、但不符合资产确认条件的项目，不应当列入资产负债表。

（二）会计要素的计量

会计通常被认为是一个对会计要素进行确认、计量和报告的过程，其中，会计计量在会计确认和报告之间起着十分重要的作用。

1. 会计计量属性的种类

《企业会计准则——基本准则》第四十二条规定，会计计量属性主要包括：

（1）历史成本。在历史成本计量下，资产按照购入时支付的现金或者现金等价物的金额，或者按照购入资产时所付出的对价的公允价值计量。负债按照因承担现时义务而实际收到的款项或者资产的金额，或者承担现时义务的合同金额，或者按照日常活动中为偿还负债预期需要支付的现金或者现金等价物的金额计量。

（2）重置成本。在重置成本计量下，资产按照购买相同或者相似资产所需要支付的现金或者现金等价物的金额计量。负债按照偿付该项债务所需支付的现金或者现金等价物的金额计量。

（3）可变现净值。在可变现净值计量下，资产按照其正常对外销售所能收到现金或者现金等价物的金额扣减该资产至完工时估计将要发生的成本、估计的销售费用以及相关税费后的金额计量。

（4）现值。在现值计量下，资产按照预计从其持续使用和最终处置中所产生的未来净现金流入量的折现金额计量。负债按照预计期限内需要偿还的未来净现金流出量的折现金额计量。

（5）公允价值。在公允价值计量下，资产和负债按照市场参与者在计量日发生的有序交易中，出售资产所能收到或者转移负债所需支付的价格计量。

如何更好地理解这些定义？以资产为例，实际上可以这样理解：在某一个时点上对资产进行计量时，历史成本是这项资产取得时的公允价值；重置成本是这个时点上取得这项资产的公允价值；可变现净值是这个时点上出售这项资产的公允价值；现值是这个时点上，不重新购买，也不出售，继续持有会带来经济利益的公允价值；公允价值是在任何时候只要是公平交易中双方愿意收到或支付的价值。

2. 会计计量属性的选择

《企业会计准则——基本准则》第四十三条规定："企业在对会计要素进行计量时，一般应当采用历史成本，采用重置成本、可变现净值、现值、公允价值计量的，应当保证所确定的会计要素金额能够取得并可靠计量。"这是对会计计量属性选择的一种限定性条件，一般应当采用历史成本，如果要用其他计量属性，必须保证金额能够取得并可靠计量。

二、会计要素确认与计量的要求

对会计要素进行确认与计量不仅要符合一定的条件，还要在确认与计量过程中遵循以下要求：划分收益性支出与资本性支出、收入与费用配比、历史成本计量。

（一）划分收益性支出与资本性支出

会计核算应当合理划分收益性支出和资本性支出。凡支出的效益仅与本会计年度（或一个营业周期）相关的，应当作为收益性支出；凡支出的效益与几个会计年度（或几个营业周期）相关的，应当作为资本性支出。划分收益性支出和资本性支出的目的在于正确确定企业的当期（一般指一个会计年度）损益。具体来说，收益性支出是为取得本期收益而发生的支出，应当作为本期费用，计入当期损益，列于利润表中。例如，已销售商品的成本、期间费用、所得税等；资本性支出是为形成生产经营能力，为以后各期取得收益而发生的各种支出，应当作为资产反映，列于资产负债表中。例如，购置固定资产和无形资产的支出等。

如果一项收益性支出按资本性支出处理，就会造成少计费用而多计资产，出现当期利润虚增而资产价值偏高的现象；如果一项资本性支出按收益性支出处理，则会出现多计费用少计资产，以致当期利润虚减而资产价值偏低的结果。

（二）收入与费用配比

正确确定一个会计期间的收入和与其相关的成本、费用，以便计算当期的损益，这是配比的要求。收入与费用配比包括两方面问题：一是收入和费用在因果联系上的配比，即取得一定的收入时发生了一定的支出，而发生这些支出的目的就是取得这些收入；二是收入和费用在时间意义上的配比，即一定会计期间的收入和费用的配比。

（三）历史成本计量

历史成本计量又称实际成本计量或原始成本计量，是指企业的各项财产物资应当按取得或构建时发生的实际支出进行计价。物价变动时，除国家另有规定外，不得调整账面价值。

以历史成本为计价基础有助于对各项资产、负债项目的确认和对计量结果的验证和控制；同时按照历史成本原则进行核算，也使得收入与费用的配比建立在实际交易的基础上，防止企业随意改动资产价格造成经营成果虚假或任意操纵企业的经营业绩。

用历史成本计价比较客观，有原始凭证作证明，可以随时查证和防止随意更改。但这样做是建立在币值稳定假设基础之上的，如果物价发生变动导致币值出现不稳定情况，则需要研究、使用其他的计价基础，如现行成本、重置成本等。

本章练习题

一、思考题

1. 什么是资金？制造业企业的资金是如何循环周转的？

2. 什么是会计要素？我国企业会计准则中对会计要素是如何划分的？

3. 什么是资产？资产的确认需要满足哪些条件？

4. 资产按流动性不同可以划分为哪些种类？各包括哪些内容？

5. 什么是负债？负债有哪些特征？

6. 负债按流动性不同可以划分为哪些种类？各包括哪些内容？

7. 所有者权益包括哪些内容？它与负债有何不同？

8. 收入、费用各有哪些特点？我国企业会计准则中规定的收入与费用是广义的还是狭义的？

9. 生产成本与期间费用有何不同？

10. 什么是利润？它由哪些内容构成？如何计算？

11. 什么是会计等式？其意义何在？

12. 为什么说无论发生什么会计事项都不会破坏会计等式的恒等关系？

13. 收入和费用的发生对资产、负债及所有者权益会产生哪些影响？

14. 会计对象具体内容之间的关系如何？

15. 会计要素确认与计量的含义是什么？在进行确认与计量时，应遵循哪些要求？

16. 如何理解会计的五种计量属性？

二、业务题

（一）习题一

1. 目的：练习会计要素的确认。

2. 资料与要求：将下列项目归属于相应的会计要素，将结果填列于表 3-1。

表 3-1　会计要素分类

项　目	资产	负债	所有者权益	收入	费用	利润
1. 出纳员保管的库存现金 3 000 元						
2. 存在银行的存款 150 000 元						

续表

项　目	资产	负债	所有者权益	收入	费用	利润
3. 购买材料所欠的货款 50 000 元						
4. 库存生产用的原材料 345 000 元						
5. 出售产品尚未收到的货款 200 000 元						
6. 销售商品收到客户开出并承兑的商业汇票 100 000 元						
7. 库存的产品 85 000 元						
8. 向银行借入 3 年期的借款 60 000 元						
9. 购买材料开出并承兑的商业汇票 1 500 元						
10. 房屋建筑物 2 367 000 元						
11. 机器设备 678 000 元						
12. 应交的各种税费 67 800 元						
13. 应付的职工薪酬 45 200 元						
14. 专利技术 120 000 元						
15. 商标权 20 000 元						
16. 运输用的汽车 521 300 元						
17. 投资人投入的资本 6 000 000 元						
18. 盈余公积 56 000 元						
19. 以前年度累计未分配利润 85 000 元						
20. 出差人员预借的差旅费 3 000 元						
21. 生产车间的在产品 67 000 元						
22. 销售商品取得的收入 500 000 元						
23. 处理多余的材料的收入 10 000 元						
24. 企业的广告费 60 000 元						
25. 企业短期借款的利息 59 000 元						

（二）习题二

1. 目的：练习经济业务的发生对会计等式的影响。

2. 资料：宏远公司 12 月初的资产、负债及所有者权益基本情况如表 3-2 所示。

表 3-2　宏远公司 12 月初的基本情况

单位：元

资　产	金　额	负债及所有者权益	金　额
库存现金	2 200	负债：	
银行存款	146 000	短期借款	71 100
应收账款	218 000	应付账款	1 238 600
原材料	2 000 000	长期借款	3 000 000
库存商品	2 100 000	负债合计	4 309 700
固定资产	6 656 000	所有者权益：	
		实收资本	6 566 000
		盈余公积	146 500
		未分配利润	100 000
资产总计	11 122 200	负债及所有者权益总计	11 122 200

本月发生如下经济业务：

（1）购入材料一批，费用为 20 000 元，已验收入库，货款未付。

（2）向银行借入 3 个月的短期借款 50 000 元，直接偿还所欠供应商的货款。

（3）收到投资者投入的资本 100 000 元，存入银行。

（4）以银行存款 25 000 元，偿还短期借款。

（5）将盈余公积 30 000 元转为资本。

（6）收到客户所欠的货款 40 000 元，存入银行。

（7）经董事会批准，以银行存款退还投资者股金 100 000 元。

（8）某企业代公司归还长期借款 1 000 000 元，经协商将其转为对公司资本的投入。

（9）按规定进行利润分配，从税后利润中应付给投资者利润 65 000 元。

（10）向银行借入短期借款 100 000 元，存入银行。

3. 要求：

（1）分析说明上述 10 项经济业务的资金变化类型，填入表 3-3 中。

（2）根据上述资料，将宏远公司 12 月各会计要素的具体项目的期初余额和月内增减变动金额填入表 3-4，同时计算出期末余额和合计数。

表 3-3　宏远公司 12 月各会计要素的具体变化情况

类　　型	经济业务序号
1. 一项资产增加，另一项负债增加，增加金额相等	
2. 一项资产增加，另一项所有者权益增加，增加金额相等	
3. 一项资产减少，另一项负债减少，减少金额相等	
4. 一项资产减少，另一项所有者权益减少，减少金额相等	
5. 一项资产增加，另一项资产减少，增减金额相等	
6. 一项所有者权益增加，另一项所有者权益减少，增减金额相等	
7. 一项负债增加，另一项负债减少，增减金额相等	
8. 一项负债增加，另一项所有者权益减少，增减金额相等	
9. 一项负债减少，另一项所有者权益增加，增减金额相等	

表 3-4　　公司的资产、负债及所有者权益变动表　　　　　　单位：元

资产				负债及所有者权益			
项　　目	期初余额	增减额	期末余额	项　　目	期初余额	增减额	期末余额
库存现金				负债：			
银行存款				短期借款			
应收账款				应付账款			
原材料				应付股利			
库存商品				长期借款			
固定资产				负债合计			
				所有者权益：			
				实收资本			
				盈余公积			
				未分配利润			
资产总计				负债及所有者权益总计			

三、案例讨论

假定周旭想勤工俭学开设一家周旭美术培训班，他拿出自己的压岁钱 5 000 元投资于该美术培训班，并用其中的 5 000 元购买了培训班所需空调、投影仪、黑板、办公桌等设备；因资金紧张而向银行取得 1 年期的小额贷款 4 000 元，又向供应商赊购上课用的粉笔、画纸、画笔等原材料 1 000 元，预交租赁费 3 000 元。周旭美术培训班定于 20×3 年 3 月 1 日正式开业。

问题：

（1）若根据以上资料进行会计核算，需要涉及哪些会计要素？

（2）用相关会计要素描述周旭美术培训班的财务状况。

（3）20×3 年 12 月 31 日，周旭美术培训班资产额为 29 000 元，负债额为 18 000 元。假设开业以来没有发生影响所有者权益的其他业务，要求计算周旭美术培训班开业以来实现的利润。

即测即练

自学自测　扫描此码

账户与复式记账

第一节 账户与会计科目

一、账户

（一）账户及其设置原则

所谓账户，是对会计要素的增减变动及其结果进行分类记录、反映的工具。账户是会计信息的"存储器"，设置账户是会计核算的一种专门方法。

如前所述，会计为了记录经济业务，提供会计信息，需要将会计对象按照一定的标志划分为若干个项目，我们称这些项目为会计要素。这是对会计对象的第一次分类，也是最基本的分类。例如，欲了解一个企业拥有或控制的经济资源有多少，承担多少债务，投资人的权益是多少，以及一定时期内企业取得多少收入，发生多少耗费，实现多少利润等信息，我们可以通过前述各项会计要素所提供的资料来满足有关信息使用者的需要。然而，会计信息使用者在决策过程中，除了需要上述的概括性资料外，往往还需要详细的资料。例如，在掌握了企业有多少资产、负债和所有者权益后，还需要知道企业都有些什么资产，企业的债务构成如何，所有者权益是怎样组成的等。这样，按照会计要素分类核算提供的资料就满足不了会计信息使用者的需要。于是，就需要在会计要素的基础上进行再分类，以便分门别类地核算，提供信息使用者所需的会计信息。账户就是在将会计对象划分为会计要素的基础上，对会计要素的具体内容所做的进一步分类。利用账户，可以分类地、连续地记录经济业务增减变动情况，再通过整理和汇总等方法，反映会计要素的增减变动及其结果，从而提供各种有用的数据和信息。例如，为了核算和监督各项资产的增减变动，需要设置"库存现金""银行存款""原材料""固定资产"等账户；为了核算和监督负债及所有者权益的增减变动，需要设置"短期借款""应付账款""长期借款"和"实收资本""资本公积""盈余公积"等账户；为了核算和监督收入、费用和利润的增减变动，需要设置"主营业务收入""生产成本""管理费用""本年利润""利润分配"等账户。

各会计主体设置账户时应遵循以下原则：

1. 必须结合会计要素的特点，全面反映会计要素的内容

账户作为对会计对象具体内容，即会计要素进行分类核算的工具，其设置应能保证全面、系统地反映会计要素的全部内容，不能有任何遗漏。同时，账户的设置还必须反映会计要素的特点。各会计主体除了需要设置各行各业的共性账户外，还应根据本单位经营活动的特点，设置相应的账户。例如，制造业企业的主要经营活动是制造产品，因而需要设置反映生产耗费的账户。"生产成本""制造费用"等账户，就是为满足这一需要而设置的。

2. 既要符合对外报告的要求，又要满足内部经营管理的需要

前面曾经指出，企业会计核算资料应能满足各方面的需要，即要满足政府部门加强宏观调控、制定方针政策的需要；满足投资者、债权人及有关方面对企业经营业绩和财务状况做出准确判断的需要；满足企业内部加强经营管理的需要。因此，在设置账户时要兼顾对外报告和企业内部经营管理的需要，并根据需要数据的详细程度，分设总分类账户和明细分类账户。总分类账户（简称总账）是对会计对象具体内容进行总括分类核算的账户，如"固定资产""实收资本"等账户。它提供的是总括性指标，这些指标基本上能满足企业外部有关方面的需要。明细分类账户（简称明细账）是对总分类账户的进一步分类，如在"库存商品"总分类账户下按照商品的类别或品名分设的明细分类账户，它提供的明细核算资料，主要为企业内部管理服务。

3. 既要适应经济业务发展需要，又要保持相对稳定

账户的设置，要适应社会经济环境的变化和本单位业务发展的需要。例如，随着商业信用的发展，为了核算和监督商品交易中的提前付款或延期交货而形成的债权债务关系，核算中应单独设置"预付账款"和"预收账款"账户，即把预收、预付货款的核算从"应收账款"和"应付账款"账户中分离出来。再如，随着技术市场的形成和专利法、商标法的实施，对企业拥有的专有技术、专利权、商标权等无形资产的价值及其变动情况，有必要专设"无形资产"账户予以反映。但是，账户的设置应保持相对稳定，以便

在一定范围内综合汇总和在不同时期对比分析其所提供的核算指标。

4. 统一性与灵活性相结合

所谓统一性，是指在设置账户时，要按照国家有关会计制度中对账户的名称即会计科目的设置及其核算内容所做的统一规定，以保证会计核算指标在一个部门，乃至全国范围内综合汇总，分析利用。所谓灵活性，是指在保证提供统一核算指标的前提下，各会计主体可以根据本单位的具体情况和经济管理要求，对统一规定的会计科目做必要的增补、分拆或合并。例如，财政部 2006 年颁布的《企业会计准则——应用指南》附录中列示的会计科目，未设置"待摊费用"和"预提费用"科目，企业如果需要单独核算预付费用和应计费用，可以增设"待摊费用"和"预提费用"账户。

5. 简明适用，称谓规范

每一个账户都应有特定的核算内容，各账户之间既要有联系，又要有明确的界限，不能含混不清。所以，在设置账户时，对每一个账户的特定核算内容必须严格地、明确地界定。总分类账户的名称应与国家有关会计制度的规定相一致，明细分类账户的名称含义明确，通俗易懂。账户的数量和详略程度应根据企业规模的大小、业务繁简的需要而定。

（二）账户的基本结构

如前所述，账户是用来记录经济业务，反映会计要素的具体内容增减变化及其结果的，因此，随着会计主体会计事项的不断发生，会计要素的具体内容也必然随之发生变化，而且这种变化不管多么错综复杂，从数量上看不外乎增加和减少两种情况。所以用来记录企业在某一会计期间内各种有关数据的账户，在结构上就应分为两方，即左方和右方。一方登记增加数，另一方则登记减少数。至于哪一方登记增加，哪一方登记减少，则由所采用的记账方法和所记的经济内容而决定。这就是账户的基本结构。这一基本结构，不会因企业实际所使用的账户具体格式不同而发生变化。

当然对于一个完整的账户而言，除了必须有反映增加数和减少数的两栏外，还应包括其他栏目，以反映其他相关内容。一个完整的账户结构应包括：①账户名称，即会计科目；②会计事项发生的时期；③摘要，即经济业务的简要说明；④凭证号数，即表明账户记录的依据；⑤金额，即增加额、减少额和余额。

为了说明问题和便于学习，会计教学中，我们通常用一条水平线和一条将水平线平分的垂直线来表示账户，称为 T 型账户（亦称丁字形账户），其格式如下：

左方　　　　　　　　　　账户名称（会计科目）　　　　　　　　　右方

每个账户一般有四个金额要素，即期初余额、本期增加发生额、本期减少发生额和期末余额。账户如有期初余额，首先应当在记录增加额的那一方登记，会计事项发生后，要将增减内容记录在相应的栏内。一定期间内记录到账户增加方的数额合计，称为增加发生额；记录到账户减少方的数额合计，称为减少发生额。正常情况下，账户四个数额之间的关系如下：

账户期末余额=账户期初余额+本期增加发生额−本期减少发生额

账户本期的期末余额转入下期，即为下期的期初余额。每个账户的本期发生额反映的是该类经济内容在本期内变动的情况，而期末余额则反映的是变动的结果。例如，某企业在某一期间"银行存款"账户的记录如下：

左方	银行存款	右方	
期初余额	10 000		
本期增加额	8 000	本期减少额	11 000
本期发生额	8 000	本期发生额	11 000
期末余额	7 000		

根据上述账户的记录，可知企业期初在银行的存款为 10 000 元，本期增加了 8 000元，本期减少了 11 000 元，到期末，企业还有 7 000 元的存款。

（三）账户的设置

前已述及，会计对象的具体内容，按照一定的标准进行基本分类，可将其划分为资产、负债、所有者权益、收入、费用和利润六个会计要素。账户则是对会计要素的再分类。于是，作为连续、系统地记录会计对象的账户，就相应地设置成六大类，然后，再根据每一类的具体内容、特点和管理要求，分别设置若干个账户，每个账户都记录某一特定的经济内容，具有一定的结构和格式。

1. 资产类账户

资产类账户，是用来反映和监督各种资产（包括各种财产、债权和其他权利）增减变动和结果的账户。例如，"库存现金""银行存款""交易性金融资产""应收账款""在途物资""原材料""库存商品""固定资产""无形资产""长期股权投资"等账户均为典型的资产类账户。

2. 负债类账户

负债类账户，是用来反映和监督各种负债的增减变动和结果的账户。例如，"短期借款""应付账款""应付职工薪酬""应交税费""应付股利""长期借款""应付债券"等账户为典型的负债类账户。

3. 所有者权益类账户

所有者权益类账户，是用来反映和监督所有者权益增减变动和结果的账户。例如，"实收资本"（或"股本"）、"资本公积""盈余公积"等账户为典型的所有者权益类账户。

4. 收入类账户

收入类账户，是用来反映和监督企业生产经营过程中取得的各种营业收入的账户。例如，"主营业务收入""其他业务收入""投资收益"等账户为典型的收入类账户。由于收入有广义与狭义之分，所以广义上的收入类账户还包括"营业外收入"账户。狭义的收入是利润表（亦称损益表）的构成项目，因此，广义的收入类账户属于损益类账户。

5. 费用类账户

费用类账户，是用来反映和监督企业生产经营过程中所发生的各种耗费的账户。例如，"主营业务成本""税金及附加""管理费用""财务费用""销售费用""信用减值损失""资产减值损失"等账户为典型的费用类账户。由于费用也有广义和狭义之分，所以广义的费用类账户还包括"生产成本""制造费用""营业外支出"和"所得税费用"等账户。广义费用中的生产成本和制造费用属于成本类费用。这类费用是通过形成主营业务成本的形式来计入利润表的，除此之外，其他广义费用均为利润表构成项目，因此，"生产成本"和"制造费用"账户又称成本类账户，其他广义费用类账户也属于损益类账户。

6. 利润类账户

利润类账户，是用来反映和监督企业利润的实现和分配情况的账户。例如，"本年利润"和"利润分配"账户为典型的利润类账户。由于利润属于所有者权益，所以"本年利润"和"利润分配"账户也属于所有者权益类账户。

由此可见，企业按会计要素设置的上述六类账户也可整合为资产类、负债类、所有者权益类、成本类和损益类五类账户。当然，账户不论如何分类，其基本结构也都是分为左右两方，一方登记增加，另一方登记减少。至于哪一方登记增加，哪一方登记减少，除了取决于所反映的经济内容外，还受具体的记账方法所制约。其具体结构和用途将在本章第三节中说明。

二、会计科目

（一）会计科目的含义

在上一个问题的讨论中我们已经指出，为了序时、连续、系统地记录由于经济业务的发生而引起的会计要素的增减变动，提供各种会计信息，各会计主体必须设置账户。正确地设置和运用账户，可以对各种经济业务的发生情况，以及由此而引起的资产、负债、所有者权益、收入、费用和利润各要素的变化，系统地、分门别类地进行反映和监督，进而向会计信息使用者提供各种会计信息，这对于加强宏观、微观经济管理具有重要意义。

《国际歌》巧解兵围

1945年8月，日本投降了，我国东北暂时由苏联红军控制。9月5日，我胶东区委遵照党中央的指示，组成"挺进东北先遣支队"，共70多人，从烟台乘船，于6日到达辽东半岛的庄河县王家岛。正当支队继续向西挺进至某村时，却遭到了苏联红军的阻拦。

由于抗战刚结束，我军部队的装备很差，军容不整，番号不明，所以苏军搞不清这支队伍的身份，苏军还向我军开了火。我军被迫还击，打伤了一名苏军。苏军被激怒了，他们调集兵力将我军包围在一所小学校里。我军知道这是和苏军发生了误会，但是当时没有俄语翻译，又无法表明我们是共产党的部队。喊话，双方谁也听不明白，比画，双方谁也不懂，眼看就要发生一场流血冲突了。

正在这危急时刻，我军的一名文化教员看到了教室的墙角有一架风琴，他灵机一动，想出了一个办法。他用这架风琴弹起了《国际歌》。苏军听到这雄壮而又熟悉的曲调十分奇怪，慢慢地，他们似乎明白了，放下了愤怒的枪口。

苏军猜想我军可能是共产党的队伍，于是派来代表也以《国际歌》为"语言"与我军谈判，从而消除了误会，避免了一场冲突。

今天，当时弹奏《国际歌》的那位文化教员的姓名已无处考查，那架风琴被陈列在辽沈战役纪念馆里。

《国际歌》成为共产国际的语言，学好会计学也要首先掌握会计语言才行，会计科目应该是会计的最基本语言。

会计科目是账户的名称，同时也是各单位设置账户的一个重要依据。会计科目与账户的共同点在于：它们都分门别类地反映某项经济内容，即两者所反映的经济内容是相同的。账户是根据会计科目开设的，账户的名称就是会计科目。从理论上来讲，会计科目和账户在会计学中是两个不同的概念，它们之间既有联系又有区别。

会计科目与账户的主要区别是：会计科目通常由国家统一规定，是各单位设置账户、处理账务所必须遵循的依据，而账户则由各会计主体自行设置，是会计核算的一个重要工具；会计科目只表明某项经济内容，而账户不仅表明相同的经济内容，而且还具有一定的结构格式，并通过其结构反映某项经济内容的增减变动情况，即会计科目仅仅是对会计要素具体分类的项目名称，而账户还具有一定的结构、格式。由于账户是根据会计科目设置的，并按照会计科目命名，也就是说会计科目是账户的名称，两者的称谓及核算内容完全一致，因而在实际工作中，会计科目与账户常被作为同一词语来理解，互相通用，不加区别。

（二）会计科目的级次

会计科目按其提供指标的详细程度，或者说提供信息的详细程度，可以分为以下两类：

1. 总分类科目

总分类科目亦称一级科目或总账科目，它是对会计要素的具体内容进行总括分类的账户名称，是进行总分类核算的依据，提供的是总括指标。总分类科目原则上由财政部统一制定，以会计核算制度的形式颁布实施。《企业会计准则——应用指南》中共设置会计科目156个，涵盖了我国所有企业的交易或者事项。会计科目列示见表4-1。

2. 明细分类科目

明细分类科目，是对总分类科目所含内容再做详细分类的会计科目。它所提供的是更加详细、具体的指标。如在"应付账款"总分类科目下再按具体单位分设明细科目，具体反映应付哪个单位的货款。为了适应管理上的需要，当总分类科目下设置的明细科目太多时，可在总分类科目与明细分类科目之间增设二级科目（也称子目）。二级科目所提供指标的详细程度介于总分类科目和明细分类科目（细目）之间。例如，在"原材料"总分类科目下，可按材料的类别设置二级科目"原料及主要材料""辅助材料""燃料"等。

表 4-1　会计科目表

编号	会计科目	编号	会计科目	编号	会计科目
一、资产类		1407	商品进销差价	1703	无形资产减值准备
1001	库存现金	1408	委托加工物资	1711	商誉
1002	银行存款	1411	周转材料	1801	长期待摊费用
1003	存放中央银行款项	1421	消耗性生物资产	1811	递延所得税资产
1011	存放同业	1431	贵金属	1821	独立账户资产
1012	其他货币资金	1441	抵债资产	1901	待处理财产损溢
1021	结算备付金	1451	损余物资	二、负债类	
1031	存出保证金	1461	融资租赁资产	2001	短期借款
1101	交易性金融资产	1471	存货跌价准备	2002	存入保证金
1111	买入返售金融资产	1501	债权投资	2003	拆入资金
1121	应收票据	1502	债权投资减值准备	2004	向中央银行借款
1122	应收账款	1503	其他债权投资	2011	吸收存款
1123	预付账款	1511	长期股权投资	2012	同业存放
1131	应收股利	1512	长期股权投资减值准备	2021	贴现负债
1132	应收利息	1521	投资性房地产	2101	交易性金融负债
1201	应收代位追偿款	1531	长期应收款	2111	卖出回购金融资产款
1211	应收分保账款	1532	未实现融资收益	2201	应付票据
1212	应收分保合同准备金	1541	存出资本保证金	2202	应付账款
1221	其他应收款	1601	固定资产	2203	预收账款
1231	坏账准备	1602	累计折旧	2211	应付职工薪酬
1301	贴现资产	1603	固定资产减值准备	2221	应交税费
1302	拆出资金	1604	在建工程	2231	应付利息
1303	贷款	1605	工程物资	2232	应付股利
1304	贷款损失准备	1606	固定资产清理	2241	其他应付款
1311	代理兑付证券	1611	未担保余值	2251	应付保单红利
1321	代理业务资产	1621	生产性生物资产	2261	应付分保账款
1401	材料采购	1622	生产性生物资产累计折旧	2311	代理买卖证券款
1402	在途物资	1623	公益性生物资产	2312	代理承销证券款
1403	原材料	1631	油气资产	2313	代理兑付证券款
1404	材料成本差异	1632	累计折耗	2314	代理业务负债
1405	库存商品	1701	无形资产	2401	递延收益
1406	发出商品	1702	累计摊销	2501	长期借款

续表

编号	会计科目	编号	会计科目	编号	会计科目
2502	应付债券	4104	利润分配	6203	摊回分保费用
2601	未到期责任准备金	4201	库存股	6301	营业外收入
2602	保险责任准备金			6401	主营业务成本
2611	保户储金		五、成本类	6402	其他业务成本
2621	独立账户负债	5001	生产成本	6403	税金及附加
2701	长期应付款	5101	制造费用	6411	利息支出
2702	未确认融资费用	5201	劳务成本	6421	手续费及佣金支出
2711	专项应付款	5301	研发支出	6501	提取未到期责任准备金
2801	预计负债	5401	工程施工	6502	提取保险责任准备金
2901	递延所得税负债	5402	工程结算	6511	赔付支出
三、共同类		5403	机械作业	6521	保单红利支出
3001	清算资金往来	六、损益类		6531	退保金
3002	货币兑换	6001	主营业务收入	6541	分出保费
3101	衍生工具	6011	利息收入	6542	分保费用
3201	套期工具	6021	手续费及佣金收入	6601	销售费用
3202	被套期项目	6031	保费收入	6602	管理费用
四、所有者权益类		6041	租赁收入	6603	财务费用
4001	实收资本	6051	其他业务收入	6604	勘探费用
4002	资本公积	6061	汇兑损益	6701	资产减值损失
4003	其他综合收益	6101	公允价值变动损益	6702	信用减值损失
4101	盈余公积	6111	投资收益	6711	营业外支出
4102	一般风险准备	6201	摊回保险责任准备金	6801	所得税费用
4103	本年利润	6202	摊回赔付支出	6901	以前年度损益调整

3. 总分类核算与明细分类核算

会计科目按提供指标详细程度，一般分为三级，一级科目（总分类科目）、二级科目（子目）、三级科目（明细科目，也称细目），总分类科目统辖下属若干个明细分类科目。在实际工作中，为满足会计信息使用者的不同需求，各会计主体应分别按总分类科目开设总分类账户，按明细分类科目开设明细分类账户。总分类账户提供的是总括分类核算指标，因而一般只用货币计量；明细分类账户提供的是明细分类核算指标，因而除用货币量度外，有的还用实物量度（如吨、千克、件、台等）。对经济业务通过总分类账户进行的核算，称为总分类核算；通过有关明细分类账户进行的核算，称为明细分类核算。

会计科目设置有什么规律？

会计科目的内容很多，对于初学者来说，要想在短时间内记清楚不是一件很容易的事，下面通过分类和归纳，总结出一些规律，便于记忆。

（1）名称相对应的科目

①收与付对应的科目。应收票据和应付票据、应收股利和应付股利、应收账款和应付账款、预收账款和预付账款、其他应收款和其他应付款。

②收与支对应的科目。主营业务收入和主营业务成本、其他业务收入和其他业务成本、营业外收入和营业外支出。

③长与短对应的科目。短期借款和长期借款。

（2）看得见摸得着的科目

库存现金、原材料、库存商品、固定资产、工程物资、在建工程等。

（3）根据名字就可以理解其含义的科目

库存现金、银行存款、应收股利、应收账款、其他应收款、材料采购、原材料、库存商品、长期股权投资、工程物资、在建工程、无形资产、长期待摊费用、待处理财产损溢、短期借款、应付账款、预收账款、应付职工薪酬、应付股利、应交税费、其他应付款、长期借款、长期应付款、本年利润、利润分配、生产成本、主营业务收入、其他业务收入、投资收益、主营业务成本、其他业务成本、所得税费用等。

（4）最后两个字是"准备"的科目

坏账准备、存货跌价准备、长期股权投资减值准备、固定资产减值准备、在建工程减值准备、无形资产减值准备等。

第二节　复式记账原理

一、记账方法概述

在会计工作中，为了有效地反映和监督会计对象，各会计主体除了要按照规定的会计科目设置账户外，还应采用一定的记账方法。所谓记账方法，是指按照一定的规则，使用一定的符号，在账户中登记各项经济业务的技术方法。会计上的记账方法，最初是单式记账法，随着社会经济的发展和人们的实践与总结，逐步改进单式记账法，从而演变为复式记账法。

（一）单式记账法

单式记账法是一种比较简单的不完整的记账方法。这种方法的主要特征是：对于每项经济业务，通常只登记现金和银行存款的收付业务，以及应收、应付款的结算业务，而不登记实物的收付业务；除了对于有关应收、应付款的现金收付业务需要在两个或两个以上账户中各自进行登记外，其他业务只在一个账户中登记或不予登记。例如，企业以现金 500 元支付办公费用。对于这项经济业务，在单式记账法下，就只在有关的现金账户中做减少 500 元的登记，至于费用的发生情况，则不予反映。又如，企业从某单位购入一批材料计价 1 000 元，货已收到，款尚未支付。对于这项经济业务，采用单式记账法，就只在结算债务账户中做增加 1 000 元的登记，而材料的增加，则不予登记。

采用单式记账法，对于有关应收、应付款的现金收付业务，虽然在记现金账的同时也记往来账，但现金账与往来账是各记各的，彼此没有直接的联系。

由此可见，在单式记账法下，对支付费用以及采用付现或赊购方式购买实物性资产的经济业务，只核算现金的减少或债务的增加，而对费用的发生或实物性资产的取得，一般不设置账户进行核算。至于实物性资产的结存数额，只能从定期的实地盘存得到，经营的损益则由前后两期财产结存数的比较求得，即期末资产结存大于期初资产结存的数额为利润；反之，则为亏损。

显然，单式记账法的优点是记账手续比较简单。但由于其账户的设置是不完整的，各个账户之间又互不联系，因此无法全面反映各项经济业务的来龙去脉，也不能正确核算成本和盈亏，更不便于检查账户记录的正确性。所以，这种记账方法只适用于经济业务非常简单的单位，目前已很少采用。

（二）复式记账法

所谓复式记账法，是指对任何一项经济业务，都必须用相等的金额在两个或两个以上的有关账户中相互联系地进行登记，借以反映会计对象具体内容增减变化的一种记账方法。现仍以前例说明其主要特征。例如，企业以现金 500 元支付办公费用。采用复式记账法，这项经济业务除了要在有关的现金账户中做减少 500 元的登记外，还要在有关费用账户中做增加 500 元的记录。这样登记的结果表明，企业现金的付出同费用的发生两者之间是相互联系的。又如，企业向某厂购入一批材料，计价 1 000 元，货已收到，款项尚未支付。采用复式记账法，这项经济业务除了要在结算债务账户中做增加 1 000 元的登记外，还要在有关的材料账户中做增加 1 000 元的记录。这样登记的结果，就使得债务的发生同材料的购进两者之间的关系一目了然。

由上可见，复式记账法的主要特征是：需要设置完整的账户体系，除了现金、银行存款账户外，还要设置实物性资产以及收入、费用和各种权益类账户；不仅记录货币资金的收付和债权、债务的发生，而且要对所有财产和全部权益的增减变化，以及经营过程中所发生的费用和获得的收入做全面、系统的反映；对每项经济业务，都要在两个或两个以上的账户中进行等额双重记录，以便反映其来龙去脉；根据会计等式的平衡关系，可以对一定时期内所发生的全部经济业务的会计记录进行综合试算，以检查账户记录是否正确。

二、复式记账的理论依据和基本原则

（一）复式记账的理论依据

如前所述，会计的对象是资金运动，而企业经营过程中所发生的每一项经济业务，都是资金运动的具体过程，只有把企业所有经济业务无一遗漏地进行核算，才能完整地反映出企业资金运动的全貌，为信息使用者提供其所需要的全部核算资料。

企业发生的所有经济业务无非就是涉及资金增加和减少两个方面，并且某项资金在量上的增加或减少，总是与另一项资金在量上的增加或减少相伴而生。换言之，在资金运动中，一部分资金的减少或增加，总是有另一部分资金的增减变动作为其变化的原因。这样就要求在会计记账的时候，必须把每项经济业务所涉及的资金增减变化的原因和结果都记录下来，从而完整、全面地反映经济业务所引起的资金运动的来龙去脉。复式记账方法恰恰就是适应了资金运动的这一规律性的客观要求，把每一项经济业务所涉及的资金在量上的增减变化，通过两个或两个以上账户的记录予以全面反映。可见，资金运动的内在规律性是复式记账的理论依据。

（二）复式记账的基本原则

所有的具体复式记账法都必须遵循以下四项原则：

第一，以会计等式作为记账基础。会计等式是将会计对象的具体内容，即会计要素之间的相互关系，运用数学方程式的原理进行描述而形成的。它是客观存在的必然经济现象，同时也是资金运动规律的具体化。为了揭示资金运动的内在规律性，复式记账必须以会计等式作为其记账基础。

第二，对每项经济业务，必须在两个或两个以上相互联系的账户中进行等额记录。前已述及，经济业务的发生，必然引起资金的增减变动，而这种变动势必导致会计等式中至少有两个要素或同一要素中至少有两个项目发生等量变动。为反映这种等量变动关系，会计上就必须在两个或两个以上账户中进行等额双重记录。

第三，必须按经济业务对会计等式的影响类型进行记录。前已说明，尽管企业发生的经济业务复杂多样，但对会计等式的影响无外乎两种类型：一类是影响会计等式等号两边会计要素同时发生变化的经济业务，这类业务能够变更企业资金总额，使会计等式等号两边等额同增或等额同减；另一类是影响会计等式等号某一边会计要素发生变化的经济业务，这类业务不变更企业资金总额，只会使会计等式等号某一边等额地有增有减。这就决定了会计上对第一类经济业务，应在等式两边的账户中等额记同增或同减；对第二类经济业务，应在等式某一边的账户中等额记有增有减。

第四，定期汇总的全部账户记录必须平衡。通过复式记账的每笔经济业务的双重等额记录，定期汇总的全部账户的数据必然会保持会计等式的平衡关系。

复式记账试算平衡有发生额平衡法和余额平衡法两种。发生额平衡法，是将一定时期会计等式等号两边账户的发生额增、减交叉相加之和进行核对相等，其计算公式是：

资产账户增加额合计＋权益账户减少额合计＝权益账户增加额合计＋资产账户减少额合计

余额平衡法，是将某一时点会计等式等号两边账户的余额分别加计汇总进行核对相等，其计算公式是：

资产账户期末余额合计＝权益账户期末余额合计

通过上述方法，如果试算平衡，说明账户金额记录基本正确。

三、复式记账的作用

通过以上分析我们不难看出，复式记账就是利用数学方程式的平衡原理来记录经济业务，这样登记的结果，能够把所有经济业务相互联系地、全面地记入有关账户之中，从而使账户能够全面地、系统地反映和监督经济活动的过程和结果，能够提供经营管理所需要的数据资料。同时，由于每笔账户记录都是相互对应地反映每项经济业务所引起的资金运动的来龙去脉的，因此应用复式记账法，还可以通过有关账户之间的关系了解经济业务的内容，检查经济业务是否合理、合法。此外，根据复式记账必然相等的平衡关系，通过全部账户记录结果的试算平衡，还可以检查账户记录有无差错。

综上所述，复式记账法具有单式记账法所无可比拟的优势，因而它也是世界各国公认的一种科学的记账方法。目前，我国的企业和行政事业单位采用的记账方法都是复式记账法。复式记账法从其发展历史看，曾经有"借贷记账法""增减记账法""收付记账法"等。我国现行有关制度规定企业、事业等单位一律采用借贷记账法。这是因为，一方面，借贷记账法经过多年的实践已被全世界的会计工作者普遍接受，是一种比较成熟、完善的记账方法；另一方面，从会计实务角度看，统一记账方法会对企业、单位之间横向经济联系和加强国际交往等带来极大的方便，并且对会计核算工作的规范和更好地发挥会计的作用具有重要意义。

第三节　借贷记账法

一、借贷记账法的产生与演进

借贷记账法是以"借"和"贷"作为记账符号，以"有借必有贷、借贷必相等"作为记账规则的一种复式记账方法。

"借""贷"两字的含义，最初是从借贷资本家的角度来解释的。借贷资本家以经营货币资金为主要业务，对于收进来的存款，记在贷主（creditor）的名下，表示自身的债务即欠人的增加；对于付出去的放款，则记在借主（debtor）的名下，表示自身的债权即人欠的增加。这样，"借""贷"两字分别表示借贷资本家的债权（人欠）、债务（欠人）及其增减变化。

随着商品经济的发展，经济活动的内容日趋复杂化，会计所记录的经济业务也不再局限于货币资金的借贷，而逐渐扩展到财产物资、经营损益和经营资本等的增减变化。这时，为了求得账簿记录的统一，对于非货币资金的借贷活动，也利用"借""贷"两字来说明经济业务的变化情况。这样，"借""贷"两字逐渐失去了原来的字面含义，演变为一对单纯的记账符号，成为会计上的专门术语。到15世纪，借贷记账法已逐渐完备，被用来反映资本的存在形态和所有者权益的增减变化。与此同时，西方国家的会计学者提出了借贷记账法的理论依据，即所谓"资产＝负债＋资本"的平衡公式（亦称会计方程式），并根据这个理论确立了借贷的记账规则，从而使借贷记账法日臻完善，为世界各国所普遍采用。中华人民共和国成立以前，借贷记账法就已传入我国，并为一部分企业所采用。

中华人民共和国成立以后，我国会计工作者在借贷记账法的基础上，提出了一些新的记账方法，如增减记账法、资金收付记账法等，并将其运用于会计实践中。但是，记账方法不统一，既给企业间横向经济联系和国际经济交往带来诸多不便，也不利于经济管理中对会计信息的加工、汇总和利用。因此，我国于 1993 年实施的基本会计准则就已明确规定，境内所有企业在进行会计核算时，都必须统一采用借贷记账法。目前，即使是行政事业单位，也都采用借贷记账法。

再谈借贷记账法

借贷记账法起源于 1211 年的意大利北部城邦佛罗伦萨，当时佛罗伦萨商业比较发达，银钱借贷十分频繁，钱庄业主为了记清楚账目，把整个账簿分为应收账款和应付账款，并为每一个债权人和债务人开设一个账户，即应收账款和应付账款。不过那时的记账方法基本还是单式记账，复式记账还处于萌芽阶段，账户也只是叙述式的，后来传到了热那亚，热那亚人对该方法进行了改进，将每个账户都分为左和右对照式，分别用借方和贷方表示。在应收账款账户下，账户借方登记别人欠我的，贷方登记别人还我的，借方减去贷方后的差额表示还有多少未收回的款项；在应付账款科目下，贷方登记我欠别人的，借方登记我还别人的，贷方减去借方后的差额表示还有多少未归回的款项，并在保留债权、债务的基础上又加入了商品和现金账户，并且采用复式记账。凡购买商品和收回现金都记于账户的借方，卖出商品或支付现金都记于账户的贷方。之后该方法又传到意大利名城威尼斯，威尼斯商人在此基础上进一步的改进，又加入了收入、费用等损益账户和资本（权益）账户，出售商品不再直接减少商品账户，而是先要记入收入账户的贷方，待月末再一笔汇总，从出库转入商品，贷记商品成本账户；收入要从借方定期转入利润的贷方，费用支出也不再直接减少利润，而要先记入费用的借方，月末也要从贷方一笔转入利润的借方。收入和成本、费用，具有归集或汇总和过渡性质，被称为暂记性账户，最终结果都要转入利润账户，利润的贷方减去利润的借方就是经营所得。利润账户也具有汇总和过渡性质，最终要归属于资本（权益）账户。资本账户是用来登记投资人权益的，其主要功能就是用来反映资本的增值。

二、借贷记账法的记账符号

记账符号，是会计核算中采用的一种抽象标记，表示经济业务的增减变动和记账方向。如前所述，借贷记账法以"借"和"贷"作为记账符号，"借"（英文简写为 Dr）表示记入账户的借方；"贷"（英文简写为 Cr）表示记入账户的贷方。在借贷记账法下，"借""贷"两个符号对会计等式两边的会计要素规定了相反的含义，即抽象地看，无论是"借"还是"贷"都既表示增加，又表示减少。具体地看，"借"对会计等式左边的账户，即资产、费用类账户表示增加，对会计等式右边的账户，即负债、所有者权益、收入和利润类账户则表示减少；"贷"对会计等式左边的资产、费用类账户表示减少，对会计等式右边的负债、所有者权益、收入和利润类账户则表示增加。

三、借贷记账法的账户结构

在借贷记账法下,任何账户都分为借、贷两方,而且把账户的左方称为"借方",账户的右方称为"贷方"。记账时,账户的借贷两方必须做相反方向的记录,即对于每一个账户来说,如果借方用来登记增加额,则贷方就用来登记减少额;如果借方用来登记减少额,则贷方就用来登记增加额。在一个会计期间内,借方登记的合计数称为借方发生额;贷方登记的合计数称为贷方发生额。那么,究竟用哪一方来登记增加额,用哪一方来登记减少额呢? 这要根据各个账户所反映的经济内容,也就是它的性质来决定。下面分别说明借贷记账法下各类账户的结构。

生命的借记卡

我们每个人出生的时候,并不是两手空空,而是捏了一张生命的借记卡。

阳世通行的银行卡分有钻石卡、白金卡等细则,生命的卡则一律平等,并不因为出身的高下和财富的多少,就对持卡人厚此薄彼。

这张卡是风做的,是空气做的,透明、无形,却又无时无刻不在拂动着我们的羽毛。在你的亲人还没有为你写下名字的时候,这张卡就已经毫不迟延地启动了业务。卡上存进了我们生命的总长度,它被分解成一分钟一分钟的时间,树木倾斜的阴影就是它轻轻的脚印了。

密码虽然在你的手里,但对储藏在生命借记卡里的这个数字,你虽是主人,却无从知道。这是一个永恒的秘密,不到借记卡归零的时候,你都在混沌中。也许,它很短暂呢,幸好我不知你不知,咱们才能无忧无虑地生活着,懵然向前,支出着我们的时间,不知道会在哪一个早上那卡突然就不翼而飞,生命戛然停歇。

很多银行卡是可以透支的,甚至把透支当成一种福祉和诱饵,引领着我们超前消费,然而它也温柔地收取了不菲的利息。生命银行冷峻而傲慢,它可不搞这些花样,制度森严铁面无私。你存在账面上的数字,只会一天天一刻刻地义无反顾地减少,而绝不会增多。也许将来随着医学的进步,能把两张卡拼成一张卡,现阶段绝无可能。

也许有人会说,现在发布的生命预期表,人的寿命已经到了七八十岁的高龄,想起来,很是令人神往。如果把这些年头折算成分分秒秒,一年365天,一天24小时,一小时3 600秒……按照我们能活80年计算,卡上的时间共计是2 522 880 000秒。真是一个天文数字,一下子呼吸也畅快起来,腰杆子也挺起来,每个人出生的时候,都是时间的大富翁。不过,且慢,既然算账,就要考虑周全。借记卡有一个名为"缴费通"的业务,可以代缴代扣。生命也是有必要消费的。就在我们这一呼一吸之间,卡上的数字就要减掉若干秒了。首先,遗憾的是,我们要把借记卡上大约1/3的数额,支付给床板。床板是个哑巴,从来不会对你大叫大喊,可它索要最急,日日不息。你当然可以欠着床板的账,它假装敦厚,不动声色。一年两年甚至十年八年,它不威逼你,是个温柔的黄世仁。它的阴险在长久的沉默之后渐渐显露,它不动声色地、无声无息地报复你，让你面色干枯发摇齿动、烦躁不安歇斯底里……它会让你乖乖地把欠着它的钱加倍偿还，如果它不满意，还会把还账的你拒之门外。倘若你欠它的太多了，一怒之下，也许它会彻底撕毁了你的借记卡，纷纷扬扬飘失一地，让杨白劳就此永远躺下。所以，两害相权取其轻吧，从长远计，你切不可以怠慢了床板这个索债鬼，不管它多么笑容可掬，你每天都要按时还它时间。

你还要用大约 1/3 的时间来吃饭、排泄、运动、交通、打电话、接吻、示爱和做爱、到远方去旅游、听朋友讲过去的事情，当然也包括发脾气和生气，和上司吵架还有哭泣……当然你也可以将这些压缩到更少的时间，但你如果在这些方面太吝啬支出的话，你就变成了一架冰冷的机器，而不再是活生生的人。你的生命刨去了这样多的必要支出，你还剩下多少黄金时段？

唯有我们不知道生命的长短，生命才更凸显。也许，运动可以在我们的卡里增添一些跳动的数字？也许大病一场将剧烈减少我们的存款？不知道。那么，在不知道自己有多少银两的时候，精打细算就不但是本能，更是澄澈的智慧了。在不知道自己所要购买的愿景和器物有着怎样的高远和昂贵，就一掷千金毅然付出，那才是真的猛士，视金钱如粪土了。当我们最后驾鹤西去的时候，能带走的唯一物品，是我们空空如也的借记卡。到那个时候，我们回首查询借记卡上一项项的支出，能够莞尔一笑，觉得每一笔支出都事出有因不得不花，并将这笑容实实在在地保持到虚无缥缈间，也就是灵魂的勋章了。

其实，当你吐出最后的呼吸之时，你的借记卡就铿锵粉碎了。但是，且慢，也许在那之后，有人愿意收藏你的借记卡，犹如收藏一枚古钱。

资料来源：毕淑敏. 幸福的七种颜色[M]. 北京：北京十月文艺出版社，2010.

注释："很多银行卡是可以透支的，甚至把透支当成一种福祉和诱饵，引领着我们超前消费，然而它也温柔地收取了不菲的利息。"这里的透支卡就是"债务卡"，学名为"信用卡"，又称为"贷记卡"，先花后还，免息期内未还就要加收利息。相反，"借记卡"是"储蓄卡"，里面是有钱的，是一项"资产卡"。毕淑敏老师所说的"生命的借记卡"里面，储存着每个人一生的时间，想象力丰富，相信读后定会有所启发。

古人云，"一寸光阴一寸金，寸金难买寸光阴"。孔老夫子曰，"逝者如斯夫！不舍昼夜"。鲁迅先生也曾经说过，"浪费自己的时间等于慢性自杀，浪费别人的时间等于谋财害命"。古往今来，人们都在感叹人生的短促，时光流逝的迅速，从而引发我们更加珍惜时间，爱惜生命。"今日复今日，今日何其少！""人生百年几今日，今日不为真可惜！若言姑待明朝至，明朝又有明朝事""努力请从今日始"（文嘉语）。这是在告诉我们珍惜时间，把握当下。斯宾塞说："必须记住我们学习的时间是有限的。时间有限，不只由于人生短促，更由于人事纷繁。""我生也有涯，而知也无涯"（庄子语），我们应该力求用我们的时间做最有益的事，学习有用的知识。"青青园中葵，朝露待日晞。阳春布德泽，万物生光辉。常恐秋节至，焜黄华叶衰。百川东到海，何日复西归。少壮不努力，老大徒伤悲"；学生时代一定要好好读书，这便是"少年易老学难成，一寸光阴不可轻""莫等闲，白了少年头，空悲切"！

随着科学技术的进步，人们对未知世界的认识不断拓展，知识和技术更新加快，我们唯有永远学习、终身学习，才能与时俱进。孔子一生勤奋学习，到了晚年，他特别喜欢《易经》。《易经》是很晦涩的，学起来也很困难，可是孔子不怕吃苦，反复诵读，一直到弄懂为止。因为孔子所处的时代，还没有发明纸张，书是用竹简或木简写成的，把许多竹简用皮条编穿在一起，便成为一册书。由于孔子刻苦学习，竹简翻看的次数太多了，竟使皮条断了三次。"少年辛苦终身事，莫向光阴惰寸功。"社会的竞争就像一场马拉松比赛，别人都在飞奔，你自己怎么能停？所以终身学习已经成为十分迫切的需要。爱因斯坦说："上帝公平地给每个人每天三个八小时，第一个八小时都工作，第二个八小时大家都在睡觉，人与人的区别是在第三个八小时创造出来的。"对于工作后的我们来说，要充分利用第三个八小时，提升我们的价值。

朱自清在《匆匆》中形容时间"像针尖上的一滴水滴在大海里。"无声无息、过去的日子像轻烟，"被微风吹散"。并且问，"我们的日子为什么一去不复返"，我们的回答就是，正是因为门前流水不能西，我们要在有限的时间里像老一辈革命家一样"大江歌罢掉头东，邃密群科济世穷"，为中华民族之崛起，为中华民族伟大复兴而努力学习和奋斗，只争朝夕，不负韶华，活出一个绚丽、精彩的人生。

（一）资产类账户的结构

资产类账户的结构是：账户的借方登记资产的增加额，贷方登记资产的减少额；由于资产的减少额不可能大于它的期初余额与本期增加额之和，所以，这类账户期末如有余额，必定在借方。该类账户期末余额的计算公式如下：

资产类账户期末借方余额＝期初借方余额＋本期借方发生额－本期贷方发生额

资产类账户的简化结构：

借方		资产类账户		贷方
期初余额	×××			
本期增加额	×××	本期减少额	×××	
本期发生额	×××	本期发生额	×××	
期末余额	×××			

【例 4-1】 某设备制造厂 2005 年 1 月 31 日财务状况如下：

固定资产 5 000 000　　　　　应付账款 1 000 000

　　　　　　　　　　　　　　实收资本 4 000 000

资产合计 5 000 000　　　　　权益合计 5 000 000

企业以银行存款购入原材料，费用为 300 000 元。

分析：该业务使资产中的原材料增加，银行存款减少，属于资产内部的一增一减。

　　资产（5 000 000）＝负债（1 000 000）＋所有者权益（4 000 000）

借：材料采购　　　　　　　　　　　　　　　　　　　　　　300 000

　　贷：银行存款　　　　　　　　　　　　　　　　　　　　　　　300 000

【例 4-2】 企业购入不需要安装的机器设备一台，买价 20 000 元，全部款项已用银行存款支付。

分析：该业务使资产中的固定资产增加，银行存款减少，属于资产内部的一增一减。

资产（5 000 000）＝负债（1 000 000）＋所有者权益（4 000 000）

借：固定资产   20 000

 贷：银行存款   20 000

【例 4-3】 企业购入需要安装的机器一台，设备买价 50 000 元，款项以银行存款支付。

分析：该业务使资产中的在建工程增加，银行存款减少，属于资产内部的一增一减。

资产（5 000 000）＝负债（1 000 000）＋所有者权益（4 000 000）

借：在建工程   50 000

 贷：银行存款   50 000

（二）负债及所有者权益类账户的结构

由资产＝负债＋所有者权益的会计等式所决定，负债及所有者权益类账户的结构与资产类账户的结构正好相反，其贷方登记负债及所有者权益的增加额，借方登记负债及所有者权益的减少额；由于负债及所有者权益的增加额与期初余额之和，通常要大于其本期减少额，所以，这类账户期末如有余额，必定在贷方。该类账户期末余额的计算公式如下：

负债及所有者权益类账户期末贷方余额＝期初贷方余额＋本期贷方发生额－本期借方发生额

负债及所有者权益类账户的简化结构：

借方	负债及所有者权益类账户	贷方
	期初余额	×××
本期减少额 ×××	本期增加额	×××
本期发生额 ×××	本期发生额	×××
	期末余额	×××

【例 4-4】 企业经与银行协商，将企业所欠银行 5 个月期限的短期借款 2 000 000 元，展期 3 年偿还。

分析：该业务使负债中的长期借款增加，短期借款减少。资产总额没有发生变化。

资产（5 000 000）＝负债（1 000 000）＋所有者权益（4 000 000）

借：短期借款   2 000 000

 贷：长期借款   2 000 000

【例 4-5】 投资者 A 将其投资的一部分 60 000 元转让给投资者 B。

分析：该业务使所有者权益中投资者 A 和 B 的投资额一增一减，属于所有者权益内部的一增一减，不影响资产总额。

资产（5 000 000）＝负债（1 000 000）＋所有者权益（4 000 000）

　　借：实收资本——A　　　　　　　　　　　　　　　　　　　　60 000
　　　　贷：实收资本——B　　　　　　　　　　　　　　　　　　　　60 000

【例4-6】　企业经研究决定，向投资者分配利润。应付投资者利润80 000元。

分析：该业务使所有者权益中的未分配利润减少，负债中的应付股利增加，资产总额没有发生变化，但负债和所有者权益额有变化。

　　　　资产（5 000 000）＝负债（1 080 000）＋所有者权益（3 920 000）
　　借：利润分配　　　　　　　　　　　　　　　　　　　　　　　　80 000
　　　　贷：应付股利　　　　　　　　　　　　　　　　　　　　　　　80 000

【例4-7】　企业经与债权人协商，将所欠长期借款350 000元转为资本。

分析：该业务使所有者权益中投入资本增加，债务减少，资产总额没有发生变化，但负债和所有者权益额有变化。

　　　　资产（5 000 000）＝负债（730 000）＋所有者权益（4 270 000）
　　借：长期借款　　　　　　　　　　　　　　　　　　　　　　　350 000
　　　　贷：实收资本　　　　　　　　　　　　　　　　　　　　　　350 000

【例4-8】　企业接受一投资者投入1 000 000元，存入银行。

分析：该业务使资产和所有者权益同时增加1 000 000元，资产总额发生变化。

　　　　资产（6 000 000）＝负债（730 000）＋所有者权益（5 270 000）
　　借：银行存款　　　　　　　　　　　　　　　　　　　　　　1 000 000
　　　　贷：实收资本　　　　　　　　　　　　　　　　　　　　　1 000 000

【例4-9】　企业以银行存款偿还所欠销货单位货款200 000元。

分析：该业务使资产（银行存款）和负债（应付账款）同时减少200 000，资产总额发生变化。

　　　　资产（5 800 000）＝负债（530 000）＋所有者权益（5 270 000）
　　借：应付账款　　　　　　　　　　　　　　　　　　　　　　　200 000
　　　　贷：银行存款　　　　　　　　　　　　　　　　　　　　　　200 000

【例4-10】　企业因缩小经营规模，经批准减少注册资本150 000元，以银行存款发放给投资者。

分析：该业务使资产和所有者权益同时减少150 000元，资产总额发生变化。

　　　　资产（5 650 000）＝负债（530 000）＋所有者权益（5 120 000）
　　借：实收资本　　　　　　　　　　　　　　　　　　　　　　　150 000
　　　　贷：银行存款　　　　　　　　　　　　　　　　　　　　　　150 000

（三）成本费用类账户的结构

　　企业在生产经营中所发生的各种耗费，大多由资产转化而来，所以费用在抵消收入之前，可将其视为一种特殊资产，因此费用类账户的结构与资产类账户基本相同，成本也是由资产转化而来的，接着转化成资产，最后再转化为费用，所以成本类账户和资产类账户是一样的。而费用类账户与资产类账户的区别是没有期末余额。费用账户的借方登记费用的增加额，贷方登记费用的减少（转销）额；借方登记的费用增加额一般都要通过贷方转出，该类账户通常没有期末余额。成本类账户的简化结构：

借方		成本类账户	贷方	
期初余额	×××			
本期增加额	×××	本期减少额	×××	
本期发生额	×××	本期发生额	×××	
期末余额	×××			

【例 4-11】 车间领用原材料进行生产，其中 A 产品领用 20 000 元，B 产品领用 44 000 元。

分析：该业务使资产中的生产成本增加，原材料减少，属于资产内部的一增一减，不影响资产总额。生产成本视同资产。

资产（5 650 000）＝负债（530 000）＋所有者权益（5 120 000）

借：生产成本——A 产品   20 000

            ——B 产品   44 000

    贷：原材料   64 000

费用类账户的简化结构：

借方		费用类账户	贷方	
增加额	×××	减少额	×××	
本期发生额	×××	本期发生额	×××	

【例 4-12】 企业本期应承担的管理人员工资为 30 000 元，尚未支付。

分析：该业务使负债增加，费用增加，影响了资产总额。

根据：资产＋费用＝负债＋所有者权益＋收入

     资产（5 650 000）＋费用（30 000）＝负债（560 000）＋

          所有者权益（5 120 000）＋收入（0）

借：管理费用   30 000

    贷：应付职工薪酬   30 000

（四）收入类账户的结构

收入类账户的结构与负债及所有者权益类账户类似，账户的贷方登记收入的增加额，借方登记收入的减少（转销）额；由于贷方登记的收入增加额一般要通过借方转出，所以这类账户通常也没有期末余额。收入类账户的简化结构：

借方		收入类账户	贷方	
减少额	×××	增加额	×××	
本期发生额	×××	本期发生额	×××	

【例 4-13】 企业销售商品，取得货款收入 80 000 元，存入银行。

分析：该业务使资产和收入同时增加 80 000 元，资产总额发生变化，负债和所有者权益没有变化。

$$资产（5\,730\,000）+费用（30\,000）=负债（560\,000）+$$
$$所有者权益（5\,120\,000）+收入（80\,000）$$

借：银行存款　　　　　　　　　　　　　　　　　　　　　　80 000
　　贷：主营业务收入　　　　　　　　　　　　　　　　　　　　　80 000

【例4-14】 计算已经销售的商品的成本40 000元。

分析： 该业务使资产减少40 000元，费用增加40 000元，资产总额发生变化，负债和所有者权益没有发生变化。

$$资产（5\,690\,000）+费用（70\,000）=负债（560\,000）+$$
$$所有者权益（5\,120\,000）+收入（80\,000）$$

借：主营业务成本　　　　　　　　　　　　　　　　　　　　40 000
　　贷：库存商品　　　　　　　　　　　　　　　　　　　　　　40 000

（五）利润类账户的结构

利润类账户的结构也与负债及所有者权益类账户的结构大致相同，账户的贷方登记利润的增加额，借方登记利润的减少额，期末如有余额则余额在贷方。说明，利润账户在期末也要结转到所有者权益账户。利润类账户的简化结构：

借方		利润类账户	贷方
		期初余额	×××
本期减少额	×××	本期增加额	×××
本期发生额	×××	本期发生额	×××
		期末余额	×××

【例4-15】 期末，结转主营业务收入60 000元、主营业务成本40 000元、管理费用30 000元，到本年利润账户。

分析： 该业务使收入和费用减少40 000元，资产总额发生变化，所有者权益发生变化，负债没有发生变化。

原平衡等式：资产（5 690 000）+费用（70 000）=负债（560 000）+
　　　　　　所有者权益（5 120 000）+收入（80 000）

现平衡等式：资产（5 690 000）+费用（0）=负债（560 000）+
　　　　　　所有者权益（5 130 000）+收入（0）

所有者权益中增加利润10 000元

借：本年利润　　　　　　　　　　　　　　　　　　　　　　70 000
　　贷：主营业务成本　　　　　　　　　　　　　　　　　　　　40 000
　　　　管理费用　　　　　　　　　　　　　　　　　　　　　　30 000

借：主营业务收入   60 000
  贷：本年利润   60 000

记账规则歌

借增贷减是资产，权益和它正相反。
成本费用似资产，细细区分莫弄乱。
损益账户要分辨，收入费用不一般，
收入增加贷方看，减少借方来结转。

根据上述内容，可将借贷记账法下各类账户结构归纳于表 4-2。

表 4-2　借贷记账法下各类账户结构

账户类别	借方	贷方	余额方向
资产类	增加	减少	余额在借方
负债类	减少	增加	余额在贷方
所有者权益类	减少	增加	余额在贷方
收入类	减少（转销）	增加	一般无余额
成本类	增加	减少	余额在借方
费用类	增加	减少（转销）	一般无余额
利润类	减少	增加	一般无余额

由此可见，借贷记账法下各类账户的期末余额都在记录增加额的一方，即资产类账户的期末余额在借方，负债及所有者权益类账户的期末余额在贷方。基于此，我们可以得出一个结论：根据账户余额所在的方向，也可判断账户的性质，即账户若是借方余额，则为资产（包括有余额的费用）类账户；账户若是贷方余额，则为负债或所有者权益（利润）类账户。

实账户和虚账户

账户按是否有余额分为实账户和虚账户。实账户和虚账户的概念是美国会计学家托马斯·琼斯在 19 世纪 40 年代提出来的，目的是便于分期计算损益，定期编制财务报表。

实账户是指有期末余额的账户，如资产类账户、负债类账户和所有者权益类账户，这些账户不仅反映企业的资产、负债、所有者权益在本期的增减变化，还将这种变化记录下来，并将其期末余额转为下期的期初余额，因而又称为永久性账户。同时，因实账户的余额是编制资产负债表的基础，又将实账户称为资产负债表账户。

虚账户是指期末没有余额的账户，如收入类账户和费用类账户，它们是用来记录

企业在某一会计期间实现的收入和发生的费用，期末结转或结清后无余额。收入、费用在当期的发生额是编制利润表的基础，因此，虚账户又称为利润表账户。

如果要将收入类账户和费用类账户结平，需要设置"本年利润"账户。"本年利润"账户本身也是虚账户，最后也要将其余额结转至永久性账户"利润分配——未分配利润"。具体核算见第五章。

四、借贷记账法的记账规则

前已述及，按照复式记账的原理，任何经济业务都要以相等的金额，在两个或两个以上相互联系的账户中进行记录。那么，在借贷记账法下，如何记录经济业务呢？以下通过几笔简单的业务实例，说明借贷记账法的具体运用，进而总结出借贷记账法的记账规则（亦称记账规律）。

富民公司期初账户余额见表4-3。

表4-3 富民公司期初账户余额 单位：元

资产类账户	金额	负债和所有者权益类账户	金额
银行存款	600 000	短期借款	100 000
在途物资	40 000	应付票据	
固定资产	1 000 000	应付账款	300 000
		实收资本	1 000 000
		资本公积	240 000
合计	1 640 000		1 640 000

本期发生如下经济业务。

【例4-16】 富民公司收到某单位投入的资本900 000元，存入银行。

这项经济业务一方面使企业资产——银行存款增加，应记入"银行存款"账户的借方；另一方面使所有者权益——实收资本增加，应记入"实收资本"账户的贷方：

借	银行存款	贷		借	实收资本	贷
期初余额	600 000				期初余额	1 000 000
（1）	900 000				（1）	900 000

【例4-17】 富民公司用银行存款150 000元偿还前欠某企业账款。

这项经济业务一方面使企业资产——银行存款减少，应记入"银行存款"账户的贷方；另一方面使企业的负债——应付账款减少，应记入"应付账款"账户的借方：

借	银行存款	贷		借	应付账款	贷
期初余额	600 000	（2） 150 000		（2） 150 000	期初余额	300 000
（1）	900 000					

【例 4-18】 富民公司用银行存款 400 000 元购入一台机器设备。

这项经济业务一方面使企业资产——银行存款减少，应记入"银行存款"账户的贷方；另一方面使企业资产——固定资产增加，应记入"固定资产"账户的借方：

借	银行存款	贷		借	固定资产	贷
期初余额	600 000	（2） 150 000		期初余额	1 000 000	
（1）	900 000	（3） 400 000		（3）	400 000	

【例 4-19】 富民公司将资本公积 200 000 元按法定程序转增资本。

这项经济业务一方面使所有者权益——资本公积减少，应记入"资本公积"账户的借方；另一方面使所有者权益——实收资本增加，应记入"实收资本"账户的贷方：

借	资本公积	贷		借	实收资本	贷
（4） 200 000	期初余额	240 000			期初余额	1 000 000
					（1）	900 000
					（4）	200 000

【例 4-20】 富民公司签发并承兑一张面额为 50 000 元，为期两个月的商业汇票，用以抵付应付账款。

这项经济业务一方面使企业负债——应付账款减少，应记入"应付账款"账户的借方；另一方面使企业的负债——应付票据增加，应记入"应付票据"账户的贷方：

借	应付账款	贷		借	应付票据	贷
（2） 150 000	期初余额	300 000			（5）	50 000
（5） 50 000						

从以上所举的例子可以看出，每一项经济业务发生之后，运用借贷记账法进行账务处理时，都必须在记入某一账户借方的同时记入另一个账户的贷方，并且记借方与记入贷方的金额总是相等的。因此，我们可以总结出借贷记账法的记账规则是：有借必有贷，借贷必相等。

五、账户对应关系和会计分录

运用复式记账法处理经济业务，一笔业务所涉及的几个账户之间必然存在着某种相互依存的对应关系，这种关系称为账户对应关系。存在着对应关系的账户称为对应账户。由于账户对应关系反映了每项经济业务的内容，以及由此而引起的资金运动的来龙去脉，因此在采用借贷记账法登记某项经济业务时，应先通过编制会计分录来确定其所涉及的账户及其对应关系，从而保证账户记录的正确性。所谓会计分录（简称分录），是指预先确定每笔经济业务所涉及的账户名称，以及记入账户的方向和金额的一种记录。它是会计语言的表达方式。

编制会计分录是会计工作的初始阶段，在实际工作中，这项工作一般是通过编制记账凭证或登记日记账来完成的。编制会计分录，就意味着对经济业务做会计确认，为经济业务数据记入账户提供依据，所以为了确保账户记录的真实性和正确性，必须严格把好会计分录这一关。

现将前面所举【例4-16】至【例4-20】经济业务的会计分录列示如下：

（1）借：银行存款 900 000
  贷：实收资本 900 000

（2）借：应付账款 150 000
  贷：银行存款 150 000

（3）借：固定资产 400 000
  贷：银行存款 400 000

（4）借：资本公积 200 000
  贷：实收资本 200 000

（5）借：应付账款 50 000
  贷：应付票据 50 000

会计分录按其所运用账户的多少分为简单会计分录和复合会计分录两种。简单会计分录，是指由两个账户所组成的会计分录。以上每笔会计分录，都只有一"借"一"贷"，故均属于简单会计分录。复合会计分录，是指由两个以上账户所组成的会计分录，实际上它是由几个简单会计分录组成的，因而必要时可将其分解为若干个简单会计分录。编制复合会计分录，既可以简化记账手续，又能集中反映某项经济业务的全面情况。现举例说明如下。

【例4-21】 富民公司购进原材料50 000元，其中30 000元货款已用银行存款付讫，其余20 000元货款尚未支付（暂不考虑增值税）。

这项经济业务一方面使企业资产——在途物资增加，应记入"在途物资"账户的借方；另一方面使企业的资产——银行存款减少，以及企业的负债——应付账款增加，应记入"银行存款"和"应付账款"账户的贷方。其会计分录为：

借：在途物资 50 000
  贷：银行存款 30 000
   应付账款 20 000

【例4-22】 富民公司以银行存款80 000元，偿还银行短期借款50 000元和前欠某单位货款30 000元。

这项经济业务一方面使企业资产——银行存款减少，应记入"银行存款"账户的贷方；另一方面使企业的负债——短期借款和应付账款减少，应记入"短期借款"和"应付账款"账户的借方。其会计分录为：

借：短期借款   50 000

    应付账款   30 000

    贷：银行存款   80 000

应该指出，为了使账户对应关系一目了然，在借贷记账法下，只应编制一"借"一"贷"、一"借"多"贷"和一"贷"多"借"的会计分录，而一般不编制多"借"多"贷"的会计分录。这是因为，多"借"多"贷"的会计分录容易使账户之间的对应关系模糊不清，难以据此分析经济业务的实际情况。

六、借贷记账法下的试算平衡

所谓借贷记账法的试算平衡，是指根据会计等式的平衡原理，按照记账规则的要求，通过汇总计算和比较，来检查账户记录的正确性、完整性。

采用借贷记账法，由于对任何经济业务都是按照"有借必有贷，借贷必相等"的记账规则记入各有关账户的，所以不仅每一笔会计分录借贷发生额相等，而且当一定会计期间的全部经济业务都记入相关账户后，所有账户的借方发生额合计数必然等于贷方发生额合计数；同时，期末结账后，全部账户借方余额合计数也必然等于贷方余额合计数。

因此，对所有账户借贷两方本期发生额和期末余额进行试算，如果借贷两方金额相等，则可以认为账户记录基本正确；如果借贷两方金额不相等，则表明账户记录已发生错误。借贷记账法下，账户发生额的试算平衡计算公式为：

全部账户借方发生额合计 = 全部账户贷方发生额合计

余额的试算平衡计算公式为：

全部账户借方余额合计 = 全部账户贷方余额合计

试算平衡工作，一般是在月末结出各个账户的本月发生额和月末余额后，通过编制总分类账户余额试算平衡表（见表4-4）和总分类账户本期发生额试算平衡表（见表4-5）来进行的。

表4-4 总分类账户余额试算平衡表

年 月   单位：元

会计科目	借方余额	贷方余额
合计		

表4-5 总分类账户本期发生额试算平衡表

年 月   单位：元

会计科目	借方发生额	贷方发生额
合计		

在实际工作中，为了方便起见，还可将总分类账户发生额试算平衡表和总分类账户

余额试算平衡表合并在一起，并结合各账户的期初余额数，编制总分类账户发生额及余额试算平衡表（见表 4-6）。这样，在一张表上既可进行总分类账户借贷发生额平衡的试算，又能进行总分类账户借贷余额平衡的试算。

表 4-6　总分类账户发生额及余额试算平衡表

年　　月　　　　　　　　　　　　　　　　　单位：元

会计科目	期初余额		本期发生额		期末余额	
	借方	贷方	借方	贷方	借方	贷方
合计						

必须指出，即使试算平衡表中借贷金额相等，也不足以说明账户记录完全没有错误。

因为有些错误并不影响借贷双方的平衡，通过试算也就无法发现，如漏记或重记某项经济业务、借贷记账方向颠倒或方向正确但记错了账户等。因此，根据试算平衡的结果，只能确认账户记录是否基本正确。

富民公司根据期初余额和本期业务【例 4-16】～【例 4-22】登记账户，并结账。

银行存款

期初余额 600 000	（17）150 000
（16）　900 000	（18）400 000
	（21）　30 000
	（22）　80 000
本期发生额 900 000	本期发生额 660 000
期末余额　840 000	

在途物资

期初余额 40 000	
（21）　50 000	
本期发生额 50 000	本期发生额 0
期末余额　90 000	

固定资产

期初余额 1 000 000	
（18）　400 000	
本期发生额 400 000	本期发生额 0
期末余额 1 400 000	

短期借款

（22）　50 000	期初余额 100 000
本期发生额 50 000	本期发生额　　　0
	期末余额　　50 000

应付票据

	（20）　50 000
本期发生额 0	本期发生额 50 000
	期末余额　50 000

应付账款

（17）150 000	期初余额 300 000
（20）　50 000	（21）　20 000
（22）　30 000	
本期发生额 230 000	本期发生额 20 000
	期末余额　90 000

实收资本

	期初余额 1 000 000
	（16）　900 000
	（19）　200 000
本期发生额 0	本期发生额 1 100 000
	期末余额　2 100 000

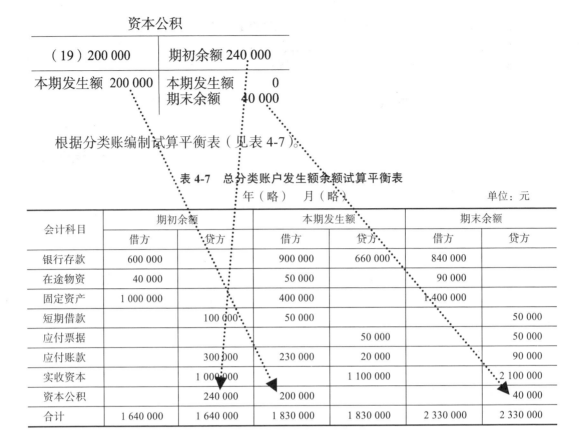

资本公积

（19）200 000	期初余额 240 000
本期发生额 200 000	本期发生额 0
	期末余额 40 000

根据分类账编制试算平衡表（见表4-7）。

表4-7 总分类账户发生额余额试算平衡表

年（略） 月（略） 单位：元

会计科目	期初余额		本期发生额		期末余额	
	借方	贷方	借方	贷方	借方	贷方
银行存款	600 000		900 000	660 000	840 000	
在途物资	40 000		50 000		90 000	
固定资产	1 000 000		400 000		1 400 000	
短期借款		100 000	50 000			50 000
应付票据				50 000		50 000
应付账款		300 000	230 000	20 000		90 000
实收资本		1 000 000		1 100 000		2 100 000
资本公积		240 000	200 000			40 000
合计	1 640 000	1 640 000	1 830 000	1 830 000	2 330 000	2 330 000

第四节　总分类账户和明细分类账户

一、总分类账户和明细分类账户的设置

在会计核算工作中，为了适应经济管理的需要，对于一切经济业务都要在有关账户中进行登记，既要提供总括的核算资料，又要提供详细的核算资料。各会计主体经常使用的账户，按其提供资料的详细程度不同，可以分为总分类账户和明细分类账户两种。

总分类账户（亦称一级账户），是按照总分类科目设置，仅以货币计量单位进行登记，用来提供总括核算资料的账户。前面例子中的账户，都是总分类账户。通过总分类账户提供的各种总括核算资料，可以概括地了解一个会计主体各项资产、负债及所有者权益等会计要素增减变动的情况和结果。但是，总分类账户并不能提供关于各项会计要素增减变动过程及其结果的详细资料，也就难以满足经济管理的具体需要。因此，各会计主体在设置总分类账户的同时，还应根据实际需要，在某些总分类账户的统驭下，分别设置若干明细分类账户。

明细分类账户，是按照明细分类科目设置，用来提供详细核算资料的账户。例如，为了具体了解各种材料的收、发、结存情况，就有必要在"原材料"总分类账户下，按照材料的品种分别设置明细分类账户。又如，为了具体掌握企业与各往来单位之间的货

款结算情况，就应在"应付账款"总分类账户下，按各债权单位的名称分别设置明细分类账户。在明细分类账户中，除了以货币计量单位进行金额核算外，必要时还要运用实物计量单位进行数量核算，以便通过提供数量方面的资料，对总分类账户进行必要补充。

除了总分类账户和明细分类账户以外，各会计主体还可根据实际需要设置二级账户。二级账户是介于总分类账户和明细分类账户之间的一种账户。它提供的资料比总分类账户详细、具体，但比明细分类账户概括、综合。例如，在"原材料"总分类账户下，可以先按原料及主要材料、辅助材料、燃料等材料类别设置若干二级账户，其下再按材料的品种等设置明细分类账户。设置二级账户后，总分类账户可以把它作为中间环节来控制所属明细分类账户，这对于加强经营管理有一定的作用，但增加核算工作量。因此，二级账户一般不宜多设，必要时也可不设。在不设置二级账户的情况下，所需数据可根据有关明细分类账户的记录汇总求得。

二、总分类账户与明细分类账户的平行登记

总分类账户是所属明细分类账户的统驭账户，对所属明细分类账户起着控制作用，而明细分类账户则是某一总分类账户的从属账户，对其所隶属的总分类账户起着辅助作用。总分类账户及其所属明细分类账户的核算对象是相同的，它们所提供的核算资料互相补充，只有把二者结合起来，才能既总括又详细地反映同一核算内容。因此，为便于初学者学习，本书举例均不设置二级账户。

总分类账户与明细分类账户必须平行登记。

（一）总分类账户与明细分类账户平行登记的要点

平行登记，是指所发生的每项经济业务都要以会计凭证为依据，一方面记入有关总分类账户，另一方面记入所辖明细分类账户的方法。总分类账与明细分类账的平行登记的要点包括：内容相同、方向相同、期间一致、金额相等。

（1）内容相同。凡在总分类账户下设有明细分类账户的，对于每一项经济业务，一方面要记入有关总分类账户，另一方面要记入各总分类账户所属的明细分类账户。

（2）方向相同。在某一总分类账户及其所属的明细分类账户中登记经济业务时，方向必须相同，即在总分类账户中记入借方，在它所属的明细分类账户中也应记入借方；在总分类账户中记入贷方，在其所属的明细分类账户中也应记入贷方。

（3）期间一致。对发生的每一项经济业务，在记入总分类账户与明细分类账户过程中，可以有先有后，但必须在同一会计期间（如同一个月、同一个季度、同一个年度）全部登记入账。

（4）金额相同。记入某一总分类账户的金额必须与记入其所属的一个或几个明细分类账户的金额合计数相等。

（二）总分类账户与明细分类账户平行登记的方法

下面以"原材料"账户为例，说明总分类账户和明细分类账户平行登记的方法。假设西湖公司"原材料"总分类账户所属明细分类账户的期初余额为：

甲种材料	10 吨	每吨 200 元	共计 2 000 元
乙种材料	100 件	每件 10 元	共计 1 000 元
合计			3 000 元

西湖公司本期有关材料的收入和发出业务如下：

【例 4-23】 结转本月购入在途原材料成本。

甲种材料	20 吨	每吨 200 元	共计	4 000 元
乙种材料	50 件	每件 10 元	共计	500 元
丙种材料	20 箱	每箱 50 元	共计	1 000 元
合计				5 500 元

对于这项经济业务，应编制会计分录如下：

借：原材料——甲种材料   4 000
        ——乙种材料   500
        ——丙种材料   1 000
   贷：在途物资   5 500

【例 4-24】 仓库发出下列各种材料直接用于产品生产。

甲种材料	15 吨	每吨 200 元	共计	3 000 元
乙种材料	100 件	每件 10 元	共计	1 000 元
丙种材料	10 箱	每箱 50 元	共计	500 元
合计				4 500 元

对于这项经济业务，应编制会计分录如下：

借：生产成本   4 500
   贷：原材料——甲种材料   3 000
          ——乙种材料   1 000
          ——丙种材料   500

根据以上资料，在"原材料"总分类账户及其所属的"甲种材料""乙种材料"和"丙种材料"三个明细分类账户中进行登记的程序如下：

（1）将原材料的期初余额 2 000 元，记入"原材料"总分类账户的借方；同时，在"甲种材料"和"乙种材料"明细分类账户的收入方（即借方）分别登记甲、乙两种材料的期初结存数量和金额，并注明计量单位和单价。

（2）将本期入库的材料总额 5 500 元，记入"原材料"总分类账户的借方；同时，将入库的甲、乙、丙三种材料的数量、金额分别记入有关明细分类账户的收入方（即借方）。

（3）将本期发出的材料总额 4 500 元，记入"原材料"总分类账户的贷方；同时，将发出的甲、乙、丙三种材料的数量、金额分别记入有关明细分类账户的发出方（即贷方）。

（4）期末，根据"原材料"总分类账户和有关明细分类账户的记录，结出本期发生额和期末余额。

按照上述步骤，在"原材料"总分类账户及其所属的明细分类账户中进行登记的结果如表 4-8～表 4-11 所示。

表 4-8　总分类账户

账户名称：原材料　　　　　　　　　　　　　　　　　单位：元

202×年 月	202×年 日	摘要	借方	贷方	借或贷	余额
	1	期初余额			借	3 000
	5	购入材料	5 500	4 500	借	8 500
	7	发出材料			借	4 000
	30	本期发生额及余额	5 500	4 500	借	4 000

表 4-9　"甲材料"明细分类账户

账户名称：甲种材料　　　　　　　　　　　　　　　　单位：元

202×年 月	202×年 日	摘要	计量单位	单价	收入 数量	收入 金额	发出 数量	发出 金额	余额 数量	余额 金额
	1	期初余额	吨	200					10	2 000
	5	购入材料	吨	200	20	4 000	15	3 000	50	6 000
	7	发出材料	吨	200					45	3 000
	30	发生额及余额	吨	200	20	4 000	15	3 000	45	3 000

表 4-10　"乙材料"明细分类账户

账户名称：乙种材料　　　　　　　　　　　　　　　　单位：元

202×年 月	202×年 日	摘要	计量单位	单价	收入 数量	收入 金额	发出 数量	发出 金额	余额 数量	余额 金额
	1	期初余额	件	10					100	1 000
	5	购入材料	件	10	50	500	100	1 000	150	1 500
	7	发出材料	件	10					50	500
	30	发生额及余额	件	10	50	500	100	1 000	50	500

表 4-11　"丙材料"明细分类账户

账户名称：丙种材料　　　　　　　　　　　　　　　　单位：元

202×年 月	202×年 日	摘要	计量单位	单价	收入 数量	收入 金额	发出 数量	发出 金额	余额 数量	余额 金额
	5	购入材料	箱	50	20	1 000	10	500	20	1 000
	7	发出材料	箱	50					10	500
	30	发生额及余额	吨	50	20	1 000	10	500	10	500

　　从以上"原材料"总分类账户及其所属明细分类账户平行登记的结果中可以看出，"原材料"总分类账户的期初余额为 3 000 元，借方本期发生额及余额为 5 500 元，贷方本期发生额及余额为 4 500 元，期末余额为 4 000 元，分别与其所属的三个明细分类账户的期初余额之和 3 000 元（2 000＋1 000＝3 000），借方本期发生额之和 5 500 元（4 000＋500＋1 000＝ 5 500），贷方本期发生额及余额之和 4 500 元（3 000＋1 000＋500＝4 500），以及期末余额之和 4 000 元（3 000＋500＋500＝4 000）完全相等。

本章练习题

一、思考题

1. 什么是账户？设置账户应遵循哪些原则？

2. 账户的基本结构是什么？不同的账户之间有何异同？

3. 什么是会计科目？它和会计账户之间的联系和区别有哪些？

4. 什么是复式记账？其理论依据是什么？

5. 什么是借贷记账法？如何理解"借"和"贷"的含义？

6. 借贷记账法下各类账户的结构是怎样的？请举例说明。

7. 借贷记账法的记账规则是什么？它包括几层含义？

8. 什么是会计分录？什么是简单会计分录和复合会计分录？

9. 会计分录的三要素是什么？会计分录的作用是什么？

10. 哪些账户有期末余额，哪些账户没有，为什么？账户的期末余额怎样计算？

二、业务题

（一）业务题一

1. 目的：练习账户的结构及账户余额的计算方法。

2. 资料：美苑公司 20×3 年 12 月 31 日有关账户的资料，如表 4-12 所示。

表 4-12　美苑公司有关账户情况　　　　　　　　　　　　　　单位：元

会计科目	期初余额		本期发生额		期末余额	
	借方	贷方	借方	贷方	借方	贷方
银行存款	80 000		330 000	100 000	（A＝?）	
应收账款	（B＝?）		60 000	40 000	110 000	
原材料	105 000		120 000	（C＝?）	150 000	
固定资产	500 000		（D＝?）	60 000	600 000	
短期借款		115 000	（E＝?）	50 000		75 000
应付账款		92 000	78 000	56 000		（F＝?）
长期借款		（G＝?）	50 000	60 000		100 000
盈余公积		1 00 000	20 000	（H＝?）		90 000

3. 要求：补充填列上表括号中的数据部分。

（二）业务题二

1. 目的：练习借贷记账法的应用。

2. 资料：梧桐公司 202×年 6 月初有关账户余额，如表 4-13 所示。

表 4-13 梧桐公司 202×年 6 月初有关账户余额 单位：元

资产	金 额	负债及所有者权益	金 额
库存现金	11 500	短期借款	136 000
银行存款	45 000	应付账款	140 000
原材料	90 000	长期借款	165 000
应收账款	57 000	实收资本	275 000
库存商品	82 500	资本公积	100 000
固定资产	600 000	盈余公积	70 000
合计	886 000	合计	886 000

该公司本月发生下列经济业务：

（1）购进机器设备一台，价值 30 000 元，款项以银行存款支付。

（2）生产车间向仓库领用原材料一批，价值 50 000 元，用于产品生产。

（3）从银行取得长期借款 100 000 元，存入银行。

（4）收到购货单位前欠货款 50 000 元，其中支票 46 000 元（存入银行账户），其余部分收到现金。

（5）以银行存款 50 500 元，偿还应付供货单位货款。

（6）收到投资者投入资本 50 000 元，存入银行。

（7）公司经理王韵借差旅费 5 000 元，以现金支付。

3. 要求：

（1）根据以上资料编制会计分录。

（2）设置各相关的 T 型账户并登记其期初余额、本期发生额，计算登记期末余额。

（3）编制总分类账户本期发生额及余额试算平衡表。

即测即练

自学自测 扫描此码

第五章

制造业企业基本经济业务及核算

怎样利用会计语言反映资金的循环与周转

在第三章中我们介绍了会计的对象——再生产过程中的资金运动。通过筹集资本（金）、采购、生产、销售和利润核算及分配五个阶段，资本（金）从货币资金形态开始，不断地发生变化，由一种形态转化为另一种形态，最后又回到货币资金形态，体现了资金的运动过程。周而复始不断循环的资金运动，形成了资金的周转。小李和小王想，如何运用会计语言描述资金的循环与周转？如何进行企业经营成果和利润分配的核算？

小李和小王把学到的复试记账原理、会计等式、经济业务对会计等式的影响类型、会计账户、记账规则等全面运用到所有经济业务的会计处理里。企业的经济业务包括资本（金）的筹集、固定资产的建造、原材料的购买、产品的生产、销售收入的实现、利润的形成和分配六个方面的经济内容。这是 CEO 要关心的，也是 CFO 从价值方面要描述的。小李和小王为了当好 CEO 和考取会计上岗证，即使他们经营的电脑维修咨询和餐馆中没有的业务，他们也要向老师——刘会计师请教。

企业作为经济实体，通过开展经营活动，为社会提供各种产品，满足各方面的需要。由于不同企业和单位的经济活动各异，账户的设置也不完全相同，但核算原理一致。其中制造业是国民经济的基础产业，制造业企业是将原材料通过加工转化为物质产品的经济实体，与其他企业和单位相比，制造业企业的经济活动最为复杂，因而也最具代表性。

一般认为，制造业企业的经济活动主要由资本（金）筹集、生产供应、产品生产、产品销售和利润形成及分配等经济活动组成。资本（金）是企业生存的血液，资本（金）的最初表现形态一般是货币资金，它是企业开展经营活动的基础。独立开展经营活动的企业，首先从不同的渠道筹集资本（金），取得开展经营活动的本钱；在企业的生产经营过程中，企业利用资金采购原材料进行加工，生产出产品，验收入库后等待销售；推销并出售产品，取得货币收入，此时企业需要及时地对当期的财务成果进行结算，用本期的收入抵补各项费用后，形成利润或亏损；利润总额扣除按照国家税法规定上交的所得税后，形成净利润；按照法定的程序，企业实现的净利润应在企业和投资者间进行分配，分配后净利润一部分留存企业，一部分分配给投资者，这时的资金表现为一部分留在企业重新投入生产周转，一部分资金退出企业。

在上述的企业经营过程中，通过筹集资本（金）、采购、生产、销售和结算及分配五个阶段，资本（金）从货币资金形态开始，不断地发生变化，由一种形态转化为另一种形态，分别表现为固定资金、生产储备资金、未完工产品资金、成品资金等各种不同形态，然后又回到货币资金形态，体现了资金的运动过程。周而复始不断循环的资金运动，形成了资金的周转。企业的资金运动过程，构成企业经济活动的一个独立方面。所以，从生产企业来看，资金运动包括资本（金）的筹集、投放、耗费、收入和分配五个方面的经济内容。资本（金）的筹集和投放，以价值形式反映企业对生产资料的取得和使用；资本（金）的耗费，以价值形式反映企业物化劳动和活劳动的消耗；资本（金）的收入和分配，以价值形式反映企业经营成果的实现和分配，同时表现为一种不断循环的特征。

为了全面、连续、系统地反映和监督制造业企业的主要生产经营过程，完整、及时和准确地提供经济管理需要的各种财务会计信息，应当正确地设置账户、采用复式记账法，对经营过程中发生的各种经济业务进行核算，因此核算过程实际上是账户和复式记账的具体应用过程。本章以制造业企业为例，说明复式记账中的借贷记账法在特定经济实体中的具体应用。在本章中，涉及成本计算内容的部分侧重阐述账户的设置和基本核算原则。

曹操是如何当 CEO 的

汉公司经过了四百年的兴盛，到了桓帝当董事长的时候，因桓帝本人管理无方，公司有令不行，有禁不止，正常业务无法开展。各地大的经销商，有的各自为政，有的想另立山头，打造自己的品牌，有的想摆脱桓帝控制，向公司叫板，市场秩序一片混乱，经营面临崩溃。

曹操是一个有远大志向的人。有一段时间，就职于桓帝公司的曹操非常不满种种不合理现象，就暂时托病乡里，做一些知识上的储备等基础工作，以便机会来临之时，能够大显身手。

初平三年，张宝兄弟三人成立"黄巾军"公司，到处抢市场，不按常理出牌。曹操组织了一支队伍果断出击，身先士卒，以丰富的产品组合及独特的个人魅力营销，一举搞垮了"黄巾军"公司，并正式走上了创业之路。公司的理念是"任天下智力，以道御之"。短短一段时间，便获得同行的广泛认同。至兴平二年，曹操个人的公司无论从市场覆盖面，还是消费者的忠诚度，抑或是连锁店的规模及公司的管理上，都显示为同行中最好的。几个月之内，吸引了程昱、郭嘉、荀攸、刘晔、满宠、于禁等营销高手前来加盟。在团队的策划下，曹操拿到了"汉献帝"品牌代理权。曹操以名牌带动市场，是战略上一大成功。市场范围急剧扩大，迅速掘得了"第一桶金"，完成了原始资本积累。

将整个华北市场牢牢控制在手中后，曹操开始了资产运作、兼并重组之旅。吕布凭借个人英雄主义，占据着徐州市场，有可能在曹操公司的营销中心南迁之时形成威胁，吕布公司在经营上没有什么策略，唯利是图，董事长吕布轻狡反复，致使公司上下离心。

曹操针对吕布公司进行商战，结果吕布手下的干将侯成、宋宪、臧霸、孙观等人跳槽过来，吕布身亡。从历史上看，吕布的失败不是偶然的。

袁绍公司雄踞河北，实力雄厚，是市场上的一头"大象"，曹操公司针对"大象"的特点研究出了"快鱼吃慢鱼"的策略，奇迹般地把对方"金牛"品牌置于死地。在官渡市场的营销大战中，似乎也印证了市场是幸运者的游戏。但生活不总是一帆风顺的，刘表公司在曹操公司强大压力下，因内讧而选择被兼并之后，真正的对手出现了。刘备是一个很有经营头脑的人，现在起步时间不长，从长远考虑，将其扼杀在摇篮中是正确的。但此时曹操被胜利冲昏了头脑，将矛头指向了实力一般，却十分了解江南市场的孙权，导致孙刘二人联手，抱团合股经营，让曹操公司在赤壁这个市场上损失惨重，致使长时间内三足鼎立。十二年后，在曹操公司的基础上，曹丕接收了汉公司的财产，支持重组，重新挂牌成立了魏公司，从而实现了曹操创业基础上的升华。

一个公司如何在激烈竞争中寻找到自己的位置，制定出自己的战略，或许从曹操成功之路中可以借鉴很多经验。从这篇文章中，我们是不是对于建立公司、资产重组、市场营销有了一些概念？一切历史都是当代史，从一代枭雄曹操的崛起历史中，我们也许可以找到企业经营的经验借鉴。

资料来源：彭中华. 曹操是如何当 CEO 的[N]. 合肥晚报，2012.

第一节　资本（金）筹集业务的核算

一、资本（金）筹集业务

企业进行生产经营活动，为保障生产经营周转的需要，保证企业债权人的利益，必须拥有一定数量的本钱。由于资本（金）的筹集业务与企业资产、负债和利润分配有密切关系，资本（金）筹集业务的核算是企业会计核算的重要组成部分。随着市场经济的建立，资本市场的进一步完善，企业可以多渠道、多方式筹措资本。归纳起来，企业筹措资本的方式有两种：一种是通过吸收投资者投入资本的方式筹资，形成企业的权益资本；另一种是利用借入债权人资金的方式筹资，形成债务资本（金）。

二、资本（金）筹集业务的核算

（一）设置账户

1. 核算投入资本业务设置的账户

当资本由投资者投入企业时，就形成了企业的所有者权益。投资者可以是国家、企业、外商和个人等。投入的资本形式可以是货币资产，也可以是固定资产、无形资产等非货币资产。为正确核算投入资本业务，需要设置的账户包括"实收资本"或"股本""资本公积"账户，以及"固定资产""无形资产"和"银行存款"等账户。

（1）"实收资本"账户：所有者权益类账户，用以反映和监督企业实际收到的投资者投入的资本。企业收到投资者投入的货币资金、机器设备和无形资产等资本时，按一定的标准确认计量后，计入该账户的贷方；资本一旦投入，除企业投资合同期满或企业破产清算外，不得抽回，因此一般无借方业务发生；期末余额在贷方，表示投资者投入企业的资本总额。一般按投资人、投资单位设置明细分类账。

（2）"股本"账户：所有者权益类账户，用以反映和监督股份制企业初始和追加投入资本的增减变化及其结果。初始和追加投入股本，按股票面值与股份总数的乘积计入"股本"账户的贷方，表示股东权益的增加；一般无借方业务发生。当股票溢价时，将溢价的价值记入"资本公积"账户。其期末余额在贷方，表示股东投入企业的资本总额，一般按股东、投资单位设置明细分类账。

（3）"资本公积"账户：所有者权益类账户，用以反映由于投资者或者其他人投入企业、所有权归属投资者并且金额上超过法定资本部分的资本，以及直接计入所有者权益的利得或损失等资本公积项目。其贷方登记从不同渠道取得的资本公积、直接计入所有者权益的利得，即资本公积的增加数；借方登记资本公积转增资本、直接计入所有者权益的损失，即资本公积的减少数；期末余额在贷方，表示资本公积的期末结余数。一般设置"资本溢价（或股本溢价）""其他资本公积"等明细账户。

（4）"固定资产"账户：资产类账户，用来核算企业固定资产增减变动及其结果。投资者投入固定资产时，按资产的原始价值计入账户借方；减少固定资产时按资产的原始价值计入账户的贷方；期末余额在借方，反映现有固定资产的原始价值。按固定资产的品种设置明细分类账。

（5）"无形资产"账户：资产类账户，用来核算企业无形资产增减变动及其结果。投资者投入无形资产时，按投资合同或协议约定的价值计入账户借方；减少无形资产时计入账户贷方；期末余额在借方，反映现有无形资产的价值。按无形资产的品种设置明细分类账。

（6）"银行存款"账户：资产类账户，用来核算企业银行存款增减变动及其结果。投资者投入货币资产或从其他渠道收到货币资金并存入银行时，计入账户的借方；企业支出银行存款时计入账户的贷方；期末余额在借方，反映现有银行存款实有数额。

2. 核算借入资本（金）业务设置的账户

当企业向银行或向其他金融机构借入资本（金）时，就形成了企业的各种借款，为正确核算借入资本（金）业务，应设置"短期借款"账户和"长期借款"等账户。

（1）"短期借款"账户：负债类账户，用来核算企业向银行或其他金融机构借入的期限在一年以内（含一年）或超过一年的一个营业周期内的各种借款的增减变动及其结余情况的账户。该账户的贷方登记取得的短期借款，即短期借款本金的增加；借方登记短期借款的偿还，即短期借款本金的减少；期末余额在贷方，表示企业尚未偿还的短期借款的本金结余额。短期借款应按照债权人的不同设置明细账户，并按照借款种类进行明细分类核算。

（2）"长期借款"账户：负债类账户，用来核算企业向银行及其他金融机构借入的偿还期限在一年以上或超过一年的一个营业周期以上的各种借款。其贷方登记长期借款本金的增加数；借方登记长期借款本金的减少数；期末余额在贷方，表示尚未偿还的长期借款本金结余额。该账户应按贷款单位设置明细账户，并按贷款种类进行明细分类核算。

根据资本（金）筹集业务的特征，将资本（金）筹集业务的核算分为投入资本业务的核算和借入资本（金）业务的核算。下面将结合这两类业务核算的内容，具体介绍账户在借贷记账法中的实际应用。

创新和资本的结合

从富兰克林、杰斐逊到爱迪生，这些发明家不是靠着特权，也不是依赖贵族身份而获得成功，而是依靠自己知识技能的积累实现平民逆袭的过程。

创新的另一面是资本。无论爱迪生拥有多少项专利所有权，倘若知识无法与资本进行有效对接，很难想象，如果支撑爱迪生一直发明下去的动力——财富与金钱不复存在了，1500多项的发明还能留下多少。换一个角度来看，假设爱迪生不是在美国，而是在英国、法国、日本，他的成就，他对后世、对整个人类的贡献恐怕就要重新计算了。

为知识付费，是源自西方的一个非常重要的概念。在自己众多发明专利的基础上，爱迪生于1892年创立了屹立至今的通用电气公司（GE）；1908年，爱迪生创立"电影专利公司"，这是一家由九个主要电影工作室组成的企业集团，即后来的"爱迪生信托"（Edison Trust）。根据美国国会1922年的一项统计，爱迪生使美国政府在50年内的税收增加了15亿美元。另据1928年的一项调查，全世界用在与爱迪生发明有关的事业上的资本数量，当时就达到157.25亿美元。而他这一切成就的产生除了他本人的天分，更多的是专利法对其成就的保护和支持。

（二）投入资本业务的核算

对于一个企业，投资者以货币资金、实物和无形资产等方式出资，出资额达到设立企业法定的注册资本的最低限额，经过法定程序确认后才能成立企业，这是企业设立的先决条件之一。我国《公司法》对各类公司注册资本的最低限额有明确的规定，其中股份有限公司的最低法定注册资本金为人民币500万元，有限责任公司（指非一人有限责任公司）最低法定资本金为3万元。

投入资本即权益资本是企业依法取得并长期拥有、自由调配运用的资本，它反映的是企业与企业所有者的关系。一方面，资本的所有权归属于企业的所有者，企业所有者依法凭其所有权参与企业的经营管理和利润分配，并对企业的债务承担有限或无限的责任；另一方面，企业对资本依法享有经营权，在企业存续期间，企业有权调配使用资本，而所有者除依法转让所有权外，一般不得以任何方式抽回投入的资本，故此类资本被视为企业的"永久性资本"。事实上，企业以投入的方式取得的资本，形成的是企业的所有者权益。因此，企业在收到投资者以各种方式投入的资本时，应借记"银行存款""固定资产"和"无形资产"等资产类账户，贷记"实收资本"或"股本"和"资本公积"等所有者权益类账户。

【案例】　王海、张强和盛荣公司共同出资组建泰祥有限责任公司（以下简称泰祥公司），公司主打产品有 A 和 B 两种产品。按投资协议，泰祥公司注册资本 5 000 000 元，各方具体出资形式和比例为：王海投入货币资金 2 000 000 元；张强以自有知识产权的专利技术投资，经资产评估事务所估价为 1 000 000 元，盛荣公司投入不需安装的全新设备，按投资协议约定的价格为 2 000 000 元。

【例 5-1】　泰祥公司现收到王海投入的货币资金 2 000 000 元，款项已存入泰祥公司银行账户。

这项经济业务的发生，涉及"银行存款"和"实收资本"两个账户。一方面使得公司的银行存款增加 2 000 000 元；另一方面使得公司的实收资本增加 2 000 000 元。应编制的会计分录如下：

借：银行存款 　　　　　　　　　　　　　　　　　　　　　2 000 000
　　贷：实收资本——王海 　　　　　　　　　　　　　　　　　　2 000 000

【例 5-2】　泰祥公司收到张强估价为 1 000 000 元的专利技术投资。

这项经济业务的发生，涉及"无形资产"和"实收资本"两个账户。一方面使得公司的无形资产增加 1 000 000 元；另一方面使得公司的实收资本增加 1 000 000 元。应编制的会计分录如下：

借：无形资产 　　　　　　　　　　　　　　　　　　　　　1 000 000
　　贷：实收资本——张强 　　　　　　　　　　　　　　　　　　1 000 000

【例 5-3】　泰祥公司收到盛荣公司作价 2 000 000 元的全新设备。

这项经济业务的发生，涉及"固定资产"和"实收资本"两个账户。一方面使得公司的固定资产增加 2 000 000 元；另一方面使得公司的实收资本增加 2 000 000 元。应编制的会计分录如下：

借：固定资产 　　　　　　　　　　　　　　　　　　　　　2 000 000
　　贷：实收资本——盛荣公司 　　　　　　　　　　　　　　　　2 000 000

当然，如果公司组织形式为股份有限公司时，应设置"股本"账户和"资本公积"账户，股份有限公司发行股票，在收到款项时，按实际收到的金额借记"银行存款"等账户，按股票面值与核定的股份总额的乘积计算的金额贷记"股本"账户，按扣除各种费用后的溢价额贷记"资本公积——股本溢价"账户。

【例 5-4】　某公司委托创世纪证券公司代理发行普通股 150 000 股，每股面值 1 元，按照每股 2 元的价格发行，假设创世纪证券公司收取发行价格 3% 的手续费。双方约定，将收到的股款全部存入银行。

（1）计算公司收到的股款：

公司收到股款 = 150 000 × 2 × （1 − 3%） = 291 000（元）

（2）计算应计入股本的金额：

计入股本的金额 = 150 000 × 1 = 150 000（元）

（3）计算应计入资本公积的金额，创世纪证券公司收取发行价格 3%的手续费，从发行收入中扣除：

$$计入资本公积的金额 = 291\ 000 - 150\ 000 = 141\ 000（元）$$

（4）编制会计分录：

这项经济业务的发生，一方面使得公司的银行存款增加 291 000 元；另一方面使得公司股东对公司的股本投资增加 150 000 元，资本公积增加 141 000 元。涉及"银行存款""股本"和"资本公积"三个账户，应编制的会计分录如下：

借：银行存款		291 000
贷：股本		150 000
资本公积——股本溢价		141 000

一首歌使股价暴跌 10%

音乐家戴夫·卡罗尔的吉他被联合航空公司的行李托运员给弄坏了，他花了 9 个月时间联系这家公司的客服代表，但这家公司的客服体系如同迷宫般复杂，最终卡罗尔徒劳无功。然后，这位音乐家写了一首歌——《联合航空搞坏了吉他》，并且把该视频放到了 YouTube 上。短短一天之内，视频就吸引了 15 万人次点击，卡罗尔也接到了尴尬的联合航空客服解决方案经理的电话。三天内该视频获得了 100 万的点击量，联合航空公司的股价暴跌 10%，股票持有者损失了 1.8 亿美元——这是那把吉他价值的 60 万倍。在一个星期内，这首歌在 iTunes（苹果数字媒体播放应用程序）市场下载排行榜中排到了第一，联合航空公司根据卡罗尔的要求，向孟克爵士音乐学院公开捐赠了 3 000 美元，而当初损坏的那把吉他的价值正是 3 000 美元。同时，那把吉他的制造者泰勒·吉塔斯在看了视频后，又免费送给卡罗尔两把吉他。

全员持股的激励

电视剧《乔家大院》在中国家喻户晓。大家还会记得一场戏：乔致庸亲自到潼关用八抬大轿迎接从外地回来的潘为严，并诚聘他为大德恒票号的大掌柜。这是一个真实故事的艺术加工。故事的主角是阎维藩。他从蔚长厚票号福州分号掌柜的位子上辞职，乔致庸知道他是经营票号的高手，就派其子乔景仪带两班人马在南方通往祁县的必经之地子洪口接他。回来后，乔致庸设宴招待，诚聘他为大德恒票号的大掌柜，每年辛金（薪水）为 120 两银子（当时其他大掌柜为 100 两），身股 12 厘（其他大掌柜为 10 厘）。阎维藩深受感动。在他主持大德恒的二十六年中，大德恒每个账期（四年）每股（8 000 两银子）可分红 1 万两银子，成为晋商中经营最好的票号之一。

这里我们要注意的是"辛金"和"身股"，它涉及晋商的激励机制。它对员工实行的实际是一种分享制。分享制就是企业赚了钱，员工都分享；当然企业赔了，员工也要承担。这就把员工的利益与企业效益直接挂钩。当然，晋商还是赚钱的时候多。

日本企业研究和学习了晋商的分享制的激励机制。把员工的收入分为两部分：一部分是基本收入，与企业业绩无关，另一部分是分红，与企业业绩相关，且分红在员工收入中是大头。这种制度提高了日本企业的效率。美国人去日本企业调查发现，让员工勤奋敬业的动力正来自这种分享制。

现在欧洲一些国家企业采用的员工持股的激励机制也正来自晋商这种制度，也许他们是通过日本人了解到这种制度。欧洲的员工持股就不是身股了，而是和其他股份一样的股份。不仅可以分红，还可以上市交易。这种员工持股，可以用赠给员工的方式，也可以由员工以低于股价的价格购买，以后一种形式为主。在德国，员工有了股票，董事会中还有一名工人董事，在企业决策时代表工人利益。这些做法缓解了资本家与工人的矛盾，也使员工努力工作。也许战后德国经济的迅速发展也与此相关。

股票期权的激励

1993 年当郭士纳进入 IBM 时，该公司亏损达 160 亿美元，用当时媒体的话说，它的一只脚已经迈进了坟墓。在郭士纳任 CEO 的九年期间，IBM 持续盈利，股票价格上升了 10 倍，成为当时全球最赚钱的公司。郭士纳作为这只大象的"领舞者"功不可没。他的动力来自哪里呢？仅 1993—1996 年，郭士纳就从股票期权中获得高达 8 000 万美元的收入。郭士纳还把股票期权由原来的少数人扩大到数千人的管理和技术骨干层，激励了这些人为 IBM 的振兴而奋斗。股票期权是郭士纳激励的"核动力"。

股票期权在 IBM 的起死回生中起到了关键作用。什么是股票期权？它为什么会有这么神奇的作用呢？股票期权是公司董事会给予某些高层管理人员在一定时期内按某种协议价格购买一定量本公司股票的权利。

对这个定义，我们要注意几点。第一，这是委托人（董事会）给予代理人（高层管理人员）的一种支付报酬的方法。这种支付不是现金，不是股票本身，而是购买股票的权利。第二，这种权利是有时间限制的。在合约规定的时期内的任何一个时间，代理人可以兑现这种权利，但过期自动作废。第三，代理人在兑现买股票的权利时，无论股票的市场价格多高，都可以按事先确定的股票价格购买。这种价格称为协议价格，又称行权价格，是双方在签订股票期权合约时确定的，一旦确定就不能改变。第四，代理人能购买的股票数量也是双方在签订股票期权合约时确定的。代理人可以选择买或不买。第五，这种权利是选择权，获得股票期权的代理人能否从中获益、获得多大的利益就取决于协议价格和行权时市场价格的差价。差价越大获益越大。

这种激励机制的激励作用之所以大就在于，在市场经济的股市上，一个公司股价的高低主要取决于长期盈利的能力。公司长期盈利能力越强，股东预期的收益就越大，增值潜力越大，股民就会争相购买，股价自然就上去了。因此，公司股票价格的变动是其业绩的主要衡量指标。在任何一个公司中，公司的业绩主要取决于以 CEO 为首的管理团队，取决于他们的智慧与努力。他们努力了，公司业绩上去了，股价上涨了，他们的利益也实现了。这就是说，股票期权把公司业绩与高管们的个人利益直接联系在一起，从而激励他们努力工作。这就是他们工作的"核动力"。

任何一种好的激励机制都是收益与风险并存的。股票期权也体现了这一点。在实行股票期权的公司里，高管们的薪水远低于不实行股票期权的水平。如果有效行权期间，股价低于协议价格，高管们得到应有的高薪水。

正是有股票期权这种"核动力"，郭士纳才带领他的团队为 IBM 起死回生立下汗马功劳。这种激励方法受到美国许多大公司的欢迎。

参考资料：梁小民. 经济学夜话[M]. 北京：生活·读书·新知三联书店. 2022.

（三）借入资本业务的核算

当企业设立时或生产经营期间资金不足，可以从银行等金融机构借款，也可经有关部门批准发行债券从社会上筹措闲置资金，即借入资本。

可见，借入资本是指企业依法筹集、依约使用并按期偿还的资本。借入资本虽然与投入资本都是企业重要资本来源，但两者的性质完全不同。借入资本体现的是企业与债权人的一种债权债务关系。一方面，企业对持有的债务资本在约定的期限内享有使用权，其资本有偿使用，企业应承担到期还本付息的义务；另一方面，企业的债权人有权按期索取债权本息，但无权参与企业的经营管理和收益的分配，对企业的其他债务不承担责任。通过借入方式取得的资本形成企业的负债，因此，当企业借入资本时，一般应借记"银行存款"账户，贷记"长期借款"或"短期借款"等负债类账户。"长期借款"和"短期借款"按银行名称设置明细分类账。

【例 5-5】 泰祥公司向市工商银行申请获得期限 6 个月、金额 700 000 元的贷款，款项已存入泰祥公司银行账户。

这项经济业务的发生，一方面使得公司的银行存款增加 700 000 元；另一方面使得公司的短期借款增加 700 000 元。涉及"银行存款"和"短期借款"两个账户，应编制的会计分录如下：

借：银行存款   700 000
  贷：短期借款——工商银行   700 000

【例 5-6】 泰祥公司向市商业银行申请获得期限 3 年、金额 1 500 000 元的贷款，款项已存入泰祥公司银行账户。

这项经济业务的发生，涉及"银行存款"和"长期借款"两个账户。一方面使得公司的银行存款增加 1 500 000 元；另一方面使得公司的长期借款增加 1 500 000 元。应编制的会计分录如下：

借：银行存款   1 500 000
  贷：长期借款——商业银行   1 500 000

将资本（金）筹集业务的核算过程绘成简图，如图 5-1 所示。

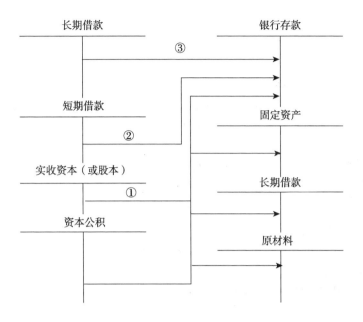

图 5-1　资本（金）筹集业务的核算过程

说明：①投入资本；②借入短期借款；③借入长期借款。

信用与人品

当标准普尔首次把美国的信用等级从 AAA 降到了 AA+时，全球股市跌声一片。事实上，不仅美国和美国企业有信用评级，每个美国人也有自己的信用分数，它决定了美国人日常生活的方方面面。买房、租房、购车、申请信用卡、买保险、求职，甚至连找对象都会受信用分数的影响。

信用分数低寸步难行

一个美国人从十几岁用零花钱开设第一个银行账户时起，他的经济行为就有据可查了，信用评级机构据此建立他的信用档案，信用分数由此而来。850 分是最高分，300 分是最低分。据 2011 年 1 月的统计，美国人平均信用分数是 692 分。全国只有 13%的人有 800 分以上的高分。15%的人是 550 分以下的低分。总的来说，700 分以上就算有比较好的信用了。信用分数是金融机构用来决定是否发放贷款和贷款利率多少的重要指标。

在印第安纳联合信用社专门负责房贷业务的克里斯告诉笔者，查一个人的信用分很简单，每人都有一个社会保险号，像中国的身份证号码一样，会跟人一辈子。只要在信用查询系统里输入申请人的社会保险号，就立刻可以看到他的信用分数和信用记录，包括个人债务、信用卡还款记录以及银行存款等。这个信用查询系统全国联网，想隐瞒不良记录是不可能的。克里斯说他最喜欢信用分数高于 730 分的客户，"730 分以上是'A 级'，他们申请房贷，不用等就可以通过。700 分以上的是'B 级'，要费不少力气才能为他们申请到贷款。而 700 分以下的人的申请基本会被驳回"。

信用分数量化人品

中国人相亲的时候，会想办法打听对方的家庭背景、学历、职业等。美国人谈恋爱的时候，则会想办法打探对方的信用分数。分数高的人会以此为荣，而信用分数低的人则极力遮掩。笔者的朋友莫莉就因为信用分数的事吃了亏。莫莉不久前认识了一个在证券公司工作的年轻人，约会了几次，相互感觉都不错。正打算深入发展，但对方却突然冷淡下来，不接电话，不回邮件，还找理由取消了约定好的约会。莫莉怎么也想不出自己哪里得罪了对方，直到她收到信用卡公司的催款信。原来，莫莉比较粗心，尤其不善理财。她有一笔信用卡欠款，当时没有及时支付，后又把这事忘了，结果因为逾期付款超过 90 天被扣了很多信用分。

在美国人看来，信用分低说明一个人缺乏照顾自己的能力，不成熟，甚至不负责任。这不仅是一个经济指标，在某种意义上也是最好的人品指标，任何拖欠还款都会导致信用分数的下降，积极还款则信用分数会提高。比如，许多美国人在购买家具、电器时，即使有能力一次支付也选择分期付款，因为按时还款能让信用分数升高，方便以后贷款买汽车和房子。

有钱不等于信用好

目前，美国人的信用分数基本由三家大型信用评估公司审核，三家公司的评分标准稍有不同，大体上分五项审核：是否准时付账单、负债金额、申请贷款的次数、信用历史长短、综合信用评估。信用卡一大把的人，信用分并不一定高，因为每申请一张卡，他的信用分就会被扣除一些。

美国人对信用评分的认识也有不少误区。比如，一项调查显示，45% 的美国人认为自己收入越高，信用分就越高。还有人认为年龄、性别影响信用记录，也有人认为结婚后配偶的信用记录能和自己的组合等。

美国个人信用审核制度很严格，有权、有钱、有势的人信用分不一定高。据不完全统计，在 535 名美国国会议员中，信用评分超过 700 分的人还不到 1/3，其中 71 名信用记录实在太差，以至于没有信用卡公司肯批准他们的信用卡申请。有人开玩笑说，是没信誉的政府毁了美国的国家信誉。

资料来源：盛森. 新晨报，2012-7-22.

第二节　生产供应业务的核算

当企业通过吸收投资和借债筹集到资本（金）后，即开始为制造产品作准备，在这一过程中既要购建厂房、购买机器设备等固定资产，也要购买原材料等各种材料物资。随着供应业务的发生，资金由货币资金形态转化为固定资金形态和储备资金形态。因此，企业供应过程业务核算的主要内容包括固定资产购建业务和材料采购业务这两类生产准备业务的核算。

一、固定资产购建业务的核算

固定资产一般是指使用期限比较长、单位价值比较高，原有实物形态能在若干个生产周期中发挥作用，其价值随生产的磨损一点一点转移到新产品中去的劳动资料。固定资产购建业务需经过采购、建造、安装、调试、计价及付款结算等环节完成，投入资金数额大，涉及面广。因此，固定资产购建业务的会计核算较为复杂，特别是在固定资产确认和计价过程中，涉及的因素较多，需要依据一定的确认和计价标准，并采用一定的计价方法，会计处理也需设置专门的账户来完成。

（一）设置账户

固定资产购建业务的核算与其他资产核算一样，应该按照取得时的实际成本入账。实际成本包括能够使固定资产达到预期使用效果前的一切合理、必要的支出，包括买价、运杂费、包装费、安装费以及有关的税费等。固定资产一般分为不需安装和需安装两种形式，为了正确核算固定资产的购建业务，需要设置"在建工程"和"固定资产"账户。

（1）如果企业购入的是不需要安装的固定资产，应设置"固定资产"账户。"固定资产"账户是资产类账户，用来核算企业固定资产的增减变动及其结果。账户借方登记增加固定资产的原始价值；账户的贷方登记减少固定资产的原始价值；期末余额在借方，反映现有固定资产的原始价值。按固定资产的品种设置明细分类账。

（2）如果企业购入的是需要安装的固定资产，还应设置"在建工程"账户。"在建工程"账户是资产类账户，用来核算尚未建造完工或虽已经购买但尚未达到可使用状态的固定资产的成本。借方用来登记建造固定资产的各项成本；贷方用来反映已经完工而结转的固定资产的成本；期末余额一般在借方，表示期末尚未完工的固定资产。

关于购建固定资产所支付的款项，按其支付方式不同，分别设置"银行存款""应付账款"和"预付账款"等账户进行核算，这些账户的结构和应用前已述及。

为核算方便起见，固定资产购建时涉及的增值税暂且忽略，增值税核算方法详见本节"材料采购业务的核算"中的介绍。

根据固定资产购建业务的特征，将固定资产购建业务的核算分为购入不需要安装的固定资产的核算和购入需要安装的固定资产的核算。下面将结合这两类业务的核算内容，具体介绍账户在借贷记账法中的实际应用。

（二）企业购入不需要安装的固定资产的核算

企业购入不需要安装的固定资产时，应在购入时将固定资产的原始价值直接记入"固定资产"账户的借方，按照支付方式贷记"银行存款""应付账款"等账户。

【例5-7】　泰祥公司购入不需要安装的机器设备一台，买价50 000元，已支付包装费、运杂费共计1 000元，款项尚未支付。

这项经济业务的发生，涉及"固定资产"和"应付账款"两个账户。一方面使得公司的固定资产增加50 000元；另一方面使得公司的应付账款增加1 000元。应编制的会计分录如下：

借：固定资产   51 000

  贷：应付账款   51 000

（三）企业购入需要安装的固定资产的核算

如果企业购入的是需要安装的固定资产，购入时和安装过程中发生的各项耗费，应通过"在建工程"账户进行核算，待工程达到预期使用状态之后，方可将该工程成本从"在建工程"账户的贷方转入"固定资产"账户的借方。

【例 5-8】 泰祥公司购入需要安装的机器设备一台，买价 37 000 元，包装费、运杂费共计 300 元，全部款项已经用银行存款支付；此外，在安装过程中耗用材料 2 000 元，发生工人工资 1 500 元。安装完毕，经过验收合格已经交付使用。

包括以下两笔经济业务：

（1）安装完工交付使用前，设备达到预期使用状态前的支出应先在"在建工程"账户中进行归集。

这项经济业务的发生，涉及"在建工程""银行存款""原材料"和"应付职工薪酬"四个账户。一方面公司的在建工程增加 40 800（37 000 + 300 + 2 000 + 1 500 = 40 800）元；另一方面使得公司的银行存款减少 37 300 元，使得企业的原材料减少 2 000 元，应付职工薪酬增加 1 500 元。应编制的会计分录如下：

借：在建工程   40 800

  贷：银行存款   37 300

    原材料   2 000

    应付职工薪酬   1 500

（2）固定资产验收交付使用后。工程安装完毕交付使用，意味着固定资产的取得成本已经形成，应将固定资产的全部成本由"在建工程"账户转入"固定资产"账户。

这项经济业务的发生，一方面使得公司的在建工程减少 40 800 元；另一方面使得公司的固定资产增加 40 800 元。涉及"在建工程"和"固定资产"两个账户，应编制的会计分录如下：

借：固定资产   40 800

  贷：在建工程   40 800

固定资产购置业务的核算绘成简图，如图 5-2 所示。

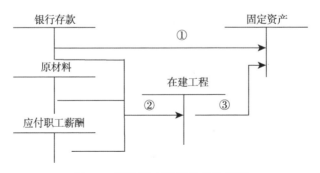

图 5-2 固定资产购置业务的核算

说明：①购买不需安装的固定资本；②购买需要安装的固定资本（安装前）；③在建工程转入固定资产（安装后）。

你知道都有哪些成本吗？

成本在会计学中占据重要位置，有些企业以成本为主轴的策略定位十分清楚。以沃尔玛为例，它就以"每日低价"（everyday low price）著称，因而沃尔玛上下弥漫着以"控制成本"为主的文化气氛。

同样地，瑞典家具公司宜家创办人英格瓦·坎普拉德（Ingvar Kamprad），尽管坐拥巨额财富，仍节俭度日，除了车，他一生中添置的最值钱的物品就是在法国购买了一个葡萄园。他以身作则，用节俭的美德来激励宜家员工，乘飞机永远只坐经济舱。

不管沃尔玛、宜家怎样降低成本，人们还是愿意网络购物，互联网大大降低了采购成本，增加了老百姓的福祉。

由于会计是国际通用的商业语言，不但在商业活动中，人们使用"成本"，如采购成本、人工成本、材料成本、制造成本、历史成本、重置成本、单位成本、总成本、个别成本、平均成本、制造成本、销售成本、相关成本、非相关成本、付现成本、非付现成本、沉没成本、边际成本、增量成本、差别成本、变动成本、固定成本、直接成本、间接成本、机会成本、责任成本、定额成本、目标成本、标准成本、作业成本等，在后续的成本会计、管理会计、财务管理中，我们也会——遇见。

在我们日常生活中成本也经常被使用，如"时间成本""学习成本"等。前些日子看到"委屈成本"的提法，颇具创意。

初去企业实习或者刚入职的小白，经常被人当作清洁工、临时工来使唤，那些和专业不搭边的活常常被要求去做，因此感到委屈。结果情绪不好，什么也做不好。这就是付出了"委屈成本"。成本是什么？比如，"制造成本"就是企业生产产品所消耗的人工、材料、加工费之和，即制造产品所付出的代价。那"委屈成本"就是委屈所付出的代价。算过后发现"委屈成本"极高，多陷在委屈的情绪里一分钟，就多遭受一分钟的损失。

来，让我们算一算。

（1）"委屈"消耗了本应投入工作的时间、精力成本。比如，小白被批评了5分钟，结果两个小时后都还没缓过劲儿来干工作。

（2）"委屈"消耗了身边人的成本。你求安慰，势必耗费老板、同事的时间和精力。

（3）"委屈"丧失了差异化的机会。99%的人受委屈的时候都会气愤吐槽，如果你平静面对，你就有了差异化的机会，领导会认为你能成大器。

（4）"委屈"丧失了改善的机会。你受委屈，就说明公司对某一块工作不满意，只要你解决了这个不满意的地方，就是立下大功。

（5）你消耗了自己的健康成本。气愤、委屈比感冒发烧更伤害人类的健康。

综上，这些都是委屈的代价，我们称之为"委屈成本"。在职场上花一分钟去委屈都是多余的。我们记住一句话："在其位，谋其政，受其气。"所有批评都是针对那个岗位去的，我们一旦离开那个岗位，人家为什么要欺负我们呢？此外，我们看到一个事实：职场小白99%的挨骂，都是活该、自找且应该的。年轻人第一次走进职场的时候，意气风发，经常觉得自己肯学习就无所不能。其实，在职场上，小白还是个宝宝，必须经历挫折才能变成一个"懂事"的大白。没有人是生来懂事的，所有的懂事都是碰壁碰出来的教训。所以，当你碰壁了、被晾了、被骂了，哪儿来的闲工夫委屈，争分夺秒让自己变得更懂事吧！

最后分享一下董明珠的零"委屈成本"。董明珠当了销售员后就负责追讨前任销售员欠下的 40 万元债务，本来不是她欠的钱，她却负责追讨，本来应该是觉得委屈的。可是她一分钟也没浪费在委屈上，天天跟着客户上下班，说，还钱吧，还钱吧；最后客户被缠得没脾气，同意以货抵债。事情解决了，她也成了金牌销售。把时间投入委屈上，什么果子都结不出来；投在踏踏实实干活上，必然硕果累累。

二、材料采购业务的核算

对原材料的采购是供应过程中的一项重要内容。材料的采购业务烦琐复杂：第一，企业要根据市场需求、企业生产规模确定生产产品的种类、型号和数量，组织原材料采购，此为采购阶段；第二，当购进材料运达企业并验收入库时，表明企业拥有该项财产的所有权，材料方可确认为企业的资产，此为材料入库阶段；第三，原材料入库存储后，采购、会计及管理人员还需要进行购货款、采购费用以及增值税等费用的结算，此为材料成本结算阶段。也就是说，在材料采购过程中，企业一方面要计算从供应单位购进各种材料的采购成本；另一方面要按照经济合同和约定，支付材料的买价和各种采购费用，与供应单位结算货款和增值税进项税款。材料采购成本的核算以及货款和增值税结算，是供应过程中材料采购业务核算的主要内容。

（一）设置账户

1. 核算材料采购成本设置的账户

材料订货采购、运输装卸，尚未验收入库前，企业需要归集材料的采购成本。订货采购、运输装卸，尚未验收入库前发生的买价、运杂费等费用，构成材料的采购成本，其采购成本按历史成本计价。此时，应设置"在途物资"或"材料采购"和"材料成本差异"账户归集材料的采购成本。

（1）"在途物资"账户：资产类账户，用于核算企业采用实际成本（进价）进行材料、商品等物资的日常核算但尚未验收入库的各种物资（即在途物资）的采购成本。借方登记企业购入的在途物资的实际成本；贷方登记验收入库的在途物资的实际成本；期末余额在借方，反映企业在途物资的采购成本。本账户应根据材料物资品种或种类设置明细账户。

（2）"材料采购"账户：资产类账户，用来核算企业购买材料的买价和各种采购费用但尚未验收入库的材料的采购成本的账户。其借方登记购入材料的实际买价和采购费用，贷方登记完成采购过程、验收入库材料的计划成本；期末余额在借方，表示尚未运达企业或者已经运达企业但尚未验收入库的在途材料的成本。"材料采购"账户应按照购入材料的品种或种类设置明细账户。

对于"在途物资"账户和"材料采购"账户，在具体使用时，要注意以下几个方面：

第一，企业采购材料时，既可以按照实际成本计价组织收发核算，也可以按照计划成本计价组织收发核算。当企业按照实际成本计价核算时，应设置"在途物资"账户归集材料的成本，当按照计划成本计价核算时，应设置"材料采购"账户归集材料的成本。

第二，当企业按照实际成本计价核算时，对于购入的原材料，在其尚未验收入库以前，所发生的买价及运杂费等款项，不论是否已经付款，应该先记入"在途物资"账户，待材料验收入库时，将其成本按实际成本转入"原材料"账户。而当企业按照计划成本价核算时，对于购入的原材料，在其尚未验收入库以前，所发生的买价及运杂费等款项应该先记入"材料采购"账户，待材料验收入库时，其成本按计划成本转入"原材料"账户。

第三，对于按照计划成本计价核算的企业，应增设"材料成本差异"账户，用来核算材料实际成本与计划成本之间的差额，根据差异在会计期末对计划成本进行调整，以确定库存材料的实际成本和发出材料应负担的差异额，以此正确核算发出材料的实际成本。

（3）"材料成本差异"账户：资产类账户，用来核算材料实际成本与计划成本之间的差额。其借方登记入库材料实际成本大于计划成本的差异；贷方登记入库材料实际成本小于计划成本的差异。本账户应按"原材料"和"周转材料"等账户设置明细账户。

2. 核算材料验收入库业务设置的账户

当购入材料运达企业并验收入库时，方表明企业拥有这项财产的所有权，应将其作为企业的资产予以确认，这时应设置"原材料"账户进行核算。

"原材料"账户：资产类账户，用来核算企业库存材料成本的增减变动及其结存情况的账户。其借方登记已验收入库材料的成本的增加；贷方登记发出材料的成本；期末余额存借方，表示库存材料成本的期末结余额。"原材料"账户应按照材料的保管地点、种类设置明细账户。

3. 核算不同结算方式设置的账户

企业按照经济合同和约定的结算办法支付材料的买价和运杂费时，与供应单位发生货款结算的方式主要有以下三种情况：第一，购进材料直接支付货款；第二，购进材料未付货款；第三，事先预付货款。

针对不同的结算方式，企业应设置"库存现金"账户、"银行存款"账户、"应付账款"账户、"应付票据"账户和"预付账款"账户进行核算。

（1）"应付账款"账户：负债类账户，用来核算企业因购买材料物资、接受劳务供应而与供应单位发生的结算债务的增减变动及其结余情况的账户。其贷方登记应付供应单位款项（买价、税金和代垫运杂费等）的增加；借方登记应付供应单位款项的减少（即偿还）；期末余额一般在贷方，表示尚未偿还的应付款的结余额。该账户应按照供应单位的名称设置明细账户。

（2）"应付票据"账户：负债类账，是用来核算企业采用商业汇票结算方式购买材料物资等而开出、承兑商业汇票的增减变动及其结余情况的账户。其贷方登记企业开出、承兑商业汇票的增加；借方登记到期商业汇票的减少；期末余额在贷方，表示尚未到期的商业汇票的期末结余额。该账户按债权人设置明细账户。

（3）"预付账款"账户：资产类账户，用来核算企业按照合同规定向供应单位预付购料款而与供应单位发生的结算债权的增减变动及其结余情况的账户。其借方登记结算债权的增加，即预付款的增加；贷方登记已收到供应单位提供的材料物资而应冲销的预付款债权，即预付款的减少；期末余额一般在借方，表示尚未结算的预付款的结余额，该账户应按照供应单位的名称设置明细账户。

4. 核算增值税相关业务设置的账户

根据《中华人民共和国增值税暂行条例》的规定，凡在中国境内销售货物或提供劳务及进口货物的单位和个人，应当缴纳增值税，因此企业在购买原材料时，除按照经济合同约定，对材料的买价和运杂费进行结算外，还涉及企业应缴纳的增值税的核算。这时，应设置"应交税费"账户和"应交税费——应交增值税"账户。

（1）"应交税费"账户：负债类账户，用来核算企业按税法规定应缴纳的各种税费（包括增值税、消费税、所得税、资源税、土地增值税、城市维护建设税、房产税、土地使用税、车船税、教育费附加等，印花税等不需要预计税额的税种除外）的计算与实际缴纳情况的账户。其贷方登记计算出的各种应交而未交税费的增加；借方登记实际缴纳的各种税费，包括支付的增值税进项税额；期末余额方向不固定，如果在贷方，表示尚未缴纳的税费；如果在借方，表示多交或尚未抵扣的税费。本账户应按税费项目设置明细账户。该账户的记账方向与记录的内容为：

借方	应交税费	贷方
实际已交的各种税费	按规定计算应交的税费	
多交或尚未抵扣的各种税费	企业尚未缴纳的各种税费	

（2）"应交税费——应交增值税"账户：负债类账户，是"应交税费"账户的明细账户，用来核算企业应交和实交增值税情况的账户。

根据税法规定，在中华人民共和国境内销售货物、服务、无形资产、不动产，提供加工、修理修配劳务，进口货物的单位和个人，为增值税纳税人。

单位是指企业、行政单位、事业单位、军事单位、社会团体及其他单位。个人是指个体工商户和其他个人。

货物是指有形动产，包括电力、热力、气体在内。加工是指受托加工货物，即委托方提供原料及主要材料，受托方按照委托方的要求，制造货物并收取加工费的业务。修理修配是指受托对损伤和丧失功能的货物进行修复，使其恢复原状和功能的业务。

增值税纳税人分为一般纳税人和小规模纳税人。年应征增值税销售额（以下称年应税销售额）超过财政部和国家税务总局规定标准的纳税人为一般纳税人，未超过规定标准的纳税人为小规模纳税人。年应税销售额超过规定标准的其他个人不属于一般纳税人。年应税销售额超过规定标准但不经常发生应税行为的单位和个体工商户可选择按照小规模纳税人纳税。

年应税销售额未超过规定标准的纳税人，会计核算健全，能够提供准确税务资料的，可以向主管税务机关办理一般纳税人资格登记，成为一般纳税人。会计核算健全，是指能够按照国家统一的会计制度规定设置账簿，根据合法、有效凭证核算。符合一般纳税人条件的纳税人应当向主管税务机关办理一般纳税人资格登记。具体登记办法由国家税务总局制定。除国家税务总局另有规定外，一经登记为一般纳税人后，不得转为小规模纳税人。

增值税税率有13%、9%和6%三档。

零税率在什么情况下采用呢？纳税人出口货物或者跨境销售服务、无形资产，税率为零。零税率是指除了在出口或跨境销售环节不征增值税，还要对该货物和无形资产此前已经缴纳的增值税进行退税，使该货物和服务在出口或跨境销售时完全不含增值税款，从而以无税的价格进入国际市场。

本章以一般纳税人企业为例阐述相关业务核算。一般纳税人向税务部门缴纳增值税时，企业购入货物或接受应税劳务支付的增值税（即进项税额），只要企业购入货物或接受劳务具备相应的凭证，可以从销售货物或提供劳务按规定收取的增值税（即销项税额）中抵扣。

因此，"应交税费——应交增值税"账户的借方登记企业因购买材料或接受应税劳务而应向供应单位连同买价一起支付的增值税额（即增值税进项税额）；贷方登记企业因销售产品或提供应税劳务应向购买单位收取的增值税额（增值税销项税额），转出已支付或应负担的增值税；期末余额在借方，反映企业多交或尚未抵扣的增值税额，期末余额在贷方，反映企业尚未向税务部门缴纳的增值税额。该账户应按增值税项目设置明细账，进行明细分类核算。

借方	应交税费——应交增值税	贷方
进项税额 实际已交的增值税		销项税额 转出已支付 应交的增值税
多交或尚未抵扣的增值税		尚未缴纳的增值税

可见，企业因购货发生增值税时，设置"应交税费——应交增值税（进项税额）"账户；因销货发生增值税时，设置"应交税费——应交增值税（销项税额）"账户。下面举例说明一般纳税人增值税的计算（见表5-1）。

原材料或商品销售过程是：

橡胶厂 → 轮胎厂 → 汽车厂 → 最终消费者。

表 5-1　一般纳税人增值税的计算　　　　　　　　　　　　　　单位：元

$M_i(i=1,\cdots,7)$ $\diagdown$ $N_j(j=1,\cdots,4)$	橡胶厂（1）	轮胎厂（2）	汽车厂（3）	最终消费者（4）	备注
（1）销售收入	5 000	10 000	200 000		
（2）税率 13%	13%	13%	13%		
（3）应交增值税——销项税额 = （1）×（2）	650	1 300	26 000		
（4）应交增值税——进项税额		650	1 300		
（5）实际上交（已交税额）= $M(3)-M(4)$	650	650	24 700		代交给税务机关
（6）销货收回价税款=$M(1)+M(3)$	5 650	11 300	226 000		
（7）购买原材料（或商品）支付的价税款 = $M(6)N(j-1)$		5 650	1 1300	226 000	

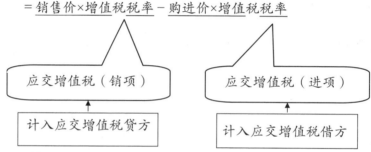

$$应交增值税（已交税额）=增值金额×增值税税率$$
$$=（销售价-购进价）×增值税税率$$
$$=销售价×增值税税率-购进价×增值税税率$$

应交增值税（销项）　　　　　　　　应交增值税（进项）

计入应交增值税贷方　　　　　　　　计入应交增值税借方

　　根据材料采购业务的特征，把材料采购业务的核算分为材料采购成本的归集与核算、材料验收入库的核算。下面将结合这两类业务的核算内容，具体介绍账户在借贷记账法中的实际应用。

扩展阅读：增值税下调对企业有影响吗

（二）材料采购成本的归集与核算

　　企业原材料采购业务的核算中，非常重要的问题就是确定原材料的采购成本。企业采购材料时，需支付材料的买价以及因采购材料而发生的各种采购费用，将这些费用归集到各采购对象上，就形成了各种材料的采购成本。因此供应过程中材料采购费用的归集过程，实际上就是核算各采购对象实际采购成本的过程，需要计算购进各种材料的总成本和单位成本。

　　1. 材料采购成本的构成

　　对于购入的原材料，尽管材料由于产地不同，其买价和采购费用往往各异，但其实际成本应由以下几项内容组成：

　　（1）材料的买价，即购货发票注明的货款金额；

　　（2）采购费用，即采购过程中的运杂费，主要包括应由本企业负担的运输费、包装费、装卸费、保险费、仓储费等；

（3）材料在运输途中发生的合理损耗，即在运输途中所产生的定额内合理损耗；

（4）材料入库之前发生的整理挑选费用，这些整理挑选费用不仅包括材料入库前发生的技术性检验及整理挑选费用，还应包括挑选中发生的损耗，并扣除下脚料、废料的剩余价值；

（5）税费及其他费用即按规定应计入材料采购成本的各种税费和其他费用。这里的其他费用包括大宗物资的市内运杂费等。但需要注意的是市内零星运杂费、采购人员的差旅费以及采购机构的经费等不构成材料的采购成本，而应计入期间费用。

2. 归集与处理的一般原则

在核算材料的采购成本时，上述费用在归集和处理时，应区分直接计入费用与间接计入费用，采用不同的归集方式进行处理。

（1）直接计入费用是指能够确定该费用是为采购某种材料而发生的费用，应直接确认为该材料的采购成本，如材料的买价、采购该材料而发生的运杂费等。

（2）间接计入费用是指不能直接辨认是为采购某种材料而发生的间接费用，如采购过程中发生的、由各采购对象共同负担的运输费等。在计算材料采购成本时，应将这部分间接费用在受益的各种材料之间，按一定的标准进行分配，以确定各种材料应负担的采购费用。采用的分配标准应能够表明各材料对该采购费用的合理分担关系，一般采用材料重量、体积或买价作为分配标准。分配方法如下：

$$采购费用分配率 = 应分配的采购费用/共同负担该费用的$$
$$材料的分配标准总量（总重量或总体积或总买价）$$
$$某材料应负担的采购费用 = 该材料的分配标准（重量或体积或买价）\times$$
$$采购费用分配率$$

（3）此时，应设置前已述及的"在途物资"或"材料采购"账户来归集和核算未验收入库的材料采购成本。

（三）按实际成本计价的材料成本的归集与核算过程举例

接前例，假设泰祥公司采购原材料时，采用实际成本计价来组织收发核算。

【例5-9】　泰祥公司从东远公司购入甲材料一批，单价为50元，重量为1 000千克，共计50 000元，增值税专用发票注明增值税额为8 500元，款项已用银行存款支付。

这项经济业务的发生，一方面使得公司甲材料的采购成本增加50 000元，增值税进项税额增加8 500（50 000×17%＝8 500）元；另一方面使得公司的银行存款减少58 500元。

涉及"在途物资""应交税费——应交增值税""银行存款"三个账户，应编制的会计分录如下：

借：在途物资——甲材料　　　　　　　　　　　　　　　　　　　50 000
　　应交税费——应交增值税（进项税额）　　　　　　　　　　　　8 500
　　贷：银行存款　　　　　　　　　　　　　　　　　　　　　　　　　58 500

【例5-10】　用银行存款支付上述甲材料运费500元，用现金支付。

这项经济业务的发生，一方面使得公司购入甲材料的采购成本（运杂费）增加500

元；另一方面使得公司的库存现金减少 500 元。涉及"在途物资""库存现金"两个账户，应编制的会计分录如下：

借：在途物资——甲材料 500
　　贷：库存现金 500

【例 5-11】 与北方公司签订购销合同购入丁材料，按合同约定预付货款的 25%，计 10 000 元，用银行存款支付。

这项经济业务的发生，一方面使得公司预付的订货款增加 10 000 元；另一方面使得公司的银行存款减少 10 000 元。涉及"预付账款"和"银行存款"两个账户，应编制的会计分录如下：

借：预付账款——北方公司 10 000
　　贷：银行存款 10 000

【例 5-12】 收到北方公司发运来的、前已预付货款的丁材料，丁材料的单价为 20 元，重量为 2 000 千克，共计 40 000 元，运输装卸费 1 000 元，增值税税款 6 800 元。余款、运输装卸费和增值税款用银行存款支付。

包括以下两笔经济业务：

（1）丁材料成本的核算。

这项经济业务的发生，一方面使得公司丁材料的采购成本（丁材料的买价和采购费用）增加 41 000（40 000＋1 000＝41 000）元；另一方面使银行存款减少 31 000（41 000－10 000＝31 000）元，预付账款减少 10 000 元。涉及"在途物资""预付账款""银行存款"三个账户，应编制的会计分录如下：

借：在途物资——丁材料 41 000
　　贷：银行存款 31 000
　　　　预付账款 10 000

（2）购买丁材料增值税的核算。

这项经济业务的发生，一方面使得公司的增值税进项税额增加 6 800 元；另一方面使得公司的银行存款减少 6800 元。涉及"应交税费——应交增值税""银行存款"两个账户，应编制的会计分录如下：

借：应交税费——应交增值税（进项税额） 6 800
　　贷：银行存款 6 800

【例 5-13】 泰祥公司从南华公司购入乙材料和丙材料各一批。乙材料单价为 7 元，重量为 4 000 千克，共计 28 000 元；丙材料单价为 9 元，重量为 6 000 千克，共计 54 000 元，增值税税率为 17%，收到增值税专用发票，款项尚未支付。

这项经济业务的发生，一方面使得乙材料采购成本增加 28 000 元，丙材料采购成本增加 54 000 元，增值税进项税额增加 13 940（82 000×17%＝13 940）元；另一方面使得应付供应单位款项增加 95 940（82 000＋13 940＝95 940）元。涉及"在途物资""应交税费——应交增值税"和"应付账款"三个账户，应编制的会计分录如下：

借：在途物资——乙材料 28 000
　　　　　　——丙材料 54 000
　　应交税费——应交增值税（进项税额） 13 940

　　　　贷：应付账款——乙公司　　　　　　　　　　　　　　　　　　95 940

【例5-14】　乙、丙两种材料运抵公司，用银行存款支付运输装卸费2 600元。

（1）材料运输装卸费2 600元为间接计入费用，应在乙、丙材料中进行分配。

分配标准：选择材料重量进行分配：

$$分配率=2 600/（4 000+6 000）=0.26（元/千克）$$

$$乙材料应分摊运输装卸费=0.26×4 000=1 040（元）$$

$$丙材料应分摊运输装卸费=0.26×6 000=1 560 （元）$$

（2）这项经济业务的发生，一方面使得公司的材料采购成本增加2 600元，其中乙材料采购成本增加1 040元，丙材料采购成本增加1 560元；另一方面使得公司的银行存款减少2 600元。涉及"在途物资"和"银行存款"两个账户，应编制的会计分录如下：

　　　　借：在途物资——乙材料　　　　　　　　　　　　　　　　　1 040
　　　　　　　　　　——丙材料　　　　　　　　　　　　　　　　　1 560
　　　　　　贷：银行存款　　　　　　　　　　　　　　　　　　　　2 600

（四）材料验收入库的核算

　　购入材料运达企业并验收入库时，该项材料即作为企业资产予以确认。此时应设置前已述及的"原材料"账户，将材料的采购成本结转至"原材料"账户中。

　　对材料验收入库的核算举例如下。

【例5-15】　接前例，30日，上述甲材料验收入库，结转材料的采购成本。

　　这项经济业务的发生，一方面使公司已验收入库材料的成本增加50 500（50 000＋500＝50 500）元；另一方面使公司的材料采购支出减少50 500元。涉及"原材料"和"在途物资"两个账户，应编制的会计分录如下：

　　　　借：原材料——甲材料　　　　　　　　　　　　　　　　　　50 500
　　　　　　贷：在途物资——甲材料　　　　　　　　　　　　　　　50 500

【例5-16】　30日，上述乙、丙材料验收入库，结转材料的采购成本。

　　这项经济业务的发生，一方面使得公司已验收入库材料的成本增加85 600元，其中乙材料成本增加29 040（28 000＋1 040＝29 040）元，丙材料采购成本增加55 560（54 000＋1 560＝55 560）元；另一方面使得公司的材料采购支出减少85 600元。涉及"原材料"和"在途物资"两个账户，应编制的会计分录如下：

　　　　借：原材料——乙材料　　　　　　　　　　　　　　　　　　29 040
　　　　　　　　　　——丙材料　　　　　　　　　　　　　　　　　55 560
　　　　　　贷：在途物资——乙材料　　　　　　　　　　　　　　　29 040
　　　　　　　　　　　　——丙材料　　　　　　　　　　　　　　　55 560

【例5-17】　30日，上述丁材料验收入库，结转材料的采购成本。

　　这项经济业务的发生，一方面使得公司已验收入库材料的成本增加41 000（40 000＋1 000＝41 000）元；另一方面使得公司的材料采购支出减少41 000元。涉及"原材料"和"在途物资"两个账户，应编制的会计分录如下：

　　　　借：原材料——丁材料　　　　　　　　　　　　　　　　　　41 000
　　　　　　贷：在途物资——丁材料　　　　　　　　　　　　　　　41 000

此外，对上述业务的核算，要特别注意两个方面的问题。

一方面，对于材料采购成本的归集与核算，企业应设置并登记总分类账户进行核算，另一方面，应按照购入材料的品种、类别设置并登记在途物资明细分类账。

接前例，泰祥公司根据公司的需要，按材料的品种和种类开设并登记材料明细分类账。公司的材料明细账如表5-2～表5-5所示。

表5-2 甲材料"在途物资"明细账

材料名称或类别：甲材料

单位：元

月	日	凭证号	摘要	借方金额 买价	采购费用	合计	贷方余额	结余金额
	30	略	购入1 000千克，单价50元	50 000		50 000		50 000
			支付运杂费用		500			50 500
			结转采购成本				50 500	—
			发生额和余额	50 000	500	50 000	50 500	

表5-3 乙材料"在途物资"明细账

材料名称或类别：乙材料

单位：元

月	日	凭证号	摘要	借方金额 买价	采购费用	合计	贷方余额	结余金额
	30	略	购入4 000千克，单价7元	28 000		28 000		28 000
			支付运杂费用		1 040	1 040		29 040
			结转采购成本				29 040	—
			发生额和余额	28 000	1 040	29 040	29 040	—

表5-4 丙材料"在途物资"明细账

材料名称或类别：丙材料

单位：元

月	日	凭证号	摘要	借方金额 买价	采购费用	合计	贷方余额	结余金额
	30	略	购入6 000千克，单价9元	54 000		54 000		54 000
			支付运杂费用		1 560	1 560		55 560
			结转采购成本				55 560	—
			发生额和余额	54 000	1 560	55 560	55 560	—

表5-5 丁材料"在途物资"明细账

材料名称或类别：丁材料

单位：元

月	日	凭证号	摘要	借方金额 买价	采购费用	合计	贷方余额	结余金额
	30	略	购入2 000千克，单价20元	40 000		40 000		40 000
			支付运杂费用		1 000	1 000		41 000
			结转采购成本				41 000	—
			发生额和余额	40 000	1 000	41 000	41 000	—

材料采购业务的核算简图如图 5-3 所示。

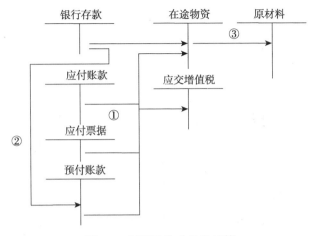

图 5-3 材料采购业务的核算

说明：①购入原材料；②预付购料款；③在途物资验收入库。

（五）按计划成本计价的材料成本的归集与核算过程举例

大中型企业为了有效地控制材料采购成本，一般采用按计划成本核算。按计划成本核算需要设置材料采购和材料成本差异账户，前面已经介绍，具体账户格式如下。

借方	材料采购	贷方
①货款已付材料的实际采购成本		①结转核算完毕已收的材料的计划成本（对应账户：原材料）
②结转实际成本小于计划成本的差异		② 结转实际成本大于计划成本的差异
期末在途材料		

借方	材料成本差异	贷方
①实际成本大于计划成本的超支数		①实际成本小于计划成本的节约数
		②结转发出材料应负担的成本负担、超支差异
		③结转发出材料应负担的成本节约差异（用红字表示）
库存材料的超支差异		库存材料的节约差异

各账户之间的关系如图 5-4 所示。

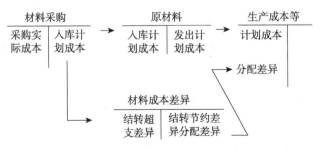

图 5-4 按计划成本计价的材料成本核算各账户间关系

【例5-18】 某企业向某供应单位购入甲材料2 000千克，买价3 800元，增值税646元，价税款以银行存款支付。

借：材料采购——甲材料 3 800

应交税费——增值税（进项税额） 646

贷：银行存款 4 446

【例5-19】 以银行存款120元支付上项材料的运杂费。

借：材料采购——甲材料 120

贷：银行存款 120

【例5-20】 上项材料已验收入库，按计划成本入账。甲材料2 000千克，每千克计划价格2元，计4 000元。

借：原材料——甲材料 4 000

贷：材料采购——甲材料 4 000

【例5-21】 仓库发出甲材料1 000千克，用于制造产品，计划成本2 000（2×1 000=2 000）元。

借：生产成本 2 000

贷：原材料——甲材料 2 000

【例5-22】 月末确定材料实际成本与计划成本的差异，予以转账。

借：材料采购 80

贷：材料成本差异 80

【例5-23】 月末结转发出材料应负担的成本差异。

首先，计算材料成本差异率。

$$\text{材料成本差异率} = \frac{\text{月初结存材料的成本差异} + \text{本月收入材料的成本差异}}{\text{月初结存材料的计划成本} + \text{本月收入材料的计划成本}} \times 100\%$$

本例中的材料成本差异率为：

$-80 \div 4\,000 \times 100\% = -2\%$（本例无月初余额）

其次，计算发出材料应负担的差异额。

发出材料应负担的差异额 = 发出材料的计划成本×差异率

$= 2\,000 \times (-2\%) = -40$（元）（节约额）

做会计分录如下：

借：生产成本 40

贷：材料成本差异 40

※若为超支差时，用蓝字做与上面相同的会计分录，如图5-5所示。

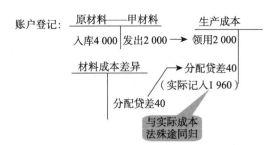

图 5-5 按计划成本计价的材料成本核算为超支差时会计分录

JIT 成本控制制度

准时制（just in time，JIT），是日本丰田汽车公司在 20 世纪 60 年代实行的一种生产方式，1973 年以后，这种方式对丰田公司度过第一次能源危机起到了突出的作用。后引起其他国家生产企业的重视，并逐渐在欧洲和美国的日资企业及当地企业中推行开来，现在这一方式与源自日本的其他生产、流通方式一起被西方企业称为"日本化模式"。

JIT 指的是将必要的零件以必要的数量在必要的时间送到生产线，并且只将所需要的零件、只以所需要的数量、只在正好需要的时间送到生产线。这是为适应 20 世纪 60 年代消费需要变得多样化、个性化而建立的一种生产体系及为此生产体系服务的物流体系。

在 JIT 生产方式倡导以前，世界汽车生产企业包括丰田公司均采取福特式的"总动员生产方式"，即一半时间人员和设备、流水线等待零件，另一半时间等零件一运到，全体人员总动员，紧急生产产品。这种方式造成了生产过程中的物流不合理现象，尤以库存积压和短缺为特征，生产线要么不开机，要么一开机就大量生产，这种模式导致了严重的资源浪费。丰田公司的 JIT 就在这种情况下问世了，它采取的是多品种、少批量、短周期的生产方式，大大降低了库存，优化了生产物流，减少了浪费。

JIT 生产方式的主要目的是使生产过程中物品（零部件、半成品及制成品）有秩序地流动并且不产生物品库存积压、短缺和浪费，因此有几个关键的做法，即生产流程化、作业均衡化、看板管理。

（1）生产流程化。按生产汽车所需的工序从最后一个工序开始往前推，确定前面一个工序的类别，并依次地恰当安排生产流程，根据流程与每个环节所需库存数量和时间先后来安排库存和组织物流。尽量减少物资在生产现场的停滞与搬运，让物资在生产流程上毫无阻碍地流动。

（2）作业均衡化。将一周或一日的生产量按分秒时间进行平均，所有生产流程都按此来组织生产，这样一条流水线上每个作业环节上单位时间必须完成多少何种作业就有了标准定额。

（3）看板管理。看板管理即把工厂中潜在的问题或需要做的作业显现或写在一块显示板上，让任何人一看显示板就知道出现了何种问题或应采取何种措施。看板管理需借助一系列手段来进行，比如告示板、带颜色的灯、带颜色的标记等，不同的表示方法具有不同的含义，以下就看板管理中有助于使库存降低为零的表示方法加以说明。

①红条。在物品上贴上红条表示该种物品在日常生产活动中不需要。

②看板。看板是为了让每个人容易看出物品旋转地点而制成的表示板，该板标明什么物品在什么地方、库存数量是多少。

③警示灯。警示灯是让现场管理者随时了解生产过程中何处出现异常情况、某个环节的作业进度、何处请示供应零件等的工具。

④标准作业表。标准作业表是将人、机械有效地组合起来，以决定工作方法的表。

⑤错误的示范。错误的示范是为了让工人了解何谓不良品，而把不良品陈列出来的方法。

⑥错误防止板。错误防止板是为了减少错误而做的自我管理的防止板。

⑦红线。红线表示仓库及储存场所货物堆放的最大值标记，以此简便方法来控制物品的最大库存数量。

除了这7条，在实际生产过程中还有其他不同的手段和方式来对作业进行提示或警示。

目前，还有其他成本管理模式，这里介绍 JIT 主要想说明生产过程是产品的主要形成过程，对该过程严加管理，才能控制企业的制造成本，提高经济效益。

第三节　产品生产业务的核算

一、产品生产业务

制造业企业的生产过程，就是工人耗费生产资料，制造出各种产品的过程。在这个过程中，企业投入原材料、人工和机器设备等资源，最终生产出社会需要的产品。

企业从原材料投入到产品完工验收入库的生产过程，既是产品价值的形成过程，也是各种消耗发生的过程。在生产过程中发生的各种消耗，主要表现为物化劳动消耗和活劳动消耗两个方面。物化劳动消耗主要是指劳动对象和劳动资料的消耗，劳动对象的消耗主要表现为原材料的消耗。原材料消耗具有一次消耗、改变原有实物形态、构成产品实体的特点，而劳动资料的消耗主要表现为固定资产的磨损，其磨损价值以折旧方式予以反映。活劳动消耗是指为生产产品发生的人工消耗，以薪酬的形式按一定标准计算，支付给劳动者。企业在生产过程中发生的各项生产耗费，一部分耗费是直接或间接用于产品生产的费用，其消耗价值经归集、分配后，构成产品成本的一部分，并转移到产品的价值之中，一般称为产品生产费用；另一部分耗费是为组织和管理产品的生产所发生的费用，该费用的价值不构成产品的生产成本，不能计入产品成本，一般称为期间费用。

因此，在生产过程中发生的、能用货币额表现的耗费，它们经过归集、分配后，最终形成各种产品的成本和期间费用。会计期末产品完工并验收入库时，为制造产品发生的生产费用也随之结转；而管理和组织本期产品生产而发生的期间费用，直接冲减企业当期的损益。期间费用包括管理费用、销售费用、财务费用。

实际上，随着各种生产费用的发生，企业的资金经历了由固定资金和储备资金形态转化为生产资金形态，由生产资金形态转化为成品资金形态的过程。综上所述，生产费用的发生、归集和分配，产品生产成本的计算以及完工产品的结转等业务构成了生产过程核算的基本内容。

二、产品生产业务的核算

（一）设置账户

1. 核算耗费项目设置的账户

制造业企业的生产过程，是发生耗费的过程。为正确监督、核算生产费用的发生与消耗，应设置"原材料""应付职工薪酬""累计折旧"等账户，分别归集并核算生产过程中的材料消耗、人工消耗和固定资产的消耗；同时应设置"银行存款""库存现金""其他应收款"等账户，以归集和核算生产过程中其他费用的消耗。前面已经介绍过的账户不再介绍。

（1）"应付职工薪酬"账户：负债类账户，用以核算支付给职工的各种报酬（包括工资、奖金、津贴和福利费），反映企业与职工个人的工资结算关系，并为成本计算提供资料。贷方登记企业按一定标准计算的应付的各种薪酬；借方登记已向职工发放的各种工资薪酬及已支付的工会经费、职工教育经费、缴纳的社会保险费和住房公积金等；余额在贷方，表示月末应付而未付的薪酬；如果出现借方余额，表明企业实际多支付了薪酬给职工。

（2）"累计折旧"账户：资产类账户，用以反映和监督固定资产使用中的磨损价值，并据以计算固定资产净值。贷方登记按固定资产原值和折旧率计算的折旧额，反映因损耗而减少的价值；借方登记报废或变卖固定资产时累计已计提的折旧额；余额在贷方，表示期末累计已计提的折旧额。

对于"累计折旧"账户，在具体使用时，要注意以下几个问题：

第一，固定资产是企业的主要劳动资料，在使用、维护得当的情况下，具有保持其原有的实物形态不变，但其价值将逐渐损耗的特点。根据这一特点，不仅需要设置"固定资产"账户，反映固定资产的原始价值，同时需要设置"累计折旧"账户，来反映固定资产价值的耗损（或减少）。

第二，由于固定资产净值=固定资产原值－折旧额，企业可以利用"固定资产"账户和"累计折旧"账户，计算固定资产净值。因此，在资产负债表上，该账户是固定资产的抵减账户。

第三，需要说明的是，"累计折旧"账户是一个特殊的资产类账户。其特殊性表现在它的余额在贷方，与一般的资产类账户的余额方向不同。

（3）"其他应收款"账户：资产类账户，是用来核算和监督企业除了应收账款、应收票据、预付账款等以外的其他各种应收、暂付款项。包括不设置"备用金"科目的企业拨出的备用金、应收的各种赔款、罚款、应向职工收取的各种垫付款项、应收出租包装物的租金、存出的保证金以及已不符合预付账款性质而按规定转入的预付账款等。借方登记其他各种应收暂付款项的增加数；贷方登记其他各种应收暂付款项的减少数；余额在借方表示其他应收未收的款项。

2. 核算产品成本和期间费用设置的账户

制造业企业的生产过程，是产品价值的形成过程，对于发生的生产费用，应根据生产费用的经济用途，将其正确归集到产品成本和期间费用中。为正确监督和核算产品成本和期间费用，应设置以下账户：

（1）"生产成本"账户：成本类账户，用以归集在生产过程中为产品生产而发生的直接材料费、直接人工费和制造费用，并计算产品的实际成本。借方登记企业为产品生产发生的各项生产费用；贷方登记转入"库存商品"账户的完工入库产品的生产成本；期末借方有余额表示尚未完工的在产品成本。应按生产产品的品种设置明细分类账户。

（2）"制造费用"账户：成本类账户，用来归集生产过程中在车间为制造产品发生的生产设备及设施的折旧费、修理费、辅助材料消耗、车间管理人员工资等与产品生产相关的各种间接费用。上述各项费用发生时，记入借方；月末按照某种分配标准，计算结转入"生产成本"账户时，记入贷方；结转后月末无余额。应按车间设置明细账户，分费用项目核算，提供明细核算资料。

尽管"生产成本"账户和"制造费用"账户核算的生产费用都是产品的成本项目，但两者有本质的区别：能够直接计入产品成本的直接生产费用的发生，应记入"生产成本"账户核算；不能直接计入产品成本，需分配后记入产品成本的各项间接生产费用，应记入"制造费用"账户核算。在具体使用时，应注意两者的不同。

（3）"库存商品"账户：资产类账户，用以反映和监督完工并验收入库产品的收入、发出和结存情况。借方登记产品完工入库时的制造成本；贷方登记产品销售出去后转出的制造成本；期末余额在借方，表示企业库存商品的实际生产成本。该账户应按商品名称设置明细分类账户。

（4）"管理费用"账户：损益类账户，管理费用是指企业为组织和管理企业生产经营活动所发生的各种费用，通常包括筹建期间的开办费、董事会和行政管理部门在企业的经营管理中发生的或者应由企业统一负担的公司经费（包括行政管理部门职工薪酬、物料消耗、低值易耗品摊销、办公费和差旅费等）、工会经费、董事会费（包括董事会成员津贴、会议费和差旅费等）、聘请中介机构费、咨询费（含顾问费）、诉讼费、业务招待费、技术转让费、矿产资源补偿费、研究费用、排污费等。

企业设"管理费用"账户核算管理费用的发生和结转情况。"管理费用"账户属于损益类账户，用以核算企业为组织和管理企业生产经营所发生的管理费用。该账户借方登记发生的各项管理费用，贷方登记期末转入"本年利润"账户的管理费用额。期末结转后，该账户无余额。该账户可按费用项目设置明细账户，进行明细分类核算。

管理费用不多的商品流通企业，可不设置"管理费用"科目，将上述内容一并放在"销售费用"科目核算。

企业在筹建期间内发生的开办费，包括人员工资、办公费、培训费、差旅费、印刷费、注册登记费以及不计入固定资产成本的借款费用等在实际发生时，借记"管理费用"科目，贷记"应付利息""银行存款"等科目。

行政管理部门人员的职工薪酬，借记"管理费用"科目；贷记"应付职工薪酬"科目包括行政管理人员的工资、办公费、管理部门固定资产折旧费及修理费等。上述各项费用发生时记入借方；会计期末转销的管理费用记入贷方；本账户期末无余额。

（5）"财务费用"账户：损益类账户，用以反映和监督企业为筹集生产经营所需资金而发生的各种费用，包括利息支出（利息收入为减项）、汇兑损失（汇兑收益为减项）、相关手续费等。发生的财务费用记入借方；会计期末转销的财务费用记入贷方；本账户期末无余额。

根据产品生产业务的特征，将产品生产业务的核算分为生产费用的发生与核算、产品生产成本的归集与核算以及完工产品生产成本的核算。下面将结合这类业务的核算内容，具体介绍账户在借贷记账法中的实际应用。

（二）生产费用的发生与核算

1. 材料费用的发生与核算

企业的材料耗费表现为企业为了生产产品及其他方面而领用的原材料。材料费用应按其经济用途分别计入产品成本和期间费用。直接用于某种产品生产的材料费用，属于直接生产费用，应直接记入该产品"生产成本"账户中；生产部门为创造生产条件等需要而间接消耗的各种材料属于间接生产费用，应先在"制造费用"账户中进行归集，然后按标准分配计入相关产品成本；管理部门消耗的材料属于组织和管理企业生产经营活动发生的各项行政管理费用，则记入"管理费用"账户。此时，应借记"生产成本""制造费用""管理费用"账户贷记"原材料"账户。

【例5-24】本月仓库发出甲、乙、丙材料情况汇总如表5-6所示。

表5-6 材料发出汇总   单位：元

项 目	甲材料	乙材料	丙材料	合 计
生产产品耗用	21 000	20 000	3 000	44 000
其中：A产品	11 000	15 000	2 000	28 000
B产品	10 000	5 000	1 000	16 000
车间一般耗用	1 000	2 000	800	3 800
公司管理部门耗用	500	1 000	300	1 800
合计	22 500	23 000	4 100	49 600

这项经济业务的发生，涉及"原材料""生产成本""制造费用"和"管理费用"四个账户。用于生产产品耗用材料44 000（28 000＋16 000＝44 000）元，应记入"生产成本"账户的借方；车间一般耗用材料3 800元，应记入"制造费用"账户的借方；公司管理部门耗用材料1 800元，应记入"管理费用"账户的借方；仓库共发出原材料49 600元，应记入"原材料"账户的贷方。应编制的会计分录如下：

借：生产成本——A产品   28 000

——B 产品	16 000
制造费用	3 800
管理费用	1 800
贷：原材料——甲材料	22 500
——乙材料	23 000
——丙材料	4 100

2. 人工费用的发生与核算

企业在生产过程中，职工付出劳动，企业向职工支付薪酬，就形成了人工费用。职工薪酬是指企业因使用职工提供的各种知识、技能、时间和精力等服务，而给予职工各种形式的报酬以及其他相关支出，包括：①职工工资、奖金、津贴和补贴；②职工福利费，指按照相关的法规或制度的规定，企业应按工资总额的一定比例（一般为14%）提取职工福利费，用于支付职工医药卫生补助、困难补助和其他福利补助以及医务、福利人员工资等。职工福利费一般于月末提取和分配，分配的去向与应付职工薪酬中职工工资的去向一致；③医疗保险费、养老保险费、失业保险费、工伤保险费和生育保险费类社会保险费；④住房公积金；⑤工会经费和职工教育经费；⑥非货币性福利；⑦因解除与职工的劳动关系给予的补偿；⑧其他与获得职工提供的服务相关的支出等。

一方面，工人付出劳动形成人工费用，而通常是先发生劳动后支付薪酬，因此，发生人工费用即贷记"应付职工薪酬"账户。另一方面，人工费用的发生应根据其经济用途分别计入产品成本和期间费用，一般认为，生产工人的计件工资和福利费等薪酬属于直接生产费用，直接记入"生产成本"账户；生产工人以外的生产管理人员的薪酬属于间接生产费用，记入"制造费用"账户后，按标准分配计入有关产品成本；管理部门人员的薪酬属于为组织和管理企业生产经营活动发生的各项行政管理费用，记入"管理费用"账户。此时，应借记"生产成本""制造费用""管理费用"账户。

【例5-25】 公司开出现金支票，从银行提取现金85 000元，备发工资。

这项经济业务的发生，涉及"库存现金"和"银行存款"两个账户。一方面使库存现金增加85 000元；另一方面使银行存款减少85 000元。应编制的会计分录如下：

借：库存现金	85 000
贷：银行存款	85 000

【例5-26】 根据"职工薪酬结算汇总表"，本月应付职工工资85 000元，其中：A产品工人工资50 000元，B产品工人工资10 000元，车间管理人员工资18 000元，管理人员工资7 000元。

这项经济业务的发生，涉及"生产成本""制造费用""管理费用""应付职工薪酬"四个账户。对于生产工人工资应记入"生产成本"账户的借方；车间管理人员的工资应记入"制造费用"账户的借方；公司行政管理人员的工资应记入"管理费用"账户的借方；本月发生应付给职工的工资表明企业负债的增加，应记入"应付职工薪酬"账户的贷方。应编制的会计分录如下：

借：生产成本——A 产品   50 000

      ——B 产品   10 000

     制造费用   18 000

     管理费用   7 000

     贷：应付职工薪酬   85 000

【例 5-27】 以现金发放职工工资 85 000 元。

这项经济业务的发生，涉及"库存现金"和"应付职工薪酬"两个账户。一方面使应付工资减少 85 000 元，另一方面使库存现金减少 85 000 元。应编制的会计分录如下：

借：应付职工薪酬   85 000

     贷：库存现金   85 000

【例 5-28】 按职工工资总额的 14%计提职工福利费，共计 11 900 元，其中：生产 A 产品的生产工人福利费 7 000 元，生产 B 产品的生产工人福利费 1 400 元，车间管理人员福利费 2 520 元，公司行政管理人员福利费 980 元。

这项经济业务的发生，生产工人应计提福利费应记入"生产成本"账户的借方；车间管理人员应计提福利费应记入"制造费用"账户的借方；公司行政管理人员应计提福利费应记入"管理费用"账户的借方；计提职工福利费，表明对职工负债的增加，应记入"应付职工薪酬"账户的贷方。涉及"生产成本""制造费用""管理费用""应付职工薪酬"四个账户，应编制的会计分录如下：

借：生产成本——A 产品   7 000

      ——B 产品   1 400

     制造费用   2 520

     管理费用   980

     贷：应付职工薪酬   11 900

3. 固定资产折旧、修理费的发生与核算

尽管固定资产在使用期限内能保持原有实物形态，但其价值却会随着固定资产的损耗而逐渐减少，由于损耗而减少的价值就形成了固定资产折旧。企业通过在会计期末计提折旧费用的形式，反映其因损耗而减少的价值。计提的折旧费用可以根据固定资产原值、折旧率和实际使用年限等资料计算。

固定资产折旧费用按照其经济用途，分别计入产品成本和期间费用。生产部门计提的折旧费用属于间接生产费用，记入"制造费用"账户后，按标准分配计入有关产品成本；管理部门计提的折旧费用属于为组织和管理企业生产经营活动发生的各项行政管理费用，记入"管理费用"账户。此时，应借记"制造费用""管理费用"账户，贷记"累计折旧"账户。折旧费用的计提与分配，不但使企业在将来有能力重置固定资产，而且实现了期间收入和费用的正确配比。

累计折旧按照经济内容属于固定资产科目，按照账户用途和结构属于备抵账户（或抵减账户），它是固定资产的调账账户，累计折旧增加，意味着固定资产减少。还有些属于附加账户，意味着该账户增加，被调整账户也增加。类似的会计科目如表 5-7 所示。

表 5-7　备抵账户和附加账户与被调整账户对应关系

	被调整账户	备抵账户	财务报表项目
资产类账户	应收账款	坏账准备	应收账款
	库存商品	存货跌价准备	存货
	原材料	存货跌价准备	存货
		材料成本差异（备抵和附加账户）	
	固定资产	累计折旧	固定资产
		固定资产减值准备	
	无形资产	累计摊销	无形资产
		无形资产减值准备	
	长期股权投资	长期股权投资减值准备	长期股权投资
	债权投资	债权投资减值准备	债权投资
	长期应收款	未实现融资收益	长期应收款
负债类账户	长期应付款	未确认融资费用	长期应付款
所有者权益类账户	资本公积	库存股	资本公积

企业产品生产过程中，向维修企业支付固定资产的维修费用，就形成了固定资产修理费用。固定资产修理费用应根据其经济用途，分别计入产品成本和期间费用。生产部门固定资产的修理费用属于间接生产费用，记入"制造费用"账户后，按标准分配计入有关产品成本；管理部门固定资产的修理费用属于为组织和管理企业生产经营活动发生的各项行政管理费用，记入"管理费用"账户。此时，应借记"制造费用""管理费用"账户，贷记"银行存款"或"库存现金"账户。

【例 5-29】　按照规定的固定资产折旧率，计提本月固定资产折旧 6 500 元，其中生产车间计提折旧 4 500 元，行政管理部门 2 000 元。

这项经济业务的发生，涉及"制造费用""管理费用"和"累计折旧"三个账户。对于生产部门使用固定资产计提的折旧费应记入"制造费用"账户的借方；管理部门使用的固定资产损耗费，应记入"管理费用"账户的借方；计提固定资产折旧表明原有固定资产价值减少了，即累计折旧的增加，应记入"累计折旧"账户的贷方。应编制的会计分录如下：

借：制造费用　　　　　　　　　　　　　　　　　　　　　　　　　　4 500
　　管理费用　　　　　　　　　　　　　　　　　　　　　　　　　　2 000
　　贷：累计折旧　　　　　　　　　　　　　　　　　　　　　　　　　　6 500

【例 5-30】　以银行存款支付行政管理部门设备修理费用 200 元。

这项经济业务的发生，一方面使行政管理部门的管理费用增加 200 元；另一方面使银行存款由于支付而减少 200 元。涉及"管理费用"和"银行存款"两个账户，应编制的会计分录如下：

借：管理费用　　　　　　　　　　　　　　　　　　　　　　　　　　200
　　贷：银行存款　　　　　　　　　　　　　　　　　　　　　　　　　　200

4. 其他生产费用的发生与核算

制造业企业在生产经营过程中除了发生材料费用、人工费用、固定资产的折旧费用和修理费，企业还要支付各部门的办公费用、报纸杂志费用、水电费用以及借款利息等费用，形成其他生产费用。其他生产费用应根据其经济用途，分别计入产品成本和期间费用。生产部门的办公费用、报纸杂志费用、水电费用等属于间接生产费用，记入"制造费用"账户后，按标准分配计入有关产品成本；管理部门办公费用、报纸杂志费用、水电费用等属于为组织和管理企业生产经营活动发生的行政管理费用，记入"管理费用"账户。

什么是利息？

利息是资金所有者由于向国家借出资金而取得的报酬，它来自生产者使用该笔资金发挥营运职能而形成的利润的一部分，是指货币资金在向实体经济部门注入并回流时所带来的增值额，其计算公式是：利息＝本金×利率×时间。

那么，为什么要收利息呢？

（1）延迟消费。放款人把金钱借出，就等于延迟了对消费品的消费。根据时间偏好原则，消费者会偏好现时的商品多于未来的商品，因此在自由市场会出现正利率。

（2）预期的通胀。大部分经济会出现通货膨胀，代表一个数量的金钱，在未来可购买的商品会比现在较少。因此，借款人需向放款人补偿此段期的损失。

（3）投资风险。借款人随时有破产、潜逃或欠债不还的风险，放款人需收取额外的金钱，以保证在出现这些情况时，仍可获得补偿。

（4）流动性偏好。人们会偏好其资金或资源可随时交易，需要一定时间才能将本金收回。利率亦是对此的一种补偿。

综上所述，借款收取利息是天经地义的。

短期借款利息属于期间费用，记入"财务费用"。此时，应借记"制造费用""管理费用"或"财务费用"账户，贷记"银行存款"或"库存现金"或"其他应收款"账户。

【例5-31】 以银行存款支付本月保险费 2 400 元，其中生产车间 800 元，行政管理部门 1 600 元。

这项经济业务的发生，涉及"制造费用""管理费用"和"银行存款"三个账户。车间需支付的保险费，应记入"制造费用"账户的借方；管理部门需支付的保险费，应记入"管理费用"账户的借方；对于已支付的款项应记入"银行存款"账户的贷方。应编制会计分录如下：

```
借：制造费用                                    800
    管理费用                                  1 600
    贷：银行存款                                    2 400
```

【例5-32】 以银行存款支付本月水电费 800 元，其中生产车间 300 元，行政管理部门 500 元。

这项经济业务的发生，涉及"制造费用""管理费用"和"银行存款"三个账户。车间的水电费，应记入"制造费用"账户的借方；管理部门水电费，应记入"管理费用"账户的借方；对于已支付的款项应记入"银行存款"账户的贷方。应编制的会计分录如下：

借：制造费用   300
   管理费用   500
  贷：银行存款   800

【例 5-33】 以银行存款支付应由本期财务费用负担的短期借款利息 3 500 元。

这项经济业务的发生，涉及"财务费用"和"银行存款"两个账户。短期借款利息应记入"财务费用"账户的借方；已支付的款项应记入"银行存款"账户的贷方。应编制的会计分录如下：

借：财务费用   3 500
  贷：银行存款   3 500

【例 5-34】 公司行政管理部门职工预借差旅费 2 000 元。

这项经济业务的发生，涉及"其他应收款"和"库存现金"两个账户。预借差旅费使公司的其他应收款增加 2 000 元，应记入"其他应收款"账户的借方；同时，使公司的库存现金减少 2 000 元，应记入"库存现金"账户的贷方。应编制的会计分录如下：

借：其他应收款   2 000
  贷：库存现金   2 000

【例 5-35】 某职工出差回公司报销差旅费 1 400 元，返还现金 600 元。

这项经济业务的发生，涉及"管理费用""其他应收款"和"库存现金"三个账户。报销的差旅费 1 400 元应记入"管理费用"账户的借方，返还现金 600 元应记入"库存现金"账户的借方；同时使公司的其他应收款减少 2 000 元，应记入"其他应收款"账户的贷方。应编制的会计分录如下：

借：管理费用   1 400
   库存现金   600
  贷：其他应收款   2 000

（三）产品生产成本的归集与核算

企业产品的生产过程，既是生产费用的归集过程，也是产品成本计算的过程。成本计算是会计核算的专门方法，划清成本、费用和支出的界限，是成本计算的基本要求之一。成本、费用和支出有着密切的联系，又有着明显的区别。成本则是为生产某一产品或提供某一劳务所消耗的费用，并且消耗应从产品销售或劳务收入中得到补偿的费用；费用是在一定期间为了进行生产经营活动而发生的各项耗费，但费用并不等于成本；支出是企业日常发生的全部支出，不论与产品的生产经营是否有关，都作为支出。因此，费用的发生过程也就是成本的形成过程，费用是产品成本形成的基础；但费用强调"期间"，是按一定会计期间汇集的资金耗费；而成本强调"对象"，与负担者直接相关，是以产品或劳务为对象进行归集的资金耗费。产品生产成本的归集与核算，就是将企业生产过程中为制造产品所发生的各种费用，按照所生产产品的品种，即成本计算对象，进行归集和分配，计算各种产品的总成本和单位成本。由于成本计算是一项非常复杂而细致的工作，这里仅介绍产品成本计算的基本原理和方法，侧重说明产品成本核算中有关账户设置和登记，以及账户设置、登记在产品成本核算中的应用。

企业产品成本的计算一般包括确定成本计算对象、按成本项目归集和分配生产费用、计算产品生产成本。

1. 确定成本计算对象

所谓成本计算对象，就是指生产费用归属的对象。确定成本计算对象就是确定费用的承担者，是进行成本计算的起点。生产经营中的企业需要计算各种各样产品的成本，那么不同种类、不同品种的产品，就是企业的成本计算对象。成本计算对象的确定，可以使企业按产品的品种、种类设置产品成本明细账，分门别类归集生产中的费用，正确计算产品成本。因此，按照产品品种、种类计算产品成本，是产品成本计算的最基本的方法和成本计算的起点。由于生产特点和管理要求各异，对于不同类型的企业，成本计算对象不同，成本计算方法也各具特色。

2. 按成本项目归集和分配生产费用

（1）可列入成本范围的生产费用。产品生产成本的核算过程，实际上就是生产费用的归集过程。其中，可列入成本范围的生产费用主要包括以下几个方面：第一，原材料及辅助材料、燃料等劳动对象耗费的费用。第二，固定资产折旧、租赁费、修理费等劳动资料耗费的费用。第三，职工工资及福利费等活劳动消耗的费用。第四，办公费用、报纸杂志费用、水电费用等用于产品生产的其他制造费用。

一般认为，企业为购建固定资产、无形资产和其他资产的支出，对外投资而发生的支出，被没收的财务损失，支付的滞纳金、罚款、违约金、赔偿金以及对外捐赠、赞助支出以及国家法律、法规规定以外的各种费用，国家规定不得列入成本的其他支出等内容不得列入成本范围。

（2）成本项目的组成及处理原则。第一，成本项目的组成。所谓成本项目是对生产费用按其经济用途所作的项目分类。通过产品成本项目的分类与设置，能具体地反映生产费用的经济用途和产品成本的经济构成。因此，企业按照产品品种、种类计算产品成本时，计入产品成本的生产费用，应进一步按成本项目归集生产费用，计算产品成本。制造业企业一般设立直接材料、直接人工和制造费用三个成本项目：①直接材料，是指企业在生产产品和提供劳务的过程中所消耗的、直接用于产品生产，构成产品实体的各种原材料及主要材料、外购半成品以及有助于产品形成的辅助材料等；②直接人工，是指企业在生产产品和提供劳务过程中，直接从事产品生产的工人工资以及其他各种形式的职工薪酬；③制造费用，是指企业为生产产品和提供劳务而发生的各项间接费用，包括间接的工资、福利费、折旧费、修理费、办公费、水电费、机物料消耗、季节性停工损失等。

通常，直接材料、直接人工称为直接费用，制造费用称为间接费用。直接费用和间接费用计入产品成本的方式并不相同，直接费用可直接计入产品成本；制造费用需选择一定的标准，按标准分配后才能计入产品的成本。因此，企业产品生产成本的计算，应进一步按直接材料、直接人工和制造费用归集生产费用，以分别计算各种产品的总成本和单位成本。

第二，成本项目的一般处理原则。企业按照成本项目将发生的生产费用归集到具体的成本计算对象上，就形成了该对象的生产成本。在实际的生产企业中，当企业或车间只生产一种产品时，则成本计算对象只有一个，因此，所发生的全部生产费用按上述成本项目进行归集后，就形成了该产品的生产成本，此时生产费用不存在分配的问题。当企业或车间同时生产多种产品时，由于拥有两个以上的成本计算对象，对于所发生的生产费用，其处理方式有所不同。归纳起来，主要表现有以下两个方面：

一方面，发生的生产费用，凡是能分清为某种成本计算对象（即某种产品）所耗用的，应直接计入该产品的成本；凡是不能区分属某种成本计算对象（即某种产品）的共同费用（包括因生产多种产品而共同发生的制造费用或几种产品共同耗用的原材料、生产工人工资等费用），应采用一定的分配方法在相关产品之间进行分配。

另一方面，对于因生产多种产品而消耗的制造费用包括生产部门耗用的材料、生产部门管理人员工资、生产部门固定资产折旧、租赁费、修理费和低值易耗品的摊销费以及其他制造费用等，企业应先归集到当期的"制造费用"账户，月末按适当的分配标准在各受益对象之间进行分配，并结转至各相关产品"生产成本"账户。此时，应借记"生产成本"账户，贷记"制造费用"账户，月末"制造费用"账户结转后无余额。

（3）"制造费用"分配的计算方法。第一，分配标准的选择。选择分配标准时，既要体现标准与所分配的费用之间有较密切的关系，又要体现分配的结果能反映受益原则，即受益大的产品多负担费用；反之，则少负担费用。制造费用分配标准有：生产工人工时、生产工人工资、机器工时、直接原材料成本和直接总成本。在实际的生产企业中，选择按生产工人工资进行分配的比较多，原因是操作过程简单易行。当然，由于生产特点和管理要求各异，对于不同类型的企业，要根据企业的实际情况选用分配标准。

第二，计算制造费用分配率并分配制造费用。企业计算制造费用分配率并分配制造费用时，其计算方法如下：

$$制造费用分配率＝制造费用总额／某一"标准"总量$$

$$某产品应分配的制造费用＝制造费用分配率×某种产品的"标准"量$$

值得注意的是，企业为反映当期发生的制造费用的分配过程及其结果，一般会编制"制造费用分配表"，并根据"制造费用分配表"编制结转分录。同时，企业归集、分配生产费用时，要按照产品的品种、类别设置并登记生产成本明细分类账，在明细账中按成本项目设置专栏或专行来归集应计入各种产品的生产费用。

3. 计算产品生产成本

如果月末某种产品全部完工，该种产品明细账所归集的生产费用总额，就是该种完工产品的总成本，除以该种产品的总产量就可计算出产品的单位成本；如果月末某种产品全部未完工，该种产品成本明细账所归集的生产费用总额，就是该种产品在产品的总成本；如果月末某种产品一部分完工一部分未完工，这时，归集在该产品明细账中的生产费用总额，还要采用适当的分配方法在完工产品和在产品之间进行分配，然后才能计算出完工产品的总成本和单位成本。生产费用如何在完工产品和在产品之间进行分配，是成本会计核算中的一个既重要又复杂的问题，有关这方面的内容将在专业会计课程中详细讲述。

【例5-36】　接前例，经查该公司本月投产A产品1 000件和B产品800件。月末，按生产A、B两种产品的工时分配本月发生的制造费用，并转入A产品和B产品的生产成本。

（1）在"制造费用"总分类账中归集公司当期发生的制造费用，如表5-8所示。

表5-8　制造费用总分类账　　　　　　　单位：元

202×年 月	日	业务号	摘要	借方	贷方	借或贷	余额
略	略	略	月初余额	—	—		—
			车间一般耗用材料	3 800		借	3 800
			本月车间管理人员工资	18 000		借	21 800
			本月车间管理人员福利	2 520		借	24 320
			本月生产车间固定资产折旧	4 500		借	28 820
			生产车间保险费	800		借	29 620
			本月生产车间水电费	300		借	29 920
			分配结转制造费用		29 920	平	—

（2）在"制造费用"账户中归集后，将生产工人工资在A产品和B产品中进行分配。

①分配标准：按生产产品工时进行分配，其中，A产品生产工时3 000个，B产品生产工时2 000个。

②制造费用的分配：

制造费用分配率＝制造费用总额/某一"标准"总量

$$= 29\ 920/(3\ 000 + 2\ 000) = 5.984$$

某产品应分配的制造费用=制造费用分配率×某种产品的"标准"量，则：

A产品应负担的制造费用 = 5.984×3 000 = 17 952（元）

B产品应负担的制造费用 = 5.984×2 000 = 11 968（元）

③根据制造费用分配过程及其结果编制"制造费用分配表"，如表5-9所示。

表5-9　制造费用分配表

产品	产品生产工时/个	制造费用总额/元	分配率	应负担的制造费用/元
A产品	3 000			17 952
B产品	2 000	29 920	5.984	11 968
合计	5 000			29 920

④根据"制造费用分配表"结转本月制造费用至生产成本。结转后，账户期末无余额。这项经济业务的发生，涉及"生产成本"和"制造费用"两个账户，产品应负担的制造费用应记入"生产成本"账户的借方；结转制造费用后使制造费用减少，应记入"制造费用"账户的贷方。应编制的会计分录如下：

借：生产成本——A 产品　　　　　　　　　　　　　　　　　　　17 952

　　　　　　——B 产品　　　　　　　　　　　　　　　　　　　11 968

　　贷：制造费用　　　　　　　　　　　　　　　　　　　　　　　　　　29 920

上述归集、分配生产费用，计算产品生产成本的过程中，泰祥有限责任公司分别设置 A 产品和 B 产品生产成本明细分类账，在明细账中按成本项目设置专栏或专行归集应计入各种产品的生产费用，计算 A 产品和 B 产品的生产成本。假设泰祥有限责任公司本月投产的 A 产品和 B 产品，均为本月投产，产品没有期初余额，并且本月投产的 1 000 件 A 产品全部制造完工，B 产品尚未制造完工。此时，泰祥有限责任公司根据 A 产品和 B 产品本期发生的生产费用登记"A 产品生产成本明细账"和"B 产品生产成本明细账"，如表 5-10、表 5-11 所示。表 5-10、表 5-11 显示，本月投产的 1 000 件完工 A 产品的实际生产成本为 102 952 元，而本月投产的 B 产品尚未制造完工，因此月末"生产成本"账户的借方余额 39 368 元是 B 产品的在产品实际生产成本。

表 5-10　A 产品"生产成本"明细账

产品名称：A 产品　　　　　　　　　　　　　　　　　　　　　　　　单位：元

202×年		凭证号	摘要	借方				贷方	借或贷	余额
月	日			直接材料	直接人工	制造费用	合计			
略	略	略	月初余额	—	—	—	—	—	—	—
			领用材料	28 000			28 000		借	28 000
			生产工人工资		50 000		50 000		借	78 000
			生产工人福利		7 000		7 000		借	85 000
			分配制造费用			17 952	17 952		借	102 952
			结转完工产品生产成本					102 952	平	—
			本期发生额和余额	28 000	57 000	17 952	102 952	102 952	平	—

表 5-11　B 产品"生产成本"明细账

产品名称：B 产品　　　　　　　　　　　　　　　　　　　　　　　　单位：元

202×年		凭证号	摘要	借方				贷方	借或贷	余额
月	日			直接材料	直接人工	制造费用	合计			
略	略	略	月初余额	—	—	—	—	—	—	—
			领用材料	16 000			16 000		借	16 000
			生产工人工资		10 000		10 000		借	26 000
			生产工人福利		1 400		1 400		借	27 400
			分配制造费用			11 968	11 968		借	39 368
			本期发生额和余额	16 000	11 400	11 968	39 368		借	39 368

（四）完工产品生产成本的核算

完工产品是指已经完成全部生产过程并已验收入库，可以作为商品对外销售的产品。

因此，在会计期末，对于已经完工的产品，应将完工产品验收入库，同时结转已经完工产品的实际生产成本。在这个过程中，要注意两个问题：

第一，对于完工产品生产成本的计算，企业的相关人员应编制"产品生产成本计算表"，以完整反映完工产品的成本信息。

第二，设置前已述及的"库存商品"账户，并根据"产品生产成本计算表"的资料，将完工产品的实际生产成本结转至"库存商品"账户，此时借记"库存商品"账户，贷记"生产成本"账户，实现完工产品生产成本结转的账务处理。

【例 5-37】　月末，A 产品本月投产 1 000 件，全部完工并已验收入库；B 产品本月投产 800 件，全部未完工。

（1）企业编制"产品生产成本计算表"，如表 5-12 所示。

表 5-12　产品生产成本计算表　　　　　　　　　　　　　　单位：元

成本项目	A 产品（完工产品）	
	总成本（1 000 件）	单位成本
直接材料	28 000	28.00
直接人工	57 000	57.00
制造费用	17 952	17.952
合计	102 952	102.952

（2）根据"产品生产成本计算表"，按 A 产品的实际成本将其结转到"库存商品"账户。

这项经济业务的发生，涉及"库存商品"和"生产成本"账户，使公司的库存产品增加，应记入"库存商品"账户的借方；同时，由于结转完工入库产品的实际生产成本使生产过程中占用的资金减少，应记入"生产成本"账户的贷方。应编制的会计分录如下：

借：库存商品——A 产品　　　　　　　　　　　　　　　　　　102 952

　　贷：生产成本——A 产品　　　　　　　　　　　　　　　　102 952

由于本月投产的 800 件 B 产品全部未完工，因此，月末 B 产品"生产成本"账户的借方余额 39 368 元为 B 产品的在产品实际生产成本，月末无须结转。

现将产品生产业务的核算绘成简图，如图 5-6 所示。

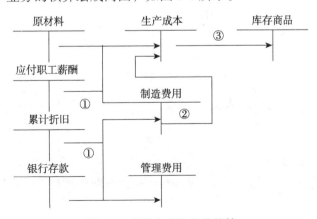

图 5-6　产品生产业务的核算

说明：①发生的材料、工资、折旧和其他费用；②分配制造费用；③结转完工产品生产成本。

第四节　销售业务的核算

销售过程的主要经济业务

销售活动是制造业企业实现经营目标的前提条件。制造业企业必须通过销售活动，有计划地、积极地将商品销售出去，才能重新获得货币资金。从广义的角度分析，制造业企业的销售活动是指企业与外部各单位所发生的所有买卖活动，其销售业务既包括对外出售完工产品或提供劳务的销售业务（或主营业务），也包括对外出售剩余的原材料或对外转让无形资产等其他销售业务（或其他业务）。销售过程是商品价值的实现过程，企业通过销售，按商品的销售价格和购买方办理结算，取得相应的营业收入，实现了经营资金形态重新向货币资金形态的转化；为获取营业收入而出售的商品，需要结算售出商品的营业成本，此成本应当从该营业收入中获得补偿；同时企业为了推销商品还会发生包装费、运输费、广告费等销售费用，由于销售费用与组织当期销售有关，故作为期间费用处理。此外，企业在取得营业收入时，还应按国家税法规定的税率和实现的营业收入计算销售税金等。综上所述，确认产品销售收入和其他销售收入并办理与购买单位的货款结算、计算并结转产品销售成本和其他销售成本、归集并结算销售费用、计算和交纳销售税金就构成了销售过程中主要的经济业务及核算内容。

（一）设置账户

1. 核算营业收入及货款结算方式设置的账户

为了反映和监督企业因销售活动而实现的营业收入以及因销售而与购买单位之间发生的货款结算业务，应设置下列账户：

（1）"主营业务收入"账户：损益类账户，用来核算企业销售产品、提供劳务所实现收入以及结转情况的账户，主要包括销售产品、自制半成品、代制品、代修品、提供工业性劳务等取得的收入。其贷方登记企业已实现的主营业务收入；借方登记发生销售退回、销售折让时应冲减本期的主营业务收入和期末转入"本年利润"账户的主营业务收入净额；结转后该账户期末应没有余额。该账户应按照主营业务的种类设置明细账，进行明细分类核算。

主营业务和经营范围有什么区别

1. 包含范围不同

主营业务包含的是企业为完成其经营目标而从事的日常活动中的主要活动。经营范围包含的是企业在设立登记时依据国家相关规定在营业执照上刊载的经营活动内容。

2. 变更方式不同

主营业务的变更，可在不超出营业执照经营范围的情况下，根据企业自身实际情

况予以调整。经营范围的变更是需要至企业的工商登记机关办理，获得批准方可。

3. 定位不同

主营业务是企业的重要业务，是企业收入的主要来源。企业营业执照上刊载的经营范围往往包含众多项目，包括主营业务，同时也包括其他辅助性经营业务。

经营范围一般包括主营业务和其他业务。主营业务收入一般占企业营业收入的70%以上。

（2）"其他业务收入"账户：损益类账户，用来核算除主营业务以外的其他业务收入的实现及其结转情况的账户，包括材料销售、代购代销、包装物出租等收入。其贷方登记已实现的其他业务收入；借方登记期末转入"本年利润"账户的其他业务收入额；结转后期末没有余额。本账户应按照其他业务的种类设置明细账户，进行明细分类核算。

（3）"应交税费——应交增值税（销项税额）"账户：负债类账户，用来反映和监督企业销售商品和提供劳务等应向购货方收取的增值税销项税额的账户。企业销售商品和提供劳务等应收取的销项税额记入该账户的贷方；销售退回或折让应退回并冲销的销项税额用红字记在该账户的贷方。

（4）"应收账款"账户：资产类账户，用来核算因销售商品和提供劳务等而应向购货单位或接受劳务单位收取货款的结算情况（结算债权）的账户。其借方登记由于销售商品以及提供劳务等而发生的应收账款；贷方登记已经收回的应收账款；期末余额在借方，表示尚未收回的应收账款。该账户应按不同的购货单位或接受劳务单位设置明细账户，进行明细分类核算。

（5）"应收票据"账户：资产类账户，用来核算企业因销售商品和提供劳务而收到的商业汇票的账户。借方登记收到的商业汇票；贷方登记到期收回货款而转销的商业汇票。本账户按购货单位的名称设置明细账户，进行明细分类核算。一般来说，企业在实际的经营活动中收到商业汇票时，还应设置"应收票据备查登记簿"，将商业汇票的详细资料登记到"应收票据备查登记簿"中。

（6）"预收账款"账户：负债类账户，用来核算企业按照合同规定预收购买单位订货款的增减变动及其结余情况的账户。其贷方登记预收购买单位的订货款；借方登记销售实现时冲减的预收货款；期末余额在贷方，表示企业尚未用商品或劳务偿付的预收账款。本账户应按照购货单位设置明细账户，进行明细分类核算。对于预收账款业务不多的企业，可以不单独设置"预收账款"账户，而将预收的款项直接记入"应收账款"账户，此时，应收账款账户就成为双重性质的账户。

2. 核算营业成本设置的账户

为了反映和监督与营业收入相对应的已售商品的实际生产成本，应设置下列账户：

（1）"主营业务成本"账户：损益类账户，用来核算企业已销售产品的实际生产成本或劳务的实际成本的发生和结转情况的账户。借方登记主营业务发生的实际成本；贷方登记期末转入"本年利润"账户的主营业务成本；经过结转之后，该账户期末没有余额。该账户应按照主营业务的种类设置明细账户，进行明细分类核算。

（2）"其他业务成本"账户：损益类账户，用来核算企业除了主营业务成本以外的其他销售或其他业务所发生的支出的账户，包括其他销售成本、提供劳务而发生的相关成本费用。借方登记其他业务成本的发生；贷方登记期末转入"本年利润"账户的其他业务成本；结转后期末没有余额。本账户应按照其他业务的种类设置明细账户，进行明细分类核算。

3. 核算销售费用设置的账户

为反映和监督与组织当期销售有关的期间费用（即销售费用），应设置"销售费用"账户，这是损益类账户，用来反映和监督企业在销售过程中各种销售费用，包括广告费、产品销售过程中发生的运输费、装卸费、包装费、展览费和企业专设销售机构经费等的发生和结转情况的账户。借方登记企业所发生的各项销售费用；贷方登记期末结转入"本年利润"账户的销售费用；结转后本账户应无余额。该账户应按费用项目设置专栏，进行明细分类核算。

4. 核算相关税金设置的账户

为正确反映和监督除增值税以外的其他销售税金及附加，企业应当设置"税金及附加"账户。

"税金及附加"账户：损益类账户，用来核算应由企业经营业务负担的各种税金及附加和结转情况的账户。包括除增值税以外的消费税、城市维护建设税、资源税以及教育费附加等相关税费（注意：不包括增值税，是因为增值税是价外税，应由消费者负担，不应当作为营业收入的抵减项目）。借方登记按照税法规定的计税依据计算得出的各种税金及附加额；贷方登记期末转入"本年利润"账户的税金及附加金额；结转后该账户期末没有余额。本账户按税种及附加项目设置明细账户，进行明细核算。在应用该账户时，特别要注意，企业的增值税直接转入"应交税费"账户，不通过本账户核算。

根据销售业务的特征，将销售业务的核算分为营业收入的核算与结转、营业成本的核算与结转、销售费用的核算与结转以及税金及附加的核算与结转。

（二）营业收入的核算与结转

制造业企业的营业收入包括主营业务收入和其他业务收入。主营业务收入主要包括销售产品、自制半成品、代制品、代修品、提供工业性劳务等取得的收入；其他业务收入主要包括销售材料、技术转让（包括转让无形资产的使用权）取得的收入，出租固定资产及包装物的租金收入等。

对企业生产经营活动的收入进行确认，是进行销售业务核算的关键。我国《企业会计准则——基本准则》规定，对于营业收入的确认，应当以权责发生制原则为基础，对收入的实现情况加以确认、计量和报告。具体来说，在权责发生制下，各会计期间是以收款权利的取得来确认收入，即不论款项是否收到，只要能够确定企业已经取得了收款的权利，就可确认为企业收入；确认的收入与其相关的成本、费用相对应，便能计算本期损益。因此，企业收入的确认，必须同时符合一定的条件，这些条件的具体内容包括：

（1）企业已将商品所有权上的主要风险和报酬转移给买方。

（2）企业既没有保留通常与所有权相联系的继续管理权，也没有对已售出的商品实施控制。

（3）与交易相关的经济利益能够可靠地流入企业。

（4）相关的收入和成本能够可靠地被计量。

当然，确认收入的时间可以在销售中，可以在收取货款时，也可以在销售之前进行确认，但企业销售商品时必然同时满足上述四个条件，才能确认收入。任何一个条件没有满足，即使收到货款，也不能确认收入。

1. 销售商品活动的核算

对于制造业企业正常的销售商品活动，按确认的收入金额与应收取的增值税税额，借记"银行存款""应收账款""应收票据"等账户，按确定的收入金额，贷记"主营业务收入"账户，按应收取的增值税税额，贷记"应交税费——应交增值税"账户。

【例5-38】 向西湖公司出售A产品300件，每件售价150元，增值税税率为17%，货已发出，按合同规定购货方在收到货物的20天内支付款项。

这项经济业务的发生，涉及"应收账款""主营业务收入"和"应交税费——应交增值税"三个账户。一方面使得公司的应收账款增加52 650元；另一方面使得公司主营业务收入增加45 000元，增值税销项税额增加7 650（45 000×17%＝7 650）元。应编制的会计分录如下：

借：应收账款——西湖公司   52 650
    贷：主营业务收入——A产品   45 000
        应交税费——应交增值税（销项税额）   7 650

【例5-39】 企业向海蓝公司出售A产品200件，每件售价150元，增值税税额为5 100元，货到后，收到海蓝公司开出的4个月承兑的商业票据。

这项经济业务的发生，涉及"应收票据""主营业务收入""应交税费——应交增值税"三个账户。一方面使得公司的应收票据增加35 100元；另一方面使得公司主营业务收入增加30 000元，增值税销项税额增加5 100元。应编制的会计分录如下：

借：应收票据——海蓝公司   35 100
    贷：主营业务收入——A产品   30 000
        应交税费——应交增值税（销项税额）   5 100

对于收到的海蓝公司的商业汇票据，同时应在"应收票据备查登记簿"中进行备查登记。

【例5-40】 月初按合同规定预收黄河公司购买100件A产品20%的货款，计3 000元，当即存入银行。

这项经济业务的发生，一方面使得公司的银行存款增加3 000元；另一方面使得公司预收账款增加3 000元。涉及"银行存款""预收账款"两个账户，应编制的会计分录如下：

借：银行存款   3 000
    贷：预收账款——黄河公司   3 000

【例 5-41】 月末向黄河公司发运 A 产品 100 件，单价 150 元，增值税专用发票上注明的价款为 15 000 元，增值税税额为 2 550 元，共计 17 550 元。扣除月初预收的货款 3 000 元，应向黄河公司收取余款 14 550 元。货到黄河公司后，黄河公司开出转账支票支付余款。

包括以下两笔经济业务：

（1）确认主营业务收入。这项经济业务的发生，涉及"应收账款""预收账款"和"主营业务收入"三个账户。一方面使得公司的银行存款增加 12 000（15 000－3 000＝12 000）元，预收账款减少 3 000 元；另一方面使得公司主营业务收入增加 15 000 元。应编制的会计分录如下：

```
借：银行存款                                       12 000
    预收账款——黄河公司                             3 000
    贷：主营业务收入——A 产品                              15 000
```

（2）确认应交增值税（销项税额）。这项经济业务的发生，一方面使得公司的银行存款增加 2 550 元；另一方面使得公司应交税费——应交增值税（销项税额）增加 2 550 元。涉及"银行存款"和"应交税费——应交增值税（销项税额）"两个账户，应编制的会计分录如下：

```
借：银行存款                                        2 550
    贷：应交税费——应交增值税（销项税额）                   2 550
```

2. 其他业务收入的核算

对于制造业企业销售原材料等其他业务产生的收入，按确定的收入金额，与应收取的增值税税额，借记"银行存款""应收账款""应收票据"等账户，贷记"其他业务收入"账户和"应交税费——应交增值税"账户。

【例 5-42】 企业对外出售不需要使用的 Y 材料一批，售价 2 500 元，增值税税率为 17%，款项已收并存入银行。

这项经济业务的发生，一方面使得公司的银行存款增加 2 925 元；另一方面使得公司其他业务收入增加 2 500 元，增值税销项税额增加 425 元。涉及"银行存款""其他业务收入"和"应交税费——应交增值税"三个账户，应编制的会计分录如下：

```
借：银行存款                                        2 925
    贷：其他业务收入——Y 材料                             2 500
        应交税费——应交增值税（销项税额）                    425
```

（三）营业成本的核算与结转

在企业营业收入确认的同时，应遵循配比原则的要求，结算其对应的营业成本。营业成本包括主营业务成本和其他业务成本。因销售产品、自制半成品、代制品、代修品、提供工业性劳务等取得的主营业务收入，按照配比原则应将销售发出的产品生产成本结转为主营业务成本；因销售材料、技术转让（包括转让无形资产的使用权）、出租固定资产及包装物等取得其他业务收入，按照配比原则应将销售中发生的其他业务支出，包括销售材料的成本支出、出租固定资产的折旧额、出租无形资产的摊销额、出租包装物应摊销的成本支出等结转为其他业务成本。按照配比原则的要求，不仅营业成本的结转应与营业收入在同一会计期间加以确认，而且应与营业收入在数量上保持一致。

对于销售产品、销售原材料等业务的主营业务成本和其他业务成本的计量，通常的计算公式为：

本期应结转的主营业务（或其他业务）成本＝本期销售商品的数量×单位商品的生产成本

从计算公式可以看出，主营业务成本和其他业务成本的大小，取决于发出存货的实际成本。受加工材料成本、人工和机物料消耗等因素的影响，每批存货的实际成本不同，因此，销售的产品或原材料的实际成本的确认，受到发出存货成本的实际计算方法的影响。按现行的会计制度规定，可以分别采用个别计价法、加权平均法和先进先出法来确定发出存货的实际成本。

（1）个别计价法。个别计价法，也称分批确认法，是以某批存货收入时的实际单位成本作为该批存货发出的实际单位成本，并据以计算发出存货成本的计价方法。即：

商品销售成本＝每批发出存货数量×该批存货实际单位成本

（2）加权平均法。加权平均法又称全月一次加权平均法，是按本期收入存货及期初结存存货成本之和，并以其数量为权数，月末一次计算加权平均单价，据以计算发出存货及结存存货成本的计价方法。

（3）先进先出法。先进先出法是以先收到的存货先发出为假定前提，发出存货按最先一次收入存货单价计算其价值的计价方法。当然，若发出存货涉及几批收入存货，则分别按几批存货单价分别计价。这种方法具有使存货库存账面结存价值接近市场价格的特点。

值得注意的是，企业在实际的计算中，计价方法一经确定，不得随意变动。关于发出商品计价方法的具体内容，将在第八章财产清查中予以详细介绍。

制造业企业正常的销售商品活动产生的成本，按企业会计制度规定的存货的计价方法，确定发出库存商品的成本，借记"主营业务成本"账户，贷记"库存商品"账户。

【例 5-43】　接前例，月末结转已售 A 产品，共计 600 件，经计算应结转的实际销售成本为 62 000 元。

这项经济业务的发生，一方面使得公司的主营业务成本增加 62 000 元；另一方面使得公司的库存商品减少 62 000 元。涉及"主营业务成本"和"库存商品"两个账户，应编制会计分录如下：

借：主营业务成本——A 产品　　　　　　　　　　　　　　　　62 000

　　贷：库存商品——A 产品　　　　　　　　　　　　　　　　　62 000

对于企业销售原材料等其他业务产生的成本，按企业会计制度规定的存货的计价方法，确定发出原材料的成本，此时，借记"其他业务成本"账户，贷记"原材料"等账户。

【例 5-44】　月末，结转已售的不需要使用的 Y 材料的实际销售成本 1500 元。

这项经济业务的发生，一方面使得公司的其他业务成本增加 1 500 元；另一方面使得公司的库存材料减少 1 500 元。涉及"其他业务成本"和"原材料"两个账户，应编制会计分录如下：

借：其他业务成本　　　　　　　　　　　　　　　　　　　　　1 500

贷：原材料——Y 材料　　　　　　　　　　　　　　　　　　　1 500

送给前妻的诺贝尔奖——漫话主营业务和其他业务

有一个犹太男子，想和妻子离婚。妻子不同意。男子说，我迟早会得诺贝尔奖，如果你现在同意离婚，我将来获得的诺贝尔奖奖金全部归你。妻子当即同意并办理了离婚手续。这名男子名叫爱因斯坦，妻子名叫米列娃，以尚未获取的诺贝尔奖奖金为筹码，诱导妻子离婚，爱因斯坦可能是地球男性第一人。相信丈夫迟早会获得诺贝尔奖，并同意以获取诺贝尔奖奖金为条件离婚，米列娃可能也是地球女子第一人。令人称奇的是，17 年后，爱因斯坦真的获得了诺贝尔奖，并且兑现了诺言，将诺贝尔物理学奖的巨额奖金付给前妻。

无独有偶，另一个诺贝尔奖获得者卢卡斯也把奖金给了前妻，却遭遇尴尬。1982年卢卡斯与原来的妻子丽塔·科恩分居。1989 年正式办理离婚手续时，科恩提出，如果卢卡斯在 1995 年 10 月 31 日前获诺贝尔奖，她有权分享一半奖金，如果在此后获奖她将不再分享。卢卡斯预期，凭自己的成就应该能获奖，但诺贝尔奖的颁发更关注同样有成就的老者，自己不会这么快获奖，便同意了这个条件。不料，他在 1995 年10 月 11 日获奖，只能把奖金 100 万美元的一半分给科恩。此事被媒体大肆炒作，因为卢卡斯享誉世界的"理性预期"大师称号，他也因为理性预期理论获得诺贝尔奖，不曾想在现实中却做出了不理性且错误的预期。当然这并不能说明他的理论有问题。

卢卡斯的不情愿不知是真是假，也许是媒体炒作。其实一个成功男人背后都有一个伟大的女性。历史上得益于伟大女人帮助最多的经济学家莫过于 19 世纪英国古典经济学家约翰·斯图尔特·穆勒了，他的妻子哈里特·哈迪以及哈迪的女儿都在思想和事业上给予他巨大帮助。此外还有马歇尔、缪尔达尔也遇到思想上共鸣、事业上合作的女子；李嘉图、萨缪尔森这些成功的经济学家的妻子属于相夫教子的贤妻。无论背后是哪一类型的女子，都是丈夫成功的保证，两类女性同样伟大。

最让人感动的是逆境中相濡以沫支持丈夫的妻子，惊天地泣鬼神。1994 年因博弈论而同获诺贝尔经济学奖的约翰·查里斯·哈萨尼以及约翰·福布斯·纳什背后的女人就是这样更令人敬仰。约翰·查里斯·哈萨尼于 1920 年出生在匈牙利的布达佩斯，早年就显露出数学天赋，但这位天才却生不逢时。"二战"后哈萨尼获得布达佩斯大学哲学博士学位并在该校担任助教，但由于政见与当局不合不得不辞职。这时使他走出困境的是一个伟大的女性——他以后的妻子安妮·克拉柏。在安妮的帮助下他们离开匈牙利，来到澳大利亚，最终在美国定居和发展并获得诺贝尔奖。与同时获得诺贝尔奖的纳什的妻子艾利西亚·拉德相比，安妮还是幸运的。因为哈萨尼毕竟是个正常人，而且全心全意爱安妮。纳什则是一位患有精神疾病的天才，严重的疾病使纳什无法回报妻子的爱。以他们的故事为原型改编的电影《美丽心灵》感动了多少人！纳什的数学天分大约在 14 岁开始展现。他在普林斯顿大学读博士时刚刚二十出头，但他的一篇关于非合作博弈的博士论文和其他相关文章，确立了他博弈论大师的地位。在

20世纪50年代末，他已是闻名世界的科学家了。然而，正当他的事业如日中天的时候，30岁的纳什得了严重的精神分裂症。他的妻子艾利西亚——麻省理工学院物理系毕业生，表现出钢铁一般的意志：她挺过了丈夫被禁闭治疗、孤立无援的日子，走过了唯一儿子同样罹患精神分裂症的震惊与哀伤……漫长的半个世纪之后，她的耐心和毅力终于创下了了不起的奇迹：和她的儿子一样，纳什教授渐渐康复，并在1994年获得诺贝尔奖。当一个人事业成功时有人爱，有人关心，并不奇怪，当两个人心心相印时，共渡难关也不算什么，难的是在患精神疾病期间，还有人爱和关怀，这样的女人不是用伟大就可以形容的。

那么预支的诺贝尔奖在会计上应怎样做处理呢？虽然爱因斯坦和卢卡斯预计到可以获得诺贝尔奖，但可以断定他们的日常收入不是诺贝尔奖，而是薪酬收入和科研收入，那么诺贝尔奖是偶然所得。诺贝尔奖奖金不是主营业务和其他业务收入，而应是营业外收入。

（四）销售费用的核算与结转

销售费用是指企业在销售商品、提供劳务等日常经营过程中发生的各项费用以及专设销售机构（含销售网点、售后服务网点等）的各项经费，包括商品销售中发生的运输费、装卸费、包装费、保险费、商品维修费、预计商品质量保证损失，商品促销发生的展览费、广告费、租赁费以及为销售本企业商品而专设的销售机构的职工薪酬、业务招待费、折旧费、固定资产修理费等经常性费用。按照权责发生制和配比原则的要求，企业在确认收入的同时，不仅要确认与各项收入相配比的各项销售成本，还应确认销售费用，这时应按发生销售费用的金额借记"销售费用"账户，贷记"银行存款""应付账款"等账户。

【例5-45】 公司以银行存款支付广告费3 000元。

这项经济业务的发生，涉及"销售费用"和"银行存款"两个账户。一方面使得公司的销售费用增加3 000元；另一方面使得公司的银行存款减少3 000元。应编制会计分录如下：

```
借：销售费用                                    3 000
    贷：银行存款                                    3 000
```

（五）税金及附加的核算与结转

在销售商品过程中，企业取得商品销售收入时，应按税法规定缴纳各种销售税金及附加，包括除增值税以外的消费税、营业税、城市维护建设税、资源税以及教育费附加等税金及附加，应当抵扣当期损益。计算本期应缴纳的各种税金及附加，原则上是根据当月销售额或应纳税额，按照规定的税率计算，于下月初缴纳。由于这些税金及附加是在当月计算而在下个月缴纳的，因而计算税金及附加时，一方面形成企业的一项负债；另一方面作为企业发生的一项费用支出。按照计算的税金及附加金额，借记"税金及附加"账户，贷记"应交税费"账户。

【例5-46】　按国家规定的税率，计算已销A产品应交消费税2 900元。

这项经济业务的发生，一方面使得公司的税金及附加增加2 900元；另一方面使得公司的应交税费增加2 900元。涉及"税金及附加""应交税费"两个账户，应编制会计分录如下：

借：税金及附加　　　　　　　　　　　　　　　　　　　　　　　2 900

贷：应交税费——应交消费税　　　　　　　　　　　　　　　　　　　2 900

【例5-47】　按国家规定的税率，计算已销A产品应交教育费附加1 000元。

这项经济业务的发生，一方面使得公司的税金及附加增加1 000元；另一方面使得公司的应交税费增加1 000元。涉及"税金及附加""应交税费"两个账户，应编制会计分录如下：

借：税金及附加　　　　　　　　　　　　　　　　　　　　　　　1 000

贷：应交税费——应交教育费附加　　　　　　　　　　　　　　　　　1 000

将销售业务的核算绘成简图，如图5-7所示。

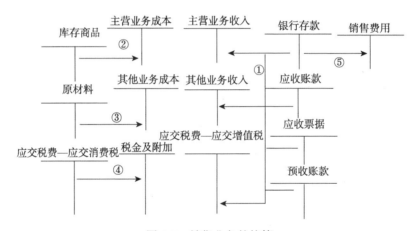

图5-7　销售业务的核算

说明：①销售产品和多余原材料；②结转销售产品的生产成本；③结转销售多余原材料的成本；
④计算税金及附加；⑤支付销售费用。

第五节　利润形成及分配业务的核算

一、利润形成及分配业务

利润是指企业在一定会计期间的经营成果，表现为企业在一定的会计期间内，按照配比原则的要求，将期内存在因果关系的收入与费用进行配比而产生的结果。收入大于费用支出的差额部分为利润，反之则为亏损。它是综合反映企业在一定时期生产经营成果的重要指标。

（一）利润形成业务

我国《企业会计准则——基本准则》规定，利润在数量上等于在会计期间内，企业收入与各项费用相抵后的净额、直接计入当期利润的利得和损失等。企业一般应当按月核算利润，按月核算利润有困难的，经批准，也可以按季或者按年核算利润。

企业的利润总额按其形成来源的不同，分为营业利润、利润总额和净利润三部分。

1. 营业利润

营业利润一般是指企业在日常生产经营活动中获得的利润。计算公式为：

$$营业利润 = 营业收入 - 营业成本 - 税金及附加 - 销售费用 - 管理费用 - 财务费用 -$$
$$信用减值损失 - 资产减值损失 + 投资收益（-投资损失）+$$
$$公允价值变动收益（-公允价值变动损失）$$

其中：营业收入 = 主营业务收入 + 其他业务收入

营业成本 = 主营业务成本 + 其他业务成本

信用减值损失是指企业应收账款发生的减值损失，如坏账准备。

资产减值损失是指企业其他各项资产发生的减值损失，主要包括：存货跌价准备、其他债权投资减值准备、债权投资减值准备、长期股权投资减值准备、投资性房地产减值准备、固定资产减值准备、工程物资减值准备、在建工程减值准备、生产性生物资产减值准备、汽油资产减值准备、无形资产减值准备、商誉减值准备、其他等。

投资收益是指企业以各种方式对外投资所取得的收益。对外投资是企业重要的理财活动。对外投资可能给企业带来收益（股利、利息、利润等），也可能给企业带来损失。投资净收益就是投资收益超过损失的差额；反之，收益不足以抵补损失，则为投资净损失。投资净收益或投资净损失是企业利润的构成要素之一。

公允价值变动收益是指企业按规定应当计入当期损益的资产和负债公允价值变动收益，包括交易性金融资产、交易性金融负债，以及采用公允价值模式计量的投资性房地产、衍生工具、套期保值业务等公允价值变动形成的应计入当期损益的利得或损失。

2. 利润总额

利润总额又称税前利润，是指企业在一定会计期间内所取得的财务成果。计算公式为：

$$利润总额 = 营业利润 + 营业外收入 - 营业外支出$$

营业外收入是指与企业正常的生产经营活动没有直接关系的各种利得，主要包括非流动资产处置利得、盘盈利得、罚款或没收利得、捐赠利得、因债权人原因确实无法支付而按规定程序经批准后转作营业外收入的应付款项等。

营业外支出是指企业发生的与其日常活动无直接关系的各项损失，主要包括非流动资产处置损失、公益性捐赠支出、非常损失、盈亏损失等。

3. 净利润

企业的净利润又称税后利润，是利润总额减去所得税费用后的余额，是企业真正的财务成果。其计算公式为：

$$净利润 = 利润总额 - 所得税费用$$

净利率 vs.银行定期存款利率

通常净利率要高于定存利率，因为公司经营本身是有风险的，在承担风险的情况下，合理净利率应该比同期银行的定存利率要高。如果公司的净利率低于银行定存利率，这就意味着公司还不如停业，将运营资金转成定存，从而规避运营风险。

（二）利润分配业务

企业实现的利润，一部分以所得税的形式上缴国家，形成国家的财政收入；剩余部分即净利润，要按规定的程序在各有关方面之间进行合理分配。

企业在会计期间实现的净利润，按规定应在企业和投资者之间予以分配。分配的形式和主要内容体现为以下几个方面：

（1）企业提取盈余公积。按照《公司法》的规定，股份公司按照净利润的10%提取法定盈余公积。法定盈余公积可以用于弥补亏损、转增资本。公司经股东大会决议，还可以提取任意盈余公积，其用途与法定盈余公积相同。

（2）企业向投资者分配利润。公司按照规定向股东分配利润后，若有利润剩余，利润剩余部分以未分配利润的形式存在，便于企业各年度间调剂余缺或进行再投资，作企业抵抗风险之用。

因此，通过利润分配，一部分资金退出企业，另一部分资金以公积等形式继续参加企业的资金循环与周转。综上所述，利润形成及分配过程的主要任务是准确核算利润（或亏损），并按规定进行利润分配。

二、利润形成业务的核算

（一）设置账户

为了反映和监督利润总额及净利润的形成与实现过程，企业除设置"主营业务收入""其他业务收入""主营业务成本""税金及附加""销售费用""管理费用""财务费用""其他业务成本"等账户外，还应设置"本年利润""投资收益""营业外支出""营业外收入""所得税费用"等账户，前已述及的账户不再解释。

（1）"本年利润"账户：所有者权益类账户，用以反映和监督企业当期的利润形成过程及结果的情况的账户。其贷方登记"主营业务收入""其他业务收入""营业外收入""投资净收益"和"公允价值变动收益"等账户转入的各项余额；其借方登记由"主营业务成本""其他业务成本""营业外支出""税金及附加""管理费用""财务费用""销售费用""信用减值损失""资产减值损失""投资净损失""公允价值变动损失"和"所得税费用"等账户转入的各项余额；该账户期末余额如果在贷方，表示实现的累计净利润，如果在借方，表示累计发生的亏损。本账户一般不设明细账户。图 5-8 显示了"本年利润"账户的结构特征。

利用"本年利润"账户进行核算时，要注意：期末，通过"本年利润"账户借、贷方的记录结算出累计余额，贷方余额表示实现的累计净利润，借方余额表示累计发生的净亏损。

年末，应将"本年利润"账户的余额转入"利润分配"账户。如果是净利润，应将实现的净利润转入"利润分配"账户的贷方；如果是净亏损，应将发生的净亏损转入"利润分配"账户的借方，该账户年末结转后没有余额。

借	本年利润	贷
期末转入的各项支出：		期末转入的各项收益：
（1）主营业务成本		（1）主营业务收入
（2）其他业务成本		（2）其他业务收入
（3）管理费用		（3）公允价值变动收益
（4）财务费用		（4）投资净收益
（5）销售费用		（5）营业外收入
（6）税金及附加		
（7）信用减值损失		
（8）资产减值损失		
（9）公允价值变动损失		
（10）投资净损失		
（11）营业外支出		
（12）所得税费用		
期末余额：累计亏损		期末余额：累计净利润

图 5-8 "本年利润"账户的结构特征

（2）"投资收益"账户：损益类账户，用来核算企业对外投资所获得收益的实现或损失的发生及其结转情况的账户。其贷方登记实现的投资收益和期末转入"本年利润"账户的投资净损失；借方登记发生的投资损失和期末转入"本年利润"账户的投资净收益；该账户期末结转后没有余额。该账户应按照投资的种类设置明细账户，进行明细分类核算。

（3）"营业外收入"账户：损益类账户，用以反映和监督企业发生的与生产经营无直接关系的各项收入的实现和结转情况的账户。其贷方登记营业外收入的实现额；借方登记会计期末转入"本年利润"账户的营业外收入额；该账户期末结转后没有余额。营业外收入账户应按收入的具体项目设置明细账户，进行明细分类核算。

（4）"营业外支出"账户：损益类账户，用以反映和监督企业发生的与生产经营无直接关系的各项支出和结转情况的账户。借方登记实际发生的各项营业外支出；贷方登记期末转入"本年利润"账户的数额；期末结转后应无余额。该账户应按照支出的具体项目设置明细账户，进行明细分类核算。

（5）"所得税费用"账户：损益类账户，用来核算企业按照有关规定应在当期损益中扣除的所得税费用的计算及其结转情况的账户。其借方登记按照应纳税所得额计算出的所得税费用额；贷方登记期末转入"本年利润"账户的所得税费用额；该账户期末结转后没有余额。

根据利润形成业务的特征，将利润形成业务的核算分为利润总额的归集与核算以及净利润的核算。下面将结合这两类业务的核算内容，具体介绍账户在借贷记账法中的实际应用。

（二）利润总额的归集与核算

遵循会计准则的要求，按照企业会计制度的规定，在会计期末（月末），企业将本期除"所得税费用"账户以外的其余所有损益类账户的余额结转到前已述及的"本年利润"账户，通过"本年利润"账户借、贷方的记录结算出本期利润总额和本年累计利润总额。

此时编制的结账分录，包括两个方面：

一是将"主营业务收入""其他业务收入""营业外收入"和"投资收益"账户余额结转至"本年利润"账户的贷方，即借记"主营业务收入""其他业务收入""营业外收入"和"投资收益"账户，贷记"本年利润"账户。

二是将"主营业务成本""其他业务成本""营业外支出""税金及附加""管理费用""财务费用"和"销售费用"等账户余额结转至"本年利润"账户的借方，即借记"本年利润"账户，贷记"主营业务成本""其他业务成本""营业外支出""税金及附加""管理费用""财务费用"和"销售费用"。

期末结转业务完成后，本期所有损益类账户期末无余额。此时，结算出"本年利润"账户的累计余额，贷方余额表示当期实现的利润总额，借方余额表示当期发生的亏损额。

【例 5-48】 接前例，该公司向客户出租包装物，收取押金 500 元，存入银行。

这项经济业务的发生，一方面使得企业的银行存款增加 500 元；另一方面使得企业的其他应付款增加 500 元。涉及"银行存款"和"其他应付款"两个账户。应编制的会计分录如下：

借：银行存款 500
　　贷：其他应付款 500

【例 5-49】 出租包装物逾期未收回，按合同规定没收押金 500 元。

这项经济业务的发生，一方面使得企业与生产经营无直接关系的收入增加 500 元；另一方面使得企业的其他应付款减少 500 元。涉及"营业外收入"和"其他应付款"两个账户。应编制的会计分录如下：

借：其他应付款 500
　　贷：营业外收入 500

【例 5-50】 以现金向希望工程捐赠 1 000 元。

这项经济业务的发生，涉及"营业外支出"和"库存现金"两个账户。一方面使得企业与生产经营无直接关系的支出增加 1 000 元；另一方面使得企业的库存现金减少 1 000 元。应编制的会计分录如下：

借：营业外支出 1 000
　　贷：库存现金 1 000

【例5-51】 结转泰祥公司本月各损益类账户到本年利润账户。

（1）包括以下两笔经济业务：

①将"主营业务收入""其他业务收入"和"营业外收入"账户的余额结转至"本年利润"账户的贷方。

这项经济业务的发生，一方面使得企业的有关损益类账户所记录的各种收入减少；另一方面使得企业的利润额增加。涉及"主营业务收入""其他业务收入""营业外收入"和"本年利润"等账户。应编制的会计分录如下：

借：主营业务收入　　　　　　　　　　　　　　　　　90 000
　　其他业务收入　　　　　　　　　　　　　　　　　2 500
　　营业外收入　　　　　　　　　　　　　　　　　　500
　　贷：本年利润　　　　　　　　　　　　　　　　　93 000

②将"主营业务成本""其他业务成本""营业外支出""税金及附加""管理费用""财务费用"和"销售费用"等账户余额结转至"本年利润"账户的借方。

这项经济业务的发生，一方面使得有关损益类账户中的各项支出予以转销；另一方面使得公司的利润减少，涉及"本年利润""主营业务成本""其他业务成本""税金及附加""销售费用""管理费用""财务费用""营业外支出"等账户。应编制的会计分录如下：

借：本年利润　　　　　　　　　　　　　　　　　　90 380
　　贷：主营业务成本　　　　　　　　　　　　　　　62 000
　　　　其他业务成本　　　　　　　　　　　　　　　1 500
　　　　税金及附加　　　　　　　　　　　　　　　　3 900
　　　　销售费用　　　　　　　　　　　　　　　　　3 000
　　　　管理费用　　　　　　　　　　　　　　　　　15 480
　　　　财务费用　　　　　　　　　　　　　　　　　3 500
　　　　营业外支出　　　　　　　　　　　　　　　　1 000

经济学家的最后一课

2011年6月，又到了毕业的时节。哈佛大学的校园里彩旗招展，满眼的红肥绿瘦。工商管理学院里一幅巨大的横条，迎风摆动，撩拨着每个人的视线：做个合格的经济人！一间阶梯教室里，2008级MBA硕士毕业生在上他们的最后一节课。给他们上课的是曼昆教授，一个享誉世界的经济学家。最后一节课他会讲些什么呢？这些未来的精英在心里暗自揣度。未来的经济走向？当前的世界经济格局？每个人都在期待着最后一课的精彩。

上课了，曼昆教授健步走上讲台，简单的寒暄过后，他开门见山地说："这是大家在哈佛学习的最后一课。我不打算讲经济，也不谈学分，我只讲一个很普通的故事。"说完。曼昆教授播放了一段视频：在百老汇大剧院门口，一个盲人在拉小提琴，身旁放了一个小盆子，里面有一些零钱。来往的人很多，但投钱的不多。这时，一只爬满皱纹的手向小盆子里轻轻地放了一张 100 美元的大钞，可以看见，这是盆子里唯一的大钞。视频到这里就停了，画面定格在：一只爬满皱纹的手正向小盆子里放美元。

所有的学生定定地看着画面，若有所思。曼昆教授笑着说："大家猜一猜，这是谁的手？他会是一个什么样的人？"一位女学生毫不犹豫地说："一定是个老企业家的手，出手如此大方！"旁边的一位男学生摇摇头说："出手大方也不见得是企业家吧。我想他是一个热爱音乐的老艺术家。"教室里，讨论的声音渐渐地大了起来，像开了锅似的。曼昆教授神情自若地看着学生们在争论，不时地摇摇头。

突然，教室后面一个声音说道："曼昆教授，我觉得这个问题和我们经济人没有关系，我们关心的是利润，而不是这样做施舍的慈善事业。"话音刚落，教室里犹如注入凉水的热汤锅，瞬时间就静了下来。

曼昆教授沉默了片刻，他打开视频继续播放下去。只见镜头从那只手开始，沿着胳膊向上摇去。等画面上出现那个人的全身像时，所有的学生一脸惊讶地看着画面，都没有说话。那个人是一个流浪汉，一身衣服破破烂烂，头发乱蓬蓬地堆在头上，胡子拉碴的，看不清脸面，只是那双眼睛流露着不易察觉的温情。

曼昆教授抬高声音说："女士们，先生们！来到这里，大家都是精英，大家都将成为出色的经济人，我为你们感到骄傲。但你们未必都是合格的经济人，我为你们感到遗憾。合格的经济人不光要盯着利润，还应该有关心疾苦的温情。经济学不是冰冷的铁板，经济人也不应该是冷眼人。面对疾苦，经济人应该向流浪汉看齐，即使在自己很窘迫的时候，也能献出 100 美元来。"话音刚落，全场掌声雷动。

这是最后一课。冷冰冰的经济学课堂上，每个人的心里温情脉脉。

资料来源：大江. 经济学家的最后一课[N]. 潮州日报，2011-11-29.

（2）计算本月实现利润。

①本月实现营业利润＝营业收入－营业成本－税金及附加－销售费用－管理费用－财务费用＋投资净收益

其中：营业收入＝主营业务收入＋其他业务收入

营业成本＝主营业务成本＋其他业务成本

泰祥公司本月实现营业利润计算：

营业收入＝90 000＋2 500＝92 500 元

营业成本＝62 000＋1 500＝63 500 元

泰祥公司本月实现营业利润＝92 500－63 500－3 900－3 000－15 480－3 500＋0
＝3 120（元）

②利润总额＝营业利润＋（营业外收入－营业外支出）

泰祥公司本月利润总额＝3 120＋（500－1 000）＝2 620（元）

（三）净利润的核算

企业的净利润又称税后利润，是利润总额减去所得税费用后的余额。

1. 所得税费用的核算

所得税是企业按照国家税法的有关规定，对企业某一经营年度实现的经营所得及其他所得，按照规定的所得税税率计算缴纳的一种税款。通常是按年计算，分期预交，年末汇算清缴。其计算公式为：

所得税税额 = 应纳税所得额 × 所得税税率

应纳税所得额 = 会计利润总额 ± 所得税前利润中予以调整的项目金额

此时，为反映企业本期应缴纳的所得税额，应借记"所得税费用"账户，贷记"应交税费——应交所得税"账户（为简化计算，举例时按月计算所得税）。

【例 5-52】　泰祥公司本月实现的利润总额为 2 620 元，计算该企业应交所得税，公司所得税税率为 25%。为简便计算，假设应纳税所得额和会计利润总额相等。

（1）计算所得税。泰祥公司应交所得税：2 620 × 25% = 655（元）

（2）编制会计分录。这项经济业务的发生，一方面使得公司的所得税费用增加 655 元；另一方面使得公司的应交税费增加 655 元。涉及"所得税费用"和"应交税费"两个账户，应编制的会计分录如下：

借：所得税费用 655

　　贷：应交税费——应交所得税 655

2. 净利润的核算

会计期末，将"所得税费用"账户余额结转到"本年利润"账户，此时，应借记"本年利润"，贷记"所得税费用"。所得税费用转入"本年利润"账户之后，可以根据"本年利润"账户的借、贷方记录的各项支出和收入计算确定企业的净利润额。

【例 5-53】　会计期末将计算出的所得税费用转入"本年利润"账户。

这项经济业务的发生，一方面使得公司的所得税费用减少 655 元，另一方面使得公司的利润额减少 655 元。涉及"所得税费用"和"本年利润"两个账户，应编制的会计分录如下：

借：本年利润 655

　　贷：所得税费用 655

结转后，泰祥公司本月的净利润 = 利润总额 - 所得税费用 = 2 620 - 655 = 1 965（元）

"不亏"的计算

有没有发现，下雨天是不好打车的。

曾经有一个试验，两份冰激凌放在你面前，一个是半满的大杯，一个是堆到溢出来的小杯。容量几乎一样，可是你会选择哪一份？

再比如，如果工作内容一样，你是愿意进入一个大家都拿 2 800 元，你拿 2 400 元的公司，还是进入一个大家都拿 1 800 元，你拿 2 200 元的公司？

大部分人都会选择小而满的那份冰激凌；即使 2 400 元比 2 200 元多了 200 元，

有相当比例的人仍毫不犹豫地选择后者。

学者发现，司机会倾向于通过衡量每天"要赚多少才能够不亏"方式，计算出自己每天的工作时间，一旦到了临界点，他们就会停止工作。于是，雨天打车人多，出租车司机收工早，平时活儿不多，他们的工作时间则加长。

真正聪明的做法是：在雨天（单位时间收入高）的时候多干，在晴天（没活儿的时候）早点回家。

经济学对此的解释是，我们对于"多赚"与"少得"的敏感程度不一样——对于让自己"不亏"的心理动力，远远高于"多赚"的心理动力。专于让自己"不亏"，我们弥补弱势的时间远远超过发挥强势的时间，我们查缺补漏的热情远远高于关注优点的热情；为了"不亏"，我们在自己的"晴天"领域——那些乏善可陈的领域要了命地填补，在本可以收获更多的"雨天"领域，则随便划拉几下对付。

而这种宁愿不赚也别亏的想法已经让我们放弃成为强者的机会，大部分人已经变成了庸人。

资料来源：古典. "不亏"的计算[J]. 新智慧（财富版），2012（11）.

"本年利润" vs. "利润分配"

利润分配的内容为何不在"本年利润"账户核算，而是专设"利润分配"账户进行核算？

企业对实现的净利润进行利润分配，意味着企业实现的净利润这项所有者权益的减少，本应在"本年利润"账户的借方登记，表示直接冲减本年已实现的净利润额。但是，如果这样处理，"本年利润"账户的期末贷方余额就只能表示实现的利润额减去已分配的利润额之后的差额，即未分配利润，而不能提供本年累计实现的利润额这项指标。

因此，为了使"本年利润"账户能够真实反映企业一定时期内实现的净利润，同时又能通过其他账户提供企业未分配利润，在会计核算中，专门设置了"利润分配"账户，用以记录企业已分配的利润额。会计年度终了，企业实现的净利润即税后利润，在企业和投资者之间进行合理分配。

三、利润分配业务的核算

为反映和监督企业净利润的分配过程，应设置"利润分配""盈余公积"和"应付股利"账户。

（1）"利润分配"账户。所有者权益类账户，用以反映和监督企业在会计年度内实现利润的分配情况或发生亏损的弥补情况的账户。其贷方登记年末由"本年利润"账户转入的本年实现的净利润以及盈余公积弥补的亏损数；其借方登记提取的盈余公积、应付股利等利润分配的数额；贷方余额表示企业未分配利润，借方余额表示未弥补亏损。本账户应按"提取法定盈余公积""提取任意盈余公积""应付股利""转作股本的股利""盈余公积补亏"和"未分配利润"等分配项目设置明细账，进行明细分类核算。

（2）"盈余公积"账户。所有者权益类账户，用以反映和监督企业从净利润中提取的盈余公积增减变动和结存情况的账户。其贷方登记从税后利润中提取的盈余公积数；其借方登记转增资本数或弥补企业的亏损数；期末余额在贷方，表示期末盈余公积的结余额。本账户按法定盈余公积、任意盈余公积等项目设置明细账，进行明细分类核算。

（3）"应付股利"账户。负债类账户，用以核算企业经董事会或股东大会决议确定分配的现金股利或利润的账户。其贷方登记企业按一定标准应支付给投资者的股利或利润；其借方登记实际支付给投资者的股利或利润；期末余额在贷方，表示企业尚未向投资者分配的股利和利润数。本账户按股东名称设置明细账户，进行明细核算。若为非股份有限公司，应设置"应付利润"账户。

【例 5-54】 期末，根据上述资料计算出本月实现的净利润为 1 965 元，将其转入"利润分配"账户。结转后，"本年利润"账户无余额。

这项经济业务的发生，一方面使得公司的净利润额从"本年利润"账户中转销 1 965 元；另一方面使得公司的可供分配的利润增加 1 965 元。涉及"本年利润"和"利润分配"两个账户，应编制的会计分录如下：

借：本年利润　　　　　　　　　　　　　　　　　　　　1 965
　　贷：利润分配——未分配利润　　　　　　　　　　　　　　　1 965

【例 5-55】 按本期实现净利的 10%计提法定盈余公积 196.5 元。

这项经济业务的发生，一方面使得公司以盈余公积的形式分配的利润增加；另一方面也使企业提取的累积盈余公积增加。涉及"利润分配"和"盈余公积"两个账户，应编制的会计分录如下：

借：利润分配——提取法定盈余公积　　　　　　　　　　　196.5
　　贷：盈余公积——法定盈余公积　　　　　　　　　　　　　　196.5

【例 5-56】 期末，计算应支付投资者的利润 1 500 元，其中按投资比例分配，王海为 600 元，张强为 300 元，盛荣公司为 600 元。

这项经济业务的发生，一方面使得公司应付投资者利润增加；另一方面应付利润是从利润分配中支付。涉及"利润分配"和"应付利润"两个账户，应编制的会计分录如下：

借：利润分配——分配给投资者的利润　　　　　　　　　1 500
　　贷：应付利润——王海　　　　　　　　　　　　　　　　　600
　　　　　　　　——张强　　　　　　　　　　　　　　　　　300
　　　　　　　　——盛荣公司　　　　　　　　　　　　　　　600

【例 5-57】 结转以上已分配利润。

这项经济业务的发生，一方面结转至未分配明细账户，使其减少，另一方面转平提取盈余公积和分配给投资者的利润两个明细账户。涉及"利润分配——未分配利润""利润分配——提取法定盈余公积"和"利润分配——分配给投资者的利润"三个账户，应编制的会计分录如下：

借：利润分配——未分配利润　　　　　　　　　　1 696.5

　　贷：利润分配——提取法定盈余公积　　　　　　196.5

　　　　利润分配——分配给投资者的利润　　　　1 500

企业结转后，泰祥公司本月未分配利润＝本月实现净利润－

已分配利润＝1 965－1 696.5＝268.5（元）

现将利润形成及分配业务的核算绘成简图，如图5-9所示。

扩展阅读：人生需要让利

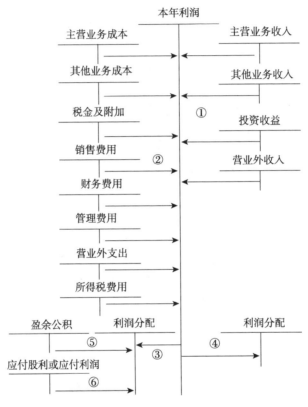

图5-9　利润形成及分配业务的核算简图

说明：①结转各项收益；②结转各项损失费用；③年终结转累计实现的净利润；

④年终结转累计发生的净亏损；⑤提取盈余公积；⑥向投资者分配利润。

如何理解账户记录结转的含义及其做法

账户记录的结转有两层含义：一是指总结计算出某一个账户所记录的资金数额；二是指将所计算出来的账面记录数额从本账户转记到另一个账户中。

实际工作中，结转主要在以下不同地方使用。

（1）结转材料采购的实际成本，主要是指计算出入库材料的实际成本，并将其金额从"材料采购"账户转到"原材料"账户中。

（2）结转本期的制造费用，主要是指计算出本期所发生的制造费用总额，按一定比例在所生产的产品之间进行分配后,将所分配的制造费用数额从"制造费用"账户转记到"生产成本"账户中。

（3）结转已完工产品生产成本,主要是指在计算出本期完工产品的实际生产成本后,将其金额从"生产成本"账户转记到"库存商品"账户中。

（4）结转已售出产品（或材料）的实际生产成本,是指在计算出本期已经出售的产品（或耗用的材料）的实际生产成本后,将其金额从"库存商品"（或"原材料"）账户转记到"主营业务成本"（或"其他业务成本"）账户中。

（5）将全部收入类账户结转至"本年利润"账户,指将企业在某一会计期间的所有收入类账户（如"主营业务收入""其他业务收入""营业外收入"等）的本期发生额从这些账户借方转出,记入"本年利润"账户的贷方,从而使得这些账户的期末余额为零。

（6）将全部费用类账户结转至"本年利润"账户,指将企业在某一会计期间的所有费用类账户（如"主营业务成本""其他业务成本""营业外支出""税金及附加""管理费用""财务费用""销售费用""所得税费用"等）的本期发生额从这些账户贷方转出,记入"本年利润"账户的借方,从而使得这些账户的期末余额为零。

（7）将本期所实现的全部利润结转至"利润分配（未分配利润）"账户,指将企业在会计年度末将全年已实现的、记录在"本年利润"账户中的利润数额结转至"利润分配（未分配利润）"账户,"本年利润"账户的年末余额为零。

（8）年末将利润分配其他明细账户如应付现金股利、盈余公积补亏、提取法定盈余公积等都转入"利润分配（未分配利润）"账户,结转后,除未分配利润明细账户外,"利润分配"账户下的其他明细账户应当无余额。

与一般经济业务记录相比,账项结转的不同之处主要体现在以下两个方面。

（1）就其账务处理所依据的原始凭证来说,结转事项所依据的原始凭证一定是企业自制的原始凭证（有时也不需要原始凭证）,该原始凭证由企业自行设计、会计人员自行填制,而不依赖外部原始凭证。

（2）就其所涉及的经济业务而言,结转一般是指资金记录在不同账户之间的转移,不会影响企业实际可用资金的变化。

本章练习题

一、思考题

1. 简要说明制造业企业的经营活动包括哪些主要内容。
2. 试说明企业筹集资本的渠道主要有哪两个方面。
3. 在原材料的采购业务中,材料的采购成本包括哪些内容?
4. 如何正确理解生产费用和产品生产成本的含义及相互关系?
5. 请分别按账户记录的经济内容和账户的用途和结构正确理解"累计折旧"账户。

6. 简述企业在计算各种成本时应遵守的原则。制造业企业的成本项目一般包括哪几个？

7. 对于收入和费用的确认，企业应采用权责发生制还是收付实现制？比较权责发生制和收付实现制的区别。

8. 什么是债权债务结算账户？其账户结构有何特点？

9. 对于固定资产由于磨损等造成的价值减少，能否通过贷记"固定资产"账户核算？

10. 会计期末时，企业应如何对损益类账户进行核算？

11. 制造业企业的利润由哪几部分构成？

12. 对于利润分配的内容为何不在"本年利润"账户核算，而是专设"利润分配"账户进行核算？

13. 企业利润分配的步骤一般包括哪些内容？

二、业务题

（一）习题一

1. 目的：练习供应过程固定资产及原材料的采购业务的核算及采购成本的计算。

2. 资料：某企业（一般纳税人）对原材料按实际成本核算，20×2 年 3 月发生以下经济业务。

（1）企业购入生产用不需要安装的乙设备一台，买价为 128 000 元，增值税税率为 17%，运杂费为 2 000 元。款项已用银行存款支付。

（2）从旭日公司购进一台需要安装的生产设备，购买原价为 220 000 元，增值税税率为 17%，整理及运杂费为 3 000 元，为了达到使用效果，还需要从仓库取出价值 5 600 元的原材料，支付安装工人 2 000 元的工资。

（3）向和乐公司购入 I 型材料 1 000 千克，货款 63 600 元，增值税税率为 17%，上述款项尚未支付，货物尚未入库。运杂费 1 400 元已用银行支票付讫。材料按实际采购成本核算。

（4）发出 II 型材料 1 750 千克，单位成本 60 元。其中制造 A 产品用料 1 000 千克，B 产品 500 千克，车间一般耗用 200 千克，厂部一般耗用 50 千克。

（5）又从和乐公司购入 III 型、IV 型两种材料。III 型材料 400 千克，单价 50 元，计 20 000 元；IV 型材料 800 千克，单价 100 元，计 80 000 元，增值税税率为 17%。上述材料的买价和增值税额已用银行存款支付。

（6）以银行存款支付购入上述 III 型、IV 型材料的运杂费 5 520 元。

（7）将上述材料验收后入库，结转 III 型、IV 型两种材料的采购成本。

（8）I 型材料发生入库前的挑选整理费 3 250 元用现金支付。

（9）将本期购进的 I 型、II 型、III 型、IV 型材料验收入库，结转材料的采购成本。

3. 要求：

（1）根据上述经济业务编制会计分录，分录要求写出明细分类账户（运杂费按材料重量分摊计入材料的采购成本）。

（2）根据有关会计分录，设置并登记"在途物资"总账和明细账。

（二）习题二

1. 目的：练习生产过程生产业务的核算和产品生产成本的计算。

2. 资料：假设某企业目前有一个生产车间，生产 A、B 两种产品，耗用 I 型、II 型、III 型三种材料。该企业 4 月发生下列经济业务：

（1）车间主任李勇预借差旅费 2 000 元，以现金支付。

（2）根据本月发料凭证汇总表，共耗用 I 型材料 70 000 元，其中，A 产品耗 40 000元，B 产品耗用 30 000 元；共耗用 II 型乙材料 40 000 元，其中，A 产品耗用 20 000 元，B 产品耗用 20 000 元；车间一般耗用 III 型材料 10 000 元。

（3）从银行提取现金 60 000 元，发放职工工资。

（4）根据本月"工资核算汇总表"，本月应发工资总额为 60 000 元。其中生产 A 产品的生产工人的工资 30 000 元，生产 B 产品的生产工人的工资 20 000 元，生产车间管理人员的工资 4 000 元，公司管理人员的工资 6 000 元。

（5）按规定根据工资总额的 14% 计提职工福利费，共计 8 400 元。其中 A 产品生产工人福利费 4 200 元，B 产品生产工人福利费 2 800 元，生产车间管理人员福利费 560 元，公司管理人员福利费 840 元。

（6）以现金发放职工工资。

（7）车间主任李勇出差回来报销差旅费 2 250 元，余额补足。

（8）按规定的固定资产折旧率，计算本月固定资产应提折旧 8 600 元，其中，生产车间用固定资产应提 6 000 元，公司行政管理部门用固定资产应提 2 600 元。

（9）以银行存款支付设备的修理费。其中，车间修理费 3 500 元，行政管理部门修理费 1 500 元。

（10）以银行存款支付应由本期财务费用负担的短期借款利息费用 500 元。

（11）用银行存款支付车间用办公用品费 740 元、水电费 1 800 元、劳动保护费 600 元。

（12）月末，将本月发生的制造费用总额分配转入"生产成本"账户。按生产工人工资比率分配计入 A、B 两种产品成本。

（13）假设本月生产的 A、B 两种产品，期初无在产品。月末结算本月 A、B 两种产品的生产成本。本月生产 A 产品 150 件，B 产品 100 件，均已全部制造完成，并验收入库。计算并结转已完工验收入库产成品的生产成本。

3. 要求：

（1）根据上述经济业务编制会计分录，分录要求写出明细分类账户。

（2）根据有关会计分录，设置并登记"生产成本""制造费用"总分类账和"生产成本"明细分类账。

（3）编制 A、B 两种产品"产品生产成本计算表"，格式如表 5-13 所示。

表 5-13　产品生产成本计算表

产品名称　　　　　　　　　　　　　　　　　　　　　　　　　单位：元

成本项目	完工产品数量（件）	
	总成本	单位成本
直接材料		
直接人工		
制造费用		
合计		

（三）习题三

1. 目的：练习按收付实现制和权责发生制确认当期收入和费用。

2. 资料：某企业 12 月发生下列经济业务：

（1）销售产品 70 000 元，其中 30 000 元已收到存入银行，其余 40 000 元尚未收到。

（2）收到现金 800 元，系二月提供的劳务收入。

（3）用现金支付本月份的水电费 900 元。

（4）本月应计劳务收入 1 900 元。

（5）用银行存款预付下一年度房租 18 000 元。

（6）用银行存款支付上月借款利息 500 元。

（7）预收销售货款 26 000 元，已通过银行收妥入账。

（8）本月负担年初已支付的保险费 500 元。

（9）上月预收货款的产品本月实现销售收入 18 000 元。

（10）本月负担将在下月支付的修理费 1 200 元。

3. 要求（计算时不必编制会计分录）：

（1）按收付实现制计算 12 月的收入、费用。

（2）按权责发生制计算 12 月的收入、费用。

（四）习题四

1. 目的：练习销售业务的核算。

2. 资料：假设某公司 9 月发生下列经济业务：

（1）向西湖公司销售 A 产品 100 件，单价 1 000 元，增值税发票上注明价款为 100 000 元，增值税 17 000 元，款项已通过银行转账收讫。

（2）向天宇公司销售 B 产品 20 件，单价 2 000 元，增值税发票上注明的价款为 40 000 元，增值税 6 800 元。货已发出，款项尚未收到。

（3）企业对外出售不需要的丙材料 500 千克，单价 100 元，增值税发票上注明的价款为 50 000 元，增值税 8 500 元，计 58 500 元。款项已通过银行收讫。

（4）用银行存款支付广告费 5 000 元和销售过程中的运杂费 600 元。

（5）按规定计算本月应交的城市维护建设税 2 142 元。

（6）结算本月销售机构职工工资 1 000 元，应付职工福利费 140 元。

（7）计算并结转本月上述已销 100 件 A 商品和 20 件 B 产品的销售成本。其中 A 产品的销售成本为 60 000 元，B 产品的销售成本为 19 800 元。

（8）计算并结转本月上述已销售的丙材料的实际成本为 30 000 元。

3. 要求：根据上述经济业务编制会计分录，分录要求写出明细分类账户。

（五）习题五

1. 目的：练习综合业务的核算。

2. 资料：某公司为增值税一般纳税人，增值税税率为 13%。12 月发生下列经济业务：

（1）收到投资者洪任以材料出资，其增值税专用发票价款为 70 000 元，增值税额为 9 100 元；该材料运送企业发生运杂费，其增值税专用发票价款为 1 000 元，增值税额为 900 元。

（2）收到宝山厂以机器设备作为出资，评估作价 6 000 000 元。

（3）收到投资者施光以银行存款出资 720 000 元。

（4）202×年 12 月 2 日企业购入一批材料，买价 50 000 元，另发生运杂费 400 元，材料已入库，款项已用银行存款支付。增值税税率为 13%。

（5）已验收入库 A 产品 500 件，B 产品 1 000 件，实际单位成本分别为 623.8 元和 920 元。

（6）202×年 12 月 4 日公司购入一台不需要安装即可投入使用的设备，取得的增值税专用发票上注明的设备价款为 3 0000 元，增值税 3 900 元，另支付运输费 300 元，包装费 400 元，款项以银行存款支付。

（7）12 月 5 日购入甲原材料一批，取得增值税专用发票，价款为 500 000 元，增值税为 65 000 元，原材料入库，签发企业承兑汇票一张。

（8）销售 A 产品 200 件，单价 960 元，收到银行承兑汇票一张。

（9）销售 B 产品 750 件，单价 1 360 元，款项尚未收到。

（10）用银行存款支付销售费用计 1 350 元。

（11）用银行存款支付本月借款利息 1 200 元。

（12）结转已销产品生产成本，A 产品为 124 760 元，B 产品为 690 000 元。

（13）计算应交城市维护建设税 1 100 元，教育费附加 610 元。

（14）销售丙材料 400 千克，单价 13 元，计 5 200 元，货款已存入银行，其采购成本为 4 900 元。

（15）盘盈 1 台设备，其原价值 8 000 元，已计提折旧额 5 200 元，经批准作以前年度损益调整处理。

（16）以现金 260 元支付延期提货的罚款。

（17）月末将各损益类账户余额结转至"本年利润"账户，计算 12 月的利润总额（"管理费用"账户余额为 7 600 元）。

（18）计算并结转本月应交所得税，假定税率为 20%。

（19）将本月实现的净利润转入"利润分配"账户。

（20）按税后利润的 10% 提取盈余公积。

（21）该企业决定向投资者分配利润 15 000 元。

3．要求：

（1）根据上述经济业务编制会计分录，分录要求写出明细分类账户。

（2）设置并登记"本年利润"和"利润分配"账户（T 型账户）。

即测即练

第六章

会 计 凭 证

小李和小王每天在销售环节都要开出发票，在购货的时候接受发票，但是在学习会计凭证时还是有很多不懂的东西，因此向刘会计师请教。会计师首先让他们看两则消息，引发其对会计凭证的思考。

虚开增值税发票和接受虚开增值税发票

2023 年 5 月，杭州萧山警方和税务部门通力合作破获一起特大虚开增值税专用发票案，打掉一个跨多省连续作案的虚开增值税专用发票犯罪团伙，抓获 28 名嫌疑人，涉案发票总额达 354 亿余元。该案关联涉及安徽、山东、浙江等全国多省市 90 余家公司，数量累计达 10 万余份。专案组调取全国 300 多家公司工商资料，梳理发票数据 12 万余份，查询银行账户 630 余个、明细 150 余万条，实现对虚开增值税专用发票案件从开票企业到终端受票企业的全链条、全生态打击。

只因对方财务章少了两个字，发票无效被判败诉

因财务人员一时大意，付款时未仔细核查发票，诉讼时才发现发票上所盖的财务章与供货商名称不一致，导致了经济损失。2004 年，东城法院判决某公司向供货商某石油液化气站支付货款 2 万余元。

2003 年下半年开始，某公司向供货商先后采购了 2 万余元液化气，双方合作顺利未见纠纷。2004 年 3 月 2 日，该公司突然收到法院传票。原来，供货商一纸诉状将其告上了法庭，要求支付货款 2 万余元。审理中，被告承认供货事实，但称已经支付了该笔货款，并提供原告给其开具的发票为证。原告却提出发票上加盖的财务章不是该公司的，并拿来了财务章当庭对照。这时，被告才发现发票上财务专用章的供货商名称"北京市某某液化气站"比原告名称"北京市某某石油液化气站"少了"石油"两个字。东城法院认为，根据法律规定，当事人对自己提出的主张有责任提供证据，否则要承担举证不能的不利后果。此案被告既然主张支付了货款，就应提供有效证据，现发票所盖印章名称与供货商名称不符，即无法认定系原告开出，而被告又无其他证据证实该发票的真实性，所以因证据不足，对被告的抗辩不予采信。最后，法院判决该公司向供货商支付了全部货款。

刘会计师提示小李和小王，在公司财务管理制度中，会计凭证是记账的依

是很重要的法律证明。第一个案例里，查处接受虚开增值税专用发票企业 90 多家，数量累计达 4 910 余份。第二个案例中被告也是接受了虚假发票。两个案例提示我们，公司的财务人员在支付货款时，对发票的任何项目都应仔细审查，如果取得了伪造或无效发票，不但造成经济损失，还要受到法律制裁。

参考资料：王聪和. 只因对方财务章少了两个字，发票无效被判败诉[N]. 法制晚报，2012.

第一节　会计凭证的作用和种类

一、会计凭证的作用

会计凭证，简称凭证，是记录经济业务、明确经济责任和据以登记账簿的书面证明。

会计主体办理任何一项经济业务，都必须办理凭证手续，由执行和完成该项经济业务的有关人员取得或填制会计凭证，记录经济业务的发生日期、具体内容以及数量和金额，并在凭证上签名或盖章，对经济业务的合法性、真实性和正确性负完全责任。所有会计凭证都要由会计部门审核无误后才能作为记账的依据。因此，填制和审核会计凭证，既是会计信息处理的重要方法之一，也是整个会计核算工作的起点和基础。

会计凭证具有以下几个方面的作用：

（一）会计凭证是提供原始资料、传导经济信息的工具

会计信息是经济信息的重要组成部分。它一般是通过数据，以凭证、账簿、报表等形式反映出来的。随着生产规模的扩大，及时准确的会计信息在企业管理中的作用愈来愈重要。任何一项经济业务的发生，都要编制或取得会计凭证。会计凭证是记录经济活动的最原始资料，是经济信息的载体。通过会计凭证的加工、整理和传递，可以直接取得和传导经济信息，既协调了会计主体内部各部门、各单位之间的经济活动，保证了生产经营各个环节的正常运转，又为会计分析和会计检查提供了基础资料。

（二）会计凭证是登记账簿的依据

任何单位，每发生一项经济业务，如现金的收付、商品的进出，以及往来款项的结算等，都必须通过填制会计凭证，来如实记录经济业务的内容、数量和金额，然后经过审核无误，才能登记入账。如果没有合法的凭证做依据，任何经济业务都不能登记到账簿中。因此，做好会计凭证的填制和审核工作，是保证会计账簿资料真实性、正确性的重要条件。

（三）会计凭证是加强经济责任制的手段

由于会计凭证记录了每项经济业务的内容，并要由有关部门和经办人员签章，这就要求有关部门和有关人员对经济活动的真实性、正确性、合法性负责。这样，无疑会增强有关部门和有关人员的责任感，促使他们严格按照有关政策、法令、制度、计划或预算办……如有发生违法乱纪或经济纠纷事件，也可借助会计凭证确定各经办部门和人员所负……责任，并据以进行正确的裁决和处理，从而建立和完善经营管理的岗位责任制度。

（四）会计凭证是实行会计监督的条件

通过会计凭证的审核，可以查明各项经济业务是否符合法规、制度的规定，有无贪污盗窃、铺张浪费和损公肥私行为，从而发挥会计的监督作用，保护各会计主体所拥有资产的安全完整，维护投资者、债权人和有关各方的合法权益。

二、会计凭证的种类

会计凭证按其填制程序和用途的不同，可分为原始凭证和记账凭证两大类，如图 6-1 所示。

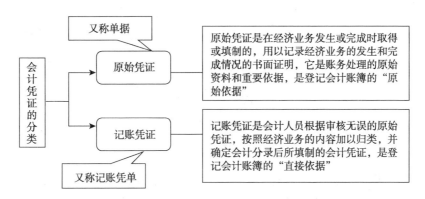

图 6-1　会计凭证的分类

（一）原始凭证

原始凭证是在经济业务发生时取得或填制，载明经济业务具体内容和完成情况的书面证明。它是进行会计核算的原始资料和主要依据。

1. 原始凭证按其来源不同，可分为自制原始凭证和外来原始凭证两种，如图 6-2 所示。

（1）自制原始凭证是由本单位经办业务的部门和人员在执行或完成某项经济业务时所填制的凭证。

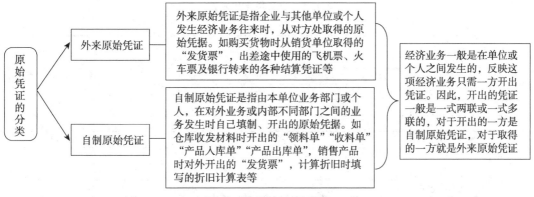

图 6-2　原始凭证的分类

自制原始凭证按其填制手续和内容不同，又可分为一次原始凭证、累计原始凭证和汇总原始凭证三种，如图 6-3 所示。

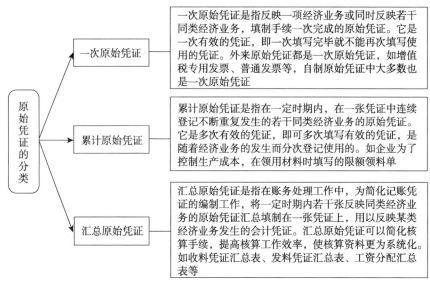

图 6-3　原始凭证的分类（按来源不同）

一次原始凭证，亦称一次有效原始凭证，是指只记载一项经济业务或同时记载若干项同类经济业务，填制手续一次完成的原始凭证。例如，领料单（见表 6-1）、增值税专用发票（见表 6-2）等都是一次原始凭证。一次原始凭证只能反映一笔业务的内容，使用方便灵活，但数量较多，核算较麻烦。

表 6-1　领料单

领料单位：　　　　　　　　　　　　　　　　　　　　　　　　　　　　　　　　　　编号：
用　　途：　　　　　　　　　　　　　　年 月 日　　　　　　　　　　　　　　仓库：

| 材料类别 | 材料编号 | 材料名称 | 规格 | 计量单位 | 数量 | | 单价 | 金额 |
					请领	实发		

记账：　　　　　发料：　　　　　　　　领料单位负责人：　　　　　　　领料：

表 6-2　增值税专用发票　　　　　　　　　　　　　　　No

开票日期：　　　　　　　　　　　　　　年 月 日

| 购货单位 | 名称 | | 纳税人登记号 | | | | |
	地址、电话		开户银行及账号				
商品或劳务名称	规格型号	计量单位	数量	单价	金额	税率（%）	税额
合计							
价税合计（大写）		拾　万　仟　佰　拾　元　角　分　￥_____					
销售单位	名　称		纳税人登记号				
	地址、电话		开户银行及账号				

销货单位（章）：　　　　收款人：　　　　复核：　　　　开票人：

累计原始凭证，亦称多次有效原始凭证，是指连续记载一定时期内不断重复发生的同类经济业务，填制手续是在一张凭证中多次进行才能完成的原始凭证。例如，限额领料单（见表6-3）就是一种累计原始凭证。使用累计原始凭证，由于平时随时登记发生的经济业务，并计算累计数，期末计算总数后作为记账的依据，所以能减少凭证数量，简化凭证填制手续。

表6-3　限额领料单

领料单位：加工车间　　　　　　　　　　　　　　　　　仓库：3号
用途：制造甲产品　　　　　　　　　　　　　　　　　　计划产量：3000台
　　　　　　　　　　　　　　　　　　　　　　　　　　单位消耗定额：0.5千克/台

材料类别	材料编号	材料名称	规格	计量单位	单价	领料限额	全月实额	
							数量	金额
黑色金属	8303	圆钢	3mm	千克	1.5	1 000	950	1425

日期	请领			实发		代用材料			限额节余
	数量	领料单位负责人签发	领料人签章	数量	发料人签章	数量	单价	金额	
5	500	张明	李光	500	王越				500
15	300	张明	李光	300	王越				200
25	150	张明	李光	150	王越				50

仓库负责人：赵华　　　　　　　　　　　　　生产计划部门负责人：刘群

汇总原始凭证（亦称原始凭证汇总表），是根据许多同类经济业务的原始凭证定期加以汇总而重新编制的凭证。例如，月末根据月份内所有领料单汇总编制的领料单汇总表（亦称发料汇总表，格式见表6-4），就是汇总原始凭证。汇总原始凭证可以简化编制记账凭证的手续，但它本身不具备法律效力。

表6-4　领料单汇总表

年　月

部门	上旬	中旬	下旬	月计
（1）第一生产车间 E产品 F产品 （2）第二生产车间 （3）厂部 （4）A建筑工地				
本月领料合计				

（2）外来原始凭证是指在经济业务发生时，从其他单位或个人处取得的凭证。例如，供货单位开来的发货票，运输部门开来的运费收据，银行开来的收款或付款通知等都属于外来原始凭证。外来原始凭证一般都是一次凭证。

2. 原始凭证按照格式不同，可分为通用原始凭证和专用原始凭证（见图6-4）

（1）通用原始凭证：由有关部门统一印制、在一定范围内使用的具有统一格式和使用方法的原始凭证。

（2）专用原始凭证：由单位自行印制，仅在本单位内部使用的原始凭证。

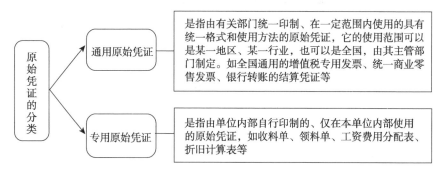

图 6-4　原始凭证的分类（按格式不同）

（二）记账凭证

记账凭证是根据原始凭证进行归类、整理编制的会计分录凭证。它是登记账簿的直接依据。由于原始凭证种类繁多、样式不一，不便于在原始凭证上编制会计分录，据以记账，所以有必要将各种原始凭证反映的经济内容加以归类整理，确认为某一会计要素后，编制记账凭证。从原始凭证到记账凭证是经济信息转换成会计信息的过程，是会计的初始确认阶段。

1. 记账凭证按其用途不同，可以分为专用记账凭证和通用记账凭证两类（见图 6-5 ）。

专用记账凭证是指分类反映经济业务的记账凭证。这种记账凭证按其反映经济业务的内容不同，又可分为收款凭证、付款凭证和转账凭证。收款凭证和付款凭证是用来反映货币资金收入、付出业务的凭证。货币资金的收入、付出业务就是直接引起库存现金或银行存款增减变动的业务，如用现金发放职工工资、以银行存款支付费用、收到销货款存入银行等。转账凭证是用来反映非货币资金业务的凭证。非货币资金业务亦称转账业务，是指不涉及货币资金增减变动的业务，如向仓库领料、产成品完工交库、分配费用等。

通用记账凭证是指用来反映所有经济业务的记账凭证。

专用记账凭证的一般格式如表 6-5～表 6-7 所示。至于通用记账凭证，其一般格式与转账凭证相同。

2. 记账凭证按其填列会计科目的数目不同，可分为单式记账凭证和复式记账凭证两类（见表 6-8）

单式记账凭证的一般格式（简表）如表 6-9、表 6-10 所示。

复式记账凭证是在一张凭证上完整地列出每笔会计分录所涉及的全部科目。上述专用记账凭证和通用记账凭证均为复式记账凭证。复式记账凭证的优点是在一张凭证上就能完整地反映一笔经济业务的全貌，且填写方便，附件集中，便于凭证的分析及审核。其缺点是不便于分工记账及科目汇总。

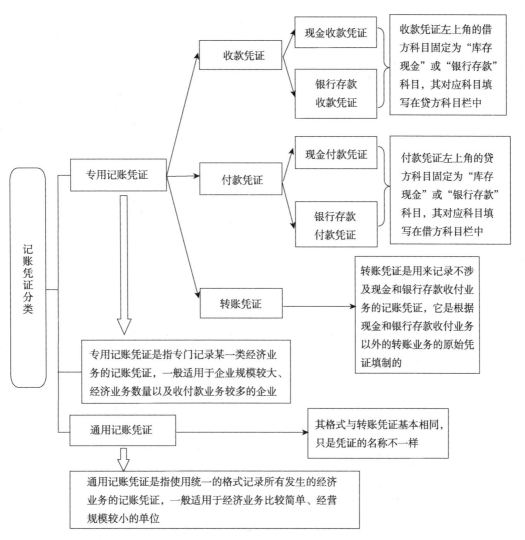

图 6-5　记账凭证分类（按用途不同）

表 6-5　收款凭证

银收字第 1 号

借方科目：银行存款				20×3 年 12 月 15 日						附件 2 张		
摘要	贷方		√	金额								
	总账科目	明细科目		千	百	十	万	千	百	十	元	角	分
收到货款	应收账款	黄河公司					1	5	0	0	0	0	0
合计						¥	1	5	0	0	0	0	0

会计主管：潘序伦　　记账人：徐水祚　蔡锡勇　　复核人：谢霖　　出纳：蔡锡勇　　填制人：徐水祚

表 6-6　付款凭证

现付字第 1 号

贷方科目：库存现金　　　　　　　20×3 年 12 月 15 日　　　　　　　　附件__张

摘要	借方		√	金额									
	总账科目	明细科目		千	百	十	万	千	百	十	元	角	分
支付管理费用	管理费用	办公费							9	0	0	0	0
合计								¥	9	0	0	0	0

会计主管：潘序伦　　记账人：徐水祚 蔡锡勇　　复核人：谢霖　　出纳：蔡锡勇　　填制人：徐水祚

表 6-7　转账凭证

转字第 1 号

20×3 年 12 月 15 日　　　　　　　　附件 0 张

摘要	总账科目	明细科目	√	借方金额										√	贷方金额									
				千	百	十	万	千	百	十	元	角	分		千	百	十	万	千	百	十	元	角	分
结转损益	主营业务收入					8	0	0	0	0	0	0	0											
	其他业务收入					2	0	0	0	0	0	0	0											
	营业外收入					5	0	0	0	0	0	0												
	本年利润															1	0	5	0	0	0	0	0	0
合计				¥	1	0	5	0	0	0	0	0	0		¥	1	0	5	0	0	0	0	0	0

会计主管：潘序伦　　记账人：谢霖　　复核人：徐水祚　　出纳：蔡锡勇　　填制人：谢霖

表 6-8　记账凭证按填制方法不同的分类

记账凭证类别	填制方法	特点
复式记账凭证	将一项经济业务所涉及的各有关会计科目都集中在一起填制	能够集中反映账户之间的对应关系，便于了解有关经济业务的全貌，还可以减少凭证的数量，但不便于汇总每一会计科目的发生额和进行分工记账
单式记账凭证	按一项经济业务所涉及的各个会计科目分别填制	由于一张凭证只填列一个会计科目，因此使用单式记账凭证便于汇总每个会计科目的发生额和进行分工记账，但填制工作量大，在一张凭证上反映不出经济业务的全貌，不便于查账

表 6-9　借项记账凭证

对应科目：主营业务收入　　　　　　20×3 年×月×日　　　　　　　　　　编号 1

附件 1 张

摘要	一级科目	二级或明细科目	金额	记账
销售收入存入银行	银行存款		35 000	√

会计主管：　　记账：　　复核：　　出纳：　　填制：

表 6-10 贷项记账凭证

对应科目：银行存款　　　　　　　20×3 年×月×日　　　　　　　　　　编号 1

摘要	一级科目	二级或明细科目	金额	记账
销售收入存入银行	主营业务收入		35 000	√

会计主管：　　记账：　　复核：　　出纳：　　填制：

附件 1 张

记账凭证按其包括的内容不同，可以分为单一记账凭证、汇总记账凭证和科目汇总表（亦称记账凭证汇总表、账户汇总表）三类。

单一记账凭证是指只包括一笔会计分录的记账凭证。上述的专用记账凭证和通用记账凭证，均为单一记账凭证。

汇总记账凭证是指根据一定时期内同类单一记账凭证定期加以汇总而重新编制的记账凭证。其目的是简化总分类账的登记手续。汇总记账凭证又可进一步分为汇总收款凭证、汇总付款凭证和汇总转账凭证。其一般格式如表 6-11～表 6-13 所示。

表 6-11 汇总收款凭证

借方账户：　　　　　　　　　　　年 月　　　　　　　　　　　第 号

贷方账户	金额				记账	
	（1）	（2）	（3）	合计	借方	贷方

附注：（1）自＿＿日至＿＿日　　收款凭证共计＿＿张
　　　（2）自＿＿日至＿＿日　　收款凭证共计＿＿张
　　　（3）自＿＿日至＿＿日　　收款凭证共计＿＿张

表 6-12 汇总付款凭证

贷方账户：　　　　　　　　　　　年 月　　　　　　　　　　　第 号

借方账户	金额				记账	
	（1）	（2）	（3）	合计	借方	贷方

附注：（1）自＿＿日至＿＿日　　付款凭证共计＿＿张
　　　（2）自＿＿日至＿＿日　　付款凭证共计＿＿张
　　　（3）自＿＿日至＿＿日　　付款凭证共计＿＿张

表 6-13 汇总转账凭证

贷方账户：　　　　　　　　　　　年 月　　　　　　　　　　　第 号

借方账户	金额				记账	
	（1）	（2）	（3）	合计	借方	贷方

附注：（1）自＿＿日至＿＿日　　转账凭证共计＿＿张
　　　（2）自＿＿日至＿＿日　　转账凭证共计＿＿张
　　　（3）自＿＿日至＿＿日　　转账凭证共计＿＿张

科目汇总表是指根据一定时期内所有的记账凭证定期加以汇总而重新编制的记

账凭证。其目的也是简化总分类账的登记手续。科目汇总表的一般格式如表 6-14
所示。

表 6-14　科目汇总表

年 月 日至 日

账户名称	总账页数	本期发生额		记账凭证起讫号数
		借方	贷方	

记账凭证的分类如图 6-6 所示。

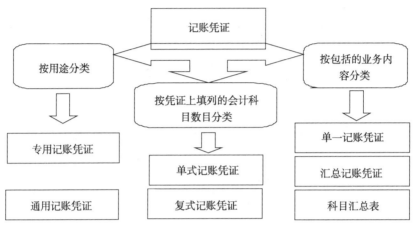

图 6-6　记账凭证的分类

会计凭证的分类归纳如图 6-7 所示。

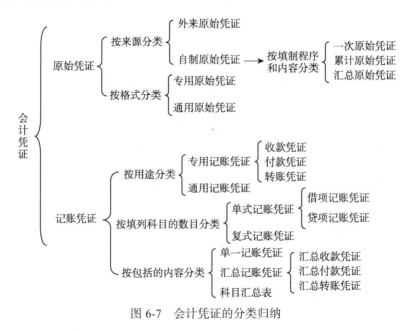

图 6-7　会计凭证的分类归纳

第二节 原 始 凭 证

扩展阅读:哈佛商学院的
招生面试

一、原始凭证的基本内容

在学习原始凭证的填制和审核之前,首先需要了解的就是原始凭证中包括哪些内容。由于各项经济业务的种类和内容不同,经营管理的要求也不同,故原始凭证在名称、格式和内容等方面是多种多样的。但是,无论哪种原始凭证,都是证明经济业务发生情况的原始依据,必须详细载明有关经济业务的发生和完成情况,必须明确经办单位和人员的经济责任。因此,各种原始凭证都应具备一些共同的基本内容,具体如图 6-8 所示。

图 6-8　原始凭证的基本内容

二、原始凭证的填制和审核

（一）原始凭证填制的基本要求

原始凭证是账务处理的原始依据,是明确经济责任的具有法律效力的文件,所以对其填制方法有严格的要求,具体如图 6-9 所示。

（二）原始凭证的审核

为了保证原始凭证内容的真实性和合法性,防止不符合填制要求的原始凭证影响会计信息的质量,必须由会计部门对一切外来的和自制的原始凭证进行严格的审核。审核内容主要包括以下两个方面:

1. 审核原始凭证所反映的经济业务是否合法、合规、合理

审核时应以国家颁布的现行财经法规、财会制度,以及本单位制定的有关规则、预算和计划为依据,审核经济业务是否符合有关规定,有无弄虚作假、违法乱纪、贪污舞弊的行为;审核经济活动的内容是否符合规定的开支标准,是否履行规定的手续,有无背离经济效益原则和内部控制制度的要求。

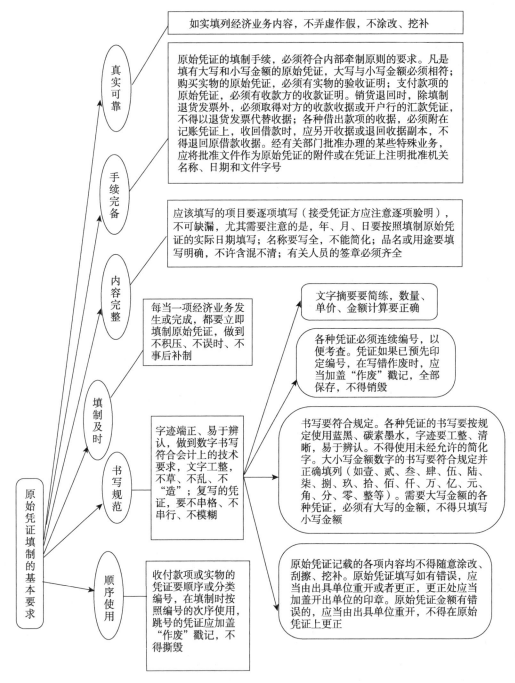

图 6-9　原始凭证填制的基本要求

2. 审核原始凭证的填制是否符合规定的要求

首先应审核原始凭证是否具备作为合法凭证所必需的基本内容，所有项目是否填写齐全，有关单位和人员是否已签字盖章；其次要审核凭证中所列数字的计算是否正确，大、小写金额是否相符，数字和文字是否清晰等。

原始凭证审核的具体内容如图 6-10 所示。

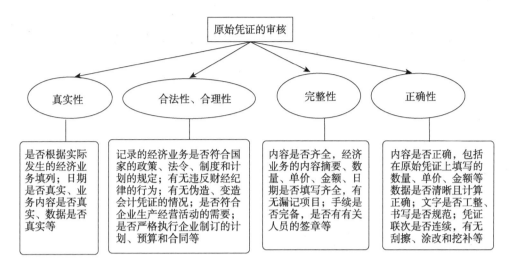

图 6-10 原始凭证的审核

扩展阅读：增值税抵扣凭证管理的国际经验及启示

原始凭证的审核，是一项十分细致而严肃的工作，必须坚持原则，依法办事。对于不真实、不合法的原始凭证，会计人员有权不予受理，并向单位负责人报告；对于记载不准确、不完整的原始凭证应予以退回，并要求按照国家统一的会计制度规定进行更正、补充。原始凭证经审核无误后，才能作为编制记账凭证和登记明细分类账的依据。

发票和收据有何区别

发票和收据都是原始凭证，它们都可以证明收支了某些款项，但是，发票与收据两者有本质区别，不同经济内容的业务应收取或开具不同的发票或收据，不能混用。

根据《中华人民共和国发票管理办法》的规定，发票是在购销商品、提供或接受服务以及从事其他生产经营活动中，开具、收取的收付款凭证。它是财务收支的法定凭证，是会计核算的原始依据，也是审计机关、税务机关执法检查的重要依据。发票一般情况下是收款人开具给付款人的，但在收购单位和扣缴义务人支付个人款项时则由付款人向收款人开具发票。

收据一般是指除了上述发票管理办法规定的经营活动以外的非经营活动中收付款项时开具的凭证，如退还多余出差借款、各种保证金的收讫等。收款收据均是由收款人开具给付款人的，不存在发票规定中特殊的"逆向开具"。

收款收据分为内部收据和外部收据。企业为了内部成本核算的需要而自行印制或在账表商店购买的收款收据就是内部收据。企业的内部收据可以在内部成本核算过程中使用并以此入账，如退还多余出差借款、材料内部调拨、保证金收讫等，但内部收据不能对外使用，否则不能入账，其作用相当于"白条"。所以一些地方的法规规定这些内部收据应当在收据的抬头下面注明"仅限内部使用，对外使用无效"的字样。

外部收据又分财政部门监制、部队监制、税务部门监制的收据三种。财政部门监制的收据一般是非生产经营的行政事业性收费的收据，这种收据往往是联合当地物价部门制定的，具有合法性，可以入账，如法院的诉讼费收据。部队监制的收据是与部队发生非生产经营性款项往来时由部队开具的收据，该收据项下的款项是不涉及税务的，可以依法入账。税务部门监制的收据一般也把企业的内部收据纳入其中，企业内部收付款往来及企业与企业之间非经营性业务往来款项，均可使用，这些税务部门监制的收据依法在非生产经营款项收付时使用，也是可以入账的。

第三节　记账凭证

一、记账凭证的基本内容

记账凭证虽然种类不一，编制依据各异，但各种记账凭证的主要作用都在于对原始凭证进行归类整理，运用账户和复式记账方法，编制会计分录，为登记账簿提供直接依据。因此，所有记账凭证都应满足记账的要求，都必须具备下列基本内容：①记账凭证的名称；②填制凭证的日期和凭证的编号；③经济业务的内容摘要；④记账符号、账户（包括一级、二级或明细账户）名称和金额；⑤所附原始凭证的张数；⑥填制单位的名称及有关人员的签章。

二、记账凭证的填制

为了保证记账凭证能够真实、正确、完整地反映经济业务，填制必须符合以下要求，具体如图 6-11 所示。

采用专用记账凭证时，收款凭证和付款凭证是根据有关现金、银行存款和其他货币资金收付业务的原始凭证填制。涉及银行存款和其他货币资金的收付业务，一般应以经银行盖章的单据（如送款单、收款通知、支款通知等）作为原始凭证。这样做是为了保证收付业务的可靠性，也便于同银行进行账目核对。对于库存现金、银行存款和其他货币资金之间的收付业务（亦称相互划转业务），如从银行提取现金、把现金送存银行、开设外埠存款账户等，为避免重复记账，一般只编制付款凭证，而不再编制收款凭证。出纳人员对于已经收讫的收款凭证和已经付款的付款凭证及其所附的各种原始凭证，都要加盖"收讫"和"付讫"的戳记，以免重收重付。

转账凭证除了根据有关转账业务的原始凭证填制外，还有的是根据账簿记录填制，如根据有关资产账户提取减值准备，将收入、费用类账户的月末余额转入"本年利润"账户，将"本年利润"账户的年末余额转入"利润分配"账户，以及更正账簿错误等。根据账簿记录编制的记账凭证一般没有原始凭证，所以并非所有的记账凭证都附有原始凭证。

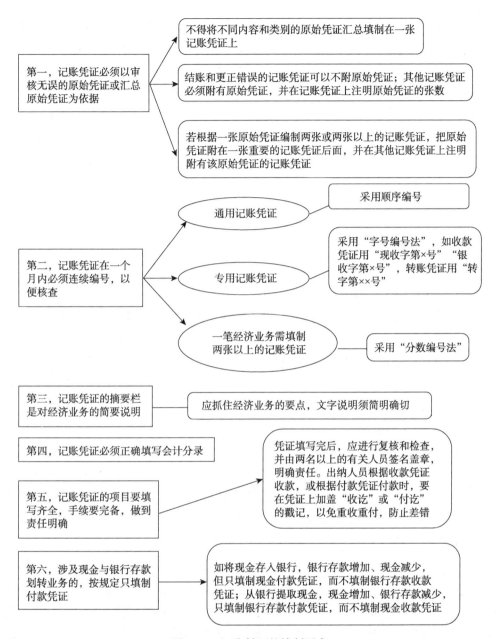

图 6-11 记账凭证的填制要求

在本章第一节已经提到，大中型企业经济业务繁杂，记账凭证数量较多，为了简化登记总分类账的手续，可以在月内分数次对记账凭证进行汇总，编制汇总记账凭证或科目汇总表，然后据以登记总分类账。

汇总记账凭证分为汇总收款凭证、汇总付款凭证和汇总转账凭证三种。汇总收款凭证是根据收款凭证分别按现金和银行存款账户的借方设置，并按对应的贷方账户归类汇总。汇总付款凭证是根据付款凭证分别按现金和银行存款账户的贷方设置，并按对应的借方账户归类汇总。汇总转账凭证是根据转账凭证按账户的贷方设置，并按对应的借方账户归类汇总。这三种汇总记账凭证都应定期（如每五天或每旬）汇总一次，每月填制一张。为了便于汇总，对转账凭证的对应关系，要求保持一"借"一"贷"或一"贷"多"借"，而不宜采用一"借"多"贷"。汇总记账凭证可以反映账户的对应关系，便于了解经济业务的来龙去脉，进而利于分析和检查。但是，汇总的工作量也较繁重。汇总记账凭证的一般格式见表 6-11～表 6-13。

科目汇总表是根据收款凭证、付款凭证和转账凭证，按照相同的会计科目归类，定期（每十天或每旬）汇总填制。为了便于填制科目汇总表，所有记账凭证的账户对应关系应保持一借一贷，这样就可以简化汇总的手续，也能减少差错。同汇总记账凭证相比较，科目汇总表既可以简化总分类账的登记手续，又能起到全部账户发生额的试算平衡作用，汇总的工作还比较简单，但它最大的缺点是无法反映账户的对应关系。科目汇总表的一般格式见表 6-14。

各种记账凭证的填制，除严格按原始凭证的填制要求外，还应注意以下几点：

（一）摘要简明

记账凭证的摘要应用简明扼要的语言，概括出经济业务的主要内容。既要防止简而不明，又要避免过于烦琐。为了满足登记明细分类账的需要，对不同性质的账户，其摘要填写应有所区别。例如，反映原材料等实物资产的账户，摘要中应注明品种、数量、单价；反映现金、银行存款或借款的账户，摘要中应注明收付款凭证和结算凭证的号码，以及款项增减原因、收付款单位名称等。

（二）科目运用准确

必须按会计制度统一规定的会计科目填写，不得任意简化或改动，不得只写科目编号，不写科目名称；同时，二级和明细科目也要填列齐全。应"借"、应"贷"的记账方向和账户对应关系必须清楚；编制复合会计分录，应是一"借"多"贷"或一"贷"多"借"，一般不编多"借"多"贷"的会计分录。

（三）连续编号

采用通用记账凭证，可按全部经济业务发生的先后顺序编号，每月从第 1 号编起；采用专用记账凭证，可按凭证类别分类编号，每月从收字第 1 号、付字第 1 号和转字第 1 号编起。若一笔经济业务需填制多张记账凭证的，可采用"分数编号法"，即按该项经济业务的记账凭证数量编列分号。例如，某笔经济业务需编制三张转账凭证，凭证的顺序号为 93 时，这三张凭证的编号应分别为转字第 93 1/3 号、93 2/3 号、93 3/3 号。每月月末最后一张记账凭证的编号旁边要加注"全"字，以免凭证散失。

（四）附件齐全

记账凭证所附的原始凭证必须完整无缺，并在凭证上注明所附原始凭证的张数，以便核对摘要及所编会计分录是否正确无误。若两张或两张以上的记账凭证依据同一原始凭证编制，则应在未附原始凭证的记账凭证上注明"原始凭证×张，附于第×号凭证之后"，以便日后查阅。

会计凭证附件常见错误及规范如表 6-15 所示。

表 6-15　会计凭证附件常见错误及规范

费用类	常见不规范点	规范附件明细
1. 办公用品费	1. 购买办公用品只有发票，没有其他单据； 2. 批量购买办公用品，没有采购入库和各部门领用单	经审批的请购单、发票、入库单、支出凭单、银行回单等相关资料
2. 差旅费	只有差旅费报销单没有行程单等记录	出差工作计划书（出差行程单）、发票、差旅报销单、银行回单等相关资料
3. 车辆修理费/汽油费	只有修理费/汽油费发票，企业没有车辆	经审批的汽车修理清单、发票、支出凭单、银行回单等相关资料
4. 税款缴纳	只有银行回单，没有申报表或税收缴款书	纳税申报表主表或网上打印、支出凭单、税收缴款书或银行代扣款回单等相关资料
5. 劳保用品	1. 批量购买劳保用品，没有采购入库和各部门领用单； 2. 各部门领用劳保用品没有部门领用单或者单据不全	经审批的请购单、发票、入库单、支出凭单、银行回单等相关资料
6. 广告费	只有发票和合同，没有照片或者其他广告样本等辅助证明资料	经审批的合同、发票、相关的照片、支出凭单等相关资料
7. 会务费	只有会议费发票，没有会议议程、签到表、会议照片等证明资料	经审批的会议预算、合同、会议结算清单、发票、会议议程、签到表、会议照片、支出凭单等相关资料
8. 运费/快递费	1. 快递费月结没有与快递/物流公司签署合同； 2. 月结单没有核对记录及内部审批记录	委托运输协议、运费结算单、发票、支出凭单等相关资料
原料采购	常见不规范点	规范附件
1. 预付款	预付款只附银行回单，未后附合同	采购合同、采购付款单等相关资料
2. 预付款核销	未后附相关单据	采购合同、原材料采购入库单、收货报告单、发票、采购付款单等相关资料
3. 货到付款	1. 未后附采购合同、原材料采购入库单、收货报告单； 2. 以供应商的送货单为入库单，没有企业自己的入库单	采购合同、原材料采购入库单、收货报告单、发票、采购付款单等相关资料
4. 采购入库	1. 以供应商的送货单为入库单，没有企业自己的入库单； 2. 退料单单据不齐全	采购入库单、采购收货报告单等相关资料
产品生产	常见不规范点	规范附件
1. 生产领用	原材料领用单，单据上的信息要素不齐全，不便于会计和税务核算所用	《生产耗用表》、原材料领用单
2. 产品入库结转	产品入库单，单据上的信息要素不齐全，不便于会计和税务核算所用	《生产成本表》、产品入库单
产品销售	常见不规范点	规范附件
销售收入确认/销售成本结转	销售收入确认和结转成本附件只有发票，没有其他单据作为附件	发票、销售出库单表、销售单、销售成本结转等相关资料
产品研发	常见不规范点	规范附件
1. 研发领料单	研发领料单，相关单据要素不齐全。比如没有具体研发部门及研发项目	研发领料单、研发采购合同、采购入库单、领用单

续表

产品研发	常见不规范点	规范附件
2. 研发费用分摊	附件所附研发费用分摊明细表中，研发费用分摊依据不明确，标准不统一	研发费用分摊表、研发费用分摊依据等资料
资产类	常见不规范点	规范附件
1. 资产购买	1. 只有固定资产发票，没有其他单据 2. 没有固定资产部门领用单，无法确定具体使用部门和日期	经审批的请购单、合同、发票、入库单/验收单、资产照片、支出凭单等相关资料
2. 资产修理	只有修理发票，没有修理固定资产其他单据	经审批的单据、修理报告单、发票、支出凭单等相关资料
3. 资产清理或盈亏处理	固定资产清理和盘亏单据上相关信息不全，不能为会计核算提供相关齐全要素	经审批的签呈、溢缺明细表等相关资料
4. 固定资产折旧的计提	采用财务系统的，未将系统每月固定资产折旧打印出来作为附件	固定资产折旧计提表等相关资料
5. 低值易耗品	只有采购低值易耗品发票，没有相关的入库及部门领用单据	经审批的请购单（签呈）、合同、发票、入库单、支出凭单等相关资料
计提类	常见不规范点	规范附件
1. 薪资及绩效计提	相关月份暂估薪资会计处理，没有相关附件	薪资及绩效计提表等相关资料
2. 年终奖金的计提	年终奖计提没有具体计提依据相关资料	年终奖计提表等相关资料
3. 税费计提	税费计提没有相关附件附在会计分录后	各项税费计算表等相关资料
4. 坏账准备的计提	只对应收账款计提坏账准备，没有其他应收款坏账计提资料	坏账准备计提明细表（应收、其他应收）等相关资料
5. 费用摊销	费用摊销的依据不明确，或分摊依据不合理	待摊项目摊销表等相关资料

三、记账凭证的审核

记账凭证是登记账簿的直接依据，为了保证账簿记录的正确性以及整个会计信息的质量，记账前必须由专人对已编制的记账凭证进行认真、严格的审核。审核的内容主要有以下几方面：

首先，审核记账凭证是否附有原始凭证，记账凭证的内容与所附原始凭证的内容是否相符，金额是否一致。

其次，审核凭证中会计科目的使用是否正确，二级或明细科目是否齐全；账户对应关系是否清晰；金额计算是否准确无误。

最后，审核记账凭证中有关项目是否填列齐全，有关人员是否签名盖章。

在审核中若发现记账凭证填制有错误，应查明原因，予以重填或按规定方法及时更正。只有经审核无误的记账凭证，才能据以记账。

扩展阅读：如何进行差旅费报销

第四节 会计凭证的传递与保管

一、会计凭证的传递

会计凭证的传递，是指凭证从取得或填制时起，经过审核、记账、装订到归档保管时止，在单位内部各有关部门和人员之间按规定的时间、路线办理业务手续和进行处理的过程。

正确、合理地组织会计凭证的传递，对于及时处理和登记经济业务，协调单位内部各部门、各环节的工作，加强经营管理的岗位责任制，实行会计监督，具有重要作用。例如，对材料收入业务的凭证传递，应明确规定：材料运达企业后，需多长时间验收入库，由谁负责填制收料单，又由谁在何时将收料单送交会计及其他有关部门；会计部门由谁负责审核收料单，由谁在何时编制记账凭证和登记账簿，又由谁负责整理或保管凭证等。这样，既可以把材料收入业务从验收入库到登记入账的全部工作在本单位内部进行分工，并通过各部门的协作来共同完成，也便于考核经办业务的有关部门和人员是否按照规定的会计手续办事。

会计凭证的传递主要包括凭证的传递路线、传递时间和传递手续三个方面的内容。

各单位应根据经济业务的特点、机构设置、人员分工情况，以及经营管理上的需要，明确规定会计凭证的联次及流程。既要使会计凭证经过必要的环节进行审核和处理，又要避免会计凭证在不必要的环节停留，从而保证会计凭证沿着最简捷、最合理的路线传递。

会计凭证的传递时间，是指各种凭证在各经办部门、环节所停留的最长时间。它应考虑各部门和有关人员，在正常情况下办理经济业务所需时间来合理确定。明确会计凭证的传递时间，能防止拖延处理和积压凭证，保证会计工作的正常秩序，提高工作效率。一切会计凭证的传递和处理，都应在报告期内完成。否则，将会影响会计核算的及时性。

会计凭证的传递手续，是指在凭证传递过程中的衔接手续。应该做到既完备严密，又简便易行。凭证的收发、交接都应按一定的手续制度办理，以保证会计凭证的安全和完整。

会计凭证的传递路线、传递时间和传递手续，还应根据实际情况的变化及时加以修改，以确保会计凭证传递的科学化、制度化。

二、会计凭证的保管

会计凭证是各项经济活动的历史记录，是重要的经济档案。为了便于随时查阅利用，各种会计凭证在办理好各项业务手续，并据以记账后，应由会计部门加以整理、归类，并送交档案部门妥善保管。

（一）会计凭证的整理归类

会计部门在记账以后，应定期（一般为每月）将会计凭证加以归类整理，即把记账凭证及其所附原始凭证，按记账凭证的编号顺序进行整理，在确保记账凭证及其所附原始凭证完整无缺后，将其折叠整齐。

会计凭证的整理方法如图6-12所示。

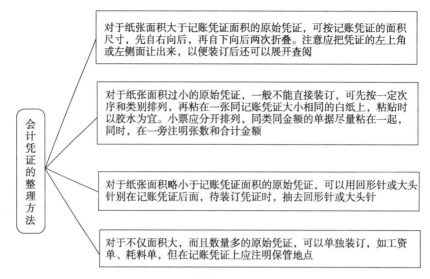

图 6-12　会计凭证的整理方法

经过整理后的会计凭证，为汇总装订打好了基础。

所有汇总装订好的会计凭证都要加具封面、封底，装订成册，并在装订线上加贴封签，以防散失和任意拆装。在封面上要注明单位名称、凭证种类、所属年月和起讫日期、起讫号码、凭证张数等。会计主管或指定装订人员要在装订线封签处签名或盖章，然后入档保管。

会计凭证装订前，要先设计和选择会计凭证的封面。封面应用较为结实、耐磨、韧性较强的纸张等。一般会计凭证的封面格式如图 6-13 所示。

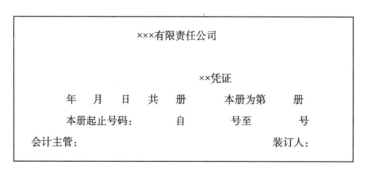

图 6-13　会计凭证的封面

（二）会计凭证的装订

装订就是将一扎一扎的会计凭证装订成册，从而方便保管和利用。装订之前，要设计一下，看一个月的记账凭证究竟订成几册为好。每册的厚薄应基本保持一致，不能把几张应属一份记账凭证附件的原始凭证拆开装订在两册之中，要做到既美观大方又便于翻阅。

一本凭证，厚度一般以 1.5～2.0 厘米为宜。过薄，不利于直立放置；过厚，不便于翻阅核查。凭证装订的各册，一般以月份为单位，每月订成一册或若干册。凭证少的单位，可以将若干月份的凭证合并订成一册，在封皮注明本册所含的凭证月份。

（三）会计凭证的造册归档

每年的会计凭证都应由会计部门按照归档的要求，负责整理立卷或装订成册。当年的会计凭证，在会计年度终了后，可暂由会计部门保管 1 年，期满后，原则上应由会计部门编造清册移交本单位档案部门保管。档案部门接收的会计凭证，原则上要保持原卷册的封装，个别需要拆封重新整理的，应由会计部门和经办人员共同拆封整理，以明确责任。会计凭证必须做到妥善保管，存放有序，查找方便，并要严防毁损、丢失和泄密。

（四）会计凭证的借阅

会计凭证原则上不得借出，如有特殊需要，须报请批准，但不得拆散原卷册，并应限期归还。需要查阅已入档的会计凭证时，必须办理借阅手续。其他单位因特殊原因需要使用原始凭证时，经本单位负责人批准，可以复制。但向外单位提供的原始凭证复印件，应在专设的登记簿上登记，并由提供人员和收取人员共同签名或盖章。

（五）会计凭证的销毁

原始凭证、记账凭证的保管期限，一般为 30 年，会计档案移交清册保存期限为 30 年，会计档案保管清册保存期限为永久。保管期未满，任何人都不得随意销毁会计凭证。按规定销毁会计凭证时，必须开列清单，报经批准后，由档案部门和会计部门共同派员监销。在销毁会计凭证前，监督销毁人员应认真清点核对，销毁后，在销毁清册上签名或盖章，并将监销情况报告本单位负责人，会计档案销毁清册保存期限为永久。会计档案鉴定意见书保存期限为永久。

先把小事做好

马丁·路德·金说过这样一句话："一个人若以扫街为生，他的态度应如米开朗基罗绘画、如贝多芬作曲、如莎士比亚写剧本一般严谨，这便是生活态度。"认真对待生活和工作，不仅是一种心态，也是一种做人做事的方式和生活的技巧。实际上，无论在工作中还是在生活中，难免会遇到一些需要细心做的小事。有些人嫌事小不愿意去做，但有些人把它当作人生事业的一部分去重视。把小事做好，才能把大事做成。

看看周围的成功者与失败者，你就会发现，有的人很聪明，却毫无建树；而有的人虽然生性驽钝，却常常有所成就。其中的奥秘就在于：笨人能坚持不懈地做事以弥补自己的缺陷；而聪明的人常自以为是，忽视了持之以恒的重要性。

克金斯在担任美国福特汽车公司的经理时，有一个年轻的职员做他的秘书。

有一天晚上，公司有要事必须给所有的经理发送通知。此事十分紧急，然而信封却不够用了，当时，在场的职员都来帮忙糊信封。克金斯要他的年轻秘书也来帮忙糊信封，但是，年轻的秘书却认为做这种事有失自己的身份，就非常不满地说："我到公司来，不是做糊信封的工作的！"

克金斯听了年轻秘书的话，平静地对他说："那好吧，既然你认为你不能做糊信封的事情，你可以离开这里。"年轻秘书气呼呼地离开了福特公司。

然后，年轻秘书去了许多公司，试了不少的工作，都因为自己不愿意做最平常的事情而有始无终。结果，年轻秘书硬着头皮又回到福特公司，他诚恳地对克金斯说："我在外面经历了许多，当我对别人讲述我在这里不愿意做糊信封的事情时，许多人都劝我，说要想做大事，必须先做小事，而且要先把小事做好。我觉得这话很有道理，所以，我依然希望能回到这里，你还要我吗？"

克金斯平静地说："你愿意回来，我们当然欢迎。"

年轻秘书问克金斯："为什么你不计前嫌？"

克金斯说："因为我看得出来，你现在完全变了，你在外面兜了个大圈子，学会了尊重别人的意见，不再年轻气盛，我知道，你不会再看不起糊信封的工作了。"这个年轻秘书重新回到了福特公司，他在公司里什么工作都干，后来，他成了很有名气的大富商。

其实，要想成功，就不要嫌弃工作的好坏，即使是最脏最累的工作，也是对人的一种锻炼。在这个世界上，从来都没有一步登天的事，无数的成功者大多是先从最不起眼的工作和最低微的小事做起的。

资料来源：王昊军. 先把小事做好[J]. 思维与智慧，2012（9）.

本章练习题

思考题

1. 什么是会计凭证？它有何重要作用？

2. 原始凭证应具备哪些基本内容？

3. 填制原始凭证时应遵循哪些要求？

4. 如何审核原始凭证？

5. 记账凭证应具备哪些基本内容？

6. 填制记账凭证时应符合哪些具体要求？

7. 如何审核记账凭证？

8. 收款、付款、转账凭证各适用何种经济业务？

9. 采用专用记账凭证时，涉及现金、银行存款之间的相互划转业务时应填制哪种记账凭证？

10. 会计凭证保管的一般要求是怎样的？

即测即练

自学自测　扫描此码

第七章

会 计 账 簿

会计核算工作的核心

小李和小王问刘会计师，会计要以凭证为依据，有凭证了，最后再报送三张会计报表不就行了，还需要账簿干什么？刘会计师回答道："凭证是记录经济业务、明确经济责任的书面证明，它很重要，财务和税务检查都要看会计凭证，尤其是原始凭证。但是凭证的记录是零星的、片段的、不连续的，会计报表比较简明、扼要，都很难详细地反映经济业务。账簿具有归类、系统反映经济事项来龙去脉的功能，财务会计报告也需要根据账簿记录来编制，账记不好，报表也不会正确。从会计核算的主要方法以及会计核算流程图中我们可以知道，会计工作的核心是'登记账簿'，要不为什么'簿记'（bookkeeping）可以作为会计的别名呢？账簿起到一个承上启下的作用。"

小李和小王很受启发，但是他们还有疑问，账簿都是一样的吗？记错账还能修改吗？到年末的时候需要更换账簿吗？会计师接着向他们讲解起相关的知识，小李和小王跟着会计师津津有味地学起来。

第一节 账簿的意义与种类

一、账簿的概念

在会计核算工作中，当经济业务发生以后，首先要取得或填制原始凭证，按照一定的会计科目和复试记账法，将大量的经济信息转化到记账凭证上，这些记录在会计凭证上的信息还是分散的、不系统的。为了把分散在会计凭证中的大量核算资料加以集中并分类反映，为经营管理提供系统、完整的核算资料，并为会计报表提供依据，必须设置和登记账簿。设置和登记账簿是会计核算的专门方法之一。

会计账簿是按会计科目开设，以会计凭证为依据，由一定格式和相互联系的账页所组成，用来序时、分类、连续地记录和反映各项经济业务的簿记。账页一旦标明会计科目，这个账页就成为用来记录该科目所核算内容的账户。也就是说，账页是账户的载体，账簿则是若干账页的集合。而账户则是按照规定的会计科目在账簿中分别设立的，根据会计凭证把经济业务记入有关的账户，就是指把经济业务记入设立在会计账簿中的账户。根据会计凭证在有关账户中进行登记，就是指将会计凭证所反映的经济业务内容记入设立在账簿中的账户，即通常所说的登记账簿，也称记账。

账簿和账户，两者既有区别，又有联系，具体如图7-1所示。

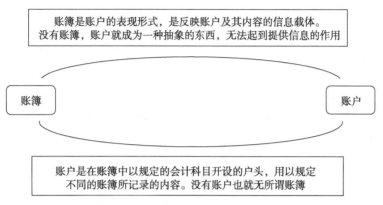

图 7-1　账簿和账户的区别与联系

这就如同学生报到时交给班级一张照片，班主任老师建了一本班级学生档案，这本档案每一页是一个学生的情况记录——包括姓名、照片、籍贯、获奖情况、担任职务等，那么这本档案就相当于账簿，每个学生的名字相当于会计科目，每个学生所在的那一页或几页就相当于账页，这个账页上有姓名（会计科目）、照片、籍贯、获奖等情况介绍（账户），有学生名字的账页就是账户。

二、账簿的意义和作用

设置和登记账簿是会计核算的一项重要内容，对于全面、系统、序时、分类反映各项经济业务，充分发挥会计在经济管理中的作用，具有重要意义。

一是通过设置和登记账簿，可以为经营管理提供比较系统、完整的会计核算资料，并为编制会计报表提供依据。

二是通过设置和登记账簿，可以连续反映各项财产物资的增减变动及其结存情况，并借助财产清查、账目核对等方法，反映财产物资的具体情况，发现问题，及时解决，可以起到控制作用，以保证财产物资的安全完整，合理使用各项资金。

三是通过设置和登记账簿，可以发现整个经济活动的运行情况，完整地反映企业的经营成果和财务状况，评价企业的总体经营情况；同时，可以监督和促进各企业、各单位遵纪守法、依法经营，改善经营管理。

三、账簿的种类

账簿的种类繁多，不同的账簿，其用途、形式、内容和登记方法都各不相同。为了更好地了解和使用各种账簿，有必要对账簿进行分类。在实际工作中，人们使用最多的有以下两种分类方法。

（一）按照账簿的用途分类

账簿按照用途的不同可以分为三大类，即序时账簿、分类账簿和备查账簿。

（1）序时账簿，也称日记账，是按照经济业务完成时间的先后顺序进行逐日逐笔登记的账簿。在古代会计中也把它称为"流水账"。日记账又可分为普通日记账和特种日记账。普通日记账是将企业每天发生的所有经济业务，不论其性质如何，按其先后顺序，编成会计分录记入账簿（属于会计分录簿，相当于记账凭证）；特种日记账是按经济业务性质单独设置的账簿，它只把特定项目按经济业务顺序记入账簿，反映其详细情况，如库存现金日记账和银行存款日记账。特种日记账的设置，应根据业务特点和管理需要而定，特别是那些发生频繁、需严加控制的项目，如现金和银行存款应予以设置日记账，日清月结，不能含糊。

（2）分类账簿，是对全部经济业务按总分类账和明细分类账进行分类登记的账簿。总分类账簿，简称总账，是根据总账科目开设账户，用来分类登记全部经济业务，提供总括核算资料的账簿。明细分类账簿，简称明细账，是根据总账科目所属明细科目开设账户，用以分类登记某一类经济业务，提供明细核算资料的账簿。

（3）备查账簿，又称辅助账簿，是对某些在日记账和分类账等主要账簿中未能记载的会计事项或记载不全的经济业务进行补充登记的账簿。所以，备查账簿也叫补充登记簿。它可以对某些经济业务的内容提供必要的参考资料。备查账簿的设置应视实际需要而定，并非一定要设置，而且没有固定格式。

（二）按照账簿的外表形式分类

账簿按照外表形式的不同可以分为订本式账簿、活页式账簿和卡片式账簿。

（1）订本式账簿，是把具有一定格式的账页加以编号并订成固定本册的账簿。它可以避免账页的散失或被抽换，但不能根据需要增减账页。一本订本式账簿同一时间只能由一人记账，不便于会计人员分工协作记账，也不便于计算机打印记账。特种日记账，如库存现金日记账、银行存款日记账，以及总分类账必须采用订本式账簿。订本式账簿应当从第一页到最后一页顺序编订页数，不得跳页、缺号。

（2）活页式账簿，是把零散的账页装在账夹内，可以随时增添账页的账簿。它可以根据需要灵活添页或排列，但账页容易散乱丢失。活页式账簿由于账页并不事先固定装订在一起，同一时间可以由若干会计人员分工记账，也便于计算机打印记账。一般明细账都采用活页式账簿。使用活页式账簿应当按账户顺序编号，并须定期装订成册，装订后再按实际使用的账页顺序编订页码，另加目录，以便记明每个账户的名称和页次。

（3）卡片式账簿，是将硬卡片作为账页，存放在卡片箱内保管的账簿。它实际上是一种活页式账簿。为了防止因经常抽取造成破损而采用硬卡片形式，可以跨年度使用。如固定资产明细账常采用卡片式账簿。

第二节 账簿的设置与登记

一、账簿的设置要求与基本内容

（一）账簿的设置要求

每一个会计主体需要设置哪些账簿，应当根据经济业务的特点和管理上的需要来确定。一般来说，设置账簿应当遵循以下原则（见图7-2）。

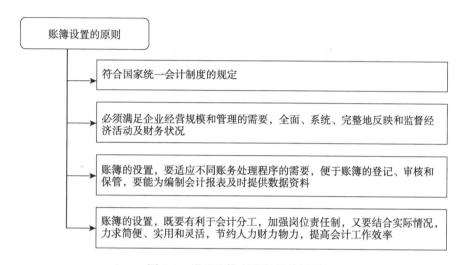

图 7-2　设置账簿应当遵循的原则

（二）账簿的基本内容

由于管理的要求不同，所设置的账簿也不同，各种账簿所记录的经济业务也不同，其形式也多种多样，但所有账簿一般都应具备以下基本内容：

（1）封面。写明账簿名称和记账单位名称。

（2）扉页。填明启用的日期和截止的日期、页数、册次、经管账簿人员一览表和签章、会计主管签章、账户目录等。

（3）账页。账页的基本内容包括：①账户的名称（一级会计科目、二级或明细科目）；②记账日期；③凭证种类和编号栏；④摘要栏；⑤借贷方金额和余额栏；⑥总页次和分户页次等。

二、日记账的格式与登记

（一）普通日记账的格式与登记

普通日记账一般只设置借方和贷方两个栏目，以便分别记入各项经济业务所确定的账户名称及借方和贷方的金额，也称为两栏式日记账或分录簿。其格式如表7-1所示。

表 7-1　普通日记账格式

单位：元

年		凭证		摘要	会计科目	金额		账页	过账符号
月	日	字	号			借方	贷方		

　　普通日记账的功能和作用只是把反映繁杂经济业务的每一张记账凭证的内容集中在一起，可以全面了解一个时期企业经济业务的全貌。但普通日记账不便于分工记录，也不能对各种经济业务进行分类反映，且根据普通日记账逐笔登记总账的工作量很大。所以，许多单位并不设置这种普通日记账，而是直接根据记账凭证登记分类账，以减少重复工作。

（二）特种日记账的格式与登记

　　特种日记账是将大量重复发生的同类经济业务，集中在一本日记账中进行登记的账簿。常用的特种日记账主要有库存现金日记账和银行存款日记账。其内容与格式如图 7-3 所示。

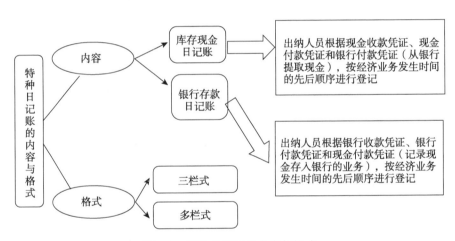

图 7-3　特种日记账的内容与格式

　　由于三栏式日记账最为常见，在此仅对三栏式日记账进行介绍。

　　三栏式日记账是指账页的金额栏设借、贷、余三栏，用来逐日逐笔登记现金或银行存款的增减变动情况的序时账。

　　1. 库存现金日记账

　　库存现金日记账是顺序登记库存现金收、付业务的日记账。它由出纳人员根据审核无误的有关收款凭证和付款凭证，序时逐日逐笔地登记。其中，根据现金收款凭证（如果是到银行提取现金业务，应根据银行存款的付款凭证）登记收入金额，根据现金付款凭证登记支出金额。每日业务终了应分别计算库存现金收入和支出合计数并结出账面余额。其计算公式为：

日余额＝上日余额＋本日收入额－本日支出额

　　结出日余额后，还应将账面余额数与库存现金实有数核对，检查每日库存现金收、支、存的情况，做到日结日清。对于从银行提取现金这样的业务，为了避免重复记账，可以规定填制减少方的凭证，即银行存款付款凭证，并根据银行存款付款凭证登记库存现金日记账的收入金额。

库存现金日记账除了三栏式外，也可采用多栏式，即在收入和支出栏内进一步设对方科目，亦即在收入栏内设应贷科目（借方为库存现金），在支出栏内设应借科目（贷方为库存现金）。库存现金日记账格式如表 7-2 所示。

表 7-2　库存现金日记账格式　　　　　　　　单位：元

| 202×年 | | 凭证号数 | 摘要 | 对方账户 | 收入 | 付出 | 结余 |
月	日						
1	1	略	月初余额				500
	6	略	从银行提取现金	银行存款	16 000		16 500
	6	略	发放工资	应付职工薪酬		15 000	1 500
	10		购买办公用品	管理费用		500	1 000
			......				

2. 银行存款日记账

银行存款日记账是用来序时反映企业银行存款的增加、减少和结存情况的账簿。该账簿由出纳人员根据银行存款的收款和付款凭证序时逐日逐笔登记，每日终了结出该账户全日的银行存款收入、支出合计数和余额，并定期与银行对账单对账（核对方法是通过编制银行存款余额调节表来进行的，详见本书第八章）。银行存款日记账的登记方法与库存现金日记账的登记方法基本相同。银行存款日记账格式一般为三栏式（见表 7-3），但也可以采用多栏式。

表 7-3　银行存款日记账格式　　　　　　　　单位：元

| 年 | | 凭证 | | 摘要 | 现金支票号数 | 转账支票号数 | 对方科目 | 借方 | 贷方 | 余额 |
月	日	字	号							

如图 7-4 所示，是三栏式日记账的主要栏目及其填写方法。

出纳和会计的区别

出纳与会计是财会部门设置的两个岗位。出纳的工作职责主要是负责现金和银行存款的收、付业务，以及库存现金日记账和银行存款日记账登记工作；会计主要是负责对单位经济活动，以货币为基本计量单位，运用会计方法，进行连续、系统、全面的核算，完成记账至编制财务报表，办理税务的有关工作。出纳和会计都是财会部门的重要岗位，相互联系、相互依存。

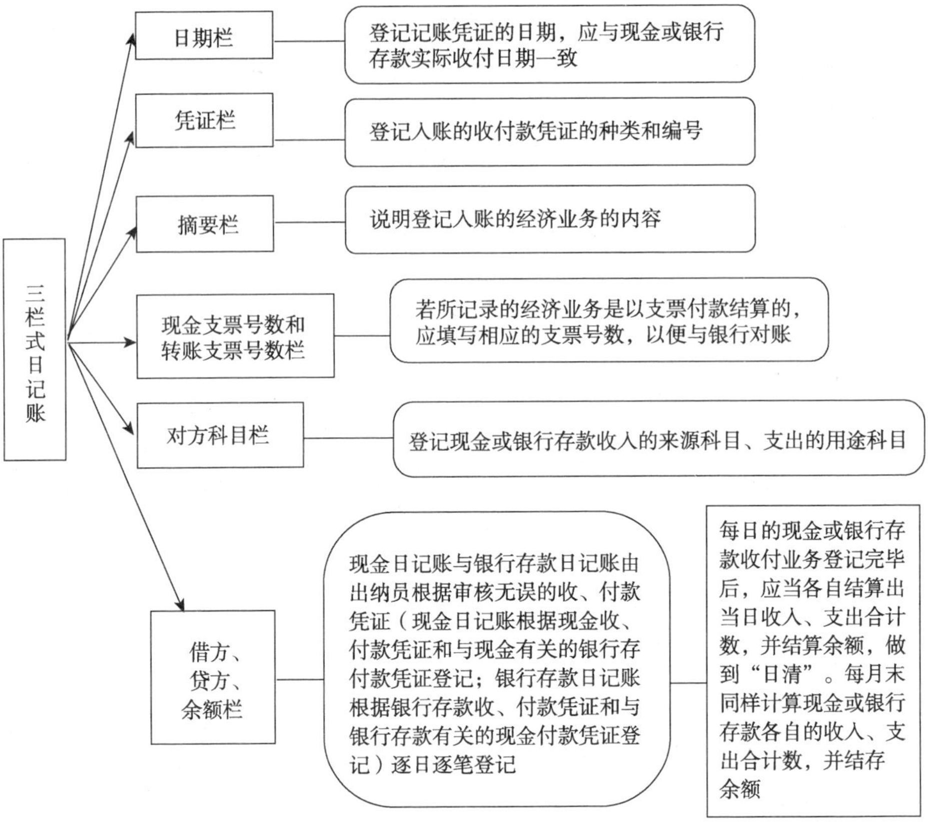

图 7-4　三栏式日记账的主要栏目及其填写方法

三、分类账簿的格式与登记

分类账分为总分类账和明细分类账两种。

（一）总分类账

总分类账是按一级会计科目设置，提供总括资料的账簿，总分类账簿只能以货币作为计量单位。其最常用的格式为三栏式，即分为借方金额、贷方金额、余额三栏。总分类账可以按记账凭证逐笔登记，也可以将记账凭证汇总进行登记，还可以根据多栏式日记账在月末汇总登记。总之，其登记方法主要取决于所采用的会计核算组织程序（将在本书第十章中介绍）。三栏式总账的格式如表 7-4 所示。

（二）明细分类账

明细分类账是登记某类经济业务详细情况的账簿，它既可以反映资产、负债、所有者权益、收入、费用等价值变动情况，又可以反映资产等实物增减情况。明细分类账的格式主要是根据它所反映的经济业务的特点，以及实物管理的不同要求来设计的，明细分类账可根据原始凭证或原始凭证汇总表登记，也可根据记账凭证登记。其主要格式有以下三种：

表 7-4 原材料总账格式

单位：元

202×年		凭证		摘要	借方	贷方	借或贷	余额
月	日	种类	号数					
1	1			月初余额			借	600 000
	6			购入	20 000		借	620 000
	10			领用		5 000	借	615 000
				……				
	31							
	31			月末合计及余额	85 000	60 000	借	625 000

1. 三栏式明细账

三栏式明细账，主要适用于只反映金额的经济业务，它一般记录只有金额而没有实物量的经济业务，如应收账款、应付账款、其他应收款、实收资本、长期股权投资等。三栏式明细账的格式如表 7-5 所示。

表 7-5 其他应收款明细账格式

二级或明细科目：董锋

单位：元

202×年		凭证		摘要	借方	贷方	借或贷	余额
月	日	种类	号数					
1	1			月初余额			借	1 000
	6			报销差旅费		650	借	350
	10			报销差旅费		350	平	0
	31			本月发生额及月末余额		1 000	平	0

2. 数量金额式明细账

数量金额式明细账在收入、支出、结存三栏内，再增设数量、单价等栏目，分别登记实物的数量和金额。所以，它适用于既需要反映价值指标，又需要反映数量的经济业务。如原材料、库存商品、自制半成品等科目的明细核算。数量金额式明细账实质上是在三栏式明细账基础上发展起来的，是三栏式明细账的扩展，其格式如表 7-6 所示。

表 7-6 原材料明细账格式

二级科目：原料及主要材料

材料名称：K 材料

材料规格：

计量单位：元／千克

最高储备：

最低储备：

202×年		摘要	收入			发出			结存		
月	日		数量	单价	金额	数量	单价	金额	数量	单价	金额
	1	月初余额							100	2	200
	6	车间领用				20	2	40	80	2	160
1	10	购入	300	2	600				380	2	760
	12	车间领用				100	2	200	280	2	560
1	31	本月发生额及月末余额	300	2	600	120	2	240	280	2	560

3. 多栏式明细账

多栏式明细账是根据经济业务的特点和经营管理的要求，在某一总分类账项下，对属于同一一级科目或二级科目的明细科目设置若干栏目，在同一张账页的借方栏或贷方栏下设置若干专栏，集中记录某一总账科目所属的各明细科目的内容，集中反映各有关明细项目的详细资料。它主要适用于费用、生产成本、收入和利润等科目的明细核算。由于各种多栏式明细账所记录的经济业务内容不同，所需要核算的指标也不同，因此，栏目的设置也不尽相同。多栏式明细账的格式如表7-7所示。

表7-7　生产成本明细账

产品名称：丁产品　　　　　　　　　　　　　　　　　　　　　　　　　　单位：元

| 202×年 | | 凭证 | | 摘要 | 成本项目 | | | | 贷方 | 余额 |
月	日	种类	号数		直接材料	直接人工	制造费用	合计		
	1			月初余额	1 000	700	800	2 500		
	1			本月领用材料	500			3 000		
9	30			生产工人薪酬		1400		4 400		
	30			本月电费	150		1000	5 550		
	30			本月制造费用			450	6 000		
	30			结转完工产品成本					6 000	
	30			本月发生额和月末余额	1 650	2 100	2 250	6 000	6 000	0

第三节　账簿的启用与错账更正

一、账簿的启用与登记

（一）账簿的启用

新的会计年度开始，每个会计主体都应该启用新的会计账簿。在启用新账簿时，应在账簿的有关位置记录以下相关信息：

（1）设置账簿的封面与封底。除订本账不另设封面外，各种活页账都应设置封面和封底，并登记单位名称、账簿名称和所属会计年度。

（2）填写账簿启用及经管人员一览表。在启用新会计账簿时，应首先填写扉页上印制的"账簿启用及交接表"中的启用说明，其中包括单位名称、账簿名称、账簿编号、起止日期、单位负责人、主管会计、审核人员和记账人员等项目，并加盖单位公章。在会计人员发生变更时，应办理交接手续并填写"账簿启用及交接表"中的交接说明。

（3）填写账户目录。总账应按照会计科目的编号顺序填写科目名称及启用页码。在启用活页式明细分类账时，应按照所属会计科目填写科目名称和页码，在年度结账后，撤去空白账页，填写使用页码。

（4）粘贴印花税票。印花税票应粘贴在账簿的右上角，并且划线注销。在使用缴款书缴纳印花税时，应在右上角注明"印花税已缴"及缴款金额。

（二）账簿的登记

账簿登记必须按以下规则进行，具体如图 7-5 所示。

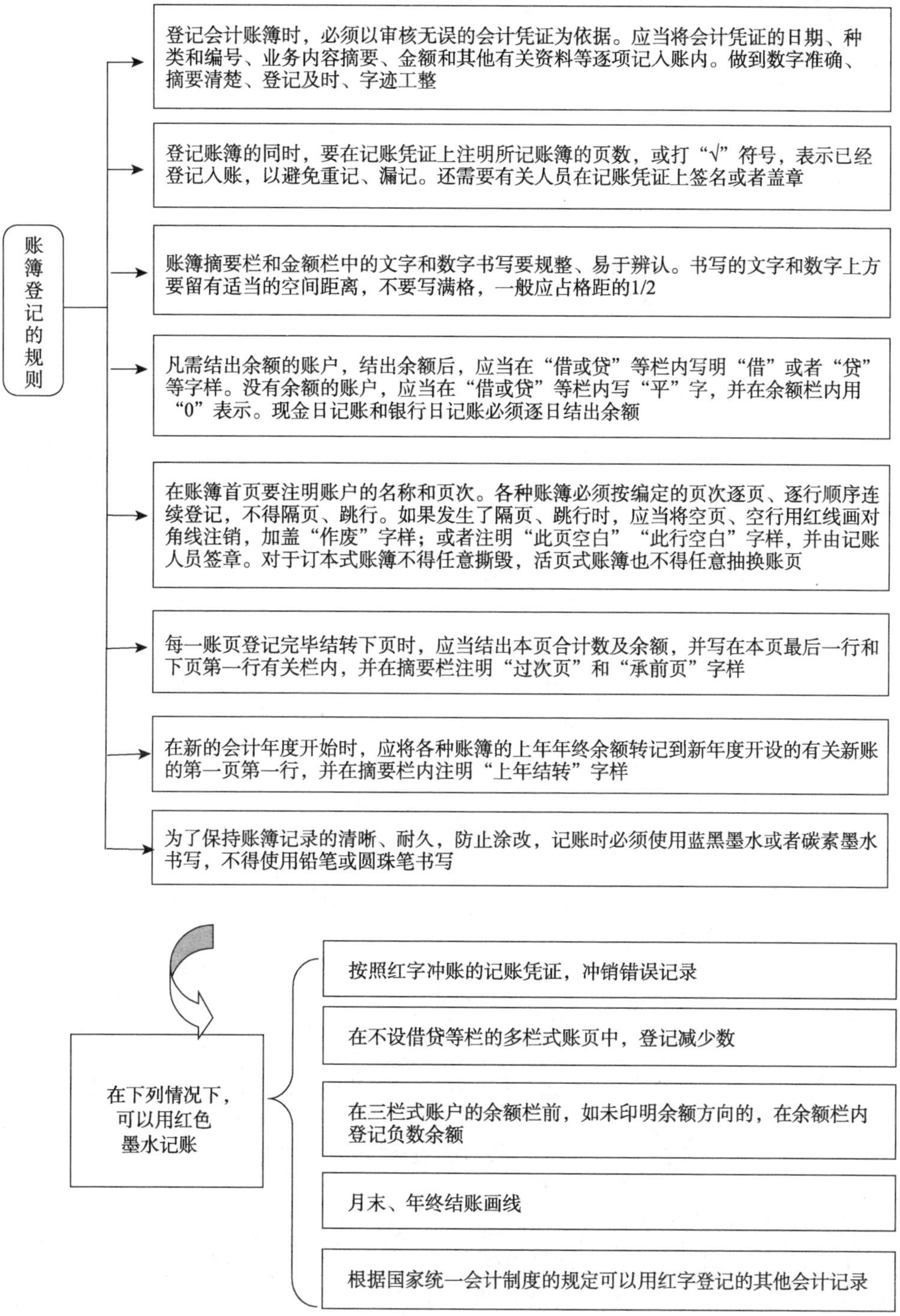

账簿登记的规则

- 登记会计账簿时，必须以审核无误的会计凭证为依据。应当将会计凭证的日期、种类和编号、业务内容摘要、金额和其他有关资料等逐项记入账内。做到数字准确、摘要清楚、登记及时、字迹工整

- 登记账簿的同时，要在记账凭证上注明所记账簿的页数，或打"√"符号，表示已经登记入账，以避免重记、漏记。还需要有关人员在记账凭证上签名或者盖章

- 账簿摘要栏和金额栏中的文字和数字书写要规整、易于辨认。书写的文字和数字上方要留有适当的空间距离，不要写满格，一般应占格距的1/2

- 凡需结出余额的账户，结出余额后，应当在"借或贷"等栏内写明"借"或者"贷"等字样。没有余额的账户，应当在"借或贷"等栏内写"平"字，并在余额栏内用"0"表示。现金日记账和银行日记账必须逐日结出余额

- 在账簿首页要注明账户的名称和页次。各种账簿必须按编定的页次逐页、逐行顺序连续登记，不得隔页、跳行。如果发生了隔页、跳行时，应当将空页、空行用红线画对角线注销，加盖"作废"字样；或者注明"此页空白""此行空白"字样，并由记账人员签章。对于订本式账簿不得任意撕毁，活页式账簿也不得任意抽换账页

- 每一账页登记完毕结转下页时，应当结出本页合计数及余额，并写在本页最后一行和下页第一行有关栏内，并在摘要栏注明"过次页"和"承前页"字样

- 在新的会计年度开始时，应将各种账簿的上年年终余额转记到新年度开设的有关新账的第一页第一行，并在摘要栏内注明"上年结转"字样

- 为了保持账簿记录的清晰、耐久，防止涂改，记账时必须使用蓝黑墨水或者碳素墨水书写，不得使用铅笔或圆珠笔书写

在下列情况下，可以用红色墨水记账

- 按照红字冲账的记账凭证，冲销错误记录

- 在不设借贷等栏的多栏式账页中，登记减少数

- 在三栏式账户的余额栏前，如未印明余额方向的，在余额栏内登记负数余额

- 月末、年终结账画线

- 根据国家统一会计制度的规定可以用红字登记的其他会计记录

图 7-5 账簿登记的规则

二、错账的更正

扩展阅读：基于区块链框
架的会计信息系统重构

在记账过程中，如果账簿记录发生错误，不得任意采用刮、擦、挖补、涂改或使用褪色药水等方法更正，必须根据错误的不同情况，相应地采用正确的错账更正方法。

（一）错账查找方法

查找错账的方法主要有两种：个别检查法和全面检查法。

1. 个别检查法

所谓个别检查法就是针对错账的数字进行检查的方法。这种方法适用于检查方向记反、数字错位和数字颠倒等造成的记账错误。个别检查法又可以分为差数法、倍数法、除9法、尾数法四种（见图7-6）。

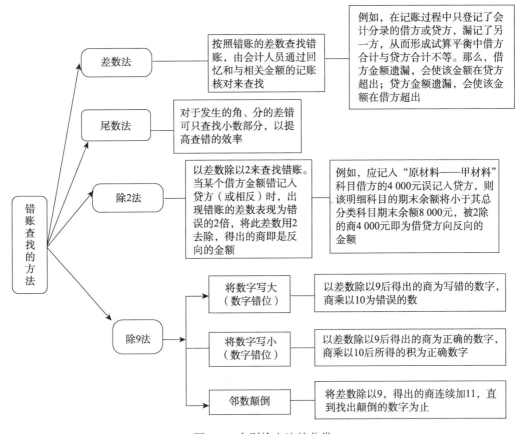

图 7-6　个别检查法的分类

差数法就是记账人员首先确定错账的差数，再根据差数去查找错误的方法。这种方法对于发现漏记账目比较有效，也很简便。

倍数法也叫除 2 法，先是算出借方和贷方的差额，再根据差额的一半来查找错误的方法，这种方法适用于会计账簿因借贷栏次错写而造成的方向错误。

除 9 法就是首先算出借方与贷方的差额，再除以 9 来查找错误的方法，适用于两种情况，即数字错位和数字颠倒。

尾数法就是对于发生的角、分的差错可只查找小数部分，以提高查错的效率。

2. 全面检查法

全面检查法就是对一定时期的账目进行全面核对的检查方法，具体又分为两种：顺查法和逆查法。

顺查法就是按照记账的顺序，从头到尾依次检查原始凭证、记账凭证、总账、明细账以及会计科目余额表等。

逆查法是与记账的顺序相反，也就是首先检查科目余额表中数字的计算是否正确，其次检查各账户的计算是否正确，再次核对各账簿与记账凭证是否相符，最后检查记账凭证与原始凭证是否相符。

（二）错账更正方法

在发现错账之后，要根据产生错账的不同原因，使用不同的更正方法。

1. 划线更正法

登记账簿发生错误时，应当将错误的文字或数字划红线注销，但必须使原有字迹仍可辨认；然后在划线上方填写正确的文字或数字，并由记账人员在更正处盖章。对于错误的数字，应当全部划红线更正，不得只更正其中的错误数字，对于文字的错误，可只划去错误的部分。

划线更正法适用于结账前或结账时发现账簿记录中文字或金额有错误，而记账凭证没有错误，即纯属文字或数字过账时的笔误及账簿数字计算错误等情况。

2. 红字更正法

红字更正法也叫赤字冲账法、红字冲销法、红笔订正法。应用这种方法时应先用红字填制一张内容与错误的记账凭证完全相同的记账凭证，在摘要栏中注明"更正第×张凭证的错误"，再根据这张凭证用红字金额登记账簿，冲销原有错误记录，然后，再填制一张正确的记账凭证，并据以登记账簿。

红字更正法有两种使用情况：

（1）记账后发现记账凭证会计科目错误所引起的记账错误，要分别用红字和蓝字登记入账，红字做相同凭证，以蓝字做正确凭证。

（2）记账后发现记账凭证和账簿记录中应借、应贷会计科目无误，只是所记金额大于应记金额所引起的记账错误，应用差额做红字凭证，并据此凭证登记入账。

红字更正法适用于记账凭证填错，并已经登记入账而形成的错账。这种差错，无论在结账前还是在结账后发现，无论是分录所用科目错误还是金额错误，都可以采用此方法更正。

3. 补充登记法

补充登记法是在科目对应关系正确时，将少记的金额填制一张记账凭证，在摘要栏中注明"补记×字第×号凭证少记数"，并据以登记入账，以补充原来少记的金额。这种方法适用于记账后发现记账凭证所填金额小于正确金额的情况。对于这种错误可以采用红字更正法，也可以采用补充登记法。

班福定律在查找会计差错上的应用

班福定律（又名本福特定律、本福特法则或第一数字定律），指实际生活无规律排序且未经人为修饰（刻意造假）的一堆数据中，各个数字的首位存在一定规律，越小的数字出现的概率越高，其中 1 使用最多，为 30.1%，2 的使用频率为 17.6%，3 的使用频率为 12.5%，依次递减，9 的使用频率是 4.6%。

班福是个物理学家，20 世纪 20 年代在纽约的 GE 实验室工作。工作中，他注意到，他所用的对数表的书前面几页比后面的磨损得更厉害，那时候没有电脑，为了提高工作效率，计算两个大数字的乘积时，经常是把两个数的对数相加，然后查对数表得出结果。

根据这一有趣的现象，班福猜测他更经常用到前面几页，而前面几页正好是首位数字较小的数。首位数是指数字中最左边的一个数字，如 3 989 984 的首位数是 3。0 不可能是首位数。因此，班福推断，首位数是低数字的更频繁使用到。

为了验证他的推断，班福取了 20 组观察样本，共 20 229 个数字。数字来源多种多样，有的来自地理数据，有的来自人口统计数据，也有会计数字，有一组数字取自一期《读者文摘》杂志里出现的所有数字。他发现，首位数是 1 的概率为 log 2/1，即约为 30.1%；首位数是 2 的概率为 log 3/2，即约为 17.6%……以此类推，首位数是 9 的概率则为 log 10/9，即约为 4.6%。

班福根据这一结论，总结出自然的数字分布的确存在规律，并运用微积分等推算出数字和数字组合的期望频率。

科学家依据这一定律发现了 2004 年美国总统选举中佛罗里达州的投票欺诈行为、2004 年委内瑞拉的投票欺诈和 2006 年墨西哥投票欺诈。

曾经有人做了大量名人的统计来论证作为长子或者长女成为成功人士的概率超过 40%，而次子或次女成为成功人士的概率就只有 20%多。于是有人从营养学、胎教、心理学等多个角度论述这一结果的原因。

班福定律对数字是有要求的，不是所有的数字都服从班福定律。班福定律的限制条件是：

1. 这些数字必须是描述同类现象。比如，都是股价的数字，而不能一部分是股价，一部分是人口数字。

2. 这些数字不能有内设的最高值和最低值，也就是说必须自然分布，不能人为限制数字大小。

3. 和第二条相似，像身份证号之类有编码规律的数字不行，邮政编码、银行账号，这些规律性的数字都不适用班福定律。

在审计中可以利用班福定律找出潜在的舞弊行为或错误。例如，在应收账款审计中，我们可以利用班福定律发现和识别异常的数字模式，通过分析应收账款数据，特别是借方发生额的首位数字，审计师可以运用班福定律来评估这些数字出现的概率是否符合预期。

具体来说，审计师可以首先收集被审计单位一定期间内的应收账款借方发生额数据。然后，对这些数据进行处理，提取出每一位数字，并统计每一位数字出现的次数。接下来，将每一位数字出现的次数除以总次数，得到每一位数字出现的概率。

之后，将得到的每一位数字出现的概率与班福定律的预期概率进行比较。如果发现某个数字出现的概率明显高于或低于班福定律的预期概率，那么这个数字可能就是异常的。这种异常可能表明该数字的生成存在舞弊行为或错误。

例如，一家企业的应收账款明细是这样的（表7-8）。

表7-8 应收账款明细

首位数字	按照班福定律要求的分布	样本的分布
1	30.10%	52.60%
2	17.60%	16.40%
3	12.50%	10.50%
4	9.70%	8.80%
5	7.90%	6.80%
6	6.70%	5.60%
7	5.80%	5.10%
8	5.10%	4.90%
9	4.60%	4.90%

例如，如果审计师发现应收账款借方发生额的首位数字"1"出现的概率明显高于班福定律的预期概率，这可能意味着该数字的存在异常。在这种情况下，审计师需要进一步调查，并采取适当的措施来解决这个问题。着重查一下那些首位数字为"1"的应收账款余额，方法可以是查账簿、查凭证，查销售合同等，必要时和相关人员进行面谈或者扩大审计范围等。

同样，这一定律也可以使用在应付账款的明细上，可以使用在费用报销的金额上，可以使用在固定资产的明细上……它几乎可以使用在任何数据上，它简直是造假舞弊者的一个噩梦。

这个定律可以用于财务数据的审计，造假舞弊者要有电影《偷天陷阱》里凯瑟琳·泽塔-琼斯扮演的保险调查员的光栅探测器的技巧，才可能避过这一定律的探测。应该说，审计师发现某一组数据不符合这一定律，可以帮助审计师发现异常的数字模式，进而揭示潜在的舞弊行为或错误。然而，班福定律在审计中的应用是一种有效的辅助工具，并不能单独作为审计证据，需要与其他审计程序结合使用。同时，审计师还需要考虑被审计单位的内部控制和风险管理情况，以及其具体业务环境和经营情况等因素，以确保审计结论的准确性和可靠性。

第四节　结账与对账

一、结账

（一）结账的内容和程序

结账就是把一定时期内所发生的经济业务，在全部登记入账的基础上，结算出每个账户的本期发生额和期末余额，并将期末余额转入下期或下年新账（期末余额结转到下期即为下期期初余额）。根据会计分期的不同，结账工作相应的可以在月末、季末、年末进行，但不能为减少本期的工作量而提前结账，也不能将本期的会计业务推迟到下期或编制报表之后再进行结账。

结账对于不同的账簿，产生的后果不同。账簿主要有两类：一类是资产、权益和成本类账簿，这类账簿有本期发生额，也有期末余额；另一类是损益类账簿，这类账簿有本期发生额和结转额，期末结转以后没有余额。

结账的内容和程序如图 7-7 所示。

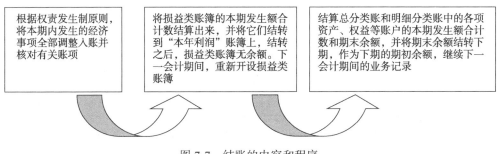

图 7-7　结账的内容和程序

（二）结账的步骤

（1）检查结账日截止以前所发生的全部经济业务是否都已经登记入账。检查账簿记录的完整性和正确性，不能漏记、重记每一项经济业务，也不能有错误的记账分录。值得注意的是，各种收入和费用应该按照权责发生制的要求进行处理。

（2）编制结账分录。在有关经济业务都已经登记入账的基础上，要将各种收入、成本和费用等账户的余额进行结转，编制各种转账分录，结转到利润账户，再编制利润分配的分录。

（3）计算发生额和余额。计算出各账户的发生额和余额，并进行结转，最终计算出资产、负债和所有者权益类账户的本期发生额和余额。

（三）结账的方法

年度结账日为公历年度 12 月 31 日，半年度、季度、月度结账日分别为公历年度每半年、每季、每月的最后一天。在实际工作中，一般采用"画线结账"的方法进行结账，具体方法如图 7-8 所示。

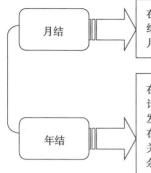

月结 → 在各账户本月份最后一笔记录下面画一条通栏红线,在红线下结算出本月发生额合计数和月末余额,并在摘要栏内注明"本月合计""本年累计"字样,然后再在下面画一条通栏红线

年结 → 在12月份末月结数字下,结算填列全年12个月的本期发生额合计数,12月末的"本年累计"就是全年累计发生额,全年累计发生额下面应当画两条通栏红线,表示封账。有余额的账户,在摘要栏内注明"结转下年"字样。下一会计年度,在新账有关账户第一行摘要栏注明"上年结转"字样,并将上年结转的余额填写在新建有关会计账簿的第一栏余额内

图 7-8 结账的方法

二、对账

(一)对账的含义

对账就是核对账目。一般是在会计期间(月份、季度、年度)终了时,检查和核对账证、账账、账实、账表是否相符,以确保账簿记录的正确性。会计人员在填制凭证、登记账簿等一系列工作中出现的差错,因管理工作不善而带来的财产管理中的各种问题以及其他一些因素,都可能给账簿记录的真实性、正确性带来影响。为了保证账簿记录的真实、正确、可靠,必须对账簿和账户所记录的有关数据加以检查和核对。

(二)对账的内容

对账的内容一般包括如下四个方面,具体如图7-9所示。

细节决定成败

上学时,我们常常会因为一个小数点的点错而算错一道题,那时付出的代价也许只是一顿批评而已,但在生活中一个小数点的错误却是非常可怕的。

1967年10月25日,苏联"联盟1号"宇宙飞船的宇航员科马洛夫在完成任务的归途中,突然发现自己的降落伞出了故障,无法为飞船减速了。这意味着飞船将以飞快的速度和巨大的冲力坠落地面。科马洛夫在生命的最后一刻与家人进行告别,他对自己的女儿说:"在学习中一定要认真对待每一个小数点,'联盟1号'飞船的坠毁就是因为在起飞前的检查中忽略了一个小数点,这就是一个小数点的悲剧!"

1994年的"6·6西安航空空难"是由飞机转向舵和副翼的控制插头插反造成的。"差之毫厘,谬以千里。"美国国家航空航天局(NASA)在1986年"挑战者号"爆炸后,本应进行彻底改革。然而在2003年,"哥伦比亚号"在从太空返航过程中又发生了解体。对此,美国总统咨询委员会严厉指责NASA"没有从1986年'挑战者号'的悲剧当中吸取一丝一毫的教训"。

流水线上一个环节的小小失误就会导致劣质产品的出现；文案中一个小小数字的失误就可能会导致提案的失败。

记账需要认真的态度，审慎的原则。差错是不能容忍的，所以一般情况下，财会人员报出的数据都必须是准确的，管理的账目要清清楚楚，纸币的金额都必须是精确的，因为每一个细小的差错都会导致企业财产的损失，制订的战略、计划错误。要实现零差错就需要工作人员在平时进行锻炼。

即使在生活中，注意每个细节，也会让我们的生活更加幸福。假如我们把台历上的过期贴纸及时撕掉，办公桌就会变得整洁；假如我们把电脑中的过时文件及时清除，电脑的运行速度就会加快。虽然我们的生活不会那么完美，但是如果能够在小细节上尽量做得完美，那么生活就会变得更加幸福，甚至得到意想不到的惊喜。

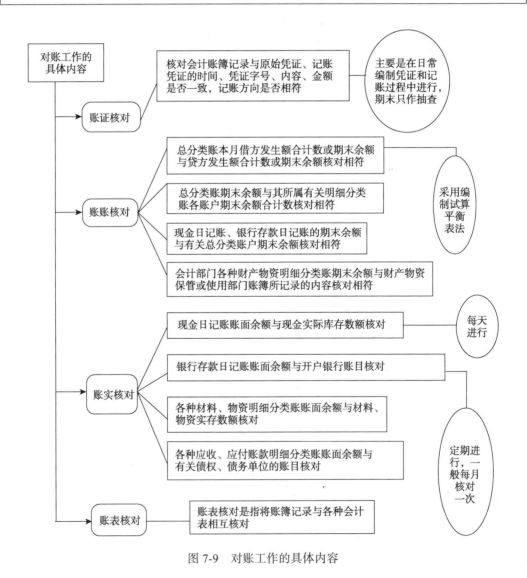

图 7-9　对账工作的具体内容

第五节 账簿的更换与保管

一、账簿的更换

账簿的更换是指在会计年度终了时，将上年度的账簿更换为次年度的新账簿。在每一会计年度结束，新会计年度开始时，应按会计制度的规定，更换一次总账、日记账和大部分明细账。一小部分明细账还可以继续使用，年初可以不必更换账簿，如固定资产明细账等。

更换账簿时，应将上年度各账户的余额直接记入新年度相应的账簿中，并在旧账簿中各账户年终余额的摘要栏内加盖"结转下年"戳记。同时，在新账簿中相关账户的第一行摘要栏内加盖"上年结转"戳记，并在余额栏内记入上年余额。

二、账簿的保管

会计账簿是会计工作的重要历史资料，也是重要的经济档案。在经营管理中具有重要作用。因此，每一个企业、单位都应按照国家有关规定，加强对会计账簿的管理，做好账簿的管理工作。

账簿的保管，应该明确责任，以保证账簿的安全和会计资料的完整，防止交接手续不清和可能发生的舞弊行为。在账簿交接保管时，应将该账簿的页数、记账人员姓名、启用日期、交接日期等列表附在账簿的扉页上，并由有关方面签字盖章。账簿要定期（一般为年终）收集，审查核对，整理立卷，装订成册，专人保管，严防丢失和损坏。

各账簿的保管期限为：总账为 30 年，明细账为 30 年，日记账为 30 年，固定资产卡片在固定资产报废清理后保管 5 年，其他辅助性账簿为 30 年。保管期满后，要按照《会计档案管理办法》的规定，由财会部门和档案部门共同鉴定，报经批准后进行处理。

合并、撤销单位的会计账簿，要根据不同情况，分别移交给并入单位、上级主管部门或主管部门指定的其他单位接收保管，并由交接双方在移交清册上签名盖章。

账簿日常应由各自分管的记账人员专门保管，未经领导和会计负责人或有关人员批准，不许非经管人员翻阅、查看、摘抄和复制。会计账簿除需要与外单位核对或司法介入外，一般不能携带外出；对携带外出的账簿，一般应由经管人员或会计主管人员指定专人负责。

年度终了更换并启用新账簿后，对更换下来的旧账簿要整理装订，造册归档。旧账簿装订时应注意：活页账簿一般按账户分类装订成册，一个账户装订成一个册或数册；某些账户账页较少，也可以合并装订成一册。装订时应检查账簿扉页的内容是否填写齐全。装订后应由经办人员、会计主管人员在封口处签字或盖章。旧账簿装订完毕，应当编制目录和编写移交清单，并按期移交档案部门保管。

实行会计电算化的单位，满足《会计档案管理方法》第八条有关规定的，可仅以电子形式保管会计账簿，无须定期打印会计账簿；确需打印的，打印的会计账簿必须连续编号，经审核无误后装订成册，并由记账人员和会计机构负责人、会计主管人员签字或盖章。

对会计账簿的保管既是会计人员应尽的职责，又是会计工作的重要部分。

人生是一本账

歌者说，人生是一首歌；演员说，人生是一场戏；也有人说，人生是一个梦；会计人说，人生是一本账。细细思之，把人生说成一本账，还真有点意思。

不是吗？一个人，出生之后，申报户口，记下你×年×月×日生，实际上就开始记账了。不过建账者是自己的父母，你的"注册资本"是分期到账的。从出生的那天起，到把你抚养成人，参加社会工作，自食其力为止，父母在你身上所花的一切费用，就是投入的"注册资本"。这个"注册资本"的大小是因人而异，不同的人，生在不同的地方，不同的家庭，以及参加工作的年龄不同，其"注册资本"也大不一样。

有了"注册资本"，又从事了社会工作，也就开始了人生复杂的经营，所要用到的账册和会计科目，也同样会多起来。假如你是一名工薪阶层人士，人生经营的一本账又如何记呢？每月的工资收入，你要记入"主营业务收入"，工资以外的奖金，补贴之类，只能算作"其他业务收入"，业余时间搞点创作，偶有稿费所得，最好记入"营业外收入"账户。以上收入合计，就是你的全部收入，其对方科目借记"库存现金"即可。对于银行卡里的工资收入，借记"银行存款"也行。父母、亲朋好友赠送给你的现金、实物，在借记库存现金或固定资产的同时，可别忘了对方科目是"营业外收入"。人生是一本账。你来到这个世界上，工作有收入的同时，也会有相应的"成本"付出。不仅如此，更会发生不少费用支出。作为交通工具的"固定资产"折旧，可直接列入"管理费用"，而住房、家电之类"固定资产"折旧，完全可以在"管理费用"中列支。在"管理费用"中列支的项目还有不少，诸如外出游玩的旅游费、三朋四友的招待费、同事之间礼尚往来的礼品费等。这些费用支出，可按照总收入的一定比例加以控制。多余的钱存入银行，或买点股票、债券之类，其收入可记入"投资收益"的贷方。对于股票、基金的亏损，直接在"投资收益"的借方反映。人生几十年，难免发生一些意想不到的事情，需要花费时，将其记入"营业外支出"也是合理的。

人活着、赚钱、花钱、投资理财，一天也离不开经济，逃避不掉经济活动。把人生中发生的经济事项，做成"记账凭证"，再汇总，分别记入明细账和总账还不够，还要编制成"利润表"和"资产负债表"方能看出你人生奋斗的过程中是赢了还是亏了，是富翁，还是"负翁"。人生的利润表，可以每年编制一次，从中可以看出你当年的收支状况、盈利情况。有了利润，不需要你提缴"所得税"，但你要按照父母投入的"注册资本"进行"利润分配"。"实收资本"是父母的投入，所赚到的"利润"是不是全归父母所有呢？大可不必，因为光有投入资本，不搞生产经营，投入的资本是不会产生"利润"的。之所以有"利润"产生，是因为离不开你的辛勤劳动。那年终的

"利润"又如何"分配"呢?依愚之浅见,只要将你的辛勤劳动价值,估价记入"无形资产"账户,在借记"无形资产"的同时,再贷记"实收资本"。一般情况下,在城市,父母培养一名孩子成人,其投入的"实收资本"在30万至100万元不等。如果就以60万元为例,你的"无形资产"价值在90万元较为合适。因为"人是决定的因素",创收赚钱主要还是靠人奋斗。如此一来,你的"无形资产"占总"实收资本"的60%,父母培养投入的"实收资本"占40%。一年下来,倘盈余10万元,分配给父母投入的"实收资本"的股利就是4万元。

人生是一本账。这本账是父母给你建起来的,不要辜负他们的希望,不要让他们投入的"实收资本"发挥不了作用,或者白白亏掉,我们要积极参与社会竞争,努力奋斗每一天,才能使这投入的资金保值增值。每个人的人生账都是父母建起来的,但丰富完善人生之账,则完全靠自己。结果如何? 就看那张用你经历、能力编制起来的,并逐年累积而成的"利润表"。盈利的,理所当然,盈利多少不同,不强求千篇一律。亏损呢?亏掉了父母投入的"实收资本",可能就"无颜见爹娘了"。

人生是一本账,账面的最终价值,资产、负债和所有者权益结果如何,也要由后人替你盘点、评估和清算来确定。生命不息,奋斗不停,记账不止,只有心脏停止跳动,人生的经营才会歇业。这时,由你的子女来盘点一下留下的资产、资金,清理往来账项,看有没有坏账损失。对于资产,要按市场价评估确认其价值,现金、银行存款按账面金额核对计算;股票、债券之类的"长期投资",一律按公允价格计算,把总资产加起来,减去负债,就得出所有者权益。父母投入的资本,你一生有没有回报,回报率是多少,人生的一本账啊,跟你记得清清楚楚。再加上你的"无形资产"价值,其中个人对社会的贡献所体现的社会效益,你处人遇事的诚信度,你在周围人群中良好的评价,这些都是你人生总资产的一部分,也就构成了人生一本完整的账目。

用会计的语言和会计核算方法,给一个人记账、算账,就能知道其一生的价值有多大。人生是一本账,难道不可以这样说吗?既然人生可以记账,功过是非、金钱名誉,都会记入其中,我们就要利用有限的时间,有限的生命,努力奋斗,为人类社会作出更大的贡献。不论你创造的经济效益,还是社会效益,都会加大你人生的"资产总额"。经济效益在流动资产和固定资产中体现,社会效益则在无形资产中反映,这是有价值的人生。

若碌碌无为,对社会根本没有什么贡献,且不说对"实收资本"没有回报,负债总额不断加大,心脏停止跳动的时候,是"资不抵债"之日。这样的人生也是一本账,一本用红字记成的账,一本让人不愿意翻看查阅的账。

大千世界,芸芸众生,不同的人生,有不同的感悟,人生就是一本账。不管你愿意不愿意同数字打交道,想不想用会计核算的方法来对待人生,或在日常生活中根本就不算账、记账,但在会计人的眼里,每个人的一生都是一本账,一本真真实实、完完整整的人生账。

资料来源:肖玉峰. 人生是一本账[J]. 会计之友,2012(11).

本章练习题

思考题

1. 为什么要设置账簿？它有什么作用？

2. 账簿按用途可分为哪几类？按外表形式可分为哪几类？其优缺点各是什么？

3. 日记账登记的依据是什么？

4. 会计人员在记账过程中可能发生哪些错误？

5. 明细账有哪几种格式？各适用于哪些经济业务？

6. 对账簿的启用和登记有哪些具体要求？

7. 错账的更正方法有哪些？分别适用什么条件？怎样使用？

8. 什么是对账？对账包括哪些内容？

9. 什么是结账？结账包括哪些内容？

10. 对账簿的保管有哪些基本要求？

即测即练

自学自测　　扫描此码

第八章

财 产 清 查

小李和小王在进行纳税申报和报送财报时，经常会被问到企业的资产总额，他们知道资产总额可以代表企业的规模，资产一定是越大越好，资产大于负债就一切完美了。当和刘会计师交谈时，会计师给他们讲了一个故事。

资产也存在危险

2004年美国总统大选，寻求连任的共和党候选人乔治·布什（George W. Bush）和民主党候选人约翰·克里（John Kerry）竞争得十分激烈，两方阵营莫不挖空心思宣扬己方政绩，并攻讦对方，其中一个嘲讽布什的笑话相当经典。话说布什总统在竞选期间头痛欲裂，幕僚找来美国最权威的脑科医生替他诊断。用最精密的仪器彻底检查后，医生面色沉重地说："总统先生，您有大麻烦了！"布什很紧张地问："我脑袋瓜到底出了什么问题？"医生说："正常人的脑袋分成右脑和左脑，总统您也不例外。但是，在您的右脑，没一样是对劲的；而在您的左脑，啥都没剩下。（In your right brain, there is nothing right. In your left brain, there is nothing left.）"这个笑话利用英文"右边"（right，也为"正确"之意）与"左边"（left，亦为"剩下"之意）的双关语，把有着西部牛仔粗线条形象的布什，狠狠地嘲讽了一番。

对学会计的人来说，在这个笑话背后，应该有个十分严肃的联想。大家还记得吧，在会计等式的右边，代表资金的来源，让人担心的是"没一样是对劲的"（nothing right），例如企业的负债比例太高、以短期负债支应长期投资等。在会计等式的左边，代表资金的用途，也就是企业所持有的各种资产，让人害怕的是"啥都没剩下"（nothing left）。毕竟在公司资产中，现金、应收账款、存货、固定资产、长期投资等各个项目，都存在着风险——坚硬的磐石可能突然变成流沙。

金融资产可能有重大损失。以2008年美国次级房贷危机为例，当贷款民众无法正常偿还房贷时，许多金融机构因为持有大量房贷抵押证券（Mortgag-Backed Securities，MBS），导致资产大幅减值，偿债能力大受影响，如房利美（Fannie Mae）与房地美（Freddie Mac）两大发行MBS的金融机构，在次贷危机爆发后濒临破产，于2008年后被美国政府接管；抵押贷款债券业务连续40年领先的雷曼兄弟，亦于2008年9月宣告破产。而市场上又有许多以这些金融机构的信用作为指标的连动债券商品，故这些连动债券商品也大幅跌价，甚至归零（如以雷曼兄弟信用为指标的连动债，在雷曼兄弟破产后价值所剩无几），投资人持有的资产也需要大幅减值。如此环环相扣，导致全球一百多家主要银行与证券公司在次贷风暴的影响下损失金额达近一万亿美元。中国金融机构损失亦巨，中国工商银行、中国建设银行以及中国银行 2008 年各认列了资产减值人民币 554 亿元、508 亿元、450 亿元。

应收账款会回收无力。花旗银行 1967 年至 1984 年首席执行官沃尔特·温斯顿（Walter Winstone）留下这么一句名言："国家不会倒闭"（Countries never go bankrupcy）。1982 年，即使墨西哥政府片面宣布停止对外国银行支付利息及本金，震惊国际金融业，温斯顿对回收发展中国家的贷款仍信心满满。正是基于这种信念，温斯顿在 20 世纪 70 年代才会率领美国银行团，大举放款给发展中国家。尽管后来美国政府介入斡旋好几年，仍看不到明显成果。之后，1987 年 5 月，花旗银行新任首席执行官约翰·里德（John Reed）率先向市场宣布，给发展中国家的贷款中，有 30 亿美元可能无法回收，占花旗银行拥有的发展中国家债权总金额的 25%。在花旗的带领下，美国贷款给发展中国家的前十大银行，纷纷进行类似的会计认列，光是在 1987 年第二季度，它们所承认的坏账损失总计就超过 100 亿美元。在接下来的 20 世纪 90 年代，国际金融界一片凄风苦雨，多达 55 个国家出现还债困难，总共倒债 3 350 亿美元，对发展中国家的放款平均 22% 左右无法回收。银行家曾以为，对国家放款的资产质量坚若磐石，结果却发现自己踩在流沙上。

小李和小王明白了，企业和国家一样要经常进行财产清查，就是要经常衡量自己的资产，考察其是否名副其实，做到心中有数。企业只有具备优质的资产才能扛住有可能遭遇到的损失，归还到期债务。

第一节　财产清查概述

如前所述，企业的各项财产包括货币资金、存货、固定资产和各项债权。各项财产物资的增减变动和结存情况都是通过账簿记录如实地加以反映。为了保证账簿记录的正确性，必须对财产物资进行定期或不定期的清点和审查工作，即财产清查。财产清查是会计核算的专门方法之一，它是根据账簿记录，对各项财产物资和库存现金的实地盘点，以及对银行存款和债权债务的询证核对，来查明各项财产物资、货币资金和债权债务的实有数和账面数是否相一致，为定期编制会计报表提供准确、完整、系统的核算信息的一种保障的会计核算方法。

一、财产清查的意义

按照《会计法》的规定，每一个单位发生的日常经济业务，都需要通过填制和审核会计凭证、登记账簿、试算平衡和对账等一系列严密的会计处理方法，来保证账证相符和账账相符。因此，从理论上来讲，会计账簿上所记载的财产增减和结存情况，应该与实际的财产的收发和结存相符。但在实际工作中，有很多客观和主观原因造成了各项财产的账面数额与实际结存数额发生差异。

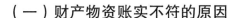

（一）财产物资账实不符的原因

1. 客观原因

这是指由于财产物资本身的物理、化学性质和技术等引起的账实不符。例如：

（1）气候影响。有些财产物资在保管过程中受气候的干湿冷热影响，会发生自然损耗或升溢，如汽油的自然挥发、油漆的干耗等原因造成的数量短缺。

（2）技术原因。有些财产物资在加工时，由于机械操作、切割等工艺技术影响，会造成一些数量短缺。

（3）无形损耗。财产物资由于企业技术进步、外部环境的变化，虽然形态上还是全新或者较新，价值上已经严重贬值。

（4）自然灾害。财产物资在保管中有时会因水灾、火灾和风灾等不可抗力造成损失。

（5）未达账项。票据传递时间差会导致暂时性的账实不符。

2. 主观原因

这是指由于财产物资的经管人员和会计人员工作中的失误，或由于不法分子的贪污盗窃等引起的账实不符。例如：

（1）收发差错。企业各项财产物资在收发过程中，由于计量和检验不细致，造成财产物资在数量、品种或质量上发生差错。这种情况一般发生在材料的收发过程中。如散装材料的收发由于计量上发生磅差造成短缺或溢余，又如同类材料在收发中规格搞错，应发放甲类 A 规格材料却发放了甲类 B 规格材料等。

（2）记账错误。这是指有些财产物资，由于手续不全、凭证不全，或登账时漏登账、重复登账或登错账等引起的差错。

（3）无力偿还。应收账款因长期未清偿或者对方破产，而成为坏账。

（4）管理过失。由于管理不善和制度不严所造成的财产损坏、丢失和被盗的情况。

（5）贪污盗窃。由于不法分子的贪污盗窃、营私舞弊等直接侵占企业财产物资所发生的损失。

（二）财产清查的意义

为了保证会计账簿记录的真实和准确，进一步建立健全财产物资的管理制度，确保企业财产的完整无损，就必须运用财产清查这一行之有效的会计核算方法，对各项财产进行清查，做到账实相符。财产清查的意义主要体现在以下几个方面：

1. 财产清查为会计信息系统有效运行提供了一定的保证

如前所述，企业在一定会计期间内所发生的全部经济业务，都要通过收集转换阶段、储存计算阶段和资料报出阶段，即经过确认、计量、记录和汇总，将大量的经济业务数据以会计报表的形式输出为会计信息，为信息使用者提供真实客观的会计信息。在会计信息质量的要求中，可靠性最为重要，它是会计报表的"生命源泉"。因此，为了避免会计信息在收集转换和储存计算阶段中受到主客观因素的干扰而失真，提高会计信息的质量，就必须查明各项财产物资的实存数，并与账簿记录核对，为会计信息系统正常、有效运行奠定了坚实的基础。

2. 财产清查为内部控制制度的实施创造了有利的条件

为了防止企业内部控制制度不健全、管理失控等情况的发生，《会计法》对企业建立内部控制制度的问题做了明确规定。建立有效的财产内部控制制度的目的之一则是保证企业经营活动的有效进行，保护财产物资的安全和完整，提高会计信息的质量。而内部控制制度执行的好坏，又可通过财产清查的方法加以查验。

通过财产清查可以及时发现各项财产物资是否安全和完整，有无短缺、毁损、霉变、变质，有无贪污盗窃等情况。对发现的情况应找出原因，及时进行处理，并制定各项措施，防止类似情况重复发生。对于管理制度不善所造成的问题，应及时修订和完善管理制度，改进管理工作；对于贪污盗窃等不法行为，应给予法律制裁。这样，可以在制度上、管理上切实保证各项财产物资的安全和完整。

3. 财产清查为挖掘财产潜力，加速资金周转创造可能

通过财产清查可以及时查明各种财产物资的结存和利用情况。如发现企业有闲置不用的财产物资应及时加以处理，以充分发挥它们的效能；如发现企业有呆滞积压的财产物资，也应及时加以处理，并分析原因，采取措施，改善经营管理。这样，可以使财产物资得到充分合理的利用，加速资金周转，提高企业的经济效益。

二、财产清查的种类

财产清查可以清查的范围、清查的时间和清查的执行单位为标准进行分类。

（一）全部清查与局部清查

按照清查的范围不同，财产清查可分为全部清查与局部清查两种。

1. 全部清查

全部清查是指对全部财产物资、货币资金和往来款项进行全面盘点和核对。就制造业企业清查对象来说，一般包括货币资金、存货、固定资产、债权资产及对外投资等。

全部清查的范围广，时间长，工作量大，参加的人员也多，有时还会影响企业生产经营的正常进行，所以一般在以下几种情况下进行全部清查：①年终决算之前，为确保年终决算会计信息的真实和准确，需要进行一次全部清查；②企业撤并或改变其隶属关系时，需要进行全部清查；③合资与并购时，需要进行全部清查；④开展资产评估、清产核资时，需要进行全部清查；⑤单位主要负责人调离工作时，需要进行全部清查。

2. 局部清查

局部清查是指根据管理的需要或依据有关规定，对企业的部分财产物资、债权债务进行的盘点和核对。如库存现金应由出纳人员当日清点核对；银行存款至少每月同银行核对一次；各种材料、在产品和产成品除年度清查外，应有计划地每月重点抽查，尤其是贵重的财产物资，应至少每月清查一次；债权资产，应在会计年度内至少核对一至二次。

（二）定期清查与不定期清查

按照清查的时间不同，财产清查可分为定期清查与不定期（临时）清查两种。

1．定期清查

定期清查是指按计划安排的时间对财产物资、债权债务进行的清查。这种清查一般在财产管理制度中予以规定，通常在年末、季末、月末每日结账前进行。定期清查可以是全面清查，也可以是局部清查。

2．不定期清查

不定期清查是指根据需要所进行的临时清查。不定期清查通常在以下几种情况下进行：①更换财产物资保管员和现金出纳员时；②发生非常损失时；③当单位撤销、合并或改变隶属关系时；④财税检查和审计时，等等。不定期清查可以是全面清查，也可以是局部清查。

（三）内部清查与外部清查

按照清查的执行单位不同，财产清查可分为内部清查与外部清查两种。

1．内部清查

内部清查是指由本企业的有关人员对本企业的财产物质以及债权债务所进行的自我清查。这种清查也称"自查"。

2．外部清查

外部清查是指由企业外部的上级主管部门、审计机关、司法部门、注册会计师等有关部门或人员根据国家法律或制度的规定对企业所进行的财产物质以及债权债务的清查。一般来讲，进行外部清查时，本单位相关人员要协助参加。

三、财产清查的准备工作

财产清查是会计核算的一种专门方法，又是财产物资管理工作的一项重要制度。企业应当有计划、有组织地进行财产清查。财产清查是一项复杂而细致的工作，特别是年终的全部清查，由于范围广，工作量大，时间紧，在财产清查前必须做好充分的准备工作。准备工作主要分以下两个方面。

（一）组织上的准备

为了使财产清查能够有序地进行并保证财产清查的工作质量，财产清查时必须成立专门领导小组，即在主管经理和总会计师的领导下，成立由财会、设备、技术、生产及行政等有关部门组成的财产清查领导小组。该领导小组的主要任务是：

（1）配备有能力的财产清查人员，组织清查人员学习有关政策规定，掌握有关法律、法规和相关业务知识。

（2）确定清查对象、清查范围，明确清查任务。

（3）制订清查工作计划，安排财产清查工作的详细步骤。

（4）确定清查原则。一般采用先清查数量、核对有关账簿记录等，后认定质量的原则。

（5）检查和督促清查工作，及时解决清查工作中出现的问题。

（6）在清查工作结束后，总结清查工作的经验和教训，写出清查工作的总结报告，并提出财产清查结果的处理意见。

（二）业务上的准备

业务准备是进行财产清查至关重要的前提条件。所以，各有关部门必须做好如下准备工作：

（1）检查和清理账目。为了保证账簿记录的正确性，会计部门应将截至清查日的有关会计凭证全部登记入账，结出总分类账和有关明细分类账的余额，并进行相互检查核对，保证账证相符和账账相符。

（2）分类整理实物。财产物资保管部门要在财产清查前将各项财产物资的增减变动情况办好凭证手续，全都登记入账，结出各账户余额，并与会计部门的有关财产物资账目核对相符，同时将各种财产物资排列整齐，挂上标签，标明品种、规格及结存数量，以便进行实物盘点。

（3）校正度量衡器。为了保证财产清查时对实物计量的正确性，应准备好清查时要使用的度量衡器，并对其进行详细检查和校正，以便使用。

（4）准备好盘存清单凭证、清查结果报告表格等。

第二节　存货的盘存制度

财产清查的重要环节是盘点财产物资，尤其是存货的实存数量。为使财产清查工作顺利进行，企业应建立科学而适用的存货盘存制度。在实际工作中，存货的盘存有永续盘存制和实地盘存制两种。现以商品流通企业经济业务为例，说明这两种制度的特点。

一、永续盘存制

（一）永续盘存制的概念

永续盘存制，亦称账面盘存制，是通过设置存货明细账，逐笔或逐日地登记收入数、发出数，并能随时计算出结存数的一种存货盘存制度。采用这种方法，存货明细账按品种规格设置；在明细账中，除登记收、发、结存数量外，通常还要登记金额。

采用永续盘存制时，对存货仍需进行实地盘点，至少每年实地盘点一次，以验证账实是否相符。

（二）永续盘存制下的账簿组织

在永续盘存制下，各企业存货核算的账簿组织不尽相同。就库存商品而言，通常除品种外还要按大类核算。其一般的账簿组织如下：

会计部门设"库存商品"总分类账，其下按商品大类设置二级账户，进行金额核算；在二级账户下，按每种商品设置明细分类账，进行金额、数量双重计量。

仓储部门按每种商品分户设置保管账和保管卡，保管账由记账员根据收、发货单登记收、发数量，进行数量控制。商品卡挂在每种商品的堆垛存放处，由保管员根据收、发货单逐笔登记数量，以控制实存商品。

存货核算的这种总账、二级账、明细账的设置，可以进行逐级控制，相互核对，起到随时反映库存情况和保护存货安全完整的作用。在这种账簿组织下，一旦库存实物中

发生差错，也很容易及时发现，从而便于加强对存货的日常管理。

（三）期末存货的计价和本期发出存货成本的计算

在永续盘存制下，存货明细分类账能随时反映商品的结存数量和销售数量，至于存货的计价方法，则主要有先进先出法、加权平均法和个别计价法。

1. 先进先出法

先进先出法是假设先入库的存货先发出，即按照存货入库的先后顺序，用先入库存货的单位成本确定发出存货成本的一种方法。采用先进先出法对存货进行计价，可以将发出存货的计价工作分散在平时进行，减轻了月末的计算工作量；期末存货的计价标准为后入库存货的价格，从而使反映在资产负债表上的存货价值比较接近当前市价。但在物价上涨时，本期发出存货成本要比当前市价低，从而使本期利润偏高，需多缴所得税。现举例说明如下：

【例 8-1】 某工业企业 W 商品的期初结存和本期销售情况如下：

6 月 1 日	期初结存	150 件	单价 60 元	计 9 000 元
6 月 8 日	销售	70 件		
6 月 15 日	入库	100 件	单价 62 元	计 6 200 元
6 月 20 日	销售	50 件		
6 月 24 日	销售	90 件		
6 月 28 日	入库	200 件	单价 68 元	计 13 600 元
6 月 30 日	销售	60 件		

根据上述实例，采用先进先出法计算本期发出商品成本和期末结存商品成本。

本期发出商品结转主营业务成本 $= 70 \times 60 + 50 \times 60 + 30 \times 60 + 60 \times 62 + 40 \times 62 + 20 \times 68 = 16\,560$（元）

期末结存商品成本 $= 180 \times 68 = 12\,240$（元）

或 $= 9\,000 + 6\,200 + 13\,600 - 16\,560 = 12\,240$（元）

存货采用先进先出法计价，库存商品明细账的登记结果如表 8-1 所示。

表 8-1 库存商品明细账（采用先进先出法计算）

品名：W 商品　　　　　　　　　　　　　　　　　　　　　　　　　　　　单位：元/件

202×年		摘要	收入			发出			结存		
月	日		数量	单价	金额	数量	单价	金额	数量	单价	金额
	1	期初结存							150	60	9 000
	8	销售				70	60	4 200	80	60	4 800
	15	完工入库	100	62	6 200				80 100	60 62	11 000
6	20	销售				50	60	3 000	30 100	60 62	8 000
	24	销售				30 60	60 62	1 800 3 720	40	62	2 480
	28	完工入库	200	68	13 600				40 200	62 68	16 080
	30	销售				40 20	62 68	2 480 1 360	180	68	12 240
		本期销售成本				270		16 560			

2. 加权平均法

加权平均法是把可供发出的存货总成本平均分配于所有可供发出的存货数量。因此，本期发出存货成本和期末存货成本都要按这一平均单价计算。在平均单价的计算中，考虑了各批存货的数量因素，即批量越大的成本，对平均单价的影响也越大。由于数量对单价起权衡轻重的作用，故由此计算的平均单价称为加权平均单价。永续盘存制下存货计价的加权平均法，又分为一次加权平均法和移动加权平均法两种。

（1）一次加权平均法。采用一次加权平均法，对于本月发出的存货，平时只登记数量，不登记单价和金额，月末按一次计算的加权平均单价，计算本期发出存货成本和期末存货成本。一次加权平均法计算比较简单，计算出的期末存货成本和本期发出存货成本都比较平稳，但由于计价工作集中在月末进行，所以平时不能从账簿中看到存货发出和结存的金额，从而不便于加强存货资金的日常管理。一次加权平均单价的计算公式如下：

$$一次加权平均单价 = \frac{期初结存存货成本 + 本期入库存货成本}{期初结存存货数量 + 本期入库存货数量}$$

仍以上例，按一次加权平均法计算其本期发出商品成本和期末结存商品成本。

$$一次加权平均单价 = \frac{9\,000 + 6\,200 + 13\,600}{150 + 100 + 200} = 64（元/件）$$

本期发出商品成本 =（70 + 140 + 60）× 64 = 17 280（元）

期末结存商品成本 = 180 × 64 = 11 520（元）

或 = 9 000 + 6 200 + 13 600 - 17 280 = 11 520（元）

存货采用一次加权平均法计价，库存商品明细账的登记结果如表 8-2 所示。

表 8-2　库存商品明细账（采用一次加权平均法计算）

品名：W 商品　　　　　　　　　　　　　　　　　　　　　　　　　　　　　单位：元/件

202×年		摘要	收入			发出			结存		
月	日		数量	单价	金额	数量	单价	金额	数量	单价	金额
略	1	期初结存							150	60	9 000
	8	销售				70			80		
	15	购进	100	62	6 200				80		
	20	销售				50			130		
	24	销售				90			40		
	28	购进	200	68	13 600				240		
	30	销售				60			180	64	11 520
		本期销售成本				270	64	17 280			

（2）移动加权平均法。采用移动加权平均法，当每次入库存货单价与结存单价不同时，就需要重新计算一次加权平均价，并据此计算下次入库前的发出存货成本和结存存货成本。采用移动加权平均法，可以随时结转销售成本，随时提供存货明细账上的结存数量和金额，有利于对存货进行数量、金额的日常控制。但这种方法，由于每次进货后

都要计算一次加权平均价，势必会增加会计核算工作量。移动加权平均单价的计算公式为：

$$移动加权平均单价 = \frac{本次入库前结存成本 + 本次入库存货成本}{本次入库前结存数量 + 本次入库存货数量}$$

仍以前例，按移动加权平均法计算其本期发出商品成本和期末结存商品成本。

第一批商品入库后的平均单价为：

$$移动加权平均单价 = \frac{4\,800 + 6\,200}{80 + 100} = 61.11（元/件）$$

第二批商品入库后的平均单价为：

$$移动加权平均单价 = \frac{2\,444.44 + 13\,600}{40 + 200} = 66.85（元/件）$$

本期发出商品成本 = $70 \times 60 + 50 \times 61.11 + 90 \times 61.11 + 60 \times 66.85 = 16\,767$（元）

期末结存商品成本 = $180 \times 66.85 = 12\,033$（元）

或 = $9\,000 + 6\,200 + 13\,600 - 16\,767 = 12\,033$（元）

存货采用移动加权平均法计价，库存商品明细账的登记结果如表8-3所示。

表 8-3　库存商品明细账（采用移动加权平均法计算）

品名：W商品　　　　　　　　　　　　　　　　　　　　　　　　　　　　单位：元/件

202×年		摘要	收入			发出			结存		
月	日		数量	单价	金额	数量	单价	金额	数量	单价	金额
	1	期初结存							150	60	9 000
	8	销售				70	60	4 200	80	60	4 800
	15	完工入库	100	62	6 200				180	61.11	11 000
6	20	销售				50	61.11	3 056	130	61.11	7 944
	24	销售				90	61.11	5 500	40	61.11	2 444
	28	完工入库	200	68	13 600				240	66.85	16 044
	30	销售				60	66.85	4 011	180	66.85	12 033
		本期销售成本				270		16 767			

3. 个别计价法

个别计价法又称个别认定法，是指每次发出存货的成本按其生产的实际成本分别计价的方法。采用个别计价法需要逐一辨认各批发出存货和期末存货的生产批别，分别以生产时确定的单位成本来计算确定各批发出和期末存货的成本。这种方法的优点是成本计算准确，符合实际情况。其缺点是发出存货成本分辨的工作量繁重。个别计价法适用于容易辨认，品种数量不多，且单位成本较高的存货计价。

仍以上例，若通过辨认确定各批销售商品的入库批别为：6月8日出售的70件商品系期初结存的存货；6月20日出售的50件商品系6月15日入库的存货；6月24日出售的90件商品中有60件系期初结存的存货，有30件系6月15日入库的存货；6月30日出售的60件商品中有5件系期初结存的存货，有10件系6月15日入库的存货，有45件系6月28日的入库的存货。

按个别计价法计算其本期发出商品成本和期末结存商品成本。

本期发出商品成本 = 70 × 60 + 50 × 62 + 60 × 60 + 30 × 62 + 5 × 60 + 10 × 62 + 45 × 68 = 16 740（元）

期末结存商品成本 = 15 × 60 + 10 × 62 + 155 × 68 = 12 060（元）

或 = 9 000 + 6 200 + 13 600 − 16 740 = 12 060（元）

存货采用个别计价法计价，库存商品明细账的登记结果如表 8-4 所示。

表 8-4 库存商品明细账（采用个别计价法计算）

品名：W 商品 单位：元/件

202×年		摘要	收入			发出			结存		
月	日		数量	单价	金额	数量	单价	金额	数量	单价	金额
9	1	期初结存							150	60	9 000
	8	销售				70	60	4 200	80	60	4 800
	15	完工入库	100	62	6 200				80 100	60 62	11 000
	20	销售				50	62	3 100	80 50	60 62	7 900
	24	销售				60 30	60 62	3 600 1 860	20 20	60 62	2 440
	28	完工入库	200	68	13 600				20 20 200	60 62 68	16 040
	30	销售				5 10 45	60 62 68	300 620 3 060	15 10 155	60 62 68	12 060
		本期销售成本				270		16 740			

（四）永续盘存制的优、缺点

永续盘存制的优点是：在存货明细账中，可以随时反映出每种存货的收入、发出和结存情况，并能进行数量和金额的双重控制；明细账的结存数量，可以与实际盘存数进行核对，如发生库存溢余或短缺，可查明原因，及时纠正；明细账上的结存数，还可以随时与预定的最高和最低库存限额进行比较，取得库存积压或不足的信息，从而便于及时采取相应对策。

永续盘存制的主要缺点是存货的明细分类核算工作量较大，需要较多的人力和费用。但同实地盘存制相比，它在控制和保护财产物资安全完整方面具有明显的优越性，所以在实际工作中，为多数企业所采用。

二、实地盘存制

（一）实地盘存制及其一般程序

1. 实地盘存制的概念

实地盘存制是在期末通过盘点实物，来确定存货的数量，并据以计算出期末存货成本和本期发出存货成本的一种存货盘存制度。它用于商品流通企业时，又称"以存计销制"或"盘存计销制";用于制造业企业时，又称"以存计耗制"或"盘存计耗制"。采用这一方法，平时只登记存货的购进或收入，不登记发出，期末通过盘点实物，确定实存数，采用倒挤的方法，轧计出存货的发出数。

2. 实地盘存制的一般程序

实地盘存制的程序通常为：

（1）确定期末存货数量。每期期末实地盘点存货，确定存货的实际结存数量。

（2）计算期末存货成本。某种存货成本等于该项存货的数量乘以适当的单位成本；将各种存货成本相加，即为存货总成本。

（3）计算本期可供发出存货成本。本期可供发出存货成本也称本期可供销售或耗用的存货成本，它等于期初存货成本加本期入库存货成本。

（4）计算本期发出存货成本。它等于本期可供发出存货成本减期末结存存货成本。其计算公式为：

$$\begin{matrix} 本期发出 \\ 存货成本 \end{matrix} = \begin{matrix} 期初结存 \\ 存货成本 \end{matrix} + \begin{matrix} 本期入库 \\ 存货成本 \end{matrix} - \begin{matrix} 期末结存 \\ 存货成本 \end{matrix}$$

$$期末结存存货成本 = 期末存货实地盘存数 \times 单价$$

（二）期末存货数量的确定

在实地盘存制下，期末存货数量的确定，一般分为以下两个步骤：

（1）进行实地盘点，确定盘存数。存货的盘点方法因存货性质而异。盘点通常在本期营业或生产活动结束，下期营业或生产活动开始以前进行。盘存结果应填列在存货盘存表中。

（2）调整盘存数，确定存货结存数。将临近会计期末的购销单据或收发凭证进行整理，在盘存数量的基础上，考虑有关影响因素，调整求得存货实际结存数量。在商品流通企业中，对于企业已经付款但尚未收到的商品即在途商品、已经出库但尚未作销售的商品，以及已作销售但尚未提走的商品，都要进行调整，以计算出实际库存数量。其计算公式为：

$$\begin{matrix} 存货结 \\ 存数量 \end{matrix} = \begin{matrix} 存货盘 \\ 点数量 \end{matrix} + \begin{matrix} 在途商 \\ 品数量 \end{matrix} + \begin{matrix} 已提未 \\ 销数量 \end{matrix} - \begin{matrix} 已销未 \\ 提数量 \end{matrix}$$

（三）期末存货的计价和本期发出存货成本的计算

实地盘存制下的存货计价方法主要有先进先出法、一次加权平均法和个别计价法。现举例说明各种存货计价方法的具体运用。

【例8-2】 某商品流通企业 M 商品的期末实际盘点数为 220 件，期初库存和本期购进情况为：

6月1日	期初库存	200件	单价10元	计2 000元
6月5日	购　进	400件	单价12元	计4 800元
6月18日	购　进	200件	单价15元	计3 000元
合计				9 800元

现分别采用先进先出法、一次加权平均法和个别计价法计算实地盘存制下期末结存商品成本和本期发出商品成本。

（1）按先进先出法计算：

期末结存商品成本：$200 \times 15 + 20 \times 12 = 3\,240$（元）

本期发出商品成本 $= 2\,000 + 4\,800 + 3\,000 - 3\,240 = 6\,560$（元）

（2）按一次加权平均法计算：

$$加权平均单价 = \frac{2\,000 + 4\,800 + 3000}{200 + 400 + 200} = 12.25（元/件）$$

期末结存商品成本 $= 220 \times 12.25 = 2\,695$（元）

本期发出商品成本 $= 2\,000 + 4\,800 + 3\,000 - 2\,695 = 7\,105$（元）

（3）按个别计价法计算（若期末结存 220 件商品中有 50 件系期初结存的存货，有 70 件系 6 月 5 日的进货，有 100 件系 6 月 18 日的进货）：

期末结存商品成本 $= 50 \times 10 + 70 \times 12 + 100 \times 15 = 2\,840$（元）

本期发出商品成本 $= 2\,000 + 4\,800 + 3\,000 - 2\,840 = 6\,960$（元）

（四）实地盘存制的优、缺点

实地盘存制的最大优点是不需要每天记录存货的发出和结存数量，核算工作简单，工作量小。但这种方法不能随时反映存货的发出和结存成本，倒轧出的各项存货的销售或耗用成本中成分复杂，除了正常销售或耗用外，可能隐含存货损耗、短缺等非正常因素，因而不便于对存货进行控制和监督，影响成本计算的准确性。因此，这种方法只适用于经营那些品种多、价值低、交易频繁的商品，以及数量不稳定、损耗大且难以控制的鲜活商品等商品流通企业。

第三节　财产清查的内容和方法

财产清查的内容主要是各种财产物资、货币资金和债权债务。为了保证财产清查的工作质量，提高工作效率，达到财产清查的目的，在财产清查时应针对不同的清查内容而采用不同的方法。

一、各种货币资金的清查方法

货币资金的清查包括对库存现金、银行存款和其他货币资金的清查。

（一）库存现金的清查

库存现金清查的基本方法是实地盘点法。它是通过将库存现金的盘点实有数与库存现金日记账的余额进行核对的方法，来查明账实是否相符。

库存现金的清查可分为以下两种情况：

（1）出纳员自查。在日常的工作中，现金出纳员每日清点库存现金实有数额，并及时与库存现金日记账的余额相核对。这种清查方法实际上是现金出纳员的分内职责。

（2）专门人员清查。专门人员清查，要采取事先不通知突击实地盘点的形式。清查前，出纳人员应将截止清查时的全部现金收付凭证登记入账，结出现金日记账的余额。清查时，出纳人员必须在场，清查确定的库存现金实有数应该与现金日记账的余额数相一致。如果发现库存现金盘盈或盘亏，必须由出纳人员当场核实盈亏数字。库存现金清查时还应当注意有无违反现金管理制度的行为，不允许以借条或白条抵充现金。清查结束后，应根据清查的结果，填制库存现金盘点报告表。应由盘点人和出纳员共同签章方能生效。"库存现金盘点报告表"的格式如表 8-5 所示。

表 8-5　库存现金盘点报告表样式

单位名称：　　　　　　　　　　　　　年　月　日　　　　　　　　　　单位：元

实存金额	账存金额	实存与账存对比		备注
		盘盈	盘亏	

盘点人签章：　　　　　　　　　　　　　　　　出纳员签章：

（二）银行存款的清查

清查银行存款的实有数，一般采用将银行存款日记账与开户银行提供的"对账单"相核对的方法。要将企业的银行存款日记账与银行定期送来的对账单进行逐笔核对。如果在核对中发现属于企业方面的记账差错，经确定后企业应立即更正；属于银行方面的记账差错，则应通知银行进行更正。当双方的记账错误都已更正，而企业的银行存款日记账余额与银行对账单余额仍不相符时，一般都是由未达账项造成的。所谓未达账项，是指企业与银行之间，由于凭证传递上的时间差，一方已登记入账，而另一方尚未收到凭证和登记入账的款项。具体地说，未达账项大致有下列四种情况：

（1）企业存入银行的款项，企业已作存款收入入账，而银行没有收到凭证，尚未办妥手续入账。

（2）企业开出支票或其他付款凭证，企业已作存款付出入账，而银行没有收到凭证，尚未办妥手续入账。

（3）银行代企业收入的款项，银行已登记入账，作为企业存款的增加，而企业没有收到凭证，尚未办妥手续入账。

（4）银行代企业付出的款项，银行已登记入账，作为企业存款的减少，而企业没有收到凭证，尚未办妥手续入账。

上述任何一种情况的发生，都会造成企业的银行存款日记账的余额与银行对账单的余额不相符合。在与银行对账时，应首先查明有无未达账项，如果存在未达账项，可编制"银行存款余额调节表"予以调整。"银行存款余额调节表"的编制应在企业银行存款日记账余额和银行对账单余额的基础上，分别加减未达账项，调整后的双方余额应该相符，并且是企业当时实际可以动用的款项。其计算公式如下：

$$\text{企业银行存款日记账余额} + \text{银行已收企业未收款项} - \text{银行已付企业未付款项} = \text{银行对账单余额} + \text{企业已收银行未收款项} - \text{企业已付银行未付款项}$$

现举例说明"银行存款余额调节表"的具体编制方法。

【例 8-3】 某企业 202×年 6 月底银行存款日记账余额为 5 600 000 元，银行对账单余额为 5 598 000 元。经逐笔核对，双方记账均无差错，但发现有下列未达账项：

（1）6 月 29 日，企业开出转账支票 60 000 元，支付供货单位账款，但持票单位尚未到银行办理转账，银行尚未入账。

（2）6 月 29 日，企业存入转账支票一张，计 40 000 元，企业已入账，但银行尚未入账。

（3）6 月 30 日，企业存入销货款现金 10 000 元，银行尚未入账。

（4）企业委托银行代收某公司购货款 48 000 元，银行已收妥并登记入账，但企业未收到收款通知，尚未记账。

（5）6 月 30 日，银行代企业支付电话费 40 000 元，银行已登记减少企业银行存款，但企业未收到银行付款通知，尚未记账。

（6）6 月 30 日，银行代付水电费 36 000 元，企业尚未收到通知，没有入账。

（7）6 月 30 日，银行计算应付给企业存款利息 16 000 元，银行已记入企业存款户，企业尚未收到通知，没有入账。

根据以上未达账项，编制银行存款余额调节表，具体如表 8-6 所示。

表 8-6　银行存款余额调节表

202×年 6 月 30 日　　　　　　　　　　　　　　　　　　　　　　　　　　　单位：元

项目	金额	项目	金额
企业银行存款日记账余额	5 600 000	银行对账单余额	5 598 000
加：企业未入账的收入款项		加：银行未入账的收入款项	
1. 银行已收企业未收货款	48 000	1. 存入转账支票	40 000
2. 存款利息	16 000	2. 存入现金	10 000
		减：银行未入账的支付款项	
减：企业未入账的支付款项		1. 开出转账支票	60 000
1. 银行代付电话费	40 000		
2. 银行代付水电费	36 000		
调节后存款余额	5 588 000	调节后存款余额	5 588 000

经过调节以后的双方账面余额，如果相等，说明双方所记账目一般没有错误；否则，说明一方或两方记账有误，应及时查明原因予以更正。需要说明的是，"银行存款余额调节表"只是银行存款清查的一种形式，它只起到对账作用，不能作为调节账面余额的原始凭证；银行存款日记账的登记，必须在收到有关原始凭证后再予以进行。

（三）其他货币资金的清查

其他货币资金是小企业除库存现金、银行存款以外的其他各种货币资金。其他货币资金不同于银行存款和库存现金之处在于，银行存款和库存现金一般都有专门的用途和特定的存放地点，而其他货币资金如银行汇票存款，只能用于银行汇票的结算款项，不能再作其他用途使用，而且这部分存款也不能存放在小企业的基本存款账户之中，因此，在会计上必须进行单独的核算与管理。

其他货币资金包括外埠存款、银行汇票存款、银行本票存款、信用卡存款、存出投资款等。有境外往来结算业务的小企业，发生的国际信用证保证金存款，也属于其他货币资金的范围。其他货币资金必须按照国家的现金管理制度、银行结算办法及有关规定严格进行管理。

其他货币资金的清查，应通过银行对账单、业务部门查询等账实核对，编制清查明细表（见表8-7）。对于外埠存款、银行汇票、银行本票、信用卡、存出投资款、信用证等情况定期进行清查，保障其他货币资金的安全。

表8-7 货币资金——其他货币资金清查明细表样式

填表日期： 年 月 日

单位名称 金额单位：元

序号	名称及内容	用途	币种	账面价值	调整后账面值	票据持有人或使用部门	备注
1							
2							
3							
4							
小计							
合计							

红十字会女出纳利用漏洞挪用善款

"郭美美"事件让中国红十字会陷入信任危机，而某市红十字会女出纳5年时间挪用126万余元则伤了公众的慈善之心，更彰显了中国善款的监管漏洞。从法院一锤定音的这个普通挪用公款案里，我们或许可以一窥特殊架构下的红十字会这个社会团体。现年34岁的××市女子陈某，作为计划内临时工，当上了某市红十字会的出纳。职位虽然不高，但经陈某之手的款项大多是社会捐款，而且数额常常较大。动了私心的她在收到一笔8 000元善款后，没有按规定上缴，而是揣入了自己的口袋，从此一发不可收。时至事发，陈某甚至不知道自己到底挪用了多少钱。等到在法庭上低头轻语"我认罪"时，她已经无法扭转最终银铛入狱的结局。

2005年，陈某被聘为××市红十字会的临时工，担任出纳一职，月薪800元。工资虽然不高，但是陈某却很有"权力"，凡是社会捐赠的款项及单位备用金一般都由她经手，与以前在保险公司跑业务东奔西跑受人冷眼相比，陈某感到很高兴，因为她认为这是一份受人尊敬的职业。2005年12月，陈某收到了一笔8 000元的社会捐款。每天经手着监管不严的资金流，慢慢地，她早已忘记这些钱的背后正是社会的古道热肠。陈某试探着不按规定上缴善款，私自截留。因为，在陈某看来，似乎没有人知道这笔捐款到了她的腰包，不管是红十字会的会计，还是这8 000元钱的捐款者。缺少监督的权力必然导致腐败。在第一次私自截留"成功"后，陈某的贪心开始被一点点培养起来，她的胆子变得越来越大。刚开始，陈某挪用的钱并不多，内心还有一点畏惧，可到2008年5·12汶川大地震之后，随着某市红十字会收到的社会捐款逐渐增多，陈某挪用钱款也更加频繁了。在一张涉案金额清单上，记者看到，陈某截留捐款最少的一笔是200元，最多的一次则高达7万余元。

2010年10月，有关部门要对某市红十字会的账目进行审计，陈某慌了。她在法庭上说："好几年的账都没做，到底挪用了多少钱，我也不清楚。因为担心缺口太大，一时还不上，我就向单位领导坦白了。"正是陈某的"坦白"才使她5年的贪腐浮出水面。

随后，某市红十字会领导要求会计小张核对账目，发现陈某提供的很多发票、现金支票都无法对账，差额有100多万元。这些钱款一直以来只有陈某在经手，她对于这些差额则是照单全收。"为了支付贷款及贴补家用，我就想到挪用单位的钱。"

34岁的陈某几年前与丈夫离了婚，现在带着一个6岁的儿子。按照陈某的工资收入，靠其一人支撑的家庭经济条件并不宽裕。然而，她却曾在某市贷款购置了一间店铺，每月需要还款3 800元。对于月薪只有800元的陈某来说，怎样填补每月3 800元的月供差额是她需要捉摸的事情。"原本听人说这间店铺很快就可以转卖，但我被骗了，店铺至今还没能出手。为了支付贷款及贴补家用，我就想到挪用单位的钱。"陈某说。案发后，陈某退还了全部挪用款额。为了凑够挪用的钱，她的家人向亲戚朋友四处借钱，父亲甚至还变卖了自己养老的房子。

2011年5月28日上午，陈某涉嫌挪用公款案在某市某区人民法院一审开庭。她的父亲和哥哥也来到法庭旁听，他们为陈某聘请了当地的知名律师担任辩护律师。直到开庭之时，陈某的家人仍然以为这件事仅仅是欠债还钱，不至于为此坐牢。关于某市红十字会的财务工作，主审法官和陈某之间有段看似普通的对话，然而在捐款的慈善人士看来，这段对话却并不普通。

"出纳应该做什么事情？"法官问陈某。

"负责报销，还要把凭证交给会计做账。"陈某不假思索地说。

"那你到红十字会工作前是做什么的？是否具备会计专业知识？单位为什么会聘请你做出纳？"法官问。

"我原来在保险公司跑业务，不懂会计专业知识。到红十字会上班时，也没经过专门的培训。为什么聘请我，我不知道。"陈某回答。

"为什么这么多年，会计都没有做过账？"法官疑惑地问。

"会计没催我，再说账目不多，我想累计起来一次性给会计做账。"陈某很自然地说。

"据你单位会计小张说，2006年之后她就不在你单位做账了，是这样吗？"法官又问。

"她是兼职的，一个月来做一次账，但是每年都拿工资。"陈某说。

"会计工资这笔钱的来源，你知道吗？"法官说。

"知道，从捐款的5%备用金里出。"陈某说。

"这么说，小张一直是你们单位的会计，可为什么都没有做过账？"法官继续问。

"她从来没有催过我。2006年曾经做了几个月账，后来就停了。直到2008年领导要求审计时，又拿去做了一次账。"陈某回答。

"2008年的账是怎么做的？你收来的现金是怎么处理的？"法官问。

"她就是对了一下银行的总结余、收入等，没有一笔一笔地对。我收的钱有些没有做账。"陈某说。

......

据公诉人介绍，某市红十字会没有专职会计，由小张兼职。按理说，陈某应该定期把相关凭证整理好交给小张做账。然而，从 2005 年至案发，会计只做过两次账。这就给陈某留下了作案空间。

在法庭上，对于检察机关的指控，陈某表示自愿认罪。

2011 年 6 月 23 日，某市鹿城区人民法院公开宣判，被告人陈某因犯挪用公款罪，被判处有期徒刑六年六个月。

根据此案例，试分析陈某犯有挪用公款罪的原因有哪些？某市红十字会应采取什么措施？

资料来源：孟焕良，高欢. 红十字会女出纳挪用善款为哪般？[J]. 中国审判，2011（8）.

二、实物资产的清查

实物资产是指具有实物形态的各种资产，包括原材料、半成品、在产品、产成品、低值易耗品、包装物和固定资产等。

（一）实物资产的清查方法

不同品种的实物资产，由于其实物形态、体积重量、堆放方式等存在不同，因而所采用的清查方法也有所不同。常用的实物资产的清查方法包括以下几种：

1. 实地盘点法

这是指通过点数、过磅、量尺等方法来确定实物资产的实有数额。这种方法一般适用于机器设备、包装好的原材料、在产品和库存商品等的清查。

2. 技术推算法

这是指利用技术方法对实物资产的实存数进行推算的一种方法。这种方法又称"估堆"，一般适用于散装的、大量成堆且难以逐一清点其实存数的各种资产，如煤、盐、化肥、饲料等的清查。

3. 抽样盘存法

这是指采用抽取一定数量样品的方式对实物资产的实有数进行估算确定的一种方法。这种方法一般适用于数量多、重量和体积比较均衡的实物财产的清查。

4. 函证核对法

这是指通过向对方发函方式对实物资产的实有数进行确定的一种方法。这种方法一般适用于对委托外单位加工或保管的实物资产的清查。

（二）实物资产清查使用的凭证

为了明确经济责任，进行财产清查时，有关实物资产的保管人员必须在场，并参加盘点工作。对各项实物资产的盘点结果，应填制有关凭证，作为记录清查情况和会计调整账面记录的依据，并由有关参加盘点人员同时签章。

根据需要一般可填制以下几种凭证：

（1）盘存单。盘存单是实物资产盘点结果的书面证明，也是反映实物资产实有数额的原始凭证。盘存单的格式如表8-8所示。

表8-8　盘存单样表

单位名称：　　　　　　　　盘存时间：　　　　　　　　编号：
财产类别：　　　　　　　　存放地点：

编号	名称	规格型号	计量单位	数量	单价	金额	备注

盘点人签章：　　　　　　　　　　　　实物负责人签章：

（2）账存实存对比表。账存实存对比表是用来记录和反映各种实物资产的账存数和实存数及其差异数的原始凭证。为了进一步查明盘点结果与账面记录是否一致，会计部门应根据盘存单上所列各种实物资产的盘点数量，及时地与账面记录数量进行核对，并填制账存实存对比表。在实际工作中，为了简化编表工作，账存实存对比表一般只填列账实不相符的各种实物资产，不填列账实相符的各种实物资产。这样的账存实存对比表主要是反映盘盈盘亏情况，所以也称为盘点盈亏报告单。账存实存对比表的格式如表8-9所示。

表8-9　账存实存对比表样表

单位名称：　　　　　　　　　　　年　月　日

编号	名称	规格	计量单位	单价	实存		账存		盘盈		盘亏		备注
					数量	金额	数量	金额	数量	金额	数量	金额	

盘点人：　　　　　　　　　　　实物负责人：

（3）积压变质报告单。积压变质报告单是用来记录和反映清查过程中发现的积压呆滞、残损变质的各种实物资产的原始凭证。在清查过程中，发现积压变质物资时，应另行堆放，并填制积压变质报告单，说明情况，提出处理意见，报请审批后作出账务处理。积压变质报告单的格式如表8-10所示。

表8-10　积压变质报告单样表

单位名称：　　　　　　　　财产类别：　　　　　　　年　月　日

编号	名称	规格	计量单位	进货单价	实存数量	金额	情况说明	处理意见

审批意见：　　　　　　　　盘点人：　　　　　　　　实物负责人：

对于委托外单位加工、保管、代销的财产物资，可通过信件询证的办法来核对。特别注意不要把不属于本企业的物资，例如代管、代加工物资也混入本企业的盘存单，而应单独列开。

三、应收款的清查

对各种应收款的清查，应采取"询证核对法"，即同对方核对账目的方法。清查单位应在其各种应收款项记录准确的基础上，编制"往来款项对账单"，寄发或派人送交对方单位进行核对。"往来款项对账单"的格式和内容如下：

往来款项对账单

_____单位：

你单位20×3年5月20日购入我单位A产品1 000件，已付货款16 000元，尚有22 000元货款未付，请核对后将回联单寄回。

清查单位：（盖章）
20×3年12月1日

沿此虚线裁开，将以下回联单寄回。

- -

往来款项对账单（回联）

_____清查单位：

你单位寄来的"往来款项对账单"已经收到，经核对相符无误。

××单位（盖章）
20×3年12月30日

企业收到对方回单后，应填制往来账项清查表，其格式如表8-11所示。

表8-11　往来账项清查表样表

单位名称：　　　　　　　　　年　月　日

总账及明细分类账户名称	账面结存余额	清查结果				核对不符原因分析			备注
		核对相符金额	核对不符金额	未达账项金额	错误账项金额	拒付账项金额	有争议款项金额	其他	

通过往来账项的清查，及时催收该收回的账款，偿还该偿还的账款，对呆账也应及时研究处理。

第四节　财产清查结果的处理

一、财产清查结果的处理步骤

财产清查是保证账实相符、加强财产管理的一项重要工作。在财产清查中发现的盘盈、盘亏或毁损，首先要核准金额，其次认真查明原因，明确责任，应当按照国家有关会计准则、制度的规定，按规定的程序报经主管领导批准后，再进行会计处理。其主要步骤如下：

（一）核准金额，查明原因

在对财产清查结果进行具体的处理之前，应对有关原始凭证中所记录的盈亏数据做全面的核实，即核准货币资金、财产物资和债权资产的盈亏金额，并对各项差异的性质及其原因进行分析，以便针对不同原因所造成的盈亏确定处理方法，提出处理意见，报送有关领导和部门批准。

（二）调整账簿记录，做到账实相符

在核准金额、查明原因的基础上，为了做到账实相符，保证会计信息真实正确，对财产清查中发现的盘盈或盘亏，应及时进行批准前的会计处理，即根据"实存账存对比表"等原始凭证编制记账凭证，并据以调整账簿记录。

（三）进行批准后的账务处理

在有关领导部门对所呈报的财产清查结果处理意见做出批示后，企业应严格按照批复意见编制有关的记账凭证，登记有关账簿，及时进行批准后的账务处理。

二、财产清查结果的会计处理

（一）设置"待处理财产损溢"账户

企业应设置"待处理财产损溢"账户，用来反映和监督各单位在财产清查过程中查明的各种财产的盈亏或毁损及其报经批准后的转销数额。该账户是一个暂记账户，它属于双重性质账户，下设"待处理流动资产损溢"和"待处理固定资产损溢"两个明细分类账户，以进行明细分类核算。

该账户借方登记各项财产的盘亏或毁损数额和各项盘盈财产报经批准后的转销数；贷方登记各项财产的盘盈数额和各项盘亏或毁损财产报经批准后的转销数。按规定企业的各项盘盈、盘亏必须于年末结账前处理完毕，所以该账户年末无余额。

由于财产清查结果的处理要报请批准，所以，在账务处理上通常分两步进行。第一步，将财产清查中发现的盘盈、盘亏或毁损数，通过"待处理财产损溢"账户核算，对方账户是有关的财产物资账户，以调整其账面记录，使账存数与实存数一致。第二步，在审批之后，应根据批准的处理意见，再从"待处理财产损溢"账户转入有关收入费用账户。

（二）库存现金清查结果的会计处理

库存现金清查时，如果发现库存现金短缺或盈余，在设法查明原因后，要及时根据"库存现金盘点报告表"进行会计处理。

【例 8-4】 某企业进行库存现金清查中发现多出现金 90 元，查不出原因，做出会计处理。

（1）批准前：

借：库存现金   90
    贷：待处理财产损溢——待处理流动资产损溢   90

（2）经反复核查，未查明原因，报经批准转作营业外收入：

借：待处理财产损溢——待处理流动资产损溢　　　　　　　　　　　90

　　贷：营业外收入　　　　　　　　　　　　　　　　　　　　　　　90

【例8-5】　某企业在库存现金清查中发现缺少现金200元。其会计处理如下：

（1）批准前：

借：待处理财产损溢——待处理流动资产损溢　　　　　　　　　　200

　　贷：库存现金　　　　　　　　　　　　　　　　　　　　　　　200

（2）经查，该短款属于出纳员王虎的责任，应由该出纳员赔偿：

借：其他应收款——王虎　　　　　　　　　　　　　　　　　　　200

　　贷：待处理财产损溢——待处理流动资产损溢　　　　　　　　200

企业办理现金收支业务时，应当遵守哪些规定？

根据《现金管理暂行条例》，企业现金收支应当依照下列规定办理。

（1）企业现金收入应当于当日送存开户银行。当日送存确有困难的，由开户银行确定送存时间。

（2）企业支付现金，可以从本单位库存现金限额中支付或者从开户银行提取，不得从本单位的现金收入中直接支付（即坐支）。因特殊情况需要坐支现金的，应当事先报经开户银行审查批准，由开户银行核定坐支范围和限额。坐支单位应当定期向开户银行报送坐支金额和使用情况。

（3）企业从开户银行提取现金，应当写明用途，由本单位财会部门负责人签字盖章，经开户银行审核后，予以支付现金。

（4）因采购地点不固定，交通不便，生产以及其他特殊情况必须使用现金的，企业应当向开户银行提出申请，由本单位财会部门负责人签字盖章，经开户银行审核后，予以支付现金。

（5）不准用不符合财务制度的凭证顶替库存现金，即不得"白条顶库"；不准编造用途套取现金；不准用银行账户代其他单位和个人存入或支取现金；不准用单位收入的现金以个人名义存储；不准保留账外公款，不得设置"小金库"等。

（三）存货清查结果的会计处理

1. 存货盘盈的会计处理

当存货盘盈时，编制"实存账存对比表"（原始凭证），并根据表格内容填制记账凭证并记账。将盘盈存货的价值记入"原材料""生产成本""库存商品"等账户的借方，同时记入"待处理财产损溢——待处理流动资产损溢"账户的贷方；报经批准后，冲减管理费用。

【例 8-6】 某企业财产清查中盘盈甲材料 500 千克，单位成本 5 元。经查明是由于收发计量上的错误所造成的。其会计处理如下：

（1）批准前：

借：原材料——甲材料 2 500

  贷：待处理财产损溢——待处理流动资产损溢 2 500

（2）批准后，冲减管理费用：

借：待处理财产损溢——待处理流动资产损溢 2 500

  贷：管理费用 2 500

2. 存货盘亏的会计处理

当存货盘亏或毁损时，批准前应先记入"待处理财产损溢——待处理流动资产损溢"账户的借方，同时记入有关存货账户的贷方。批准后，再根据造成亏损的原因，分为以下情况进行账务处理：

（1）属于自然损耗产生的定额内合理损耗的，经批准后即可计入管理费用。

（2）属于超定额短缺的，能确定管理责任过失人的，应由过失人负责赔偿；属于保险责任范围的，应向保险公司索赔；扣除过失人或保险公司赔款和残料价值后的余额计入管理费用。

（3）属于非常损失所造成的存货毁损的，扣除保险公司赔款和残料价值后，应在营业外支出中列支。

【例 8-7】 某企业盘亏 A 产品 20 千克，单位成本 50 元。经查明，属于定额内合理损耗。其会计处理如下：

（1）批准前，减少相关财产物资：

借：待处理财产损溢——待处理流动资产损溢 1 170

  贷：库存商品 1 000

   应交税费——应交增值税（进项税额转出） 170

（2）批准后，计入管理费用：

借：管理费用 1 170

  贷：待处理财产损溢——待处理流动资产损溢 1 700

【例 8-8】 某企业盘亏甲材料 200 件，每件 20 元。经查明，是由于工作人员失职造成的材料毁损，经批准过失人胡昭赔偿 1 500 元，毁损材料残值 500 元。其会计处理如下：

（1）批准前，减少相关财产物资：

借：待处理财产损溢——待处理流动资产损溢 4 520

  贷：原材料——甲材料 4 000

   应交税费——应交增值税（进项税额转出） 520

（2）批准后，分别不同情况处理：

①由过失人赔偿：

借：其他应收款——胡昭 1 500

  贷：待处理财产损溢——待处理流动资产损溢 1 500

② 残料作价入库：

借：原材料——甲材料　　　　　　　　　　　　　　　　　　　　500

　　贷：待处理财产损溢——待处理流动资产损溢　　　　　　　　　　　500

③扣除过失人的赔款和残值后的盘亏数，计入管理费用：

借：管理费用　　　　　　　　　　　　　　　　　　　　　　　2 520

　　贷：待处理财产损溢——待处理流动资产损溢　　　　　　　　　2 520

【例 8-9】 某企业盘亏丙材料 1 000 件，单位成本 10 元。经查明，属于非常事故造成的损失，大地保险公司应给予 5 000 元的赔偿。其会计处理如下：

（1）批准前，减少相关财产物资：

借：待处理财产损溢——待处理流动资产损溢　　　　　　　　11 300

　　贷：原材料——丙材料　　　　　　　　　　　　　　　　　10 000

　　　　应交税费——应交增值税（进项税额转出）　　　　　　　1 300

（2）批准后，分别不同情况处理：

①应由保险公司赔偿部分：

借：其他应收款——大地保险公司　　　　　　　　　　　　　5 000

　　贷：待处理财产损溢——待处理流动资产损溢　　　　　　　　5 000

②计入营业外支出部分：

借：营业外支出　　　　　　　　　　　　　　　　　　　　　6 300

　　贷：待处理财产损溢——待处理流动资产损溢　　　　　　　　6 300

一家制衣厂仓库的衣服发生损坏

　　一天，总经理刘国华到某仓库检查商品库存状况。仓库保管员丁丁突然拿着一套衣服叫了起来：“天呐，这套西装怎么破了呀？”

　　刘国华连忙拿过衣服一看，还真的破了，看样子像是被老鼠咬了。

　　“你们这些管仓库的到底是怎么管的呀，衣服怎么会被老鼠咬了？”

　　老板发威，丁丁不敢说话。

　　“我问你们是怎么管的呀，怎么不说话？”

　　“我们平时就是负责收发，防止被偷盗，我也没想到还要管老鼠呀。”

　　“仓管当然要管老鼠呀，这是你最起码的职责，不然的话，这些衣服全被老鼠咬了，我还怎么卖呀。”

　　“我不知道我的职责还要跟老鼠作斗争。再说我们的仓库在 14 楼，我都不知道这老鼠怎么爬上来的。”丁丁委屈地说。

　　“好啦，刘总，你就不要生气了，这老鼠也不是那么好管的。”会计小艾连忙打圆场。

　　“管老鼠还不简单，买点老鼠药不就得了。”

　　“现在的老鼠都很聪明，非但不吃，还把那药搞得到处都是，要是粘到衣服上，那就麻烦了。"

"有什么麻烦?"

"你想,哪个买衣服的不是东摸西看的,衣服上要是粘有老鼠药的话,好恐怖。所以要灭鼠的话,也得请专业的灭鼠公司采用物理方法灭鼠。最好把这些衣服一套一套地挂起来,不要这么堆在一块,这样老鼠就不会有藏身之地了。"

刘国华想了一下,说:"丁丁,从明天开始把这仓库改成衣架间,然后将衣服一套一套地挂起来。"

最后,丁丁终于把数量清理完,一套套地数给经理刘国华和会计小艾看,最后的数量也与小艾账上结存的数量相吻合。美中不足的是,有两套衣服被老鼠咬破了。

小艾问刘国华:"这被老鼠咬破的两套衣服怎么处理?"

"什么怎么处理,这衣服都破了,还能卖出去吗?只能不要了。"

小艾本来是想问他,这损失该怎么处理,是作为管理不当的合理损失,还是需要他人赔偿损失,

但是听刘国华的语气中并没有需要丁丁赔偿的意思,小艾也不想惹是生非,就准备叫丁丁写个损失核销申请单,让刘国华签个字,小艾就直接计入管理费用算了。

因为会计盘点库存发现损失时,首先是转入待处理财产损溢。

借:待处理财产损溢

　　贷:库存商品

然后再根据上级批准的处理方式,予以核销。一般有三种情况:

一是上级认为管理不当,但属于合理损失时,直接计入管理费用。

借:管理费用

　　贷:待处理财产损溢

二是上级认为是人为造成的,并要求负责人承担损失,计入其他应收款。

借:其他应收款

　　贷:待处理财产损溢

三是不可抗因素如火灾造成的,就计入营业外支出。

借:营业外支出

　　贷:待处理财产损溢

顺便提一下盘盈的会计处理,如果盘点时,发现清点的货物多了,那么首先也是转入待处理财产损溢。

借:库存商品

　　贷:待处理财产损溢

然后查清原因,等领导审批。通常也有三种情况:

一是收发时结余出来的,直接冲管理费用。

借:待处理财产损溢

　　贷:管理费用

二是属于别人的就应该物归原主,计入其他应付款。

借:待处理财产损溢

　　贷：其他应付款

　　三是不知道是什么原因造成盘盈的，计入营业外收入，算是意外所得。

　　借：待处理财产损溢

　　　　贷：营业外收入

　　上午盘点完毕后，小艾就叫丁丁写个报废申请单。结果他琢磨了一中午也没写出来，然后拿着一张白纸跑到小艾面前说："不是已经有实存账存表了吗，还写申请单干什么，这报废申请单怎么写呀？"

　　"要写的，你只要把报废商品的名称、规格及报废的理由写清楚，然后让领导签个字就行了，我要的是领导的签字。"

　　"那理由怎么写？"

　　"理由就写管理不善，处理方式就写计入管理费用。"

　　"为什么处理方式写计入管理费用呀？"

　　"不计入管理费用，难道要我计入其他应收款吗？要是写计入其他应收款那你就麻烦啦。"

　　资料来源：根据《小艾上班记》改编。

（四）固定资产清查结果的会计处理

　　盘亏的固定资产，应查明原因，填制固定资产实存账存报告表，并写出书面报告，报经上级批准后才能计入营业外支出。在批准之前，只能作为待处理财产损溢处理。

　　对于盘亏的固定资产，企业应按盘亏固定资产的净值借记"待处理财产损溢"账户，按已提累计折旧额借记"累计折旧"账户，按原值贷记"固定资产"账户。盘亏的固定资产按规定程序报批，批准后，应按盘亏固定资产的净值借记"营业外支出"账户，贷记"待处理财产损溢"账户。

　　【例8-10】　某企业在财产清查中，盘亏K设备一台，其原值为580 000元，累计折旧为180 000元。其会计处理如下：

　　（1）批准前：

　　借：待处理财产损溢——待处理固定资产损溢　　　　　　　　　　400 000

　　　　累计折旧　　　　　　　　　　　　　　　　　　　　　　　 180 000

　　　　贷：固定资产　　　　　　　　　　　　　　　　　　　　　　　580 000

　　（2）批准后予以转销：

　　借：营业外支出　　　　　　　　　　　　　　　　　　　　　　　400 000

　　　　贷：待处理财产损溢——待处理固定资产损溢　　　　　　　　　400 000

　　盘盈的固定资产，属于前期差错。《企业会计准则第28号——会计政策、会计估计变更和差错更正》第11条："前期差错通常包括计算错误、应用会计政策错误、疏忽或曲解事实以及舞弊产生的影响以及存货、固定资产盘盈等。"固定资产盘盈应作为前期差错处理，通过"以前年度损益调整"科目核算。

　　【例8-11】　某企业在财产清查中，盘盈L设备一台，其原值为100 000元，八成新，其会计处理如下：

（1）批准前：

借：固定资产 100 000

贷：待处理财产损溢——待处理固定资产损溢 100 000

（2）批准后予以转销：

借：待处理财产损溢——待处理固定资产损溢 100 000

贷：以前年度损益调整 100 000

存货和固定资产的盘盈都属于前期差错，但存货盘盈通常金额较小，不会影响财务报表使用者对企业以前年度的财务状况、经营成果和现金流量进行判断，因此，存货盘盈时通过"待处理财产损溢"科目进行核算，按管理权限报经批准后冲减"管理费用"，不调整以前年度的报表。而固定资产是一种单位价值较高、使用期限较长的有形资产，因此，对于管理规范的企业而言，在清查中发现盘盈的固定资产是比较少见的，也是不正常的，并且固定资产盘盈会影响财务报表使用者对企业以前年度的财务状况、经营成果和现金流量进行判断。因此，固定资产盘盈应作为前期差错处理，通过"以前年度损益调整"科目核算。

下面把财产清查的主要会计处理进行归纳总结，具体如表 8-12 所示。

表 8-12　盘盈和盘亏的主要账务处理列表

项目	盘亏		盘盈	
	借记有关科目	原因	贷记有关科目	原因
库存现金	其他应收款	责任人或保险公司赔偿	其他应付款	应支付给有关人员或单位
	管理费用	无法查明原因	营业外收入	无法查明原因
存货	管理费用	计量不准确、管理不善、自然损耗等	管理费用	
	其他应收款	责任人或保险公司赔偿		
	营业外支出	非常损失		
固定资产	其他应收款	责任人或保险公司赔偿	以前年度损益调整	
	营业外支出	非常损失		

（五）应收款清查结果的会计处理

如果应收账款长期收不回来，在财产清查后确定了，就成为坏账损失。为了不高估资产，高估收益，根据谨慎性的原则，企业通常采用备抵法核算坏账损失。备抵法是指按期估计坏账损失（称为坏账准备），当某一应收款项全部或部分被确认为坏账时，应根据其金额冲减坏账准备，同时转销相应的应收款项金额的一种核销方法。下面介绍核算坏账准备和坏账损失常用的应收款项余额百分比法。

采用备抵法，企业应设置"坏账准备"账户，该账户属于资产类账户，但和累计折旧一样属于备抵（或抵减）账户，账户性质和资产类恰恰相反，贷方为增加方，借方为减少方，余额方向一般为贷方。

1. 计提坏账准备

企业计提坏账准备时，按照应收款项应减记的金额，借记"信用减值损失——计提的坏账准备"科目。冲减多计提的坏账准备时，借记"坏账准备"科目，贷记"信用减值损失——计提的坏账准备"科目。

【例8-12】20×2年12月31日，甲公司应收丙公司的应收账款余额为1 000 000元，甲公司根据企业会计准则确定应计提坏账准备的金额为100 000万元，甲公司应编制如下会计分录：

借：信用减值损失——计提的坏账准备　　　　　　　　　　　100 000
　　贷：坏账准备　　　　　　　　　　　　　　　　　　　　　　100 000

2. 转销坏账

企业确实无法收回的应收款项按管理权限报经批准后作为坏账转销时，应当冲减已计提的坏账准备。企业实际发生坏账损失时，借记"坏账准备"科目，贷记"应收账款""其他应收账款"等科目。

【例8-13】20×3年6月，甲公司应收丙公司的销货款实际发生坏账损失30 000元，甲公司应编制如下会计分录：

借：坏账准备　　　　　　　　　　　　　　　　　　　　　　30 000
　　贷：应收账款——丙公司　　　　　　　　　　　　　　　　　30 000

【例8-14】假定甲公司20×3年12月31日应收丙公司的应收账款余额为1 200 000元，甲公司根据预计信用减值损失对该应收账款应计提120 000元坏账准备，即20×3年12月31日甲公司"坏账准备"科目的贷方余额应为120 000元，计提坏账准备前，"坏账准备"科目的实际余额为贷方70 000（100 000-30 000=70 000）元。因此，本年末应计提的坏账准备金额为50 000（120000-70 000=50 000）元。甲公司应编制如下会计分录：

借：信用减值损失——计提的坏账准备　　　　　　　　　　　50 000
　　贷：坏账准备　　　　　　　　　　　　　　　　　　　　　　50 000

3. 收回已确认坏账并转销应收账款

已确认并转销的应收账款以后又收回的，应当按照实际收到的金额增加坏账准备的账面余额，并恢复客户的声誉。借记"应收账款""其他应收款"等科目，贷记"坏账准备"科目；同时借记"银行存款"科目，贷记"应收账款""其他应收款"等科目。

【例8-15】20×4年1月20日甲公司收回20×3年已做坏账转销的丙公司应收账款20 000元，存入银行。甲公司应编制如下会计分录：

借：应收账款——丙公司　　　　　　　　　　　　　　　　　20 000
　　贷：坏账准备　　　　　　　　　　　　　　　　　　　　　　20 000
借：银行存款　　　　　　　　　　　　　　　　　　　　　　20 000
　　贷：应收账款——丙公司　　　　　　　　　　　　　　　　　20 000

"坏账准备"账户平时（1—11月）期末余额可能在借方，也可能在贷方。但其年末余额则一定在贷方。

坏账准备

损失数	提取数
	坏账收回数
	年末提取数

【例8-16】 黄河公司20×2年应收账款余额为5 000 000元，20×3年6月发生坏账50 000元，20×3年末应收账款余额为6 000 000元，20×4年3月收回上年已转销的坏账20 000元，20×4年末应收账款余额为6 500 000元。该企业各年坏账准备提取比例均为5%。其有关会计处理如下：

（1）20×2年末提取坏账准备250 000（5 000 000×5% = 250 000）元：

借：信用减值损失——计提的坏账准备   250 000
    贷：坏账准备   250 000

（2）20×3年6月发生坏账50 000元：

借：坏账准备   50 000
    贷：应收账款   50 000

（3）20×3年末补提坏账准备100 000（6 000 000×5% − 250 000 + 50 000 = 100 000）元：

借：信用减值损失——计提的坏账准备   100 000
    贷：坏账准备   100 000

账户记录如下：

20×3年坏账准备记账： 坏账准备	
50 000	250 000
	100 000
	300 000

20×4年坏账准备记账： 坏账准备	
	300 000
	20 000
	5 000
	325 000

（4）20×4年3月收回已转销坏账20 000元：

借：银行存款   20 000
    贷：应收账款   20 000

        借：应收账款   20 000
            贷：坏账准备   20 000

    （5）20×4年末补提坏账准备5 000（6 500 000×5% −300 000 − 20 000 = 5 000）元：

扩展阅读：双汇社会责任践行情况探究——基于内部控制视角

        借：信用减值损失   5 000
            贷：坏账准备   5 000

坏账准备期末余额变化情况见表8-13。

表8-13 坏账准备期末余额变化情况   单位：万元

时间	年末应收账款余额	提取坏账准备	发生坏账	补提数
20×2年末	500	25		
20×3年末	600	30	5	10[30 − （25 − 5）]
20×4年末	650	32.5	−2	0.5[32.5 − （30 + 2）]

第五节 会计机构岗位制度和会计档案的保管

一、会计机构的岗位制度

会计机构的岗位制度是在会计机构内部按照会计工作的内容和会计人员的配备情况，将会计机构的工作划分为若干个岗位，并为每个岗位规定职责和要求的责任制度。各单位应本着有利于加强会计管理，改进工作作风，提高工作效率，以及有利于分清职责、严明纪律、考核干部的要求，建立健全会计机构岗位责任制。

实践证明，建立会计机构的岗位责任制，有利于使每一项会计工作都有专人负责，每一个会计人员都有明确的职责，办事有要求，工作有检查。这样做，不仅可以加强会计管理，提高工作效率，保证会计工作有秩序地进行，并且有利于考核会计人员的工作成绩。各单位建立会计机构的岗位责任制，要同本单位的经济责任制相联系，实行以责定权、权责明确、严格考核、有奖有惩的原则。

建立会计机构的岗位责任制，要从本单位会计业务量和会计人员配备的实际情况出发，按照效益和精简的原则划分工作岗位。会计人员的工作岗位一般可分为：会计主管、出纳、财产物资核算、工资核算、成本费用核算、收入利润核算、资金核算、往来结算、总账报表、稽核等。这些岗位可以一人一岗、一人多岗或一岗多人，各单位可以根据自身特点具体确定。

《会计法》规定：各单位应当建立、健全本单位内部会计监督制度。单位内部会计监督制度应当符合下列要求：①记账人员与经济业务事项和会计事项的审批人员、经办人员、财物保管人员的职责权限应当明确，并相互分离、相互制约。即会计事项相关人员的职责权限应当明确，将失误、舞弊等问题控制到最低限度。②重大对外投资、资产处置、资金调度和其他重要经济业务事项的决策和执行的相互监督、相互制约，程序应当明确。③财产清查的范围、期限和组织程序应当明确。④对会计资料定期进行内部审计的办法和程序应当明确。

为贯彻内部牵制原则，出纳人员不得兼管稽核、会计档案保管及收入、费用、债权债务账目的登记工作。在较大规模的单位中，会计业务量大，会计人员较多，会计机构内部可以按经济业务的类别划分岗位，设立若干职能组，分别负责各项业务工作。如设立综合财务组、工资组、资金组、成本组、会计组等，并按分管的业务明确职责要求。有些单位按经济业务和会计方法相结合的原则进行分工，设置资金核算组、成本核算组、综合报表组、审核分析组和计划决策组等，以便发挥会计的职能作用。

各个岗位上的会计人员在完成本职工作的同时，要与其他岗位上的会计人员密切配合，互相协作，共同做好本单位的会计工作。实行会计人员岗位责任制，并不要求会计人员长期固定在某一工作岗位上，会计人员之间要分工并有计划地进行轮换，以便会计人员能够比较全面地了解和熟悉各项会计工作，提高业务水平，便于相互协作，提高工作效率，从而把会计工作做得更好。

二、会计档案的保管

会计档案是指会计凭证、会计账簿和会计报表等会计核算专业资料，它是记录和反映经济业务的重要史料和证据。会计档案是国家档案的重要组成部分，也是各单位的重要档案之一。各单位必须加强对会计档案管理的领导，建立和健全会计档案的立卷、归档、保管、调阅和销毁等管理制度，切实把会计档案管好。

（一）会计档案包括的具体内容

按照《会计档案管理办法》的规定，企业单位的会计档案包括以下具体内容：

（1）会计凭证类：原始凭证、记账凭证、汇总凭证、其他会计凭证。

（2）会计账簿类：总账、明细账、日记账、固定资产卡片、辅助账簿、其他会计账簿。

（3）财务报告类：月度、季度、年度财务报告，包括会计报表、附表、附注及文字说明，其他财务报告。

（4）其他类：银行存款余额调节表、银行对账单、其他应当保存的会计核算专业资料；会计档案移交清册、会计档案保管清册、会计档案销毁清册。

会计档案是会计事项的历史记录，是总结经验、进行决策所需的重要资料，也是进行会计检查、审计检查的重要资料。因此，各单位的会计部门必须认真做好会计档案的管理工作。

各单位的会计人员要按照国家和上级关于会计档案管理的规定和要求，对本单位的各种会计凭证、会计账簿、会计报表、财务计划、单位预算和重要的经济合同等会计资料，定期收集，审查核对，整理立卷，编制目录，装订成册。

（二）会计档案管理的内容

1. 定期整理归类

会计凭证是重要的经济资料和会计档案。任何单位在完成经济业务手续和记账之后，必须按规定的立卷归档制度形成会计档案资料。

会计部门在记账之后，应定期（每天、每旬或每月）对各种会计凭证加以分类整理，将各种记账凭证按照编号顺序，连同所附的原始凭证折叠整齐，加具封面、封底，装订成册，并在装订上加贴封签。在封面上，应写明单位名称、年度、月份、记账凭证的种类、起讫日期、起讫号数以及记账凭证和原始凭证的张数，并在封签处加盖会计主管的骑缝图章。如果采用单式记账凭证，在整理装订凭证时，必须保持会计分录的完整。为此，应按凭证号顺序装订成册，不得按会计科目归类装订。

对各种重要的原始凭证以及各种需要随时查阅和退回的单据，应另编目录，单独登记保管，并在有关的记账凭证和原始凭证上相互注明日期和编号。某些记账凭证所附的原始凭证数量过多，也可以单独装订保管，但应在封面上注明所属记账凭证的日期、编号、种类，同时在有关的记账凭证上注明"附件另附"和原始凭证名称和编号，以便查考。

会计账簿同会计凭证以及会计报表，都是重要的会计档案。各单位的会计人员在年度终了，应将已更换的各种活页账簿、卡片账簿以及必要的备查账簿连同账簿使用登记表装订成册，加上封面，统一编号，由有关人员签章后，与订本账簿一起归档保管。

会计报表同会计凭证以及会计账簿一样，都是重要的会计档案。各单位的会计人员，在年度终了，应将全年编制的会计报表按时间先后顺序整理，装订成册，并加上封面，归档保管。

2. 按时编造清册归档

每年的会计凭证、账簿、报表都应由财会部门按照归档的要求，负责整理立卷或装订成册；当年的会计档案，在会计年度终了后，可暂由本单位财务会计部门保管 1 年，期满后，原则上应由财务会计部门编造清册移交本单位的档案部门保管。财务会计部门和经办人员必须将应归档的会计档案全部移交档案部门，不得自行封包保存。档案部门必须按期点收。档案部门接收的会计档案，原则上要保持原卷册的封装，个别需要拆封重新整理的，应由财会部门和经办人员共同拆封整理，以明确责任。会计档案必须进行科学管理，做到妥善保管，存放有序，查找方便，严格执行安全和保密制度，不得随意堆放，严防毁损、丢失和泄密。

3. 制定和执行调用和借阅手续

对会计档案必须进行科学管理，做到妥善保管，存放有序，查找方便，为本单位所利用。但调阅会计档案，应有一定的手续。应设置"会计档案调阅登记簿"，详细登记调阅日期、调阅人、调阅理由、归还日期等。本单位人员调阅会计档案，需经会计主管人员同意。外单位人员调阅会计档案，要有正式介绍信，经单位领导批准。向外单位提供会计档案时，档案原件原则上不得借出。如有特殊需要，须报经上级主管单位批准，并应限期归还。调阅人员未经批准不得擅自摘录有关数字。遇特殊情况需要影印复制会计档案的，必须经过本单位领导批准，并在"会计档案调阅登记簿"上详细记录会计档案影印复制的情况。

4. 严格遵守保管期限和销毁制度

各种会计档案的保管期限，根据其特点，分为永久、定期两类。定期保管期限分为 10 年、30 年两种。会计档案保存期限和销毁办法，由国务院财政部门会同有关部门制定。目前使用的企业会计档案保管期限如表 8-14 所示。

扩展阅读：数字时代背景下构建会计电子档案管理体系研究

表 8-14 会计档案保管期限

序号	档案名称	保管期限	备 注
一	会计凭证		
1	原始凭证	30 年	
2	记账凭证	30 年	
二	会计账簿		
3	总账	30 年	
4	明细账	30 年	
5	日记账	30 年	

序号	档案名称	保管期限	备　注
6	固定资产卡片		固定资产报废清理后保管 5 年
7	其他辅助性账簿	30 年	
三	财务会计报告		
8	月度、季度、半年度财务会计报告	10 年	
9	年度财务会计报告	永久	
四	其他会计资料		
10	银行存款余额调节表	10 年	
11	银行对账单	10 年	
12	纳税申报表	10 年	
13	会计档案移交清册	30 年	
14	会计档案保管清册	永久	
15	会计档案销毁清册	永久	
16	会计档案鉴定意见书	永久	

保管期满后，需要销毁。销毁时必须严格执行会计档案保管的规定，任何人不得随意销毁。按规定销毁会计凭证时，必须开列清单，报经批准后，由档案部门和财务会计部门共同派员监销。各级主管部门销毁会计凭证时，还应有同级财政部门、审计部门派员参加监销。各级财政部门销毁会计凭证时，由同级审计机关派员监销。在销毁会计凭证前，监督销毁人员应认真清点核对，销毁后，在销毁清册上签名盖章，并将监销情况报本单位负责人。

第三方成本收益与区块链

1. 当列车驶过农田——第三方成本收益

20 世纪初的一天，列车在绿草如茵的英格兰大地上飞驶。坐在车上的英国经济学家庇古边欣赏风光，边对同伴说，机车喷出的火花（当时是蒸汽机车）飞到麦穗上，给农民造成了损失，但铁路公司不用向农民赔偿，这就是市场经济的无能之处，称为"市场失灵"。

70 年后，1971 年美国经济学家乔治·斯蒂格勒和阿尔钦同游日本。他们在高速列车（这时已是电气机车）上想起庇古当年的感慨，就问列车员，铁路附近的农田是否受到列车的损害而减产。列车员说，恰恰相反，飞速驶过的列车把吃稻谷的飞鸟吓走了，农民还受益呢。当然，铁路公司也不能向农民收"赶鸟费"。这同样也是市场无能为力的"市场失灵"。

同一件事情在不同的时代与地点结果不同，两代经济学家的感慨也不同。但从经济学的角度看，列车驶过农田无论结果如何，都产生了外部性。这种外部性的存在引起市场失灵。

外部性又称外部效应，是指某种经济活动给无关的第三方产生的影响。这就是说，这种活动的某些成本并不由从事这项活动的当事人（买卖双方）承担，而由与这项活动无关的第三方承担。这种成本被称为这项经济活动的外在成本或社会成本。如列车驶过给农民带来的损失。同样，这种活动的某些收益也不由从事这项活动的当事人获得，而由与这些活动无关的第三方获得。这种收益被称为外在收益或社会收益。如列车驶过给农民带来的产量增加。前一种情况称为负外部性，后一种情况称为正外部性。庇古看到的情况是负外部性。类似的情况还有化工厂或造纸厂对河流和空气的污染。吸烟者对环境和非吸烟者的危害。斯蒂格勒和阿尔钦看到的情况是正外部性。类似的情况还有养蜂人到果园放蜂采蜜，同时免费为果园实现了授粉。教育提高了受教育者的文化水平和道德修养，整个社会都受益。这也是正外部性。

根据经济学原理，生产者为了利润最大化进行生产，是供给者，消费者为了效用最大化进行消费，是需求者。当价格调节使供求相等时，生产者实现了利润最大化，消费者实现了效用最大化。整个社会实现了经济福祉最大化，资源得到最优配置。

但当存在外部性时，情况就不同了。当某项活动供求双方都实现最大化时，却给予这项经济活动无关的第三方带来了成本或收益。这时供求相等时价格调节形成的资源配置对参与这项活动的供求双方是最优的，但对社会就不一定了。这时供求双方的利益最大化，也不是社会福祉的最大化。

我们把供求双方的成本称为私人成本，把供求双方的收益称为私人收益，把包括第三方在内的成本称为社会成本，把包括第三方在内的收益称为社会收益。当不存在外部性时，私人成本等于社会成本，私人收益等于社会收益，价格可以调节经济，实现资源配置最优。当存在外部性时，价格调节实现的个人资源配置最优并不是社会资源配置最优。这就是说在没有外部性的情况下，价格可以有效地调节经济，但在有外部性的情况下，价格不能有效地调节经济，配置资源，这就被称为市场失灵。引起市场失灵的还有其他原因，如市场有效的前提之一是理性人假设，但现实中人并非完全理性，只有有限理性或者说非理性。再如，市场有效以市场上信息对称为前提，但信息经济学说明，市场上供求双方信息是不对称的。还有20世纪30年代就认识到的，市场有效只有在完全竞争市场上才能实现，但完全竞争也是一个假设，现实中的市场存在着不同程度的垄断。但外部性的存在总是市场失灵的重要原因之一。

经济学家对市场失灵的原因有不同的偏重，也对市场失灵提出了不同的解决方法，这些方法大体上可分为两类：国家干预市场失灵，以及市场靠本身的力量来消除市场失灵。

2018年年初，爆出了全球最大社交网站脸书泄露5 000万个用户信息的丑闻，个人隐私就不必说了，重要的是，泄露的内容包括持卡人姓名、身份证、银行卡类别、银行卡号、CVV码等信息。目前，我们正处于从信息互联网向价值互联网过渡的阶段。简单讲，互联网其实是一个信息的聚合的平台，通过大量的内容聚合了大量的用户。这些用户可以给互联网提供大量的数据和价值。这些数据在早期是有利于互联网整体普及的，但今天，在这些数据的价值日益增加的时候消费者不满了，比如像脸书的收入和利润，都是基于用户的数据产生，但是消费者在这个过程当中不但没有享受到好处，反而有可能还会收到一些垃圾信息。

2. 区块链可以保护第三方成本收益

让我们继续脸书的话题。2018 年年初，爆出了全球最大社交网站脸书泄露 5000 万个用户信息的丑闻，你还觉得只是泄露些隐私不可怕吗？进一步，你也许已经在想：区块链真的能保护我的隐私吗？它离我还远吗？

我们生活在一个现代化的世界，现代化意味着高科技，高科技意味着你很难成为一个独立生活的绝缘体。生活中，超市购物刷脸支付、手机的指纹解锁、微信登录用声音进行验证等技术，无不透露出你的信息，再加上现在如人脸识别、指纹解锁、虹膜比对等生物特征识别技术在日常生活中广泛使用，不经意间我们就会泄露个人隐私。

再如移动支付、共享单车和网约车等全新数字业态的出现，它在方便你的同时，也极其蛮横地侵入了你的世界，不管你是否允许，数据的收集活动随时都在进行，我们的行为会被追踪，并且被保存下来。相关的 App 不经意间就会泄露个人数据。

随着科技的进步，智能家居设备悄然普及，逐步走进寻常百姓家里。它带来的问题也很明显，只是大部分人没有意识到这个问题的严重性。相关技术固然可以为我们提供便利，但同时也把我们的隐私暴露无遗。比如，家用摄像头、带摄像头的扫地机器人、智能电视、游戏主机等设备，很容易在远程被入侵，然后泄露用户家中的隐私画面。这些画面中可能就包含你的银行卡密码、社交软件账户等重要信息。具有一定功能的智能电饭煲、微波炉等，还有可能被不良分子在远程控制，导致人为纵火等破坏性事故。智能门锁看似比传统锁更具安全性，但在专业不法分子眼中，如同无物，很可能成为引狼入室的元凶。当前人们在享受互联网时代便利的同时，常常会感慨这是一个没有隐私的年代。网络爬虫、人肉搜索，将人们置于显微镜下。打开手机，各种促销电话接连不断，被骚扰一下还罢了，因信息泄露遭遇经济诈骗的报道实际上屡见不鲜。公共场所的摄像头等联网设备，也是不法分子入侵的重灾区。比如，曾有新闻报道 12306 数据遭泄露，很多人并不以为然，殊不知，一旦这些数据被不法分子利用，我们的财产安全与人身安全就会遭遇重大威胁。今天是属于互联网金融的大数据时代，大数据可以承载信息、知识和历史，而信息、知识和历史就是人类生存和发展的平台、资产和财富。大数据可以梳理历史，可以颠覆现实，当然也可以创造未来。从商业运作、社会治理到技术创新，我们都确信大数据不可或缺，必须开放，面向全球，更要面向我们自己。然而，大数据观念不只是明智领导的选择，也不只是精英人士的忧患意识，更是千千万万人能够在一个稳定而宽容的创业环境中进行竞争的过程。因此，我们需要这样一种可能：允许创业者、投资者与消费者真正将大数据作为资产、资本和生态空间去开发、增值和交易，而不是简单视其为工具。

未来，区块链技术的运用，可以对数据进行确权，消费者将从传统的被动的产品消费者和使用者，变成为数据的持有者。人们跟互联网巨头的用户关系也会发生改变，这是一种生产力与关系的改变。如巨头想要再利用用户数据卖广告时，需要得到用户的认可，同时还要将大部分的收益分给用户（比如说脸书的千亿收入，应该拿出一半以上返还给用户），否则用户的信息都是加密的，你拿不到，拿到了则是非法的，得不偿失，这是区块链对于价值互联网的重要意义。

本章练习题

一、思考题

1. 什么是财产清查？它有何重要作用？

2. 引起财产物资账实不符的原因有哪些？

3. 永续盘存制与实地盘存制的主要区别是什么？各有何优缺点？

4. 在先进先出法下，发出存货的成本是怎样计算的？

5. 在一次加权平均法下，发出存货的成本是怎样计算的？

6. 何谓未达账项？为什么会产生未达账项？

7. 如何编制银行存款余额调节表？

8. 财产清查结果的核算需设置什么账户？该账户的结构是怎样的？

9. 如何进行库存现金、存货盘盈的账务处理？

10. 如何进行库存现金、存货、固定资产盘亏的账务处理？

11. 存货盘盈与固定资产盘盈的账务处理为何不同？

12. 采用备抵法核算坏账损失需要设置什么账户？该账户的结构是怎样的？

13. 备抵法下如何进行坏账准备的计提、转销，以及转销后收回的账务处理？

二、计算题

1. 某企业 202×年 8 月 21—31 日银行存款账面记录如下：

（1）21 日开出支票 1246 号，支付购入材料运费 300 元；

（2）22 日开出支票 1248 号，支付购入材料费用 39 360 元；

（3）25 日存入销货款转账支票 40 000 元；

（4）27 日开出支票 1249 号，支付委托外单位加工费 16 800 元；

（5）28 日存入销货款转账支票 28 000 元；

（6）30 日开出支票 1252 号，支付机器修理费 376 元；

（7）31 日银行存款账面结存余额 42 594 元。

银行对账单记录：

（1）23 日支票 1248 号付出 39 360 元；

（2）24 日代交电费 3 120 元；

（3）26 日转账收入 40 000 元；

（4）27 日代收广东货款 11 820 元；

（5）28 日支票 1246 号付出 300 元；

（6）29 日存款利息收入 488 元；

（7）30 日支票 1249 号付出 16 800 元；

（8）30日结存余额24 158元。

根据以上资料，查明银行存款记录余额与银行对账单不符原因，编制银行存款余额调节表。

2.202×年6月30日，银行对账单余额为2 258 375元，甲公司银行存款日记账余额为2 175 456元，甲公司与银行往来资料如下，请根据提供内容，编制银行存款余额调节表。

（1）6月30日，收到购货方转账支票一张，金额为240 000元，已送存银行，银行尚未入账。

（2）6月30日，甲公司当月的水电费用为21 625元，银行代为支付，但公司未接到银行通知。

（3）6月30日，甲公司开出支票，尚有250 100元未兑现。

（4）6月30日，甲公司送存支票272 235元，因对方存款不足，被银行退票，公司未接到通知。

（5）6月30日，甲公司托付银行代收款项200 000元，银行已入账，公司尚未收到银行通知。

各国国库存什么

企业的金库里存有现金、有价证券和外币等，那么国家的金库里都有什么？

国库分为财政国库和财产国库两大类。像俄罗斯，所有的财政国库资金收支都是通过财政部在俄罗斯中央银行及其分支机构中设立的国库账户进行的。财产国库则是所有国有资产的总和。从这个意义上说，财产国库所存放的不仅仅是黄金、白银这些贵重金属，还包括形形色色的固定资产。

但因为国有土地、政府办公大楼、军舰、飞机等不需要收藏，所以国库里真正需要收藏保管的还是体积小、价值大的黄金、美元和各种债券等。

现在各国的货币发行量，早已不与它们国库的黄金存量挂钩，但瑞士除外。瑞士国库里始终储备着足够的黄金，因而至今仍然保持着全世界唯一的金本位制。瑞士国库目前有黄金储备2 590吨，约占世界各国国库黄金总储备量的7.7%。按人均算，瑞士是全球人均拥有黄金最多的国家。瑞士国库中除了黄金、白银等贵重金属和美元资产外，也存有一定数量的欧元、英镑等主要硬通货和外国政府的债券。此外，瑞士国库不仅管理着巨额的不动资产，而且凭着力求盘活富余资金的原则，还在千方百计地进行着各种金融投资。

在日本国库中，储存的主要是外汇、外国债券、黄金等贵重金属，以及国际货币基金组织的特别提款权和世界银行的票据等。

俄罗斯国库中既存有货币黄金，也有外汇等其他储备，还有一部分黄金、外汇储备存在国外。20世纪50年代，苏联为了避免靠石油收益的美元存放在美国被美国政府冻结的危险，将大量外汇收入存到欧洲，形成了脱离美国政府控制的大量"离岸美元"。

国库财宝怎么存

　　瑞士国库里的黄金，部分存放在伯尔尼瑞士政府大楼和联邦议会大厦前面的广场地下深处——一个在地下百米处的防核弹掩体内。除了这座从未对外开放的地下金库外，瑞士还有不少储备黄金的国库是对公众开放的，目的在于炫耀储备之安全，吸引更多的国外托管客户。当你走进任何一家安全系数超过 100%的开放金库，都会为如此多的黄金而惊叹不已。1 000 多千克重的大金板堆至房顶，来回挪动都得靠重型铲车和起重机，数百平方米的地下室，到处是标有纯度为 99.9%的黄金。进入这些金库的人既可观看，也可触摸，还可以购买，但是这一切都是在陪同人员和摄像机的监视下进行的。

　　日本的现金以及黄金储备大部分都存放在日本中央银行的地下金库中。在部分黄金交易中，只是账面上的来往。

　　据俄罗斯媒体透露，俄罗斯有一个专门的国家金库，它坐落在一幢不起眼的灰色楼房中，电梯陈旧，但每个房间都配备了厚厚的钢制大门，一排排编码的保险箱中存放着各种具有文化和历史价值的珍宝。据报道，有黄金、宝石、首饰、钱币和各类贵重金属。此外，金库中珠宝的比重也很大，目前所藏的各类宝石大约有 9 000 种。

　　美国储藏本国黄金的有两个地方：一个在肯塔基州的诺克斯堡，一个在纽约州的西点。两地都是军事基地，都是地下金库。偌大的军事基地，许多地方可以随便开车进入，唯独金库用铁丝网拦住，外人不得入内。至于纽约联邦储备银行的地下金库，主要是存放外国的黄金。

　　资料来源：何洪泽. 各国国库存什么[J]. 莫愁（家庭教育），2011（6）.

即测即练

自学自测　　扫描此码

第九章

财务会计报告

帕乔利密码

小李和小王通过和刘会计师学习，知道了"财务会计报告"是财务信息系统的最终产品，刘会计师称其为帕乔利密码。

2003 年，美国悬疑小说家丹·布朗（Dan Brown）出版了《达·芬奇密码》一书，到目前为止，全球畅销 6 000 多万册。经由作者丰富的想象力，达·芬奇的不朽杰作《最后的晚餐》和《蒙娜丽莎的微笑》，居然不是纯粹的艺术创作，这些画作里隐含了密码，借此传递了可以动摇基督教信仰基础的天大秘密。

如果也容我发挥一下天马行空的想象力，那么我想说，在《最后的晚餐》画作中，丹·布朗指证历历的那个隐藏的"M"，并不是抹大拉的玛丽亚（Mary Magdalene），而是"Money"（金钱）。这个推测可不是毫无根据，因为达·芬奇一直深受会计学之父卢卡·帕乔利（Luca Pacioli）的影响。

根据历史记载，自 1496 年起，达·芬奇跟着意大利修士帕乔利在米兰学了 3 年几何学，据说他还因为太过沉迷而耽误了艺术创作。在达·芬奇遗留的手稿中，他多次提到如何把学来的透视法及比例学，运用在绘画创作中。为了答谢恩师，达·芬奇为帕乔利 1509 年的著作《神圣比例学》（讨论几何学中所谓的"黄金比例"）画了六十几幅精美的插图。

1494 年，帕乔利在威尼斯出版了会计学的鼻祖之作《算术、几何、比与比例概要》，系统地介绍了"威尼斯会计方法"，也就是所谓的"复式会计"（double entry bookkeeping）。正因为帕乔利的贡献，一切商业活动都可转换为以"Money"为符号的表达。下次当你欣赏达·芬奇的作品时，别忘了其中所隐藏的 M 字母，可能深具会计学含义！

除了介绍会计方法，帕乔利还在书中大力宣扬商业经营成功的三法宝：充足的现金或信用、优良的会计人员与卓越的会计信息系统，以便商人能够一眼看清企业的财务状况。

帕乔利所提倡的会计方法，可以把复杂的经济活动及企业竞争的结果，转换成以货币为表达单位的会计数字，这就是笔者所谓的"帕乔利密码"。这些密码拥有极强大的压缩威力，即使再大型的公司（如通用电气、微软及联想），它们在市场竞争中所创造或亏损的财富，都能压缩汇总成薄薄的几张财务报表。这些财务报表透露的讯息必须丰富、充足，否则投资人或银行不愿意为公司提供资金。但是，这些财务报表又不能过分透明，否则竞争对手会轻而易举地学走公司的经营方法。因此，帕乔利密码所隐含的讯息往往不易了解。听完刘会计师的讲解后，小李和小王明白了，通过会计报表的学习，他们才能活用帕乔利密码，进而培养个人及组织的竞争力。对于投资者来说，也能透过薄薄的几张财务报表，充分读懂企业透露的信息，提升投资报酬率。

资料来源：刘顺仁. 财报就像一本故事书[M]. 太原：山西人民出版社，2007.

第一节　财务会计报告概述

一、财务会计报告的定义与种类

为什么有了会计凭证、会计账簿还要编制财务会计报告？填制会计凭证、登记会计账簿和编制财务报告均属于会计核算方法。会计凭证是登记会计账簿的依据，会计账簿是编制财务报告的依据。

会计凭证包括原始凭证和记账凭证，原始凭证只是用来证明经济业务已经发生，记账凭证对经济业务进行分类，确定所发生经济业务是否进入会计账簿系统以及应属于哪个会计要素，并作为登记账簿的依据。但每一个会计凭证仅反映某一项经济业务，不能系统地反映企业的经济活动，为此需要根据会计凭证登记会计账簿。

会计账簿主要包括总分类账和明细分类账，总分类账是用来记录某一类经济业务总括核算资料的，明细分类账是用来记录某一类经济业务详细核算资料的，它们只能系统地反映某一类经济业务，不能全面、集中反映企业的财务状况、经营成果和现金流量情况，因此，需要根据会计账簿编制财务会计报告。

只有编制了财务会计报告，才能反映企业的财务状况、经营成果和现金流量情况，才能满足会计信息使用者的需要。

（一）财务会计报告的定义

财务会计报告，又称财务报告，是指企业对外提供的反映企业某一特定日期财务状况和某一会计期间经营成果、现金流量等会计信息的文件。财务报告的主要作用是向财务报告使用者提供真实、公允的信息，用于落实和考核企业领导人经济责任的履行情况，并有助于包括所有者在内的财务报告使用者的经济决策。我国《企业财务会计报告条例》规定：企业不得编制和对外提供虚假的或隐瞒重要事实的财务报告；企业负责人对本企业财务报告的真实性、完整性负责。

（二）财务会计报告的种类

我国《企业财务会计报告条例》中规定：企业的财务会计报告分为年度、半年度、季度和月度财务会计报告。月度、季度财务会计报告是指月度和季度终了提供的财务会计报告；半年度财务会计报告是指在每个会计年度的前 6 个月结束后对外提供的财务会计报告；年度财务会计报告是指年度终了对外提供的财务会计报告。其中将半年度、季度和月度财务会计报告统称为中期财务报告。

通常情况下，企业年度财务报告的会计期间是指公历每年的 1 月 1 日至 12 月 31 日；半年度财务报告的会计期间是指公历每年的 1 月 1 日至 6 月 30 日，或 7 月 1 日至 12 月 31 日；季度财务报告的会计期间是指公历每一季度；月度财务报告的会计期间则是指公历每月 1 日至最后一日。

二、财务报告的构成

关于财务报告应包括哪些内容，《企业会计准则——基本准则》第四十四条规定：企业的财务报告由会计报表、会计报表附注和其他应当在财务报告中披露的相关信息和资料组成。企业对外提供的财务报告的内容、会计报表种类和格式、会计报表附注的主要内容等，由会计准则规定；企业内部管理需要的会计报表由企业自行规定。

（一）会计报表

根据《企业会计准则第 30 号——财务报表列报》的规定，企业对外提供的会计报表至少包括资产负债表、利润表、现金流量表、所有者权益（或股东权益）变动表。

（二）会计报表附注

会计报表附注是对在资产负债表、利润表、现金流量表和所有者权益变动表等报表中列示项目的文字描述或明细资料，以及对未能在这些报表中列示项目的说明等。

三、财务报告的基本要求

（一）财务报告的时间要求

会计信息的价值在于帮助企业所有者或其他相关方做出经济决策，如果不能及时提供会计信息，经济环境发生了变化，时过境迁，这些信息也就失去了应有的价值，无助于经济决策。所以，企业的会计核算应当及时进行，不得提前或延后。

企业应当依照有关法律、行政法规规定的结账日进行结账。年度结账日为公历年度每年的 12 月 31 日；半年度、季度、月度结账日分别为公历年度每半年、每季、每月的最后一天。月度财务报告应当于月度终了后 6 天内（节假日顺延，下同）对外提供；季度财务报告应当于季度终了后 15 天内对外提供；半年度财务报告应当于年度中期结束后 60 天内（相当于两个连续的月份）对外提供；年度财务报告应当于年度终了后 4 个月内对外提供。

（二）财务报告的形式要求

企业对外提供的会计报表应当依次编定页数，加具封面，装订成册，加盖公章。封面上应当注明：企业名称、企业统一代码、组织形式、地址、报表所属年度或者月份、报出日期，并由企业负责人和主管会计工作的负责人、会计机构负责人（会计主管人员）签名并盖章；设置总会计师的企业，还应当由总会计师签名并盖章。

（三）财务报告的编制要求

在编制财务报告过程中，应遵守下列关于财务报告编制的要求：

（1）企业在编制年度财务报告前，应当全面清查资产、核实债务，包括结算款项、存货、投资、固定资产、在建工程等。在年度中间，应根据具体情况，对各项财产物资和结算款项进行重点抽查、轮流清查或者定期清查。企业清查、核实后，应当将清查、核实的结果及其处理办法向企业的董事会或者相应机构报告，并根据国家统一的会计准则的规定进行相应的会计处理。

企业在编制财务报告前，除应当全面清查资产、核实债务外，还要做好结账和对账工作，并检查会计核算中可能存在的各种需要调整的情况。

（2）以各项会计准则为准绳进行确认和计量。财务报表是通用的商业语言，财务信息的表述必须做到"真实与公允"。企业只有遵守各项具体会计准则，编制的财务报表才能做到"真实与公允"。因此，企业对经济业务的核算应当按各项具体会计准则规定的方法和标准进行确认和计量，并在规范的会计核算基础之上编制财务报表。

（3）一般情况下以持续经营为列报基础。持续经营是指企业在可以预见的未来，将按着当前的规模和状态继续经营下去，不会停业，也不会大规模削减业务。一般情况下，企业应当以持续经营为基础编制财务报告，如果对企业持续经营的能力产生怀疑，应当在附注中披露。

（4）报表项目列报体现重要性原则。重要性，是指财务报表某项目的省略或错报会影响使用者的决策。企业应当考虑报表项目的重要性，对于功能或性质不同且具有重要性的项目，在财务报表中单独列报，对于功能或性质类似且不具有重要性的项目，应合并列报。

（5）报表项目列报的可比性。可比性原则要求企业提供的会计信息应当相互可比，主要包括：同一企业不同时期相互可比；不同企业相同会计期间相互可比。因此财务报表列报应在各个会计期间保持一致，不得随意变更，保证财务信息的可比性。

（6）财务报表项目的金额一般不得相互抵销。财务报表应当以总额列报，债权和债务、收入和费用项目的金额一般不得相互抵销。如客户欠本企业的应收款和企业欠客户的应付款不得抵销，如果抵销就掩盖了交易的实质。但是以净额列示的项目，比如固定资产等除外。

（7）至少提供上一会计期间可比数据。企业列报当期财务报表时，至少提供上一会计期间可比数据，以提高会计信息的可比性，反映会计期间的财务状况、经营成果、现金流量的发展趋势，以提高信息使用者的判断和决策能力。

股神巴菲特

史学家司马迁在《史记·货殖列传》中对财富的创造提出一针见血的论点："无财作力，少有斗智，既饶争时。"（没钱靠体力，钱少靠智力，钱多靠掌握时机。）凭借体力只能温饱，无法累积财富。2001 年，美国著名学者吉姆·柯林斯（Jim Collins）

在畅销书《从优秀到卓越》中一再强调，在商业竞争中能"让对的人上车"，并且拥有"态度谦逊但专业坚持"的经理人，是使企业绩效起飞的最重要关键。"投资自己"，成为奇货可居的专业经理人，是"少有斗智"创造财富的好策略。但真正能创造巨大财富的是"既饶争时"，也就是追随金融市场对经济发展抱持高度评价的黄金时机，以创业家或投资人的角色创造千百倍的财富。

沃伦·巴菲特，伯克希尔·哈撒韦集团董事长，金融界的传奇人物。他以独特的投资策略、投资技巧成为 20 世纪（也许是整个人类历史上）最伟大的投资者之一。从 1942 年 11 岁的巴菲特第一次购买股票以来，他以惊人的速度积敛了财富，被人们称为"股神"。巴菲特在美国的哥伦比亚大学以优异的成绩获得经济学硕士学位。他经常在《财富》杂志的全球财富榜排名中位居前三，也被称为"美国最聪明的人"。

2007 年，他曾设立过一个著名的"巴菲特赌局"，他打赌在 2008 年 1 月 1 日到 2017 年 12 月 31 日的十年中，没有一个专业的投资者，可以设计一种至少包含五只对冲基金的投资组合，在十年赌约结束的时候投资收益可以超过美国标普 500 指数的表现。

他选择了美国 Vanguard 先锋 500ETF 指数基金来代表标普 500 指数。ETF 基金指数类似于 A 股当中的中证 500 指数。巴菲特设立了 100 万美元作为赌注。

有一个著名的美国对冲基金，叫 Protege Partners，其中一个非常专业的投资经理叫泰德·西德斯（Ted Seides）就接受了赌局。他选择了五只对冲基金作为分散投资的一个组合，和巴菲特选择的标普 500 指数的高度分散的投资组合进行 PK。

结果在十年结束的时候，专业的投资经理惨败。在 2017 年巴菲特致投资者的信中，他对赌约进行了获胜总结。

他所选择的代表标普 500 指数的先锋 500EFT 指数基金，在十年当中收益率达到了 85%，也就是说平均每年有 7%左右的收益率。而对冲基金的经理泰德选出的五只对冲基金中，其中最好的一只基金十年里涨了大概 63%，另外一只对冲基金涨了 28%，其他三只对冲基金十年当中的投资收益都不到 10%，所以没有有效地对冲掉风险，因此这位专业的对冲基金经理输掉了 100 万美元。当然，巴菲特把赢来的 100 万美元全捐给了慈善机构。

巴菲特说他购买的股票，不是仅把它作为股票，而是企业的投资人或者股东。如果你是一家企业的股东，一定得看懂这家公司的财务报告，财务报告是会说话的。另外还要分散风险，不能只投资一家企业，而是多家，像巴菲特这样的高手，投资 5～6 家即可。

第二节　资产负债表

一、资产负债表的内容与格式

资产负债表，是反映企业在某一特定日期财务状况的报表，主要提供有关企业财务状况方面的信息，也称静态报表。资产负债表可以提供企业在某一特定日期资产的总额及其结构，表明企业拥有或控制的资源及其分布情况；可以提供企业在某一特定日期的负债总额及其结构，表明企业未来需要用多少资产或劳务清偿债务以及清偿时间；可以反映企业所有者在某一特定日期所拥有的权益，据以判断资本保值、增值的情况以及对负债的保障程度。

　　资产负债表一般有表首、正表两部分。其中，表首概括地说明报表名称、编制单位、编制日期、报表编号、货币名称、计量单位等。正表则列示了用以说明企业财务状况的各个项目，它一般有三种格式：报告式、账户式、财务状况式。报告式资产负债表，又称垂直式，是上下结构，上半部列示资产，下半部列示负债和所有者权益。具体排列形式又有两种：一是按"资产＝负债＋所有者权益"的原理排列；二是按"资产－负债＝所有者权益"的原理排列。账户式资产负债表是左右结构，左边列示资产，右边列示负债和所有者权益。财务状况式资产负债表，特别列出营运资本。三种格式在世界范围内的使用情况为：美国一般采用报告式，英国一般采用财务状况式，日本一般采用账户式和报告式两种，而在加拿大则账户式、报告式、财务状况式三种格式都允许采用。不管采用什么格式，资产各项目的合计等于负债和所有者权益各项目的合计这一等式不变。在我国，资产负债表采用账户式，即按资产总计等于负债和所有者权益总计左右排列。

　　在资产负债表中，资产按照其流动性分类分项列示，包括流动资产和非流动资产；负债按照其流动性分类分项列示，包括流动负债和非流动负债等；所有者权益按照实收资本（股本）、资本公积、盈余公积、未分配利润等项目分项列示。

　　资产负债表的基本格式和内容如表 9-1 所示。

表 9-1　资产负债表

编制单位：　　　　　　　　　　　　　　　__年__月__日　　　　　　　　　　　会企 01 表
　　　　　　　　　　　　　　　　　　　　　　　　　　　　　　　　　　　　　单位：元

资产	期末余额	上年年末余额	负债和所有者权益（或股东权益）	期末余额	上年年末余额
流动资产：			流动负债：		
货币资金			短期借款		
交易性金融资产			交易性金融负债		
衍生金融资产			衍生金融负债		
应收票据			应付票据		
应收账款			应付账款		
应收款项融资			预收款项		
预付款项			合同负债		
其他应收款			应付职工薪酬		
存货			应交税费		
合同资产			其他应付款		
持有待售资产			持有待售负债		
一年内到期的非流动资产			一年内到期的非流动负债		
其他流动资产			其他流动负债		
流动资产合计			流动负债合计		
非流动资产：			非流动负债：		

续表

资产	期末余额	上年年末余额	负债和所有者权益（或股东权益）	期末余额	上年年末余额
债权投资			长期借款		
其他债权投资			应付债券		
长期应收款			其中：优先股		
长期股权投资			永续债		
其他非流动金融资产			长期应付款		
投资性房地产			预计负债		
固定资产			递延收益		
在建工程			递延所得税负债		
生产性生物资产			其他非流动负债		
油气资产			非流动负债合计		
使用权资产			负债合计		
无形资产			所有者权益（或股东权益）：		
开发支出			实收资本（或股本）		
商誉			其他权益工具		
长期待摊费用			其中：优先股		
递延所得税资产			永续债		
其他非流动资产			资本公积		
非流动资产合计			减：库存股		
			其他综合收益		
			专项储备		
			未分配利润		
			所有者权益（或股东权益）合计		
资产总计			负债和所有者权益（或股东权益）总计		

对于初学者我们提供了一张简表，样式如表 9-2 所示。

表 9-2　资产负债表（简表）

编制单位：　　　　　　　　　　　　　　　　_年_月_日　　　　　　　　　　　　　　　　会企 01 表

单位：元

资产	期末余额	年初余额	负债及所有者权益	期末余额	年初余额
流动资产：			流动负债：		
货币资金			短期借款		
交易性金融资产			交易性金融负债		
应收票据			应付票据		
应收账款			应付账款		
预付账款			预收账款		
应收利息			应付职工薪酬		
应收股利			应交税费		
其他应收款			应付利息		
存货			应付股利		

续表

资产	期末余额	年初余额	负债及所有者权益	期末余额	年初余额
一年内到期的非流动资产			其他应付款		
其他流动资产			一年内到期的非流动负债		
流动资产合计			其他流动负债		
非流动资产：			流动负债合计		
其他债权投资			非流动负债：		
债权投资			长期借款		
长期应收款			应付债券		
长期股权投资			长期应付款		
投资性房地产			专项应付款		
固定资产			预计负债		
工程物资			其他非流动负债		
在建工程			非流动负债合计		
固定资产清理			负债合计		
无形资产			所有者权益：		
开发支出			实收资本（股本）		
长期待摊费用			资本公积		
其他非流动资产			盈余公积		
非流动资产合计			未分配利润		
			所有者权益合计		
资产总计			负债和所有者权益总计		

二、资产负债表的编制方法

（一）资产负债表中的"年初余额"和"期末余额"

企业会计准则规定，会计报表至少应当反映相关两个期间的比较数据。即企业需要提供比较资产负债表，因此，资产负债表各项目需要分为"年初余额"和"期末余额"两栏分别填列。

（1）表中"年初余额"栏内各项目数字，应根据上年年末资产负债表"期末余额"栏内所列数字填列。如果本年度资产负债表规定的各个项目的名称和内容同上年度不一致，应对上年年末资产负债表各项目的名称和数字按照本年度的规定进行调整，按调整后的数字填入本表"年初余额"栏内。

（2）"期末余额"是指某一会计期末的数字，即月末、季末、半年末或年末的数字。资产负债表各项目"期末余额"栏内的数字，可通过以下几种方式取得：

①根据总分类账余额直接填列。资产负债表中的有些项目，可直接根据有关总账填列，如"交易性金融资产""应收股利""应收利息""工程物资""在建工程""固定资产清理""短期借款""应付票据""应付职工薪酬""应交税费""应付利息""应付股利""其他应付款""实收资本""资本公积""盈余公积"等项目。

②根据几个总分类账余额计算填列。如"货币资金"项目，需要根据"库存现金""银行存款""其他货币资金"账户的期末余额合计数填列。还有"存货"项目等也是如此。

③根据有关明细账余额计算填列。如"应付账款"项目，需要根据"应付账款"和"预付账款"两个账户所属相关明细账的期末贷方余额计算填列；"应收账款"项目需要根据"应收账款"和"预收账款"两个账户所属相关明细账的期末借方余额计算填列。类似的项目还有"预付账款""预收账款"等。

④根据总分类账和明细账余额分析计算填列。如"长期借款"项目，需要根据"长期借款"总账期末余额，扣除"长期借款"总账所属明细账中反映的、将于 1 年内到期的长期借款部分，分析计算填列。类似的项目还有"应付债券""长期应付款"等。

⑤根据有关账户余额减去其备抵账户余额后的净额填列。如"应收账款""存货"等项目，应当根据这些账户的期末余额减去"坏账准备""存货跌价准备"的账户余额后的净额填列。"固定资产"项目是用"固定资产"账户余额减去"累计折旧"和"固定资产减值准备"账户余额后的净额填列。

（二）资产负债表中各项目的填列方法

（1）"货币资金"项目，反映企业库存现金、银行存款、外埠存款、银行汇票存款、银行本票存款、信用证保证金存款等的合计数。本项目应根据"库存现金""银行存款""其他货币资金"账户的期末余额合计填列。

（2）"交易性金融资产"项目，反映企业购入的各种能随时变现，并准备随时变现的股票、债券和基金投资。本项目应根据"交易性金融资产"账户的期末余额填列。

（3）"应收票据"项目，反映企业收到的未到期也未向银行贴现的应收票据，包括商业承兑汇票和银行承兑汇票。本项目应根据"应收票据"账户的期末余额填列。已向银行贴现和已背书转让的应收票据不包括在本项目内。

（4）"应收账款"项目，反映企业因销售商品、产品和提供劳务等而应向购买单位收取的各种款项，减去已计提的坏账准备后的净额。本项目应根据"应收账款"账户和"预收账款"账户所属各明细账的期末借方余额合计，减去"坏账准备"账户中有关应收账款计提的坏账准备期末余额后的金额填列。

（5）"应收利息"项目，反映企业因债权投资而应收取的利息。本项目应根据"应收利息"账户的期末余额填列。

（6）"应收股利"项目，反映企业因股权投资而应收取的现金股利，企业应收其他单位的利润，也包括在本项目内。本项目应根据"应收股利"账户的期末余额填列。

（7）"其他应收款"项目，反映企业对其他单位和个人的应收和暂付的款项，减去已计提的坏账准备后的净额。本项目应根据"其他应收款"账户的期末余额，减去"坏账准备"账户中有关其他应收款计提的坏账准备期末余额后的金额填列。

（8）"预付账款"项目，反映企业预付给供应单位的款项。本项目应根据"预付账款"账户所属各明细账的期末借方余额合计填列。"预付账款"账户所属各明细账有贷方余额的，应填列在资产负债表"应付账款"项目内。

（9）"存货"项目，反映企业期末库存、在途和加工中的各项存货的价值，包括各种材料、商品、在产品、半成品、包装物、低值易耗品等。本项目应根据"在途物资"（或"材料采购"）、"原材料""低值易耗品""库存商品""周转材料""委托加工物资""生产成本"等账户的期末余额合计，减去"存货跌价准备"账户期末余额后的金额填列。原材料采用计划成本核算，以及库存商品采用计划成本核算的企业，还应按加或减材料成本差异后的金额填列。

（10）"其他流动资产"项目，反映已经支出但应由以后各期分期摊销的待摊费用，指除以上9项流动资产项目外的其他流动资产。本项目应根据有关账户的期末余额填列。"长期待摊费用"账户中将于1年内分摊的部分，也在本项目内反映。如其他流动资产价值较大的，应在会计报表附注中披露其内容和金额。

（11）"其他债权投资"项目，反映企业持有的其他债权投资的净值。本项目应根据"其他债权投资"账户的期末余额，减去"其他债权投资减值准备"账户余额后的金额填列。

（12）"债权投资"项目，反映企业所拥有的到期日在1年以上而且到期日确定的债权性投资的净值。本项目应根据"债权投资"账户的期末余额，减去"债权投资减值准备"账户的余额后填列。

（13）"长期应收款"项目，反映企业应收期限在1年以上的款项。本项目应根据"长期应收款"账户的期末余额减去相应的坏账准备后进行填列。

（14）"长期股权投资"项目，反映企业不准备在1年内（含1年）变现的各种股权性质投资的可收回金额。本项目应根据"长期股权投资"账户的期末余额，减去"长期股权投资减值准备"账户余额后的金额填列。

（15）"投资性房地产"项目，反映企业拥有的用于出租的建筑物和土地使用权的金额。本项目应根据"投资性房地产"账户的期末余额填列。

（16）"固定资产"项目，反映企业的各种固定资产的净值。融资租入的固定资产，其原价及已提折旧也包括在内。本项目应根据"固定资产"账户余额减去"累计折旧"账户和"固定资产减值准备"账户余额后的金额填列。

（17）"在建工程"项目，反映企业期末各项未完工程的实际支出，包括交付安装的设备价值，未完建筑安装工程已经耗用的材料、工资和费用支出、预付出包工程的价款、已经建筑安装完毕但尚未交付使用的工程等的可收回金额。本项目应根据"在建工程"账户的期末余额，减去"在建工程减值准备"账户期末余额后的金额填列。

（18）"固定资产清理"项目，反映企业因出售、毁损、报废等转入清理但尚未清理完毕的固定资产的账面价值，以及固定资产清理过程中所发生的清理费用和变价收入等各项金额的差额。本项目应根据"固定资产清理"账户的期末借方余额填列；如"固定资产清理"账户期末为贷方余额，以"—"号填列。

（19）"无形资产"项目，反映企业各项无形资产的期末可收回金额。本项目应根据"无形资产"账户的期末余额，减去"累计摊销"和"无形资产减值准备"账户期末余额后的金额填列。

（20）"开发支出"项目，反映企业自行研究开发无形资产时在期末尚未完成开发阶段的无形资产的价值。本项目应根据"开发支出"账户的期末余额填列。

（21）"长期待摊费用"项目，反映企业尚未摊销的摊销期限在1年以上（不含1年）的各种费用，如租入固定资产改良支出、摊销期限在1年以上（不含1年）的其他待摊费用。长期待摊费用中在1年内（含1年）摊销的部分，应在本表"其他流动资产"项目填列。本项目应根据"长期待摊费用"账户的期末余额减去1年内（含1年）摊销的数额后的金额填列。

（22）"其他非流动资产"项目，反映企业除以上资产以外的其他长期资产。本项目应根据有关账户的期末余额填列。如其他长期资产价值较大，应在会计报表附注中披露其内容和金额。

（23）"短期借款"项目，反映企业借入尚未归还的1年期以下（含1年）的借款。本项目应根据"短期借款"账户的期末余额填列。

（24）"交易性金融负债"项目，反映企业承担的以公允价值计量且其变动计入当期损益的为交易目的所持有的金融负债。本项目应根据"交易性金融负债"账户的期末余额填列。

（25）"应付票据"项目，反映企业为了抵付货款等而开出、承兑的尚未到期付款的应付票据，包括银行承兑汇票和商业承兑汇票。本项目应根据"应付票据"账户的期末余额填列。

（26）"应付账款"项目，反映企业购买原材料、商品和接受劳务供应等而应付给供应单位的款项。本项目应根据"应付账款"账户和"预付账款"账户所属各有关明细账的期末贷方余额合计填列；如"应付账款"账户所属各明细账期末有借方余额，应在本表"预付款项"项目内填列。

（27）"预收账款"项目，反映企业预收购买单位的货款。本项目应根据"预收账款"和"应收账款"账户所属各明细账户的期末贷方余额合计填列。如"预收账款"账户所属有关明细账户有借方余额的，应在本表"应收账款"项目内填列。

（28）"应付职工薪酬"项目，反映企业应付未付的职工薪酬。应付职工薪酬包括应付职工的工资、奖金、津贴和补贴、职工福利费和医疗保险费、养老保险费等各种保险费以及住房公积金等。本项目应根据"应付职工薪酬"账户期末贷方余额填列。如"应付职工薪酬"账户期末有借方余额，以"—"号填列。

（29）"应付股利"项目，反映企业尚未支付的现金股利。本项目应根据"应付股利"账户的期末余额填列。

（30）"应交税费"项目，反映企业期末未交、多交或未抵扣的各种税金和其他费用。本项目应根据"应交税费"账户的期末贷方余额填列。如"应交税费"账户期末为借方余额，以"—"号填列。

（31）"其他应付款"项目，反映企业所有应付和暂收其他单位和个人的款项。本项目应根据"其他应付款"账户的期末余额填列。

（32）"其他流动负债"项目，反映企业除以上流动负债以外的其他流动负债。本项目应根据有关账户的期末余额填列。如其他流动负债价值较大，应在会计报表附注中披露其内容及金额。

（33）"长期借款"项目，反映企业借入尚未归还的 1 年期以上（不含 1 年）的借款本息。本项目应根据"长期借款"账户的期末余额填列。

（34）"应付债券"项目，反映企业发行的尚未偿还的各种长期债券的本息。本项目应根据"应付债券"账户的期末余额填列。

（35）"长期应付款"项目，反映企业除长期借款和应付债券以外的其他各种长期应付款项。本项目应根据"长期应付款"账户的期末余额，减去相应的"未确认融资费用"账户期末余额后的金额填列。

（36）"专项应付款"项目，反映企业取得政府作为企业所有者投入的具有专项或特定用途的款项。本项目应根据"专项应付款"账户的期末余额填列。

（37）"预计负债"项目，反映企业确认的对外提供担保、未决诉讼、产品质量保证等事项的预计负债的期末余额。本项目应根据"预计负债"账户的期末余额填列。

（38）"其他非流动负债"项目，反映企业除以上非流动负债项目以外的其他非流动负债。本项目应根据有关账户的期末余额填列。如其他非流动负债价值较大，应在会计报表附注中披露其内容和金额。

上述非流动负债各项目中将于 1 年内（含 1 年）到期的负债，应在"1 年内到期的非流动负债"项目内单独反映。上述非流动负债各项目均应根据有关账户期末余额减去将于 1 年内（含 1 年）到期的非流动负债后的金额填列。

（39）"实收资本（或股本）"项目，反映企业各投资者实际投入的资本（或股本）总额。本项目应根据"实收资本（或股本）"账户的期末余额填列。

（40）"资本公积"项目，反映企业资本公积的期末余额。本项目应根据"资本公积"账户的期末余额填列。

（41）"盈余公积"项目，反映企业盈余公积的期末余额。本项目应根据"盈余公积"账户的期末余额填列。

（42）"未分配利润"项目，反映企业尚未分配的利润。本项目应根据"本年利润"账户和"利润分配"账户的余额计算填列。未弥补的亏损，在本项目内以"—"号填列。

【例 9-1】长江股份有限公司 20×3 年 12 月 31 日全部总账和有关明细账余额如表 9-3 所示。

表 9-3　20×3 年 12 月 31 日总账和有关明细账余额　　　　　单位：元

总账	明细账户	借方余额	贷方余额
库存现金		3 000	
银行存款		80 000	
其他货币性资金		50 000	
交易性金融资产		400 000	
应收账款		2 320 000	
	A 企业	2 100 000	
	B 企业		80 000

总账	明细账户	借方余额	贷方余额
	C 企业	300 000	
预付账款		314 000	
	D 企业	200 000	
	E 企业		6 000
	F 企业	120 000	
坏账准备			100 000
其他应收款		230 000	
在途物资		130 000	
原材料		520 000	
生产成本		670 000	
库存商品		900 000	
周转材料		60 000	
长期股权投资		5 500 000	
固定资产		10 600 000	
累计折旧			1 200 000
无形资产		2 640 000	
累计摊销			220 000
长期待摊费用		100 000	
短期借款			200 000
应付账款			3 100 000
	G 企业		1 600 000
	H 企业	200 000	
	I 企业		1 700 000
预收账款			1 580 000
	J 企业		1 600 000
	K 企业	20 000	
其他应付款			210 000
应付职工薪酬			845 000
应交税费			125 000
应付股利			500 000
应付利息			30 000
长期借款			2 230 000
实收资本			8 600 000
盈余公积			3 000 000
利润分配	未分配利润		2 577 000

根据上述资料，编制该公司 20×3 年 12 月 31 日的资产负债表，具体如表 9-4 所示。

表 9-4　资产负债表

会企 01 表

编制单位：长江股份有限公司　　　　　　　　　20×3 年 12 月 31 日　　　　　　　　　单位：元

资产	期末数	年初数	负债及所有者权益	期末数	年初数
流动资产：			流动负债：		
货币资金	133 000	略	短期借款	200 000	略
交易性金融资产	400 000		应付票据		
应收票据			应付账款	3 306 000	
应收账款	2 320 000		预收账款	1 680 000	
预付账款	520 000		其他应付款	210 000	
其他应收款	230 000		应付职工薪酬	845 000	
存货	2 280 000		应交税费	125 000	
其他流动资产			应付股利	500 000	
流动资产合计	5 883 000		应付利息	30 000	
非流动资产：			其他流动负债		
长期股权投资	5 500 000		流动负债合计	6 896 000	
固定资产	9 400 000		非流动负债：		
固定资产清理			长期借款	2 230 000	
在建工程			应付债券		
无形资产	2 420 000		长期应付款		
长期待摊费用	100 000		非流动负债合计	2 230 000	
其他长期资产			负债合计	9 126 000	
非流动资产合计	17 420 000		所有者权益：		
			实收资本	8 600 000	
			资本公积		
			盈余公积	3 000 000	
			未分配利润	2 577 000	
			所有者权益合计	14 177 000	
资产总计	23 303 000		负债和所有者权益总计	23 303 000	

在资产负债表中，"应付账款""预付账款"和
"应收账款""预收账款"项目填列技巧

应收与预收，都有一个收字，这两个是一对。它们与销售有关，只是收款的时间不同。

应付与预付，都有一个付字，这两个是一对。它们与采购有关，只是付款的时间不同。

这几个项目在资产负债表中应根据明细账余额填列。

"应收账款"项目根据"应收账款"和"预收账款"科目的所属相关明细科目的期末借方余额减去已计提的坏账准备后的净额填列。

"预收账款"项目根据"应收账款"和"预收账款"科目的所属相关明细科目的期末贷方余额填列。

"应付账款"项目根据"应付账款"和"预付账款"科目的所属相关明细科目的期末贷方余额填列。

"预付账款"项目根据"应付账款"和"预付账款"科目的所属相关明细科目的期末借方余额减去已计提的坏账准备后的净额填列。

这正是，两收并一收，借贷各不同；两付并一付，各走各的路。

欠账数 10 万亿美元的美国为什么不破产

美国之富超出你我的想象，而美国之"穷"则更加挑战你我的想象力，美国的富足是建立在负债累累的基础之上的，这种看似矛盾的存在，其实暗含着美国富强的逻辑。

《中国经济周刊》曾刊登了一篇《美国在技术层面上已经破产》的文章（作者钮文新），这篇文章宣称美国总共欠债 73 万亿美元，而资产仅有 50 万亿美元。

73 万亿美元的债务，50 万亿美元的资产，这种财务状况，放到其他任何一个国家，这个国家早该破产了。

当然了，我们看到的事实是美国并没有破产，并且正在引领全球经济复苏。我们真正应该讨论的不是美国该不该破产，而是应该搞清楚美国到底是怎样欠得这么多钱，在欠账如此多的情况下如何维持美国的长久繁荣、保证本国人民富足的生活，以及美国是怎么一步一步走向金融危机，又如何从危机中重新振作起来，继续它的繁荣。这一切，才是真正引人入胜的谜团。

我要告诉各位，当代美国富强的根基在于它自觉或不自觉地运用了"印钱购物原理"。这不是美国人在搞阴谋，也不是包括中国在内的世界各国都太愚蠢，没有认识并运用这个原理。

简单地说，这是一个产能普遍严重过剩的经济时代，基本上任何一种产品，你要多少我都能给你生产出来，消费不足是经济的瓶颈。那么美国在玩什么把戏呢？它印刷美元去购买全世界的产品，解决了全球的产能过剩问题。我打一个比方来说明这个问题。假定世界上就三个国家，美国、中国和日本，美国不生产任何东西，它就靠印刷货币购物，美元是国际货币，中国和日本都是严重产能过剩的国家。在没有国际贸易的情况下，中国和日本都存在大量的产能无法开工，比如，中国每年有能力生产 15 亿双袜子，而国内只能卖掉 10 亿双，这意味着有 5 亿双袜子的产能过剩；又如，日本的小汽车存在严重产能过剩，每年可以生产 100 万辆，而日本本国只能卖出去 70 万辆，那么他们有 30 万辆的产能过剩。

各位有没有为这样的产能过剩感到扼腕痛惜？明明可以生产出那么多的产品，仅仅是因为没人买就不能生产出来，因为厂家只认用货币表示的利润，没有利润，厂家不会进行多余的生产。显然，这样的悲剧局面是可以改变的，美国就充当了这样的救世主角色。美国这个不生产任何产品的国家不知用了什么手段忽悠了中日两国，让这两个国家都接受美国印刷的毫无价值的美元，美国可以拿着这些废纸来换中日两国的货物，而中国收到的美元也可以去换日本的货物，反之，日本也可以拿着赚到的美元去换中国的货物。

现在好办了，美国印刷了足够多的美元，来中国买 4 亿双袜子，又去日本买 25 万辆轿车。如此一来，因为有了"利润"，中国过剩的 5 亿双袜子产能解决了 4 亿双，日本 30 万辆汽车的过剩产能也解决了 25 万辆。各位注意，美国什么也没干，仅仅是印刷了美元，就让这个世界上多出了 4 亿双袜子、25 万辆小汽车的巨大物质财富，这些功劳全在于美国的印钞机。

事情还没完，中国用卖袜子得到的美元，又去日本购买 5 万辆小汽车，这样，日本的小汽车产能过剩完全解决了；而日本也用卖小汽车得到的美元来买中国的 1 亿双袜子，这样中国的袜子产能过剩也全部解决了。

最后你会发现，美国开动印钞机使得世界范围内多出了 30 万辆汽车和 5 亿双袜子，美日中三国都获利。对美国来说，它白白得到了货物，对于中日两国来说，他们得到了"美元"，而这个美元此时是真的有价值了——因为中国可以用美元去买日本的货物，日本也可以用美元来买中国的货物。

现实的世界经济与我上面的比喻是一样的。首先，美国其实已经是一个空壳经济体，你会发现美国 80% 以上的 GDP 是服务业贡献的，这部分 GDP 不产生任何物质财富，这些所谓的服务业的功能其实就是装模作样、想方设法地把印钞机印出的美元发到美国人的手中而已。这与印钱直接发到美国人手里是一样的，这样做只不过是为了掩人耳目。

什么时候美国会破产？就是当中国和日本都不再让美国帮着印钱购物，中国、日本和所有产能过剩的国家自己可以印钱的时候，到那时候，美国会一夜之间变成一个仅能维持温饱的国家，因为它再也不能拿废纸——美元去换别国的物品了，那 80% 的服务业将毫无意义，剩下不到 20% 的真正意义上生产的物质产品，甭说维持美国人富足的生活，恐怕维持最低水准的现代人的生活都够呛。

资料来源：叶楚华. 欠账数十万亿美元的美国为什么不破产[J]. 学习博览，2012（3）.

第三节　利　润　表

一、利润表的内容与格式

利润表属于动态报表，是反映企业在一定会计期间经营成果的报表，主要提供有关企业经营成果方面的信息。利润表以收入－费用＝利润这一会计等式为依据，按照各项收入、费用以及构成利润的各个项目分类分项编制而成。

利润表的结构是指其主要内容在报表中的位置及其各具体项目的排列顺序。当前国际上常用的利润表格式有单步式和多步式两种。

单步式是将当期收入总额相加，然后将所有费用总额相加，一次计算出当期收益的方式，其特点是所提供的信息都是原始数据，便于理解。

多步式利润表通过对当期的收入、费用、支出项目按性质加以归类，按利润形成的主要环节列示一些中间性利润指标，明确揭示出营业利润与其他利润对企业利润总额的影响程度，因而提供了更为丰富的、多层次的利润信息，有利于报表使用者正确评价企业经营业绩，有利于同行业企业之间的比较以及企业前后期各相应项目的比较，有利于正确预测企业未来的盈利能力。通过利润表可以分析企业利润的来源和结构及其增减变化，便于财务报表使用者判断企业未来的发展趋势，为企业预算、决策、改进经营管理提供科学的依据。

我国采用多步式利润表格式。多步式利润表主要分三步计算企业的利润（或亏损）。

第一步，计算营业利润。以营业收入为基础，减去营业成本、税金及附加、销售费用、管理费用、财务费用、信用减值损失、资产减值损失，然后加上投资收益等（损失以"—"填列）。

第二步，计算利润总额。以营业利润为基础，加上营业外收入，减去营业外支出。

第三步，计算净利润，以利润总额为基础，减去所得税费用。

利润表一般包括表首和正表两部分。其中，表首部分概括说明报表名称、编制单位、编制日期、报表编号、货币名称和金额单位等内容。正表是利润表的核心，详细列示形成利润的各个项目和计算过程。具体格式和内容如表 9-5 所示。

表 9-5 利润表样式

会企 02 表

编制单位： ___年___月 单位：元

项 目	本期金额	上期金额
一、营业收入		
减：营业成本		
税金及附加		
销售费用		
管理费用		
开发费用		
财务费用		
其中：利息费用		
利息收入		
加：其他收益		
投资收益（损失以"—"号填列）		
其中：对联营企业和合营企业的投资收益		
以摊余成本计量的金融资产终止确认收益（损失以"—"号填列）		
净敞口套期收益（损失以"—"号填列）		

项　　目	本期金额	上期金额
公允价值变动收益（损失以"—"号填列）		
信用减值损失（损失以"—"号填列）		
资产减值损失（损失以"—"号填列）		
资产处置收益（损失以"—"号填列）		
二、营业利润（亏损以"—"号填列）		
加：营业外收入		
减：营业外支出		
三、利润总额（亏损总额以"—"号填列）		
减：所得税费用		
四、净利润（净亏损以"—"号填列）		
（一）持续经营净利润（净亏损以"—"号填列）		
（二）终止经营净利润（净亏损以"—"号填列）		
五、其他综合收益的税后净额		
（一）不能重分类进损益的其他综合收益		
1. 重新计量设定受益计划变动额		
2. 权益法下不能转损益的其他综合收益		
3. 其他权益工具投资公允价值变动		
4. 企业自身信用风险公允价值变动		
……		
（二）将重分类进损益的其他综合收益		
1. 权益法下可转损益的其他综合收益		
2. 其他债权投资公允价值变动		
3. 金融资产重分类计入其他综合收益的金额		
4. 其他债权投资信用减值准备		
5. 现金流量套期储备		
6. 外币财务报表折算差额		
……		
六、综合收益总额		
七、每股收益：		
（一）基本每股收益		
（二）稀释每股收益		

对于初学者，介绍一下利润表简表（见表 9-6）。

表 9-6　利润表（简表）

编制单位：　　　　　　　　　　　　　　__年__月　　　　　　　　　　　　会企 02 表
单位：元

项目	本期金额	上期金额
一、营业收入		
减：营业成本		
税金及附加		

续表

项目	本期金额	上期金额
销售费用		
管理费用		
财务费用		
信用减值损失		
资产减值损失		
加：投资收益		
公允价值变动收益		
二、营业利润		
加：营业外收入		
减：营业外支出		
三、利润总额		
减：所得税费用		
四、净利润		
五、综合收益		
（一）其他综合收益的税后净额		
（二）综合收益总额		
六、每股收益		
（一）基本每股收益		
（二）稀释每股收益		

二、利润表的编制方法

（一）利润表中的"本期金额"与"上期金额"

根据企业会计准则规定，企业需要提供比较利润表，所以，利润表各项目需要分为"本期金额"和"上期金额"两栏分别填列。

利润表中"本期金额"栏反映各项目的本期实际发生数。在编报月度、季度、半年利润表时，填列上年同期实际发生数；在编报年度利润表时，填列上年全年实际发生数。如果上年度利润表与本年度利润表的项目名称和内容不一致，应对上年度利润表项目的名称和数字按本年度的规定进行调整，填入本表"上期金额"栏。

（二）利润表中各项目的填列方法

利润表是动态报表，一般是根据有关各损益账户的本期发生额来填列。"本期数"栏内各项数字，根据以下方法填列：

（1）"营业收入"项目，反映企业经营主要业务和其他业务所取得的收入总额。本项目应根据"主营业务收入"账户和"其他业务收入"账户的发生额合计分析填列。

（2）"营业成本"项目，反映企业主要经营业务和其他业务发生的实际成本总额。本项目应根据"主营业务成本"账户和"其他业务成本"账户的发生额合计分析填列。

（3）"税金及附加"项目，反映企业经营业务应负担的营业税、消费税、城市维护建设税、资源税、土地增值税和教育费附加等。本项目应根据"税金及附加"账户的发生额分析填列。

（4）"销售费用"项目，反映企业在销售商品过程中发生的包装费、广告费等费用和为销售本企业商品而专设的销售机构的职工薪酬、业务费等经营费用。本项目应根据"销售费用"账户的发生额分析填列。

（5）"管理费用"项目，反映企业为组织和管理生产经营发生的公司经费、中介费、咨询费、诉讼费、业务招待费、房产费、印花费、技术转让费等管理费用，本项目应根据"管理费用"账户的发生额分析填列。

（6）"财务费用"项目，反映企业为筹集日常生产经营所需资金而发生的筹资费用，包括利息支出、汇兑差额以及相关手续费，本项目应根据"财务费用"账户的发生额分析填列。

（7）"信用减值损失"项目，反映当企业的应收账款的可收回金额低于其账面价值时，计提坏账准备所形成的损失。本项目应根据"信用减值损失"账户的发生额分析填列。

（8）"资产减值损失"项目，反映当企业除应收账款外的资产的可收回金额低于其账面价值时，计提各项资产减值准备所形成的损失。本项目应根据"资产减值损失"账户的发生额分析填列。

（9）"公允价值变动收益"项目，反映企业资产因公允价值变动而发生的损益。本项目应根据"公允价值变动损益"账户的发生额分析填列，如为净损失，以"—"号填列。

（10）"投资收益"项目，反映企业以各种方式对外投资所取得的净收益。本项目应根据"投资收益"账户的发生额分析填列；如为投资净损失，以"—"号填列。

（11）"营业外收入"项目，反映企业发生的与其经营活动无直接关系的各项收入。本项目应根据"营业外收入"账户的发生额分析填列。

（12）"营业外支出"项目，反映企业发生的与其经营活动无直接关系的各项支出。本项目应根据"营业外支出"账户的发生额分析填列。

（13）"所得税费用"项目，反映企业按规定从本期利润总额中减去的所得税。本项目应根据"所得税费用"账户的发生额分析填列。

（14）"净利润"项目，反映企业实现的净利润。如为净亏损，以"—"号填列。

（15）"基本每股收益"和"稀释每股收益"项目，反映企业根据每股收益准则计算的两种每股收益指标的金额。这两个项目应根据每股收益准则的规定进行计算后填列。

（16）"其他综合收益的税后净额"和"综合收益总额"项目，"其他综合收益的税后净额"项目，反映企业根据企业会计准则规定未在损益中确认的各项利得和损失扣除所得税影响后的净额；"综合收益总额"项目，反映企业净利润与其他综合收益的合计金额。这两个项目根据计算的结果填列。

【例9-2】长江股份有限公司20×3年的有关收入、费用类账户的发生额资料如下：

主营业务收入　　　　　9 800 000 元

主营业务成本　　　　　5 260 000 元

税金及附加	510 000 元
管理费用	335 000 元
财务费用	102 000 元
销售费用	440 000 元
投资收益	160 000 元
营业外收入	90 000 元
营业外支出	50 000 元
其他业务收入	360 000 元
其他业务成本	305 000 元
所得税费用	1 224 500 元

该公司 20×2 年利润表中的有关数据如表 9-7 所示。

表 9-7　利润表（20×2 年）

编制单位：长江股份有限公司　　　　　　20×2 年 12 月　　　　　　　　　　　　单位：元

项　目	本期数	上期数
一、营业收入	9 600 000	
减：营业成本	4 065 000	
税金及附加	260 000	
销售费用	350 000	
管理费用	265 000	
财务费用	82 000	
信用减值损失	0	
资产减值损失	0	
加：投资收益	220 000	
公允价值变动收益	0	
二、营业利润	4 798 000	
加：营业外收入	150 000	
减：营业外支出	50 000	
三、利润总额	4 898 000	
减：所得税费用	1 224 500	
四、净利润	3 673 500	

根据 20×2 年利润表及 20×3 年有关资料，编制 20×3 年利润表（见表 9-8）。

表 9-8　利润表（20×3 年）

编制单位：长江股份有限公司　　　　　　20×3 年 12 月　　　　　会企 02 表
单位：元

项　目	本期数	上期数
一、营业收入	10 160 000	9 600 000
减：营业成本	5 565 000	4 065 000
税金及附加	510 000	260 000

项 目	本期数	上期数
销售费用	335 000	350 000
管理费用	102 000	265 000
财务费用	440 000	82 000
信用减值损失	0	0
资产减值损失	0	0
加：投资收益	160 000	220 000
公允价值变动收益	0	0
二、营业利润	3 368 000	4 798 000
加：营业外收入	90 000	150 000
减：营业外支出	50 000	50 000
三、利润总额	3 408 000	4 898 000
减：所得税费用	852 000	1 224 500
四、净利润	2 556 000	3 673 500

第四节 现金流量表

现金短缺还不起到期债务，是乐视网失败的直接原因。从 2010 年 8 月上市，高光时刻拥有 1 526.57 亿元总市值，到 2020 年 7 月黯然退市，乐视网神话正式破灭。乐视网是一家上市的视频网站，从视频网站起家，到乐视体育、乐视电视、乐视手机、乐视汽车。它的"平台＋内容＋终端＋应用"全产业链发展模式，曾被业界命名为"乐视模式"。作为国家级高新技术企业，乐视的创新能力很强，营业收入也连年大幅增长。导致这个曾市值上千亿元的公司退市的局面，缘于当初步子迈得太大，在乐视网没有明显盈利的状况下贸然进军手机、体育、汽车、互联网金融等七大领域，最终不得不走向终点。生态化不是多元化，生态化板块之间要相互依存，并且至少有一块业务有强大的根基，可以为其他板块提供持续、循环、充足的造血功能，才可能形成企业的良性发展。乐视多元化的生态模式决定了它永远缺钱，要实现乐视生态只有一种可能：有永远也花不完的钱。

根据其公布的财务报表来分析，乐视在经营现金流不够充裕的情况下，大量从外部举债，扩大投资，战线太长，八个坛子两个盖子，资金周转不过来，造成了危机。

戴尔公司总裁曾经说："我们和许多公司一样，一直把注意力放在利润表的数字上，却很少讨论现金周转的问题。这就好像开着一辆车，只晓得盯住仪表板上的时速表，却没有注意到油箱已经没油了。"因此，他宣称："戴尔新的营运顺序不再是增长、增长、增长，取而代之的是现金流量、获利性、增长依次发展。"微软的创始人比尔·盖茨要求微软的现金流可以保证一年的创新和日常需求。

一、现金流量和利润的差异

现金流量表是财务报告的三个基本报表之一，所表达的是在一固定期间（通常是每月或每季）内，一家机构的现金（包含银行存款）的增减变动情形。作为一个分析工具，现金流量表的主要作用是显示公司短期生存能力，特别是支付账单的能力。它是反映一家公司在一定时期现金流入和现金流出动态状况的报表。其组成内容与资产负债表和损益表相一致。通过现金流量表，可以概括反映经营活动、投资活动和筹资活动对企业现金流入流出的影响，对于评价企业的实现利润、财务状况及财务管理，要比传统的损益表提供更好的基础。现金流量表提供了一家公司经营是否健康的证据。如果一家公司经营活动产生的现金流无法支付股利与保持股本的生产能力，它得用借款的方式满足这些需要，那么这就给出了一个警告，这家公司从长期来看无法维持正常情况下的支出。现金流量表通过显示经营中产生的现金流量的不足和不得不用借款来支付无法永久支撑的股利水平，从而揭示了公司内在的发展问题。

那么什么是现金流量呢？现金流量是指现金流入和流出的数量，它等于现金流入减去现金流出。现金流量对于企业如同血液对于人体一样重要，是企业的生命线。在企业生存和发展的过程中，如果现金流量充裕，便可以及时偿还债务、支付股利、支付职工薪酬、购买材料和固定资产等，进行各项经营活动。反之，如果现金流量短缺，轻则影响一个企业的正常生产经营，重则危及一个企业的生存。现实中，企业破产的原因尽管很多，但最终都是因为现金流量萎缩乃至枯竭，无法偿还到期债务，而被迫破产还债。从上述乐视案例可以看出，若忽视现金流量表的重要性，经营策略不与现金流相适应，一旦资金缺口过大，很有可能对企业造成致命的打击。

毫无疑问，企业的管理层和利益相关者都十分关注现金流量的变动情况。但是从资产负债表只能看到期末现金的存量，从利润表只能看到利润的来源以及构成，它们都无法反映现金流量的变动情况。而现金流量表可以提供企业在一定会计期间的现金从哪里流入，又流向哪里的信息，解释现金流量变动的原因。

神奇的微软

微软的创始人比尔·盖茨曾在一次专访中表示，他要求微软的现金及短期投资，能应对万一微软一年没收入时所有必要的研发、人事及其他业务开销。的确，自2000年开始，微软的现金及短期投资就一直高于当年度营业收入。以2003年为例，微软的现金及短期投资金额高达490亿美元，是营业额321亿美元的1.5倍，约占总资产的62%。这种作为乍看之下产生了闲置资金，但留下足够的"空白"，提供企业充分的弹性与安定性往往是领导者深谋远虑的智慧。这是微软在经营上稳步向前的一个方面。

另外，我们知道，美国司法部对微软公司长达十年的反垄断诉讼最后不了了之。尽管微软缴纳了巨额罚款，但公司作为一个整体保存下来了。

在这之前，20世纪80年代初，美国电话电报公司（AT&T）被强令解散，放开了对电信行业的进入限制，使这家公司一统美国电信业的局面被打破。

美国三百多名经济学家，其中不乏诺贝尔经济学奖获得者，联名上书要求撤销对微软的反垄断起诉。他们认为，在电脑、互联网行业，技术日新月异，要保持持久的科技优势还要靠微软这样的大企业。解散这样的大企业就打击了科技创新与进步的能力，对美国在世界上的领先地位不利。而且，微软在世界上所形成的垄断地位与实力是美国实力的一部分，对美国保持世界第一的地位，对美国的国家安全，对美国经济的繁荣都是极为重要的，打击微软就是打击了美国。同时，他们也指出，微软的垄断地位不是政府给的，是微软自己拼搏出来的。打击微软是对竞争成功者的打击。成功者受打击，谁还去拼搏？美国司法部最后的让步恐怕也与这封公开信所讲的道理相关。

二、现金流量与净利润产生差异的原因

杰出的企业家都懂得现金流量的重要性，因为现金是涉及一个企业即期生存的问题，而利润是涉及一个企业中长期生存和发展的问题。当然先保命重要，如果命都没了，还谈什么发展呢？据统计，国际上破产企业中，有80%是盈利企业。为什么盈利企业还会破产呢？现金流量与净利润存在的差异，是导致盈利企业可能破产的主要原因。

现金流量与净利润两个概念既有联系又有区别。其联系是现金流量与净利润都是企业经济利益的流入，其区别是现金流量与净利润所采用的会计核算原则不同。现金流量采用收付实现制核算原则，而净利润采用权责发生制核算原则，由于所采用的会计核算原则不同，从而导致现金流量与净利润产生差异。实务中，导致现金流量与净利润产生差异的主要原因有以下几方面：

1. 销售收入的确认时间与现金的流入时间不一致

收入的确认按照权责发生制的原则，在交易发生时确认，与货款的结算没有直接关系，但因销售产生的现金流量与货款的结算却有着直接的关系。

例如，假设企业本月销售产品收入中100万元货款的结算有两种情况：①销售时即取得支票存入银行；②销售时客户约定下个月付款。

若为情况①，销售收入的确认时间与现金的流入时间一致。本月，资产负债表的货币资金增加100万元；利润表的营业收入增加，使得净利润增加100万元；现金流量表中的经营活动产生的现金流量也增加100万元。在此情况下，企业的现金流量与净利润不产生差异。若为情况②，销售收入的确认时间与现金的流入时间不一致，现金的流入时间滞后。本月，资产负债表的货币资金未增加；利润表的营业收入增加，使得净利润增加100万元；现金流量表中的经营活动产生的现金流量也未增加。在此情况下，企业的现金流量与净利润产生差异。

2. 赊购的发生与付款时间不一致

企业经常发生赊购材料或商品的交易，该交易的发生可以逾期支付现金，以解决资金周转问题。

例如，企业本月购进原材料60万元，合同约定下个月付款。

在该交易中，本月购进原材料一般会有一部分投入生产，并在当月完工出售。原材

料售出后，在当月的利润表中反映为营业收入和营业成本的增加，使得企业净利润增加。但是，此刻企业并未支付购货款，所以未发生现金流出。当月，资产负债表中的货币资金并未减少，现金流量表中的经营活动产生的现金流量也未减少。在此情况下，企业的现金流量与净利润产生差异。如果营业收入收到现金，那么净利润小于现金流量（营业成本中原材料没有付出现金）。

3. 费用的确认时间与现金的流出时间不一致

企业费用按照权责发生制的原则确认，与款项的支付没有直接的关系，而由此产生的现金流量与款项的支付有直接的关系。

例如，企业本月预付明年的房屋租金 10 万元。

此时，费用的确认时间与现金的流出时间不一致，现金的流出时间先于费用的确认时间。本月资产负债表的货币资金减少 10 万元；利润表的净利润并不因此发生变动；现金流量表中的经营活动现金流量也因此而减少 10 万元。在这种情况下企业的现金流量与净利润产生差异。

4. 计提折旧费用的影响

企业购置的固定资产，一般在交易发生时必须立刻支付现金；但是在以后期间计提固定资产折旧时，并不影响现金流量。

例如，企业 2023 年 12 月购入设备费用为 120 万元，使用期限为 10 年，2024 年 1 月该设备的折旧费为 1 万元。

2024 年 1 月，资产负债表的货币资金并未减少，而是固定资产减少 1 万元；利润表的营业成本增加，使得净利润减少 1 万元；现金流量表中的经营活动现金流量也未减少。在此情况下，企业的现金流量与净利润产生差异。

5. 计提坏账准备的影响

企业一般都有一定数量的应收账款，按照谨慎性原则的要求，应计提坏账准备。而计提坏账准备时，未发生现金流出，并不影响现金流量。

例如，企业本月计提坏账准备 5 万元。

企业本月计提坏账准备，当月，资产负债表的货币资金并未减少，而是应收账款减少 5 万元；利润表中反映为信用减值损失的增加，使得净利润减少 5 万元；现金流量表中的经营活动现金流量也未减少。在此情况下，企业的现金流量与净利润产生差异。

6. 取得借款和吸收投资的影响

企业取得借款和吸收投资都会引起现金流量的增加，但不影响净利润。

例如，企业本月从银行借入一年期贷款 20 万元。

企业从银行取得借款后存入银行，产生了现金流入。当月资产负债表的货币资金增加 20 万元；利润表中净利润并不因此发生变动；现金流量表中的筹资活动产生的现金流量增加 20 万元。在此情况下，企业的现金流量与净利润产生差异。

现金流量与净利润产生差异除上述原因外，还有其他方面的原因，如归还借款、支付股利等，此处不再列举。

企业管理层应当在关注利润的同时，更加关注现金流量的变动状况，分析现金流量与净利润之间存在差异的原因，预测未来期间的现金流量水平，提高获取现金的能力，以满足企业的现金需求。

三、现金流量表的定义及内容

现金流量表，是反映企业一定会计期间现金和现金等价物流入和流出情况的报表，属于动态报表。企业编制现金流量表的主要目的，是为会计报表使用者提供一定会计期间企业内现金和现金等价物流入和流出的信息，以便于会计报表使用者了解和评价企业获取现金和现金等价物的能力，并据以预测企业未来现金流量。所以，现金流量表在评价企业经营业绩、衡量企业财务资源和财务风险以及预测企业未来前景方面，有着十分重要的作用。现金流量表有助于评价企业支付能力、偿债能力和周转能力；有助于预测企业未来现金流量；有助于分析企业收益质量及影响现金净流量的因素。

在现金流量表中，企业应当按照经营活动、投资活动和筹资活动产生的现金流量分类分项列示。经营活动产生的现金流量应当按照经营活动的现金流入和流出的性质分项列示；投资活动产生的现金流量应当按照投资活动的现金流入和流出的性质分项列示；筹资活动产生的现金流量应当按照筹资活动的现金流入和流出的性质分项列示（见图9-1）。

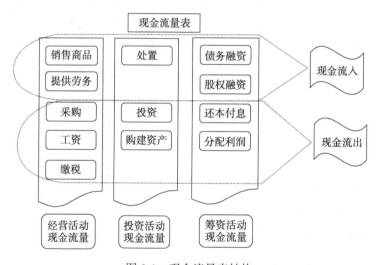

图 9-1　现金流量表结构

（一）经营活动产生的现金流量

经营活动是指企业投资活动和筹资活动以外的所有交易和事项，即除投资活动和筹资活动以外的所有交易和事项，都可归属于经营活动。对于工商企业而言，经营活动主要包括销售商品、提供劳务、购买商品、接受劳务、支付税费等。

通常情况下，经营活动产生的现金流入项目主要有：销售商品、提供劳务收到的现金；收到的税费返还；收到的其他与经营活动有关的现金。经营活动产生的现金流出项目主要有：购买商品、接受劳务支付的现金；支付给职工以及为职工支付的现金；支付的各项税费；支付的其他与经营活动有关的现金。

通过分析经营活动产生的现金流量，可以判断企业不动用对外筹资的情况下是否有可以满足生产经营、偿还债务、支付股利、对外投资所需要的现金。

（二）投资活动产生的现金流量

投资活动，是指企业长期资产的购建和不包括在现金等价物范围内的投资及其处置活动。通常情况下，投资活动产生的现金流入项目主要有：收回投资所收到的现金；取得投资收益所收到的现金；处置固定资产、无形资产和其他长期资产所收回的现金净额、处置子公司及其他营业单位收到的现金净额、收到的其他与投资活动有关的现金。

投资活动产生的现金流出具体分为购建固定资产、无形资产和其他长期资产支付的现金、投资所支付的现金、取得子公司及其他营业单位支付的现金净额、支付的其他与投资活动有关的现金。

通过分析投资活动产生的现金流量，可以判断企业通过投资获取现金流量的能力。

（三）筹资活动产生的现金流量

筹资活动，是指导致企业资本及债务规模和构成发生变化的活动，包括吸收投资、发行股票、发行债券、取得和归还借款、分配利润等活动。筹资活动产生的现金流入具体分为吸收投资所收到的现金、取得借款收到的现金、收到的其他与筹资活动有关的现金。筹资活动产生的现金流出具体分为偿还债务所支付的现金，分配股利、利润或偿付利息所支付的现金，支付的其他与筹资活动有关的现金。

通过分析筹资活动产生的现金流量，可以判断企业的筹资能力。

例如，对于某空调公司来说，采购钢材、支付员工工资和缴税，就是它的经营活动现金流出，收回销售空调的货款，就是经营活动现金流入；购买生产线、建设厂房和对外投资，就是投资活动现金流出，变卖处置资产，就是投资活动现金流入；而向银行贷款，或者向股东筹集资本，就是筹资活动现金流入，归还贷款本金和利息以及向股东分红，就是筹资活动现金流出。在现金流量表中，经营、投资、筹资这三类活动分别用"现金流入小计"减去相应的"现金流出小计"，就得到了它们各自的现金流量净额。再汇总，就得到了现金净增加额。然后，用这个现金净增加额的数字，再加上期初现金余额，最后就得出了期末现金余额。

四、现金流量表的编制基础

现金流量表是以现金及现金等价物为基础编制的，这里的现金包括库存现金、可以随时用于支付的存款。具体包括以下内容：

（一）库存现金

库存现金，是指企业持有的、可随时用于支付的现金限额。

（二）银行存款

银行存款，是指企业存在金融企业、随时可以用于支付的存款，它与银行存款账户核算的银行存款基本一致，主要的区别是编制现金流量表所指的银行存款是可以随时用于支付的银行存款，如结算户存款、通知存款等。

（三）其他货币资金

其他货币资金，是指企业存在金融企业有特定用途的资金，也就是其他货币资金账户核算的银行存款，如外埠存款、银行汇票存款、银行本票存款、信用证保证金存款、在途货币资金等。

（四）现金等价物

现金等价物，是指企业持有的期限短、流动性强、易于转换为已知金额的现金、价值变动风险很小的投资。这一定义本身，包含了判断一项投资是否属于现金等价物的四个条件，即期限短；流动性强；易于转换为已知金额的现金；价值变动风险很小。其中，期限短、流动性强，强调了变现能力；易于转换为已知金额的现金、价值变动风险较小，则强调了支付能力的大小。

五、现金流量表的格式

现金流量表分为两部分，第一部分为表首，第二部分为正表。表首概括地说明报表名称、编制单位、编制日期、报表编号、货币名称、计量单位等。

正表反映现金流量表的各个项目内容。正表有五项：一是经营活动产生的现金流量；二是投资活动产生的现金流量；三是筹资活动产生的现金流量；四是汇率变动对现金的影响；五是现金及现金等价物净增加额。其中，经营活动产生的现金流量，是按直接法编制的。

现金流量表的构成如图 9-2 所示。现金流量表的基本格式如表 9-9 所示。

六、现金流量表的编制方法

编制现金流量表时，需要将权责发生制下的利润转换为收付实现制的现金流量。这种转换方式在现金流量表中有直接法和间接法两种报告方式。目前在世界范围内这两种报告方式都可采用，但国际会计准则鼓励采用直接法，也允许采用间接法。我国企业会计准则规定企业应当采用直接法列示经营活动产生的现金流量，在报表附注的补充资料中采用间接法，将净利润调节为经营活动产生的现金流量。

1. 直接法

直接法是指通过现金收入和现金支出的主要类别反映经营活动产生的现金流量，即以利润表的第一个项目营业收入为起算点，调整与经营活动有关项目的增减变动，然后计算出经营活动的现金净流量。

企业在采用直接法编制现金流量表时最常用的技术方法有三种：分析填列法、工作底稿法、T 型账户法。

采用分析填列法编制现金流量表时，是根据资产负债表、利润表和有关账户资料，直接分析和计算出现金流量表各个项目的具体金额，将其填入现金流量表中，即可编制出一张现金流量表。

采用工作底稿法编制现金流量表时，是以工作底稿为手段，以资产负债表和利润表数据为基础，对资产负债表和利润表中的各个项目进行分析并结合有关账户资料编制调整分录，从而编制出现金流量表。

采用 T 型账户法编制现金流量表时，是以 T 型账户为手段，以资产负债表和利润表数据为基础，对资产负债表和利润表中的各个项目进行分析并结合有关账户资料编制调整分录，从而编制出现金流量表。

在上述三种技术方法中，分析填列法是工作底稿法和 T 型账户法的基础。工作底稿法和 T 型账户法是在分析填列法的基础上演化而来。企业可根据业务量的大小及复杂程度选用其中的一种方法。

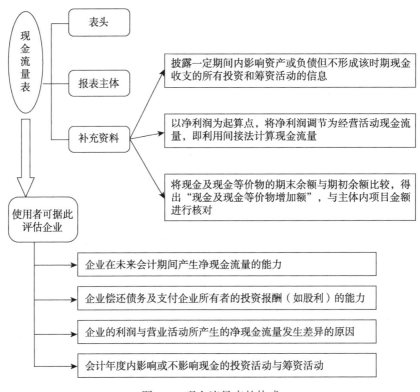

图 9-2　现金流量表的构成

表 9-9　现金流量表样表

会企 03 表

编制单位：　　　　　　　　　　　　　　　__年__月__日　　　　　　　　　　　　　　单位：元

项　目	本期金额	上期金额
一、经营活动产生的现金流量：		
销售商品、提供劳务收到的现金		
收到的税费返还		
收到其他与经营活动有关的现金		
经营活动现金流入小计		
购买商品、接受劳务支付的现金		
支付给职工以及为职工支付的现金		

续表

项　　目	本期金额	上期金额
支付的各项税费		
支付其他与经营活动有关的现金		
经营活动现金流出小计		
经营活动产生的现金流量净额		
二、投资活动产生的现金流量：		
收回投资收到的现金		
取得投资收益收到的现金		
处置固定资产、无形资产和其他长期资产所收回的现金净额		
处置子公司及其他营业单位收到的现金净额		
收到其他与投资活动有关的现金		
投资活动现金流入小计		
购建固定资产、无形资产和其他长期资产支付的现金		
投资支付的现金		
取得子公司及其他营业单位支付的现金净额		
支付其他与投资活动有关的现金		
投资活动现金流出小计		
投资活动产生的现金流量净额		
三、筹资活动产生的现金流量：		
吸收投资收到的现金		
取得借款收到的现金		
收到其他与筹资活动有关的现金		
筹资活动现金流入小计		
偿还债务支付的现金		
分配股利、利润或偿付利息支付的现金		
支付其他与筹资活动有关的现金		
筹资活动现金流出小计		
筹资活动产生的现金流量净额		
四、汇率变动对现金及现金等价物的影响		
五、现金及现金等价物净增加额		
加：期初现金及现金等价物余额		
六、期末现金及现金等价物余额		

2. 间接法

间接法是从利润表的最后一个项目开始，即以本期净利润为起算点，调整不涉及现金的收入与费用项目；调整非经营活动的现金收支项目；调整营业外收支项目；调整与经营活动有关的非现金流动资产和非现金流动负债变动等，据此计算出经营活动的现金净流量。我国现金流量表补充资料（见表 9-10）一般使用间接法反映经营活动产生的现金流量情况，以对现金流量表中采用直接法反映的经营活动现金流量进行核对和补充说明。

表 9-10　现金流量表补充资料　　　　　　　　单位：元

补充资料	本期金额	上期金额
1. 将净利润调节为经营活动的现金流量		
净利润		
加：计提的资产减值准备		
固定资产折旧、油气资产折耗、生产性生物资产折旧		
无形资产摊销		
长期待摊费用摊销		
待摊费用的减少（减：增加）		
预提费用的增加（减：减少）		
处置固定资产、无形资产和其他长期资产的损失（减收益）		
固定资产报废损失（减：收益）		
财务费用		
投资损失（减：收益）		
存货的减少（减：增加）		
递延税款贷项（减：借项）		
存货的减少（减：增加）		
经营性应收项目的减少（减：增加）		
经营性应付项目的增加（减：减少）		
其他		
少数股东本期收益		
经营活动产生的现金流量净额		
2. 不涉及现金收支的投资和筹资活动		
债务转为资本		
一年内到期的可转换公司债券		
融资租入固定资产		
其他		
3. 现金及等价物净增加情况		
现金的期末余额		
减：现金的期初余额		
加：现金等价物的期末余额		
减：现金等价物的期初余额		
现金及现金等价物的净增加		

单位负责人：　　　　　　　　财务负责人：　　　　　　　　制表人：

净现金流与净利润并非一回事

　　资产负债表和利润表是以权责发生制为基础编制的，而现金流量表是以收付实现制为基础编制的。正是这个根本原因，使利润表中的收入、费用与现金流量表中的现金流入、现金流出之间产生了"时差"。所谓编制现金流量表使用的"间接法"，归根结底，其实就是在净利润的基础上把这个"时差"的影响用加加减减的方式进行调整，来消除掉净利润与净现金流之间的差异。用如下公式来表示：

净利润＝收入－成本费用税金　净现金流＝现金收入－现金流出

净现金流与净利润显然不是同一个概念，但是二者之间也不可否认是有密切联系的。我们仔细来看净利润的计算公式。

净利润＝收入－成本费用税金

仔细分析一下，我们可以做如下拆解：等式右边的"收入"，包括"现金收入"和"非现金收入"，"成本费用税金"包括"付现成本费用税金"和"非付现成本费用税金"。如果我们把净利润中的"现金收入"减去"付现成本费用税金"的差额叫作"现金利润"，把净利润中的"非现金收入"减去"非付现成本费用税金"的差额叫作"非现金利润"，（见图 9-3）那么就可以推导出：

净现金流＝现金利润＝净利润－非现金利润

推导出这个公式后，我们就可以一目了然地看出净现金流与净利润之间的关系。

当然，由于我国的会计法律法规，还没有明确界定现金利润和非现金利润这样的概念，公式中的净现金流并不单纯是指经营活动中的现金流量净额，而是指总的现金净增加额，并且现金流量表按规定要分经营活动、投资活动和筹资活动来分别列示，不能只汇总列示总的现金净增加额，因此，我们只要知道净现金流和净利润这两个概念并不是一回事就行了。

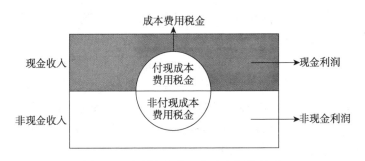

图 9-3　净利润和净现金流之间的关系

七、现金流量表项目金额的总额与差额反映

现金流量表各个项目一般应以现金流入和流出的总额反映，从而全面揭示企业现金流量的方向、规模和结构。但是代客户收取或支付的现金，以及周转快、金额大、期限短的项目的现金流入和流出，可以按净额反映。例如计算"销售商品或提供劳务收到的现金"项目的金额时，若"应收账款"增加，应调减"销售商品或提供劳务收到的现金"项目的金额；若"应收账款"减少，应调增"销售商品或提供劳务收到的现金"项目的金额，但是因为"应收账款"周转快、金额大、期限短，所以按净额调整。

八、现金流量表的编制

现金流量表是按收付实现制反映企业报告期内的现金流量信息，而企业资产负债表、利润表、所有者权益变动表所反映的会计信息都是按权责发生制记录报告的。所以现金流量表的编制过程就是将权责发生制下的会计信息转换为收付实现制下的现金流量的过程。

（一）直接法下现金流量表各项目的内容和填列方法

1. 经营活动产生的现金流量

经营活动是指除企业投资活动和筹资活动以外的交易和事项。经营活动主要包括销售商品、提供劳务、购买商品、接受劳务、支付职工薪酬、支付税费等。在我国，经营活动产生的现金流量采用直接法填列。前已述及直接法是指通过现金收入和现金支出的主要类别反映经营活动的现金流量。

从利润表的第一个项目开始，即以营业收入为起算点，调整与经营活动有关的项目的增减变动，然后计算出经营活动的现金流入量、经营活动的现金流出量和经营活动的现金流量净额。

（1）"销售商品、提供劳务收到的现金"项目。该项目反映企业销售商品、提供劳务实际收到的现金（含增值税销项税额），包括本期销售商品、提供劳务收到的现金，前期销售商品、提供劳务收到的现金和销售材料等收到的现金。本项目可以根据"库存现金""银行存款""应收票据""应收账款""预收账款""主营业务收入""其他业务收入"等账户的记录分析填列。通常可以采用以下公式计算填列。

销售商品、提供劳务实际收到的现金＝营业收入＋应交税费——应交增值税（销项税额）＋应收票据（期初余额－期末余额）＋应收账款（期初余额－期末余额）＋预收账款（期末余额－期初余额）－计提的坏账准备－票据贴现利息±其他

（2）"收到的税费返还"项目。该项目反映企业收到返还的各种税费，包括增值税、消费税、营业税、所得税、关税、教育费附加等。本项目可以根据"库存现金""银行存款""营业外收入""其他应收款"等账户的记录分析填列。

（3）"收到的其他与经营活动有关的现金"项目。该项目反映企业除上述各项目外与经营活动有关的其他现金收入，如收到的罚款、流动资产损失中由个人赔偿的现金、经营租赁的租金等。本项目可以根据"库存现金""银行存款""营业外收入"等账户的记录分析填列。

（4）"购买商品、接受劳务支付的现金"项目。该项目反映企业购买材料和商品、接受劳务实际支付的现金（含增值税进项税额），包括本期购买材料、商品、接受劳务支付的现金，前期购买商品、接受劳务支付的现金等。本项目可以根据"库存现金""银行存款""应付票据""应付账款""预付账款""主营业务成本""其他业务成本"等账户的记录分析填列。通常可以采用以下公式计算填列。

购买商品、接受劳务支付的现金＝营业成本＋应交税费——应交增值税（进项税额）＋

存货（期末余额－期初余额）＋应付票据（期初余额－期末余额）＋应付账款（期初余额－期末余额）＋预付账款（期初余额－期末余额）－计入生产成本、制造费用的职工薪酬－计入生产成本、制造费用的折旧费和修理费等

（5）"支付给职工以及为职工支付的现金"项目。该项目反映企业本期实际支付给职工以及为职工支付的现金，包括奖金及各种津贴补贴和福利费等，不包括在建工程人员和退休人员费用。本项目可以根据"库存现金""银行存款""应付职工薪酬"账户的记录分析填列，也可以采用以下公式计算填列或根据应付职工薪酬账户的借方发生额直接分析填列。

支付给职工以及为职工支付的现金＝制造成本、管理费用中职工薪酬＋应付职工薪酬（期初余额－期末余额）－应付职工薪酬[在建工程（期初余额－期末余额）]

（6）"支付的各项税费"项目。该项目反映企业按规定支付的各种税费，包括增值税、消费税、营业税、所得税、印花税、房产税、土地增值税、车船税、教育费附加等。本项目可以根据"库存现金""银行存款""应交税费"等账户的记录分析填列，或根据已交增值税、所得税、税金及附加等税费的合计数填列。也可采用以下公式计算填列。

支付的各项税费＝当期所得税＋税金及附加＋应交增值税——已交税金＋应交所得税（期初余额－期末余额）

（7）支付的其他与经营活动有关的现金。该项目反映企业除了上述各项以外与经营活动有关的其他现金支出，如支付的差旅费、保险费、业务招待费、修理费、广告费、罚款、经营租赁支付的租金等。本项目可以根据"库存现金""银行存款""管理费用""销售费用""营业外支出"等账户的记录分析填列。

2. 投资活动产生的现金流量

投资活动是指企业长期资产的购建和不包括在现金等价物范围内的投资及其处置活动。长期资产是指固定资产、无形资产、在建工程、其他资产等持有期限在一年或一个营业周期以上的资产。这里所指的投资活动既包括实物资产投资，也包括金融资产投资。

（1）"收回投资收到的现金"项目。该项目反映企业出售、转让和到期收回除现金等价物以外的交易性金融资产，其他债权投资、债权投资、长期股权投资等收到的现金（与本金一起收回的投资收益也在本项目反映）。本项目可以根据"库存现金""银行存款""交易性金融资产""其他债权投资""债权投资""长期股权投资"等账户的记录分析填列。

（2）"取得投资收益收到的现金"项目。该项目反映企业因对外投资而收取的现金股利、利润、利息等现金收入。本项目可以根据"库存现金""银行存款""投资收益""应收股利""应收利息"等账户的记录分析填列。

（3）"处置固定资产、无形资产和其他长期资产收回的现金净额"项目。该项目反映企业出售、报废固定资产、无形资产和其他长期资产所收到的现金（包括保险赔偿），减去相关处置费用后的净额。如所收回现金净额为负数，在支付的其他与投资活动有关的现金项目反映。本项目可以根据"库存现金""银行存款""固定资产清理""在建

工程""无形资产""其他应收款""营业外收入"等账户的记录分析填列。

（4）"处置子公司及其他营业单位收到的现金净额"项目。该项目反映企业处置子公司及其他营业单位所收取的现金，减去相关处置费用以及子公司及其他营业单位持有的现金和现金等价物的净额。本项目可以根据"库存现金""银行存款""长期股权投资"等账户的记录分析填列。

（5）"收到其他与投资活动有关的现金"项目。该项目反映企业除以上项目外与投资活动有关现金收入，如收回购买股票时支付的已宣告尚未领取的现金股利和购买债券时支付的已到付息期尚未领取的利息等。本项目可以根据"库存现金""银行存款""应收股利""应收利息"等账户的记录分析填列。

（6）"购建固定资产、无形资产和其他长期资产支付的现金"项目。该项目反映企业购买和建造固定资产、无形资产和其他长期资产实际支付的现金，以及实际支付的计入在建工程和无形资产的职工薪酬。本项目可以根据"库存现金""银行存款""固定资产""无形资产""在建工程"等账户的记录分析填列。

（7）"投资支付的现金"项目。该项目反映企业除现金等价物外的其他投资实际支付的现金（包括手续费及其佣金），取得子公司及其他营业单位支付的现金除外。本项目可以根据"库存现金""银行存款""交易性金融资产""其他债权投资""长期股权投资"等账户的记录分析填列。

（8）"取得子公司及其他营业单位支付的现金净额"项目。该项目反映企业购买子公司及其他营业单位出价中以现金支付的部分，减去子公司及其他营业单位持有的现金和现金等价物的净额。本项目可以根据"库存现金""银行存款""债权投资""长期股权投资"等账户的记录分析填列。

（9）"支付的其他与投资活动有关的现金"项目。该项目反映企业除以上项目外与投资活动有关的现金支出，如购买股票时实际支付的价款中包含已宣告发放但尚未领取的现金股利，购买债券时实际支付的价款中包含已到付息期但尚未领取的利息等。本项目可以根据"库存现金""银行存款""应收股利""应收利息"等账户的记录分析填列。

3. 筹资活动产生的现金流量

筹资活动是指导致企业资本及债务规模和构成发生变化的活动。这里所说的资本包括实收资本（股本）和资本溢价（股本溢价）两种。一般情况下，应付票据、应付账款等商业应付款属于经营活动，不属于筹资活动。

此外，对于企业日常活动之外的、不经常发生的特殊项目，如自然灾害损失、保险赔款、捐赠等，应当归并到相关类别中，并单独反映。

（1）"吸收投资收到的现金"项目。该项目反映企业以发行股票、债券等方式筹集资金实际收到的现金，减去手续费及佣金等发行费用后的净额。本项目可以根据"库存现金""银行存款""实收资本""资本公积""应付债券"等账户的记录分析填列。

（2）"取得借款收到的现金"项目。该项目反映企业取得各种短期借款，长期借款收到的现金。本项目可以根据"库存现金""银行存款""短期借款""长期借款"等账户的记录分析填列。

（3）"收到其他与筹资活动有关的现金"项目。该项目反映企业除以上项目外的有关筹资活动现金流入，如接收捐赠现金。本项目可以根据"库存现金""银行存款""营业外收入"等账户的记录分析填列。

（4）"偿还债务支付的现金"项目。该项目反映企业偿还债务本金所支付的现金，本项目可以根据"库存现金""银行存款""短期借款""长期借款""应付债券"等账户的记录分析填列。

（5）"分配股利、利润或偿付利息支付的现金"项目。该项目反映企业实际支付的现金股利、分配的利润或偿付利息所支付的现金。本项目可以根据"库存现金""银行存款""应付股利""应付利息""财务费用"等账户的记录分析填列。

（6）"支付的其他与筹资活动有关的现金"项目。该项目反映企业除以上项目外的有关筹资活动现金流出，如捐赠现金、融资租赁费等。本项目可以根据"库存现金""银行存款""营业外支出""长期应付款"等账户的记录分析填列。

4. 汇率变动对现金及现金等价物的影响

编制现金流量表时，应当将外币现金流量以及境外子公司的现金流量折算成记账本位币。外币现金流量以及境外子公司的现金流量，应当采用现金流量发生日的即期汇率或按照系统合理的方法确定的，与现金流量发生日即期汇率近似的汇率折算。汇率变动对现金的影响额应当作为调节项目，在现金流量表中单独列报。

汇率变动对现金的影响，指企业外币现金流量及境外子公司的现金流量折算成记账本位币时，所采用的是现金流量发生日的汇率或按照系统合理的方法确定的，与现金流量发生日即期汇率近似的汇率，而现金流量表"现金及现金等价物净增加额"项目中外币现金净增加额是按资产负债表日的即期汇率折算的。这两者的差额即为汇率变动对现金的影响。

在编制现金流量表时，对当期发生的外币业务，也可不必逐笔计算汇率变动对现金的影响，可以通过现金流量表补充资料中"现金及现金等价物净增加额"数额与现金流量表中"经营活动产生的现金流量净额""投资活动产生的现金流量净额""筹资活动产生的现金流量净额"三项之和比较，其差额即为"汇率变动对现金的影响额"。

倒算公式如下：

汇率变动对现金及现金等价物的影响＝现金及现金等价物净增加额－经营活动产生的现金流量净流量－投资活动产生的现金流量净流量－筹资活动产生的现金流量净流量

（二）现金流量表补充资料填列方法

企业应当在附注中披露，采用间接法将净利润调节为经营活动现金流量、不涉及现金收支的重大投资和筹资活动、现金及现金等价物的净变动情况。

间接法下，将净利润调节为经营活动现金流量，是经营活动产生现金流量的另一种表达方式，是从利润表的最后一个项目开始，即以净利润为起算点，调整不涉及现金的净利润项目、不涉及经营活动的净利润项目、与经营活动有关的非现金流动资产的变动、与经营活动有关的非现金流动负债的变动等，计算出经营活动的现金净流量。其计算公式如下：

经营活动产生的现金流量净额＝净利润＋实际没有支付现金的费用－实际没有收到现金的收益±不属于经营活动产生的损益＋经营性应收项目减少＋经营性应付项目增加

1. 将净利润调节为经营活动的现金流量

（1）计提的资产减值准备。该项目反映企业本期实际计提的各项资产减值准备，包括坏账准备、存货跌价准备、固定资产减值准备、无形资产减值准备等。本项目可以根据"信用减值损失""资产减值损失"账户的记录分析填列。

（2）固定资产折旧、油气资产折耗、生产性生物资产折旧。该项目反映企业本期实际计提的固定资产折旧、油气资产折耗、生产性生物资产折旧等。本项目可以根据"累计折旧""累计折耗""生产性生物资产折旧"等账户的记录分析填列。

（3）无形资产摊销和长期待摊费用摊销。该项目反映企业本期实际摊销的无形资产价值。本项目可以根据"累计摊销""长期待摊费用"账户的贷方发生额分析填列。

（4）处置固定资产、无形资产和其他长期资产的损失（减：收益）。该项目反映企业本期处置固定资产、无形资产和其他长期资产的净损失，如为净收益，以"—"号填列。本项目可以根据"营业外收入"和"营业外支出"等明细账户的记录分析填列。

（5）固定资产报废损失（减：收益）。该项目反映企业本期发生的固定资产盘亏净损失。本项目可以根据"营业外收入"和"营业外支出"等明细账户的记录分析填列。

（6）公允价值变动损失（减：收益）。该项目反映企业本期持有的交易性金融资产、交易性金融负债等资产公允价值变动形成的净损失，如为净收益，以"—"号填列。本项目可以根据"公允价值变动损益"账户的记录分析填列。

（7）财务费用。该项目反映企业本期实际发生的属于投资活动、筹资活动的财务费用。本项目可以根据"财务费用"账户的本期借方发生额分析填列，如为净收益，以"—"号填列。

（8）投资损失（减：收益）。该项目反映企业本期对外投资实际发生的净损失，如为投资收益，以"—"号填列。本项目可以根据利润表的"投资收益"项目数字填列。

（9）递延所得税资产减少（减：增加）。该项目反映企业本期递延所得税资产期初余额与期末余额的差额。本项目可以根据"递延所得税资产"账户的期初、期末余额分析填列。

（10）递延所得税负债增加（减：减少）。该项目反映企业本期递延所得税负债期初余额与期末余额的差额。本项目可以根据"递延所得税负债"账户的期初、期末余额分析填列。

（11）存货的减少（减：增加）。该项目反映企业本期存货期初余额与期末余额的差额。本项目可以根据资产负债表"存货"项目的期初余额与期末余额的差额填列，如期末余额大于期初余额，以"—"号填列。

（12）经营性应收项目减少（减：增加）。该项目反映企业本期经营性应收项目期初余额与期末余额的差额，若期初余额小于期末余额，以"—"号填列。

经营性应收项目减少＝应收票据（期初余额－期末余额）＋应收账款（期初余额－期末余额）＋预付账款（期初余额－期末余额）＋其他应收账款（期初余额－期末余额）－计提坏账准备

（13）经营性应付项目增加（减：减少）。该项目反映企业本期经营性应付项目期初余额与期末余额的差额，若期初余额大于期末余额，以"—"号填列。

经营性应付项目增加＝应付票据（期末余额－期初余额）＋应付账款（期末余额－期初余额）＋预收账款（期末余额－期初余额）＋应付职工薪酬（期末余额－期初余额）＋应交税费（期末余额－期初余额）＋其他应付款（期末余额－期初余额）

2. 不涉及现金收支的重大投资和筹资活动

《企业会计准则第 31 号—现金流量表》规定，企业应当在附注中披露不涉及当期现金收支，但影响企业财务状况或未来可能影响企业现金流量的重大投资和筹资活动，主要包括：

（1）"债务转为资本"项目，反映本期转为资本的债务金额；

（2）"一年内到期的可转换公司债券"项目，反映一年内到期的可转换公司债券的本金和利息；

（3）"融资租入固定资产"项目，反映本期融资租入固定资产的最低付款额扣除未确认融资费用后的净额。

3. 现金及现金等价物净增加情况

该项目反映企业一定会计期间现金及现金等价物期末余额减去期初余额的净增加额，与现金流量表中"现金及现金等价物净增加额"相等。

4. 现金流量表的平衡关系

现金流量表的平衡关系是检验现金流量表编制正确性的重要依据，也是现金流量表的基本平衡关系。

（1）现金流量表中用直接法计算的"经营活动产生的现金流量净额"等于现金流量表附注中用间接法计算得出的"经营活动产生的现金流量净额"。

（2）现金流量表中用直接法计算的"经营活动产生现金流量净额"加"投资活动产生现金流量净额"加"筹资活动产生现金流量净额"加"汇率变动对现金及现金等价物的影响"得出的"现金及现金等价物净增加额"，等于现金流量表附注中用"库存现金""银行存款""其他货币资金"账户的期初余额与期末余额的差额以及与现金等价物的期初余额与期末余额的差额计算得出的"现金及现金等价物净增加额"。

采用间接法列报经营活动产生的现金流量时，需要对四大类项目进行调整：①实际没有支付现金的费用；②实际没有收到现金的收益；③不属于经营活动的损益；④经营性应收应付项目的增减变动。

（3）不涉及现金收支的重大投资和筹资活动。从不涉及现金收支的重大投资和筹资活动可以看出一个企业在一定期间内影响其资产或负债但不形成该期现金收支的所有投资和筹资活动的信息。这种投资和筹资活动虽不涉及现金收支，但对未来各期的现金流量有重大影响。例如，企业融资租入设备而形成的负债计入"长期应付款"账户，当期并不支付设备款及租金，但以后各期必须为此支付现金，从而在一定期间内形成一项固定的现金支出。

（4）现金及现金等价物的构成。企业在附注中应该披露与现金及现金等价物有关的下列信息：①现金及现金等价物的构成及其在资产负债表中的相应金额；②企业持有但不能由母公司或集团内其他子公司使用的大额现金及现金等价物金额。

第五节　所有者权益（或股东权益）变动表

所有者权益（或股东权益）变动表是反映企业年末所有者权益（或股东权益）增减变动情况的报表。所有者权益变动表应当全面反映一定时期所有者权益变动的情况，不仅包括所有者权益总量的增减变动，还包括所有者权益增减变动的重要结构性信息，让报表使用者准确理解所有者权益增减变动的根源。通过该表，可以了解企业某一会计年度所有者权益（或股东权益）的各项目实收资本（或股本）、资本公积、盈余公积和未分配利润等的增加、减少及其余额的情况，分析其变动原因及预测未来的变动趋势。

1. 所有者权益变动表的内容

按照《企业会计准则第 30 号——财务报表列报》的规定，所有者权益（或股东权益）变动表至少应当单独列示反映下列信息的项目：①净利润；②直接计入所有者权益的利得和损失项目及其总额；③会计政策变更和差错更正的累积影响金额；④所有者投入资本和向所有者分配利润等；⑤按照规定提取的盈余公积；⑥实收资本（或股本）、资本公积、盈余公积、未分配利润的期初和期末余额及其调节情况。

2. 所有者权益变动表的结构

为了清楚地表明构成所有者权益的各组成部分当期的增减变动情况，所有者权益变动表应当以矩阵的形式列示：一方面，列示导致所有者权益变动的交易或事项，改变了以往仅按照所有者权益的各组成部分反映所有者权益变动情况的状况，而是从所有者权益变动的来源对一定时期所有者权益变动情况进行全面反映；另一方面，按照所有者权益各组成部分，包括实收资本、其他权益工具、资本公积、盈余公积、其他综合收益、未分配利润和库存股及其总额列示交易或事项对所有者权益的影响。此外，企业还需要提供比较所有者权益变动表，所有者权益变动表还就各项目再分为"本年金额"和"上年金额"两栏分别填列（见表 9-11）。

3. 所有者权益变动表的填列方法

所有者权益变动表"上年金额"栏内各项数字，应根据上年度所有者权益变动表"本年金额"栏内所列数字填列。如果上年度所有者权益变动表规定的各个项目的名称和内容同本年度不相一致，应对上年度所有者权益变动表各项目的名称和数字按本年度的规定进行调整，填入所有者权益变动表"上年金额"栏内。

表 9-11　所有者权益变动表

单位：元

项目	本年金额											上年金额										
	实收资本（或股本）	其他权益工具			资本公积	减：库存股	其他综合收益	专项储备	盈余公积	未分配利润	所有者权益合计	实收资本（或股本）	其他权益工具			资本公积	减：库存股	其他综合收益	专项储备	盈余公积	未分配利润	所有者权益合计
		优先股	永续债	其他									优先股	永续债	其他							
一、上年年末余额																						
加：会计政策变更																						
前期差错更正																						
其他																						
二、本年年初余额																						
三、本年增减变动金额（减少以"—"号填列）																						
（一）综合收益总额																						
（二）所有者投入和减少资本																						
1. 所有者投入的普通股																						
2. 其他权益工具持有者投入资本																						
3. 股份支付计入所有者权益的金额																						
4. 其他																						
（三）利润分配																						
1. 提取盈余公积																						
2. 对所有者（或股东）的分配																						
3. 其他																						
（四）所有者权益内部结转																						
1. 资本公积转增资本（或股本）																						
2. 盈余公积转增资本（或股本）																						
3. 盈余公积弥补亏损																						
4. 设定受益计划变动额结转留存收益																						
5. 其他综合收益结转留存收益																						
6. 其他																						
四、本年年末余额																						

所有者权益变动表"本年金额"栏内各项数字一般应根据"实收资本（或股本）""其他权益工具""资本公积""盈余公积""专项储备""其他综合收益""利润分配""库存股""以前年度损益调整"科目的发生额分析填列。

股票的种类

专业的股民在讨论股票时往往提到A股、B股、H股、N股四个名词。A股又叫人民币普通股，是国内公司发行、供境内（不含港、澳、台）的组织和个人以人民币购买和交易的普通股；B股又叫人民币特种股票，是国内公司发行、供境外的组织和个人以外币购买和交易的外资股；H股又叫国企股，是在内地注册、在香港上市的外资股；N股是在内地注册、在纽约上市的外资股。

第六节　会计报表附注

一、会计报表附注的意义

会计报表附注是对资产负债表、利润表、所有者权益变动表和现金流量表等报表中列示项目的文字描述或明细资料，以及对未能在这些报表中列示项目的说明等。

附注应当披露财务报表的编制基础，相关信息应当与资产负债表、利润表、所有者权益变动表和现金流量表等报表中列示的项目相互参照。

扩展阅读：企业会计报表的编制和分析探究

二、会计报表附注的内容

按照《企业会计准则第30号——财务报表列报》的规定，会计报表附注一般应当按照下列顺序披露：①财务报表的编制基础；②遵循企业会计准则的声明；③重要会计政策的说明，包括财务报表项目的计量基础和会计政策的确定依据等；④重要会计估计的说明，包括下一会计期间内很可能导致资产、负债账面价值重大调整的会计估计的确定依据等；⑤会计政策和会计估计变更以及差错更正的说明；⑥对已在资产负债表、利润表、现金流量表和所有者权益变动表中列示的重要项目的进一步说明，包括终止经营税后利润的金额及其构成情况等；⑦或有和承诺事项、资产负债表日后非调整事项、关联方关系及其交易等需要说明的事项。

企业应当在附注中披露在资产负债表日后、财务报表批准报出日前提议或宣布发放的股利总额和每股股利金额（或向投资者分配的利润总额）。

会计准则还规定，如果下列各项没有在与财务报表一起公布的其他信息中披露的，企业应当在附注中披露：①企业注册地、组织形式和总部地址；②企业的业务性质和主要经营活动；③母公司以及集团最终母公司的名称。

最后总结本章的报表，对四张财务报表进行比较分析（见表 9-12）。

表 9-12 四张财务报表比较分析

项目	资产负债表	利润表	现金流量表	所有者权益变动表
编制基础	权责发生制	权责发生制	收付发生制	权责发生制
会计等式	资产＝负债＋所有者权益	收入－费用＝利润	现金流入－现金流出＝现金净流量	本年年末余额＝本年年初余额＋（－）本年增减变动金额
数据性质	时点数	时期数	时期数	时期数
填列依据	所有账户期初、期末余额	损益类账户本期发生额	现金及现金等价物账户本期发生额	所有者权益类账户和"以前年度损益调整"等账户的期初余额和本期发生额
报表作用	财务状况	经营成果	现金流动信息	所有者权益增减变动情况

本章练习题

一、思考题

1. 什么是财务会计报告？它由哪些内容构成？

2. 从质量、形式、时间和编制四个方面来看，对财务会计报告有哪些基本要求？

3. 什么是资产负债表？它有何重要作用？

4. 什么是利润表？它有何重要作用？

5. 我国的资产负债表采用何种格式？根据什么原理排列？

6. 资产负债表中各项目填列依据是什么？各项目如何填列？

7. 利润表有哪几种格式？我国的利润表采用哪种格式？

8. 利润表中各项目填列依据是什么？各项目如何填列？

9. 什么是现金流量表？其结构是怎样的？

10. 什么是股东权益变动表？其结构是怎样的？

11. 会计报表附注有什么作用？哪些内容应在附注中披露？

二、计算题

（一）编制资产负债表

资料：长江股份有限公司 20×3 年 6 月 30 日部分总账及明细账户资料如表 9-13 所示，要求：根据下述资料，填列表 9-14 "资产负债表"中空白项目的金额。

表 9-13 20×3 年 6 月 30 日部分总账及明细账户 单位：元

账户名称	借方余额	贷方余额
库存现金	8 000	
银行存款	55 000	
其他货币资金	9 000	
应收账款——甲公司	27 000	
——乙公司		2 600
预收账款——丙公司		40 000
——丁公司	16 000	

续表

账户名称	借方余额	贷方余额
应付账款——A公司		38 000
——B公司	2 250	
预付账款——C公司	5 000	
预付账款——D公司		1 300
原材料	35 000	
材料采购	3 000	
库存商品	49 000	
生产成本	9 000	
材料成本差异		2 000
固定资产	4 000 000	
累计折旧		200 000

表 9-14　资产负债表

编制单位：长江股份有限公司　　　　20×3年6月30日　　　　　　　　单位：元

资　产	期末数	负债和所有者权益	期末数
流动资产：		流动负债：	
货币资金	（　　）	短期借款	250 000
应收账款	（　　）	应付账款	（　　）
预付账款	（　　）	预收账款	（　　）
其他应收款	20 000	应付职工薪酬	150 000
存货	（　　）	流动负债合计	（　　）
其他流动资产	5 000	长期负债：	
流动资产合计	241 250	长期借款	600 000
非流动资产：		长期负债合计	600 000
长期股权投资	310 000	负债合计	（　　）
投资性房地产	450 000	所有者权益：	
固定资产	（　　）	实收资本	3 522 100
无形资产	75 000	资本公积	225 000
非流动资产合计	（　　）	盈余公积	26 000
		未分配利润	21 250
		所有者权益合计	3 794 350
资产总计	（　　）	负债和所有者权益总计	（　　）

（二）编制利润表

飞乐公司20×3年12月发生下列经济业务：

（1）经批准向工商银行借入期限为 6 个月的贷款 50 000 元，当即存入银行。

（2）以银行存款偿还已到期的三年前借款 900 000 元。

（3）公司收到投资者投入的机器设备，评估作价 1 00 000 元；专利技术一项评估作价 50 000 元。

（4）从和睦公司购进丙材料 1 000 千克，每千克 5 元，材料的运杂费为 500 元，增值税进项税额为 850 元。材料尚未运到企业，货款及税款均未付。

（5）上述向和睦公司购入的丙材料 1 000 千克已运到企业，并验收入库。结转其实际采购成本。

（6）从湖光公司购进甲材料 4 000 千克，每千克 7 元，合计 28 000 元；乙材料 6 000 千克，每千克 9 元，合计 54 000 元，购入材料的运杂费为 2 600 元，增值税进项税额为 13 940 元。款项已用银行存款支付，材料已运达企业并验收入库。假定运费是按照重量分摊，结转其实际采购成本。

（7）本月生产经营领用材料及用途如表 9-15 所示。

表 9-15　领用材料及用途汇总表　　　　　　　单位：元

项　　目	甲材料	乙材料	丙材料	合计
生产产品耗用	21 000	20 000	3 000	44 000
其中：A 产品	11 000	15 000	2 000	28 000
B 产品	10 000	5 000	1 000	1 6 000
车间一般耗用	1 000	2 000	800	3 800
公司管理部门耗用	500	1 000	300	1 800
合　　计	22 500	23 000	4 100	49 600

（8）收到胜利公司还来的欠款 4 000 元，存入银行。

（9）根据"职工薪酬结算汇总表"，本月应付职工工资 28 600 元，其中 A 产品生产工人工资 1 2 000 元，B 产品生产工人工资 12 000 元，车间管理人员工资 3 000 元，公司行政管理人员工资 1 600 元。

（10）签发现金支票从银行提取现金 28 600 元，用于发放职工工资。

（11）公司以库存现金 28 600 元发放职工工资。

（12）根据"固定资产折旧计算表"本月车间固定资产折旧为 1 000 元，公司行政管理用固定资产折旧为 580 元。

（13）以银行存款支付车间房屋租赁费用 210 元，公司行政管理部门的办公用房租赁费用 90 元。

（14）本月计提临时借款的利息 1 500 元，暂欠银行。

（15）以银行存款购买办公用品 1 000 元，其中车间领用 300 元，公司行政管理部门领用 700 元。

（16）将本月发生的制造费用按照生产工人工资比例分配，转入 A、B 两种产品的生产成本。

（17）A 产品 2 000 件全部完工，并已经验收入库。按其实际生产成本转账。

（18）本月销售商品给胜利公司。其中 A 产品 1 800 件，每件售价 30 元；销售 B 产品 1 000 件，每件售价 25 元。增值税税率为 17%。以上款项尚未收到。

（19）结转上述已销 A、B 产品的销售成本。其中销售 A 产品 1 800 件，每件生产成本为 21 元；销售 B 产品 1 000 件，每件生产成本为 16 元。

（20）以银行存款支付销售产品的包装费 1 100 元。

（21）计算本月应交的城市维护建设税 1 185 元，教育费附加 395 元。

（22）销售多余原材料，价款 2 000 元，增值税税率为 17%，款项收到存入银行。

（23）结转本月销售多余原材料的成本 1 200 元。

（24）没收某单位违约的押金 1 500 元。

（25）公司以现金支付交通罚款 300 元。

（26）结转损益类账户到本年利润账户，计算 12 月利润总额。

（27）按 12 月利润总额的 20% 计算所得税，并做相应会计处理。

（28）结转所得税到本年利润账户。

（29）按 12 月净利润的 10% 计提盈余公积，并做会计处理。

根据上述经济业务编制会计分录，分录要求写出明细分类账户。并根据上述资料，编制"利润表"（见表 9-16）。

表 9-16 利润表

编制单位：飞乐公司　　　　　　20×3 年 12 月　　　　　　　　单位：元

项　　目	行　次	本月金额
一、营业收入		
减：营业成本		
税金及附加		
销售费用		
管理费用		
财务费用		
信用减值损失		
资产减值损失		
加：投资收益		
公允价值变动收益		
二、营业利润		
加：营业外收入		
减：营业外支出		
三、利润总额		
减：所得税费用		
四、净利润		

即测即练

自学自测 　扫描此码

第十章

会计核算组织程序

　　小李和小王经过两年打拼后，共同出资创办了学子书城，主要经营图书、杂志、计算器、学习机、学习用品等批发兼零售。9月1日，出纳小张以公司名义在银行开立账户，存入100 000元作为资本，用于经营。最初由于小张不懂会计，他除了将所有的发票等单据都收集保存起来，没有做任何其他记录。到月底，小张发现公司的存款反而减少，只剩下58 987元，外加643元现金。另外，尽管客户赊欠的13 300元货款尚未收现，但公司也有10 560元货款尚未支付。除此以外，实地盘点存货，价值为25 800元，小张开始怀疑自己的经营，前来向刘会计师请教。

　　小张将保存的所有单据进行检查分析，汇总一个月情况：

　　（1）投资人投入资本100 000元，款项存入银行；

　　（2）内部装修及必要的设施花费20 000元，均已用支票支付；

　　（3）购入两批图书，每批价值35 200元，其中第一批现金购入，第二批赊购全部款项的30%；

　　（4）1—30日零售图书收入共计38 800元，全部收现，存入开户银行；

　　（5）1—30日批发学习机共计25 870元，其中赊销13 300元，其余货款收入均存入开户银行；

　　（6）支票支付店面租金2 000元；

　　（7）本月从存款户提取现金五次，共计10 000元，其中4 000元用于支付雇员工资，5 000元用作个人生活费，其余备日常零星开支；

　　（8）本月水电费543元，支票支付；

　　（9）电话费220元，用现金支付；

　　（10）其他各种杂费137元，用现金支付。

　　小张请刘会计师帮助设计一套合理的账务处理程序。

　　刘会计师告诉小张，选择会计核算组织程序（也就是账务处理程序）时需要考虑的因素有四个：以最低成本有效处理会计信息；较快地获取财务报告；确保数字精准；把财务欺诈的可能性降至最低。

第一节 会计核算组织程序概述

一、会计核算组织程序的意义

会计凭证、会计账簿和会计报表（或财务会计报告）是组织财务会计核算的工具。填制和审核凭证、登记账簿、编制报表是会计核算工作的三个主要环节和重要内容。填制和审核凭证是对会计核算资料的收集及初步分类，登记账簿是对会计核算资料的分类整理，编制报表是对会计核算资料进行再加工及综合汇总。显然，会计凭证、会计账簿和会计报表不是彼此孤立的，而是以一定的方式相互结合的，构成一个整体。为了合理组织会计核算工作，确保会计信息的及时性，必须把各种会计凭证、会计账簿、会计报表按一定要求有机结合起来。

会计核算组织程序也称账务处理程序，或会计核算形式，它是指在会计核算中，会计主体采用的会计凭证、会计账簿、会计报表的种类和格式与记账程序有机结合的方法和步骤。

会计凭证、会计账簿、会计报表之间相互结合的方式不同，就会形成不同的账务处理程序。不同的账务处理程序具有不同的特点和适用性，对于会计凭证、会计账簿的种类、格式、填制或登记方法等有不同的要求。设计会计核算组织程序时，企业要考虑组织规模大小、经管业务性质和繁简程度，有利于会计工作的分工协作和内部控制。因此，科学合理地选择或设计一种适用于本单位的账务处理程序，对于有效地组织会计核算工作，提高会计工作效率，正确、及时、完整地提供会计财务状况、经营成果、现金流量等会计信息，尽可能简化会计核算手续，节约人力、物力和核算费用都具有重要意义。

随着社会经济的发展，会计的内容、方法以及核算模式也是不断发展变化的。各个会计核算单位的特点和管理要求不同，其具体会计核算组织也有所不同。从会计实践的发展看，至今形成的会计核算组织程序的基本步骤如图 10-1 所示。

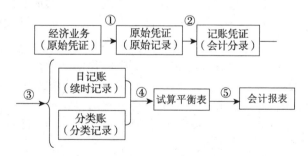

图 10-1 会计核算组织程序的基本步骤

会计核算组织程序的基本步骤：

①取得或填制原始凭证，作为原始记录；

②根据原始凭证编制记账凭证，做出会计分录；

③根据记账凭证，按经济业务发生时间的先后顺序登记日记账，实际上是按记账凭

证填制的先后顺序，登记日记账，作序时记录；根据记账凭证，按经济业务所涉及的会计账户，登记分类账；

④根据分类账并参考日记账编制发生额和余额对照表，进行账项的试算；

⑤根据发生额和余额对照表编制各种会计报表，作为结算报告。

在实务中所使用的会计凭证（特别是其中的记账凭证）、会计账簿和会计报表种类繁多，格式也各不相同。一个特定的会计主体应当根据选定的业务处理程序和方法，选择一定种类和格式的会计凭证（特别是其中的记账凭证）、会计账簿和会计报表。这就决定了不同的会计主体所采用的会计凭证、会计账簿和会计报表的种类及格式也有所不同。因而，对其所发生的经济业务如何进行具体处理，特别是如何在有关的总分类账户中进行登记，有着不同的做法。也就是说，即使是对于同样内容的经济业务进行账务处理，由于所采用的会计凭证、会计账簿和会计报表的种类与格式不同，采用不同记账程序的会计主体也有着截然不同的做法，也会形成各不相同的账务处理程序。这个程序在不同的会计主体是采用不同的组织方法来完成的。

综上，会计核算组织程序就是指在会计核算中，会计主体所采用的会计凭证、会计账簿、会计报表的种类和格式与一定的记账程序有机结合的方法和步骤。

图 10-2 可以帮助我们更好地理解会计核算组织程序的定义。

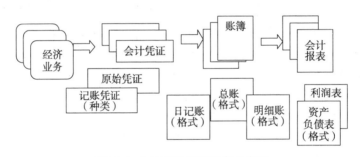

图 10-2 会计核算组织程序示意图

设计科学合理的会计核算组织程序，对于保证准确、及时地提供系统而完整的会计信息，具有十分重要的意义。第一，有利于规范会计工作，确定合理凭证账簿与报表之间的联系方式，保证会计信息加工过程严密性，提高会计信息质量。第二，有利于保证会计记录完整性，通过凭证账簿以及报表之间的牵制作用，增强会计信息的可靠性。第三，通过井然有序的账务处理程序，有利于提高会计核算工作效率，提高会计管理水平，保证会计信息及时性。第四，有利于会计人员的责任分工，保证会计核算工作的顺利进行，降低会计核算工作成本。

二、设计会计核算组织程序的原则

（1）要适合本单位所属行业的特点，充分考虑本会计主体经济活动的性质、经济管理的特点、规模的大小、经济业务的繁简程度，并有利于会计工作的分工协作和内部控制。

（2）要能够准确、及时、完整和系统地提供本单位会计信息，以满足会计信息使用者了解会计信息并据以做出经济决策的需要。

（3）在保证会计核算工作质量的前提下，尽可能地提高会计核算工作效率，力求简化会计核算手续，节省会计核算时间，节约会计核算的成本和费用。

（4）应有利于会计部门和会计人员的分工与合作，有利于明确各会计人员工作岗位职责，并应有利于不同程序之间的相互牵制，使各个处理环节分工明确，责任清楚，约束力强。

常用的会计核算组织程序主要有以下几种：记账凭证核算组织程序、科目汇总表核算组织程序、汇总记账凭证核算组织程序和多栏式日记总账核算组织程序等。

第二节　记账凭证核算组织程序

一、记账凭证核算组织程序的基本内容

（一）记账凭证核算组织程序的定义

记账凭证核算组织程序是指根据经济业务发生以后所填制的各种记账凭证直接逐笔地登记总分类账，并定期编制会计报表的一种账务处理程序。

记账凭证核算组织程序是一种最基本的核算组织程序，其他核算组织程序都是在此基础上发展演变而形成的。

（二）记账凭证核算组织程序的特点

在记账凭证核算组织程序下，记账凭证可以采用收款凭证、付款凭证和转账凭证等收付转专用记账凭证，也可采用通用记账凭证。

会计账簿一般应设置借、贷、余（或收、付、余）三栏。库存现金日记账和银行存款日记账、总分类账均采用借、贷、余三栏式；明细分类账可根据核算需要，采用借、贷、余三栏式、数量金额式和多栏式。记账凭证核算组织程序下的记账凭证、会计账簿的种类与格式如图 10-3 所示。

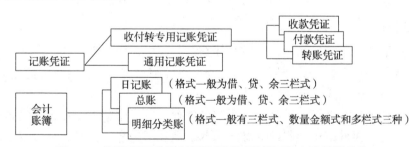

图 10-3　记账凭证核算组织程序下记账凭证与会计账簿系统

一般情况下，各种会计核算组织程序在账务处理的做法上有着共同之处。比如，登记各种日记账和明细分类账，不论是在记账凭证核算组织程序下，还是在其他核算组织程序下，在做法上基本是相同的。同样的，由于在国家颁布的会计准则中对会计报表的种类和格式已有统一规定，因而，不论在什么样的会计核算组织程序下，会计报表都是主要包括资产负债表、利润表和现金流量表等。因此，下面在研究会计核算组织程序内

容时，对于会计凭证、日记账、明细账以及会计报表的种类与格式问题不再述及。

（三）记账凭证核算组织程序下账务处理的基本内容

在记账凭证核算组织程序下，对经济业务进行账务处理大体包括以下六项内容：

①经济业务发生以后，根据有关的原始凭证或原始凭证汇总表填制各种专用记账凭证（收款凭证、付款凭证和转账凭证）；

②根据收款凭证和付款凭证逐笔登记库存现金日记账和银行存款日记账；

③根据记账凭证并参考所附的原始凭证或原始凭证汇总表，逐笔登记各种明细分类账；

④根据各种记账凭证逐笔登记总分类账；

⑤月末，将现金日记账、银行存款日记账以及各种明细分类账的余额与总分类账中相应账户的余额进行核对；

⑥月末，根据总分类账和明细分类账的有关记录以及其他有关资料编制会计报表。

记账凭证核算组织程序的账务处理步骤如图 10-4 所示。

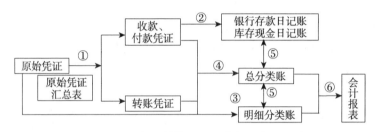

图 10-4　记账凭证核算组织程序的账务处理步骤

二、对记账凭证核算组织程序的评价

直接根据各种记账凭证逐笔登记总分类账，是记账凭证核算组织程序与其他核算组织程序截然不同的做法，是记账凭证核算组织程序的一个鲜明特点。

1. 记账凭证核算组织程序的优点

（1）在记账凭证上能够清晰地反映总账账户之间的对应关系。在记账凭证核算组织程序下，当经济业务发生以后，利用记账凭证可以编制出该笔经济业务的完整会计分录，总账账户之间的对应关系都能一目了然。

（2）在总分类账上能够比较详细地反映经济业务的发生情况。在记账凭证核算组织程序下，不仅对各种日记账和明细分类账采取逐笔登记的方法，对于总分类账的登记方法也是如此。因而，在总分类账上能够详细清晰地反映所发生的经济业务情况。

（3）总分类账登记方法简单，易于掌握。总分类账登记方法与明细账的登记方法是一样的，是一种易于掌握的核算组织程序。

2. 记账凭证核算组织程序的缺点

（1）总分类账登记工作量过大。对发生的每一笔经济业务都要根据记账凭证逐笔在总分类账中进行登记，实际上与日记账和明细分类账的登记内容一致，是一种重复记录，势必要增大登记总分类账的工作量，特别是在经济业务量比较多的情况下更是如此。

（2）账页耗用多，预留账页多少难以把握。由于总分类账对发生的所有经济业务要重复登记一遍，势必会耗用更多的账页，造成一定的浪费。特别是在一个账簿上设置多个账户时，预留过多会造成浪费，预留过少又会影响账户登记上的连续性。预留账页比较多，也形成了浪费。

3. 记账凭证核算组织程序的适用范围

记账凭证核算组织程序一般只适用于规模较小、经济业务量较少、需要编制记账凭证不是很多的会计主体。如果业务量过小，也可使用通用记账凭证，以避免凭证种类的多样化而造成凭证购买上的过多支出。

第三节　科目汇总表核算组织程序

一、科目汇总表核算组织程序的基本内容

（一）科目汇总表核算组织程序的定义

科目汇总表核算组织程序是指根据各种记账凭证定期按会计科目汇总编制科目汇总表，然后根据科目汇总表登记总分类账，并定期编制会计报表的账务处理程序。科目汇总表核算组织程序是在记账凭证核算组织程序的基础上发展和演变而来的。

在科目汇总表核算组织程序下，其账簿设置、各种账簿的格式以及记账凭证的种类和格式与记账凭证核算组织程序基本相同。存在着较大差别的是要设置"科目汇总表"这种具有汇总性质的记账凭证，总分类账是根据科目汇总表登记的。

扩展阅读：企业智能化下"会计学原理"课程变革逻辑和途径——基于实际业务的设计方案

（二）科目汇总表的编制方法

科目汇总表又称记账凭证汇总表，它也是一种记账凭证。它是根据收款凭证、付款凭证和转账凭证（或通用记账凭证），定期汇总编制而成。

其基本的编制方法是：根据一定会计期间编制的全部记账凭证，按照相同会计科目进行归类，定期（每10天或15天，或每月一次）分别汇总每一个账户的借、贷双方的发生额，并将其填列在科目汇总表的相应栏内，用以反映全部账户的借、贷方发生额。根据科目汇总表登记总分类账时，只需要将该表中汇总起来的各科目的本期借、贷方发生额的合计数，分次或月末一次记入相应总分类账户的借方或贷方即可。

（三）科目汇总表核算组织程序下账务处理的基本步骤

在科目汇总表核算组织程序下，对经济业务进行账务处理大体要经过以下七个步骤：

①经济业务发生以后，根据有关的原始凭证或原始凭证汇总表填制各种专用记账凭证（收款凭证、付款凭证和转账凭证）；

②根据收款凭证和付款凭证逐笔登记库存现金日记账和银行存款日记账；

③根据记账凭证并参考所附的原始凭证或原始凭证汇总表，逐笔登记各种明细分类账；

④根据各种记账凭证汇总编制科目汇总表；

⑤根据科目汇总表中汇总数字登记总分类账；

⑥月末，将日记账、明细分类账的余额与总分类账中相应账户的余额进行核对；

⑦月末，根据总分类账和明细账的记录以及其他有关资料编制会计报表。

科目汇总表核算组织程序的财务处理步骤如图 10-5 所示。

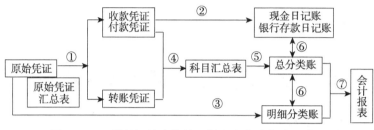

图 10-5　科目汇总表核算组织程序的账务处理步骤

二、科目汇总表的编制举例

【例 10-1】　根据某企业在 202×年 6 月发生的经济业务，在记账凭证上编制的会计分录如图 10-6 所示。

现收1 借：库存现金　100 　　　贷：其他应收款　100	现付1 借：应付职工薪酬　90 000 　　　贷：库存现金　90 000
现付2 借：管理费用　800 　　　贷：库存现金　800	银付1 借：在途物资　10 000 　　　应交税费　1700 　　　贷：银行存款　11 700
转1 借：管理费用　2 000 　　　贷：其他应收款　2 000	转2 借：在途物资　50 000 　　　应交税费　8 500 　　　贷：应付账款　58 500
银付2 借：销售费用　7 000 　　　贷：银行存款　7 000	银付3 借：在建工程　100 000 　　　贷：银行存款　100 000
转3 借：原材料　70 000 　　　贷：在途物资　70 000	银付5 借：库存现金　90 000 　　　贷：银行存款　90 000
银付6 借：应付账款　3 000 　　　贷：银行存款　3 000	银付7 借：制造费用　4 000 　　　管理费用　3 000 　　　贷：银行存款　7 000
转4 借：生产成本　4 000 　　　贷：制造费用　4 000	转5 借：生产成本　40 000 　　　在建工程　20 000 　　　贷：原材料　60 000
转6 借：应收账款　23 400 　　　贷：主营业务收入　23 400 　　　应交税费　3 400	

图 10-6　编制科目汇总表业务举例

在图 10-6 中所列示的记账凭证中，编制的会计分录涉及了很多会计科目。在对这些会计科目分别按借、贷方发生额进行汇总时，可利用编制的科目汇总表工作底稿进行。

科目汇总表工作底稿的格式以及本例的汇总情况如图 10-7 所示。

应提醒注意的是：科目汇总表工作底稿中采用的汇总形式从表面上看酷似 T 型账户，但不是 T 型账户。运用这种形式的目的是对各个会计科目的发生额（不包括余额）进行汇总，以便于编制科目汇总表。另外，科目汇总表可以每月编制一次，也可以根据会计核算的需要定期分次编制。本例假定是月末一次编制。

202×年6月

库存现金				银行存款		
现收1	100	现付1	90 000		银付1	11 700
银付5	90 000	现付2	800		银付2	7 000
合计	90 100	合计	90 800		银付3	100 000
					银付4	6 000
在途物资					银付5	90 000
银付1	10 000	转3	70 000		银付6	3 000
银付2	6 000				银付7	7 000
转2	50 000			合计	0　合计	224 700
合计	66 000	合计	70 000			

原材料				应收账款		
转3	70 000	转5	60 000	转6	23 400	
合计	70 000	合计	60 000	合计	23 400　合计	0

其他应收款				销售费用		
		现收1	100	银付2	7 000	
		转1	2 000	合计	7 000　合计	0
合计	0	合计	2 100			

管理费用				在建工程		
现付2	800			银付3	100 000	
银付7	3 000			转5	20 000	
转1	2 000			合计	12 000　合计	0
合计	5 800	合计	0			

生产成本				制造费用		
转4	40 000			银付7	4 000	转4　4 000
转5	4 000			合计	4 000	合计　4 000
合计	44 000	合计	0			

应付账款				应付职工薪酬		
银付6	3 000	转2	58 500	现付1	90 000	
合计	3 000	合计	58 500	合计	90 000　合计	0

主营业务收入		
	转6	20 000
合计	0　合计	20 000

图 10-7　科目汇总表工作底稿

根据以上汇总结果编制的科目汇总表见表 10-1。

表 10-1　科目汇总表

202×年 6 月　　　　　　　　　　　　　　　　　单位：元

会计科目	本期发生额		总账页数
	借方	贷方	
库存现金	90 100	90 800	
银行存款	0	224 700	
在途物资	66 000	70 000	
原材料	70 000	60 000	
应收账款	23 400		
其他应收款	0	2 100	
在建工程	120 000	0	
销售费用	7 000		
管理费用	5 800	0	
生产成本	44 000	0	
制造费用	4 000	4 000	
应交税费	10 200	3 400	
应付账款	3 000	58 500	
应付职工薪酬	90 000	0	
主营业务收入		20 000	
合计	533 500	533 500	

　　编制科目汇总表的作用是可以对总分类账进行汇总登记。根据科目汇总表登记总分类账时，只需要将科目汇总表中有关各科目的本期借、贷方发生额合计数，分次或月末一次记入相应总分类账的借方或贷方即可。这样，可以大大简化登记总分类账的工作量，提高账簿登记的准确性。另外，采用科目汇总表时，登记总分类账所依据凭证的编号方法有一定变化，应以"科汇字第×号"字样按月连续编号。

三、对科目汇总表核算组织程序的评价

　　科目汇总表核算组织程序的特点是：定期根据所有记账凭证汇总编制科目汇总表，根据科目汇总表上的汇总数字登记总分类账。

　　1. 科目汇总表核算组织程序的优点

　　（1）具有总分类账户试算平衡的作用。科目汇总表的汇总结果体现了一定会计期间内所有账户的借、贷方发生额之间的相等关系，利用这种发生额的相等关系，可以进行全部账户记录的试算平衡，可以代替试算平衡表，借以检验账户发生额的准确性。

　　（2）保证总分类账登记的准确性。在科目汇总表核算组织程序下，总分类账是根据科目汇总表上的汇总数字登记的。由于科目汇总表的汇总结果可以检验所填制的记账凭证是否正确，就等于在记总账前对所有账户记录进行了一次试算平衡，对汇总过程中可能存在的错误也容易发现，在一定程度上能够保证总分类账登记的正确性，保证了会计工作质量。

（3）大大减轻了登记总账的工作量。在科目汇总表核算组织程序下，可根据科目汇总表上有关账户的汇总发生额，在月中定期或月末一次性登记总分类账，可以使登记总分类账的次数大大减少，工作量大为减轻。

（4）适用性比较强。与记账凭证核算组织程序和汇总记账凭证核算组织程序相比较，科目汇总表核算组织程序更为广泛应用于任何规模的会计主体中。

2．科目汇总表核算组织程序的缺点

（1）编制科目汇总表的工作量比较大。在科目汇总表核算组织程序下，对发生的经济业务首先需要填制各种专用记账凭证，在此基础上，需要定期对这些专用记账凭证进行汇总，编制作为登记总分类账依据的科目汇总表，增加了工作量。

（2）科目汇总表不能清晰地反映账户之间的对应关系。科目汇总表是按各个会计科目归类汇总其发生额的，在该表中不能清楚地显示出各个账户之间的对应关系，不能清晰地反映经济业务的来龙去脉。在这一点上，科目汇总表不及记账凭证核算组织程序和汇总记账凭证核算组织程序。

3．科目汇总表核算组织程序的适用范围

由于科目汇总表核算组织程序账务处理程序清楚，又具有能够进行账户发生额的试算平衡，减轻总分类账登记的工作量等优点，因而，不论规模大小的会计主体都可以采用，在经济业务较多的企业中更能减轻登记总分类账的工作量。

第四节　汇总记账凭证核算组织程序

一、汇总记账凭证核算组织程序的基本内容

（一）汇总记账凭证核算组织程序的定义

汇总记账凭证核算组织程序是指根据各种专用记账凭证定期汇总编制汇总记账凭证，然后根据汇总记账凭证登记总分类账，并定期编制会计报表的一种账务处理程序。

汇总记账凭证是对日常会计核算过程中所填制的专用记账凭证，按照凭证的种类，采用一定的方法定期进行汇总而重新填制的一种记账凭证。在采用汇总记账凭证核算组织程序的情况下，可以不必再根据各种专用记账凭证逐笔登记总分类账户，而是根据汇总记账凭证上的汇总数字登记有关的总分类账户，这样可以减少登记总分类账户的工作量。由此可见，汇总记账凭证核算组织程序也是在记账凭证核算组织程序的基础上发展演变而来的一种会计核算组织程序。

（二）汇总记账凭证核算组织程序下账务处理的基本步骤

在汇总记账凭证核算组织程序下，对经济业务进行账务处理大体要经过以下七个步骤：

①经济业务发生以后，根据有关的原始凭证或原始凭证汇总表填制各种专用记账凭证（收款凭证、付款凭证和转账凭证）；

②根据收款凭证和付款凭证逐笔登记库存现金日记账和银行存款日记账；

③根据记账凭证及所附的原始凭证或原始凭证汇总表，逐笔登记各种明细分类账；

④根据各种记账凭证编制汇总收款凭证、汇总付款凭证和汇总转账凭证；

⑤根据各种汇总记账凭证汇总登记总分类账；

⑥月末，核对日记账、明细分类账与总分类账中相应账户的余额；

⑦月末，根据总分类账和明细分类账的记录以及其他有关资料编制会计报表。

汇总记账凭证核算组织程序的账务处理步骤如图10-8所示。

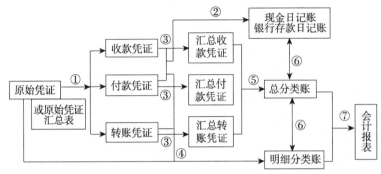

图 10-8　汇总记账凭证核算组织程序的账务处理步骤

二、汇总记账凭证的编制举例

汇总记账凭证是在填制的各种专用记账凭证的基础上，按照一定的方法进行汇总编制而成的。汇总记账凭证的种类不同，汇总编制的方法也有所不同。

1. 汇总收款凭证的编制举例

（1）编制汇总收款凭证的基本方法。汇总收款凭证的编制方法是：按日常核算中所填制的专用记账凭证中的收款凭证上会计分录的借方科目设置汇总收款凭证，按分录中相应的贷方科目定期（如每10天或15天等）进行汇总，每月编制一张。汇总时计算出每一个贷方科目发生额合计数，填入汇总收款凭证的相应栏次。

汇总收款凭证是根据专用记账凭证中的收款凭证汇总编制而成的。在编制汇总收款凭证时，首先应确定是以哪一个会计科目为主进行汇总。由于收款凭证上反映的是收款业务，因而必须围绕反映货币资金收入的会计科目（"库存现金"或"银行存款"）进行汇总。在借贷记账法下，这些科目的增加应在借方登记。因而，编制汇总收款凭证时要求按借方科目进行设置，实际上就是要求按"库存现金"或"银行存款"设置汇总记账凭证上的主体科目，以其为主进行汇总。

"按分录中相应的贷方科目汇总"，其中的贷方科目是指收款凭证上会计分录中"库存现金"或"银行存款"的对应科目。尽管在一定的会计期间内，企业可能会发生若干笔收款业务，但由于某些经济业务是重复发生的，就需要填制若干份在会计科目上完全相同的收款凭证。例如，企业每次销售产品收到货款存入银行，会计分录都是借记"银行存款"，贷记"主营业务收入"和"应交税费"等。这样，就可以根据贷方科目在一定会计期间内的若干次发生额定期进行汇总，编制汇总收款凭证。

经过上述汇总过程得到的各个贷方科目发生额的合计数，就是这些账户在一定会计期间发生额的总和。可以根据各次的汇总数分次登记到有关账户中去，也可以在月末时对各次汇总数字进行合计，求得该账户的全月发生额合计，一次性登记有关账户。对以上各账户的发生额合计数进行合计，也就是所汇总的主体科目"库存现金"或"银行存款"在该会计期间的借方发生额总额，可据其分次或月末一次登记"库存现金"账户或"银行存款"账户。

（2）汇总收款凭证的编制举例。

【例 10-2】 某企业某月 1—10 日发生如下库存现金收款业务。其中：收回其他应收款业务有 2 笔（见现收 1、现收 4）；实现其他业务收入业务有 3 笔（见现收 2、现收 3 和现收 6）；收回应收账款业务有 1 笔（见现收 5）。在收款凭证上编制的会计分录如图 10-9 所示。

```
现收1 借：库存现金    3 000        现收2 借：库存现金      900
         贷：其他应收款    3 000              贷：其他业务收入    900

现收3 借：库存现金      700        现收4 借：库存现金     6 000
         贷：其他业务收入    700              贷：其他应收款    6 000

现收5 借：库存现金      500        现收6 借：库存现金      200
         贷：应收账款      500              贷：其他业务收入    200
```

图 10-9 编制汇总收款凭证业务举例

在以上现金收款业务的记账凭证中，会计分录的借方科目均为"库存现金"；涉及的贷方科目有 3 个。其中：涉及"其他应收款"科目的有 2 份凭证，涉及"其他业务收入"科目的有 3 份凭证，涉及"应收账款"科目的有 1 份凭证。

按借方科目"库存现金"设置汇总收款凭证，按贷方科目"其他应收款""其他业务收入"和"应收账款"进行汇总，可以计算出该企业某月 1—10 日对应于"库存现金"科目的其他会计科目的发生额为：

"其他应收款"科目发生额为：3 000 + 6 000 = 9 000（元）

"其他业务收入"科目发生额为：900 + 700 + 200 = 1 800（元）

"应收账款"科目发生额为：500（元）

根据 1—10 日汇总结果，填入该企业本月汇总收款凭证的相应栏次，如表 10-2 中"1—10 日凭证"栏所示（11—20 日、21—30 日为另外两次汇总结果的假定数）。

表 10-2 汇总收款凭证

借方科目：库存现金 单位：元

贷方科目	金 额				总账页数	
	1—10 日凭证 1—6 号	11—20 日凭证 7—10 号	21—30 日凭证 11—15 号	合计	借方	贷方
其他应收款	9 000	2 000	4 000	15 000		
其他业务收入	1 800	1 250	800	3 850		
应收账款	500	400	700	1 600		
合计	11 300	3 650	5 500	20 450		

根据这张汇总收款凭证，在 10 日的库存现金总账借方中登记 11 300 元，在其他应

收款、其他业务收入和应收账款总账的贷方分别登记 9 000 元、1 800 元和 500 元。在 20 日的库存现金总账借方中登记 3 650 元，在其他应收款、其他业务收入和应收账款总账的贷方分别登记 2 000 元、1 250 元和 400 元。在 30 日的库存现金总账借方中登记 5 500 元，在其他应收款、其他业务收入和应收账款总账的贷方分别登记 4 000 元、800 元和 700 元。

（3）编制汇总收款凭证的注意事项。为了便于编制汇总收款凭证，在日常编制收款凭证时，会计分录的形式最好是一借一贷、一借多贷，不宜多借一贷或多借多贷。这是由于汇总收款凭证是按借方科目设置的，多借一贷或多借多贷的会计分录都会给编制汇总收款凭证带来一定的不便。或者会由于收款凭证在汇总过程中被多次重复使用而产生汇总错误，或者造成会计账户之间的对应关系变得模糊难辨。

多借一贷或多借多贷会计分录对编制汇总收款凭证的影响如图 10-10 所示。

如果在收款凭证上编制多借一贷分录：
借：库存现金　　1 000
　　银行存款　　2 000
　　贷：应收账款　　3 000

问题 1：在编制汇总收款凭证时，收款凭证会被反复使用，容易出错

如果在收款凭证上编制多借多贷分录：
借：库存现金　　800
　　银行存款　　4 000
　　贷：应收账款　　2 800
　　　　其他应收款　　2 000

问题 2：在编制汇总收款凭证时，收款凭证被反复使用，容易出错；账户之间的对应关系不够清晰

图 10-10　多借一贷或多借多贷会计分录对编制汇总收款凭证的影响

2. 汇总付款凭证的编制举例

（1）编制汇总付款凭证的基本方法。汇总付款凭证的编制方法是：按日常核算中所填制的专用记账凭证中的付款凭证上会计分录中的贷方科目（“库存现金”或“银行存款”等）设置汇总付款凭证，按它们相应的借方科目定期（如每 10 天或 15 天等）进行汇总，每月编制一张。汇总时计算出每一个借方科目发生额合计数，填入汇总付款凭证的相应栏次。

（2）汇总付款凭证的编制举例。

【例 10-3】 某企业某月 1—10 日发生如下银行存款付款业务。其中：偿还应付账款业务有 2 笔（见银付 1、银付 5），缴纳税费业务有 1 笔（见银付 2）；购置固定资产业务有 2 笔（见银付 3、银付 6）；归还短期借款业务有 1 笔（见银付 4）。在付款凭证上编制的会计分录如图 10-11 所示。

银付1 借：应付账款　5 500 贷：银行存款　5 500	银付2 借：应交税费　6 000 贷：银行存款　6 000
银付3 借：固定资产　100 000 贷：银行存款　100 000	银付4 借：短期借款　500 000 贷：银行存款　500 000
银付5 借：应付账款　20 000 贷：银行存款　20 000	银付6 借：固定资产　200 000 贷：银行存款　200 000

图 10-11　编制汇总付款凭证业务举例

在以上银行存款付款业务的记账凭证中，会计分录的贷方科目均为"银行存款"；涉及的借方科目有 4 个。其中：涉及"应付账款"科目的有 2 份凭证，涉及"应交税费"科目的有 1 份凭证，涉及"固定资产"科目的有 2 份凭证，涉及"短期借款"科目的有 1 份凭证。

按贷方科目"银行存款"设置汇总付款凭证，按借方科目"应付账款""应交税费""固定资产"和"短期借款"进行汇总，可以计算出该企业某月 1—10 日对应于"银行存款"科目的其他会计科目的发生额为：

"应付账款"科目发生额为：5 500 + 20 000 = 25 500（元）

"应交税费"科目发生额为：6 000 元

"固定资产"科目发生额为：100 000 + 200 000 = 300 000（元）

"短期借款"科目发生额为：500 000 元

根据 1—10 日汇总结果，填入该企业本月汇总付款凭证的相应栏次，如表 10-3 中"1—10 日凭证"栏所示（11—20 日、21—30 日为另外两次汇总结果的假定数）。

表 10-3　汇总付款凭证

贷方科目：银行存款　　　　　　　　　　　　　　　　　　　　　　　　　　　　单位：元

贷方科目	金额				总账页数	
	1—10 日凭证 1—6 号	11—20 日凭证 7—9 号	21—30 日凭证 10—14 号	合计	借方	贷方
应付账款	25 500	125 500	80 000	231 000		
应交税费	6 000		10 000	16 000		
固定资产	300 000			300 000		
短期借款	500 000		100 000	600 000		
合计	831 500	125 500	190 000	1 147 000		

根据这张汇总收款凭证，在 10 日的银行存款总账贷方中登记 831 500 元，在应付账款、应交税费、固定资产、短期借款总账的借方分别登记 25 500 元、6 000 元、300 000 元和 500 000 元。在 20 日的银行存款总账贷方中登记 125 500 元，在应付账款总账的借方登记 125 500 元。在 30 日的银行存款总账贷方中登记 190 000 元，在应付账款、应交税费、短期借款总账的借方分别登记 80 000 元、10 000 元和 100 000 元。

（3）编制汇总付款凭证的注意事项。为了便于编制汇总付款凭证，在日常编制付款凭证时，会计分录的形式最好是一借一贷或多借一贷，不宜一借多贷或多借多贷。这是由于汇总付款凭证是按贷方科目设置的，一借多贷或多借多贷的会计分录都会给编制汇总付款凭证带来一定的不便；或者会由于付款凭证在汇总过程中被多次重复使用而产生汇总错误；或者造成会计账户之间的对应关系变得模糊难辨。

3. 汇总转账凭证的编制举例

（1）编制汇总转账凭证的基本方法。汇总转账凭证的编制方法是：按日常核算工作中所填制的专用记账凭证中的转账凭证上的会计分录的贷方科目（如原材料、固定资产等）设置汇总转账凭证，按它们相应的借方科目定期（如每 10 天或 15 天等）进行汇总，每月编制一张。计算出每一个借方科目发生额合计数，填入汇总转账凭证的相应栏次。

（2）汇总转账凭证的编制举例。

【例10-4】 现仅以某企业某月1—10日发生的应付职工薪酬的转账业务为例，说明汇总转账凭证的编制方法。假定该企业在10日内应付职工薪酬共6笔。其中：生产工人应付职工薪酬有3笔（见转1、转3、转4）；制造部门应付职工薪酬有2笔（见转2、转6）；管理部门应付职工薪酬有1笔（见转5）。在转账凭证上编制的会计分录如图10-12所示。

转1 借：生产成本 25 000 　　贷：应付职工薪酬 25 000	转2 借：制造费用 6 000 　　贷：应付职工薪酬 6 000
转3 借：生产成本 5 000 　　贷：应付职工薪酬 5 000	转4 借：生产成本 6 000 　　贷：应付职工薪酬 6 000
转5 借：管理费用 1 000 　　贷：应付职工薪酬 1 000	转6 借：制造费用 2 000 　　贷：应付职工薪酬 2 000

图 10-12　编制汇总转账凭证业务举例

在以上转账业务的记账凭证中，会计分录的贷方科目均为"应付职工薪酬"；涉及的借方科目有3个。其中：涉及"生产成本"科目的有3份凭证，涉及"制造费用"科目的有2份凭证，涉及"管理费用"科目的有1份凭证。

按贷方科目"应付职工薪酬"设置汇总转账凭证，按借方科目"生产成本""制造费用"和"管理费用"进行汇总，可以计算出该企业某月1—10日对应于"应付职工薪酬"科目的其他会计科目的发生额为：

"生产成本"科目发生额为：25 000 + 5 000 + 6 000 = 36 000（元）

"制造费用"科目发生额为：6 000 + 2 000 = 8 000（元）

"管理费用"科目发生额为：1 000（元）

根据1—10日汇总结果，填入该企业本月以"应付职工薪酬"科目为汇总科目的汇总转账凭证的相应栏次，如表10-4中"1—10日凭证"栏所示（11—20日、21—30日为另外两次汇总结果的假定数）。

表 10-4　汇总转账凭证

贷方科目：应付职工薪酬　　　　　　　　　　　　　　　　　　　　　　　　单位：元

贷方科目	金　额				总账页数	
	1—10日凭证 1—6 号	11—20日凭证 7—10 号	21—30日凭证 11—16 号	合计	借方	贷方
生产成本	36 000		45 000	81 000		
制造费用	8 000		12 000	20 000		
管理费用	1 000		5 000	6 000		
合计	45 000		62 000	107 000		

根据这张汇总收款凭证，在 10 日的应付职工薪酬总账贷方中登记 45 000 元，在生产成本、制造费用、管理费用的借方分别登记 36 000 元、8 000 元和 1 000 元。在 30 日的应付职工薪酬总账贷方中登记 62 000 元，在生产成本、制造费用、管理费用的借方分别登记 45 000 元、12 000 元和 5 000 元。

（3）编制汇总转账凭证的注意事项。为便于进行汇总转账凭证的编制，在日常编制转账凭证时，会计分录的形式最好是一借一贷、一贷多借，不宜一借多贷或多借多贷。这是由于汇总转账凭证是按贷方科目设置的，一借多贷或多借多贷的会计分录都会给编制汇总转账凭证带来一定的不便。

一借多贷或多借多贷会计分录对编制汇总转账凭证的影响如图 10-13 所示。

如果在转账凭证上编制一借多贷分录：

借：生产成本　　　　　　　20 000
　　贷：原材料　　　　　　　　8 000
　　　　制造费用　　　　　　 12 000

> 问题 1：在编制汇总转账凭证时，转账凭证会被反复使用，容易出错

如果在转账凭证上编制多借多贷分录：

借：生产成本　　　　　　　 5 000
　　制造费用　　　　　　　 2 000
　　贷：原材料　　　　　　　　6 900
　　　　材料成本差异　　　　　 100

> 问题 2：在编制汇总转账凭证时，转账凭证被反复使用，容易出错；账户之间的对应关系不够清晰

图 10-13　一借多贷或多借多贷会计分录对编制汇总转账凭证的影响

以上介绍了各种汇总记账凭证的编制方法。需要提醒注意的是，虽然各种汇总记账凭证的编制方法不尽相同，但每一种汇总记账凭证都是依据同类专用记账凭证汇总编制而成的，即专用记账凭证有收款凭证、付款凭证和转账凭证三种，经汇总以后形成的汇总记账凭证相应的也有汇总收款凭证、汇总付款凭证和汇总转账凭证三种。在上一节中已经介绍了另外一种经过汇总以后形成的记账凭证，即科目汇总表，应注意两者在汇总上所采用的不同方法，以及汇总以后形成的不同形式。此外，采用汇总记账凭证时，凭证的编号方法有一定变化。应在汇总记账凭证种类前加"汇"字，如"汇现收字第×号""汇现付字第×号""汇银收字第×号""汇银付字第×号"和"汇转字第×号"等。

三、对汇总记账凭证核算组织程序的评价

汇总记账凭证核算组织程序的特点是：定期将全部记账凭证分别编制汇总收款凭证、汇总付款凭证和汇总转账凭证，再根据各种汇总记账凭证上的汇总数字分别登记总分类账。

1. 汇总记账凭证核算组织程序的优点

（1）在汇总记账凭证上能够清晰地反映账户之间的对应关系。汇总记账凭证是采用按会计科目对应关系进行分类汇总的办法，能够清晰地反映出有关会计账户之间的对应关系。

（2）可以大大减少登记总分类账的工作量。在汇总记账凭证核算组织程序下，可以根据汇总记账凭证上有关账户的汇总发生额，在月中定期（分 2 次或 3 次）或月末一次性登记总分类账，可以使登记总分类账的工作量大为减少。

2. 汇总记账凭证核算组织程序的缺点

（1）定期编制汇总记账凭证的工作量比较大。对发生的经济业务首先要填制专用记账凭证，即收款凭证、付款凭证和转账凭证，在此基础上，还需要定期分类地对这些专用记账凭证进行汇总，当转账凭证较多时，编制汇总记账凭证的工作量较大，并且按照每一贷方账户编制汇总转账凭证，不利于会计核算的日常分工。虽然手工登记总账的工作量减少了，但记账总体工作量并未减少。

（2）对汇总过程中可能存在的错误难以发现。编制汇总记账凭证是一项比较复杂的工作，容易产生汇总错误。而且汇总记账凭证本身又不能体现出有关数字之间的平衡关系，即使存在汇总错误也很难发现。

3. 汇总记账凭证核算组织程序的适用范围

由于汇总记账凭证核算组织程序具有能够清晰地反映账户之间的对应关系和能够减轻登记总分类账的工作量等优点，它一般只适用于规模较大、经济业务量比较多、专用记账凭证也比较多的会计主体。

第五节　多栏式日记总账核算组织程序

一、多栏式日记总账核算组织程序的基本内容

多栏式日记总账核算组织程序是指设置多栏式日记总账，根据经济业务发生以后所填制的各种记账凭证直接逐笔登记多栏式日记总账，并定期编制会计报表的账务处理程序。

在多栏式日记总账核算组织程序下采用的记账凭证主要是各种专用记账凭证，即收款凭证、付款凭证和转账凭证，也可采用通用记账凭证。采用的现金和银行存款日记账以及明细分类账与其他会计核算组织程序基本相同，编制财务报表的程序和依据也是一样的。不同的是，在这种核算组织程序下需要专门设置多栏式日记总账。

（一）多栏式日记总账的格式与登记方法

多栏式日记总账是一种兼具序时账簿和分类账簿两种功能的联合账簿。多栏式日记总账的账页一般设计为多栏式，即将经济业务发生以后可能涉及的所有会计账户，分设专栏集中列示在同一张账页上，每一账户又具体分设借方和贷方两栏。对所有的经济业务按发生的时间顺序进行序时记录，并根据经济业务的性质和账户的对应关系进行总分类记录。对发生的每一笔经济业务都应分别登记在同一行的有关科目栏的借方栏和贷方栏内，并将发生额记入多栏式日记总账的发生额栏内。多栏式日记总账的格式及基本登记方法如表 10-5 所示。

表 10-5 多栏式日记总账格式及基本登记方法

按会计科目设专栏科目　　单位：元

2012 年		记账凭证	摘要	发生额	银行存款		在途物资		应交税费		（略）
月	日				借方	贷方	借方	贷方	借方	贷方	借方
5	1		月初余额	70 000	10 000		60 000			70 000	
	5	银付 3	购材料	23 400		23 400	20 000		3 400		
	10	银付 5	交税费	15 000		15 000			15 000		
			（略）								
			本月合计	38 400		38 400	20 000		18 400		
			月末余额	108 400	10 000	38 400	80 000		18 400		

登记经济业务的发生总额

发生的经济业务在相应的会计科目栏的同一行登记

本月全部账户借、贷方发生额合计应分别同"发生额"合计数相符

（二）多栏式日记总账核算组织程序下账务处理的基本步骤

在多栏式日记总账核算组织程序下,对经济业务进行账务处理大体要经过以下六个步骤:

①经济业务发生以后，根据有关的原始凭证或原始凭证汇总表填制各种专用记账凭证;

②根据收款凭证和付款凭证逐笔登记库存现金日记账和银行存款日记账;

③根据记账凭证并参考原始凭证或原始凭证汇总表，逐笔登记各种明细分类账;

④根据各种记账凭证逐笔登记多栏式日记总账;

⑤月末，将日记账、明细分类账的余额与多栏式日记总账中相应账户的余额进行核对;

⑥月末，根据多栏式日记总账和明细分类账的记录编制会计报表。

多栏式日记总账核算组织程序的账务处理基步骤序如图 10-14 所示。

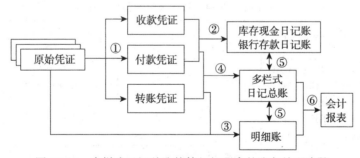

图 10-14 多栏式日记总账核算组织程序的账务处理步骤

二、对多栏式日记总账核算组织程序的评价

多栏式日记总账核算组织程序的特点是：设置多栏式日记总账，根据记账凭证逐笔登记多栏式日记总账。

1. 多栏式日记总账核算组织程序的优点

（1）可以大大简化总分类账的登记手续。在多栏式日记总账核算组织程序下，将日

记账和总分类账结合在一起，直接根据记账凭证登记总分类账，并且是将所有会计科目都集中在一张账页上，而不是分设在各个账簿中，因而，可以简化登记总分类账的手续。

（2）在多栏式日记总账上能够清晰地反映会计账户之间的对应关系。在多栏式日记总账核算组织程序下，当经济业务发生以后，要按照预先设置的会计科目栏，在相应栏次的同一行进行登记，可以集中反映经济业务的全貌，反映会计账户之间的对应关系，便于进行会计检查和会计分析。

2. 多栏式日记总账核算组织程序的缺点

（1）增大了登记日记总账的工作量。如同记账凭证核算组织程序一样，在多栏式日记总账核算组织程序下，对于发生的每一笔经济业务都要根据记账凭证逐笔在多栏式日记总账中登记，实际上与登记日记账和明细分类账是一种重复登记，势必会增加登记多栏式日记总账的工作量。

（2）不便于查阅和记账分工。在使用会计科目比较多的会计主体中，日记总账的账页幅面必然要设计得很大，既不便于进行记账和查阅，也容易发生登记串行等记账错误。如果会计人员较多，也不便于他们在记账上的业务分工。

3. 多栏式日记总账核算组织程序的适用范围

多栏式日记总账核算组织程序一般只适用于规模小、业务量少、使用会计科目不多的会计主体。但在使用计算机进行账务处理的企业，由于账簿的登记等是由计算机来完成，因而很容易克服这种会计核算组织程序的缺点，因而在一些大中型企业也可以应用这种核算组织程序。

各种核算组织程序的不同点是登记总账的依据不同，根据不同企业的具体情况，可选用不同的核算组织程序，表 10-6 对四种核算组织程序作了一个比较，便于对本章知识的掌握和应用。

表 10-6　四种会计核算组织程序对比

项目	记账凭证核算组织程序	汇总记账凭证核算组织程序	科目汇总表核算组织程序	多栏式日记总账核算组织程序
优点	1. 简单明了，总分类账可以较详细地反映经济业务的发生情况； 2. 便于了解账户之间的对应关系	1. 减轻了登记总分类账的工作量； 2. 便于了解账户之间的对应关系	1. 可以简化总分类账的登记工作； 2. 可以进行试算平衡	1. 可以简化总分类账的登记手续； 2. 便于了解账户之间的对应关系
缺点	1. 登记总分类账的工作量较大； 2. 账页浪费多	1. 不利于日常分工； 2. 当转账凭证较多时，编制汇总转账凭证的工作量较大； 3. 难以发现错误	不能反映账户对应关系，不便于查对账目	增大登记总分类账的工作量；不便于记账分工和查阅
适用范围	规模较小、经济业务量较少的单位	规模较大、经济业务量较多的单位	一般是经济业务量较多的单位；其他企业也可以采用	规模较小、经济业务量较少、使用会计科目不多的单位
登记总账的依据	根据记账凭证逐笔登记	根据汇总记账凭证登记	根据科目汇总表登记	根据记账凭证逐笔登记

小张听完会计师的讲解后，认为这个新成立的小企业，所用会计科目不多，适用于记账凭证核算组织程序和多栏式日记总账核算组织程序。

卡内基的最后一本账簿——遗嘱

美国"钢铁大王"卡内基早年是个抓钱手，晚年是个散财家，主要的任务就是捐钱，到死也没有捐完。对于剩余的 2 500 万美元，卡内基把其中 2 000 万美元交给卡内基公司，又拿出 400 万美元用于成员扩大之后的私人养老金项目。其中，前总统塔夫托每年可以领取 1 万美元，格罗弗·克利夫兰夫人和西奥多·罗斯福夫人各自可以领取 5 000 美元，约翰·莫利可以领取 1 万美元。同时他对下层也有顾眷。斯基博地产上的猎场看守人、护林人和佃农，卡内基家中的男管家乔治·欧文、女管家尼科尔夫人、护士南妮·洛克比以及最年长的仆人玛吉·安德森，也都是这笔馈赠的受惠者。最后的 100 万美元分赠给各个教育机构，匹兹堡大学、史蒂文斯学院和圣安德鲁斯学会各自获得 20 万美元。

考虑极其周全，和葛朗台完全不同。卡内基从小就开始记账，记账使他成为当时的世界首富。遗嘱是他的最后一本账簿，充满了救世的情怀，他说，他是上帝财产的管理人，在巨富中死去是一种耻辱。

现在比尔·盖茨也宣布只给子女留下够教育所用的费用，其他的财产用于设立基金会，从事社会公益事业。像这样的富人在美国为数不少，如今他们留下了许多私立名牌大学，办了博物馆；建立了为社会公益服务的基金会。

据美国的一项研究，遗产超过 15 万美元的人不再参加工作的人数是遗产低于 2.5 万美元的人的四倍。人不能闲着，不去劳动就用遗产吃喝玩乐，甚至去吸毒。杜邦家族的一些后人和喜来登大酒店创始人的孙女就是例子。这样烂掉的富二代在哪里都有。卡内基早就认识到这一点。他说："给儿子留下巨额财产的父母会使儿子的才能和热情大大丧失，而且使他的生活不如没有遗产时那样有用和有价值。"

与遗产有同样影响的是另一种天上的馅饼——彩票。彩票实际上是种赌博。通过购买彩票获巨奖的人是极少数幸运儿，这些人会减少劳动。根据美国的一项研究，中彩票获得 5 万美元以上的人中，约有 25% 的人在一年内辞职，另有 9% 的人减少了工作时间，在中彩票获得 100 万美元以上的人中，约有 40% 的人不再工作，且许多人会陷入酗酒、吸毒等不良生活方式，最后贫困而亡。

资料来源：吴仕逵. 倾听富豪们的临终遗言[J]. 中华文摘，2007（3）.

本章练习题

一、思考题

1. 什么是会计核算组织程序？

2. 记账凭证核算组织程序下的账务处理步骤是怎样的？

3. 什么是科目汇总表核算组织程序？这种核算组织程序有哪些优点？

4. 科目汇总表下的账务处理步骤是怎样的？

5. 怎样编制科目汇总表？科目汇总表核算组织程序适用什么范围？

6. 怎样进行汇总收款凭证、汇总付款凭证和汇总转账凭证的汇总？

二、分析题

课堂上，严老师向大家讲授会计记录的基本程序，分为两步：首先是编制分录；其次是根据分录登记账户。课后，王晓与其他几位同学讨论这一问题。王晓同学说："我小姨经营着一家小型超市，曾向我咨询如何做账。我觉得超市的业务比较单一，主要就是购进和销售，按借贷记账法确定每项购货与售货交易应借记、贷记的账户名称与金额非常容易，一般不会出错。因此，我建议我小姨的超市直接根据买卖业务的进货单与销货单（或有关发票）登账，而不必先编制会计分录。而且，这种做法还可节约成本和精力。"

问题：你是否同意王晓同学的看法？阐述你的理由。

即测即练

自学自测　　扫描此码

主要参考文献

[1] 企业会计准则 2024 年版[M]. 上海：立信会计出版社，2024.

[2] 企业会计准则应用指南 2024 版[M]. 上海：立信会计出版社，2024.

[3] 企业会计准则编审委员会. 企业会计准则案例 2024 年版[M]. 上海：立信会计出版社，2024.

[4] 陈国辉，迟旭升. 基础会计[M]. 7 版. 大连：东北财经大学出版社，2021.

[5] 刘新. 财务报表分析从入门到精通[M]. 天津：天津科学技术出版社，2020.

[6] 任成枢. 财务思维：财务精英的进阶之道[M]. 天津：天津人民出版社，2020.

[7] 武永梅. 世界 500 强财务总监管理日志[M]. 天津：天津科学技术出版社，2017.

[8] 杰里·J. 韦安特，唐纳德·E. 基索，保罗·D. 金梅尔. 财务会计[M]. 王竹泉，刘秀丽，等译. 北京：机械工业出版社，2007.

[9] 刘顺仁. 财报就像一本故事书[M]. 太原：山西人民出版社，2009.

[10] 陈艳红. 小艾上班记[M]. 大连：东北财经大学出版社，2011.

[11] 郭道杨. 会计史研究：历史·现时·未来（第二卷）[M]. 北京：中国财政经济出版社，2004.

[12] 田中正知. 丰田生产的会计思维[M]. 赵城立，王志，译. 北京：机械工业出版社，2022.

[13] 莫洛 F. 纪廉. 趋势 2030：重塑未来世界的八大趋势[M]. 曹博文，译. 北京：中信出版社，2022.

[14] 谈毅. 区块链+实体经济应用[M]. 北京：中国商业出版社，2022.

[15] 蔡昉. 读懂未来中国经济[M]. 北京：中信出版社，2021.

[16] 张海梅，高玉梅. 基础会计[M]. 上海：立信会计出版社，2023.

[17] 刘海涛. 会计原来这么有趣[M]. 北京：机械工业出版社，2022.

[18] 王巍. 金融可以创造历史 2：大国崛起的秘密[M]. 北京：中国友谊出版社，2022.

[19] 孙含晖，王苏颖，阎歌. 让数字说话：审计，就这么简单[M]. 北京：机械工业出版社，2023.

[20] 正保会计网校. 会计基础[M]. 上海：上海交通大学出版社，2023.

教师服务

感谢您选用清华大学出版社的教材！为了更好地服务教学，我们为授课教师提供本书的教学辅助资源，以及本学科重点教材信息。请您扫码获取。

≫ 教辅获取

本书教辅资源，授课教师扫码获取

≫ 样书赠送

会计学类重点教材，教师扫码获取样书

 清华大学出版社

E-mail: tupfuwu@163.com

网址：https://www.tup.com.cn/

电话：010-83470332 / 83470142

传真：8610-83470107

地址：北京市海淀区双清路学研大厦 B 座 509

邮编：100084